능엄경 강화楞嚴經講話 3

능엄경 강화 3
楞嚴經 講話

이운허 강설

동국역경원

대불정여래밀인수증요의제보살만행수릉엄경 3
大佛頂如來密因修證了義諸菩薩萬行首楞嚴經

차례

|제8권|

2. 수행하는 계위階位와 경명經名 • 9

Ⅳ. 초심자의 긴요한 일 • 101

　1. 칠취七趣를 말하다 • 101

　　1) 칠취가 생기는 인유因由 • 101
　　2) 지옥 • 130
　　3) 아귀餓鬼 • 192
　　4) 축생 • 204
　　5) 인취人趣 • 214
　　6) 선취仙趣 • 224
　　7) 천취天趣 ① • 239

|제9권|

　　7) 천취天趣 ② • 255
　　8) 아수라阿修羅 • 316
　　9) 결론 • 322

2. 오십 마魔를 말하다 • 333
    1) 마魔가 생김 • 333
    2) 색음色陰의 마魔 • 365
    3) 수음受陰의 마魔 • 422
    4) 상음想陰의 마魔 • 480

|제10권|

    5) 행음行陰의 마魔 • 589
    6) 식음識陰의 마魔 • 684
    7) 오음五陰의 근본 • 750

〔유통분流通分〕─────────── 778

대불정여래밀인수증요의제보살만행수릉엄경
大佛頂如來密因修證了義諸菩薩萬行首楞嚴經
|제8권|

당 천축 사문 반랄밀제 역
唐 天竺 沙門 般剌蜜帝 譯

오장국 사문 미가석가 역어
烏萇國 沙門 彌伽釋迦 譯語

보살계제자전정간대부동중서문하평장사청하 방융 필수
菩薩戒弟子前正諫大夫同中書門下平章事淸河 房融 筆授

봉선사 사문 운허용하 강설
奉先寺 沙門 耘虛龍夏 講說

능엄경 강화
제8권

2. 수행하는 계위階位와 경명經名

> 阿難 如是衆生 一一類中 亦各各具 十二顚倒
> 아난 여시중생 일일유중 역각각구 십이전도

아난아, 이와 같은 중생의 낱낱 유 중에 또한 각각 십이 전도를 갖추었나니,

앞에서 난생卵生은 동전도動顚倒를 의지한다는 등 한 중생 앞에 하나씩만 얘기를 했는데, 그 한 중생 가운데 또 십이 전도를 각각 구족했다는 겁니다. 난생은 원칙으로 동전도로 생기는 일이기는 하지만, 그것만이 아니라 십이 전도를 다 갖추었다는 말입니다.

그러니까 태생胎生도 그렇고, 십이유생十二類生이 각각 십이 전도를 갖추어서 모두 합하면 백사십사 전도가 된다는 말입니다.

猶如捏目 亂華發生
유 여 날 목 난 화 발 생

마치 눈을 누르면 난화亂華가 발생하는 것과 같아서.

날捏 자는 비빈다는 말입니다.

눈을 비비면 잡란한 허공화虛空華가 한없이 발생하는 것과 같다, 그래서 망妄으로 나와 염법染法으로 중생 세계에 나온 것을 가리키는 말인데, 그런 망연기妄緣起가 한정 없이 많다는 얘기입니다. 그러니까 낱낱의 유類類가 십이 전도를 구족한 것이 이와 같다는 말입니다.

顚倒妙圓 眞淨明心
전 도 묘 원 진 정 명 심

묘원하고 진정한 명심을 전도하여,

具足如斯 處妄亂想
구 족 여 사 처 망 난 상

이와 같은 처망한 난상을 구족하였느니라.

본 우리의 불성 자리를 전도하기 때문에 이와 같은 여러 가지 망妄이 생긴다, 이런 말이니까 여기까지는 위의 십이유생 생기는 얘기를 끝맺는 말이고,

> 汝今修證 佛三摩提 於是本因 元所亂想 立三漸次
> 여 금 수 증 불 삼 마 제 어 시 본 인 원 소 난 상 입 삼 점 차
> 方得除滅
> 방 득 제 멸

네가 지금에 부처님의 삼마제를 수증하고자 할진댄, 이 본인의 원소(본래 가지고 있는 바)의 난상에 삼점차를 세워서야 바야흐로 제멸함을 얻나니,

위에서 하나씩 예를 들어서, 세계의 무슨무슨 전도顚倒를 인하기 때문에 어떻게 된다고 주욱 얘기했던, 그게 본인本因입니다.

원소난상元所亂想이라는 소所 자는 가지고 있는 바라는 말입니다.

그러니까 위에서 십이유생 나는 것을 말한 것은 염연기染緣起이고, 이것은 망妄으로부터 십이유생이 생겼으니까 그 낱낱이 중생들의 난상을 제멸해 가지고 부처 되는 길로 나아가게 하는, 즉 염연기를 다스려 가지고 본 불성으로 들어가 합하는 정연기淨緣起를 말합니다.

그렇게 하는 것이,

> 如淨器中 除去毒蜜
> 여 정 기 중 제 거 독 밀

마치 정기 가운데의 독밀을 제거하려거든,

이것은 본래 깨끗한 그릇인데, 다른 물건을 담아서 그 물건의 독이 깨끗한 그릇에 배는 것을 말합니다. 그러니까 정기는 우리 본 불성 자리이고, 독밀은 십이유생의 망妄과 같은 것입니다.

그리고 밀蜜은 본래 꿀이기도 하지만, 이것은 꿀이 아닌 나쁜 진 같은 걸 말합니다.

以諸湯水 幷雜灰香 洗滌其器
이 제 탕 수 병 잡 회 향 세 척 기 기

탕수와 재와 향으로써 그릇을 세척한 후에,

찬물로는 안 되고, 끓는 물로 부어서 헹구어 내고, 재로는 때를 지우고, 향으로는 재로 지운 후에 깨끗하게 하는 겁니다. 그러니까 끓는 물로 닦아 내고, 또 재로 닦아내고, 향으로 닦는다는 말입니다.

後貯甘露
후 저 감 로

후에 감로를 담을 수 있는 것과 같으니라.

중국에서도 감로라고 하는데, 이건 천인들이 먹는 이슬이라고 그럽니다.

감로를 먹으면 온갖 병이 다 없어지고 몸이 깨끗해진다고 그러는데, 중국에서는 좋은 상서祥瑞가 있으면 하늘에 있는 감로가 세간에 내린다고 하는데, 비 오듯이 내리는 건 아니고, 조금씩 내려와서 잎에 붙어 있으니까 그런 걸 가지고 감로라고 이름 붙였습니다. 그러니까 감로는 좋은 술 같은 음식입니다.

그래서 십이유생이 난화亂華를 모두 씻어 버리고야 불성을 회복해서 성불하는 데로 올라가는 오십오위五十五位의 점차를 닦게 된다, 그 말입니다.

云何名爲三種漸次
운 하 명 위 삼 종 점 차

무엇을 이름하여 3종 점차라 하는고?

편자주 이 대목부터 다음 '삼자증진三者增進 위기현업違其現業'까지 보완분임.

一者修習 除其助因
일 자 수 습 제 기 조 인

일은 수습이니, 그 조인을 제함이요,

二者眞修 刳其正性
이 자 진 수 고 기 정 성

이는 진수이니, 그 정성을 고刳함이요,

三者增進 違其現業
삼 자 증 진 위 기 현 업

삼은 증진이니, 현업을 어김이니라.

> 云何助因
> 운 하 조 인

무엇이 조인인고?

> 阿難 如是世界 十二類生 不能自全
> 아 난 여시세계 십이유생 불능자전

아난아, 이와 같은 세계의 십이유생이 능히 자전自全하지 못하고, 자기 힘으로는 온전하지 못하고,

> 依四食住
> 의 사 식 주

사식을 의지하여 주住하느니라.

먹는 것을 가자하지 않고 혼자서 살 수 있으면 자전自全인데, 그렇게 할 수 없으니까 네 가지 먹는 것을 의지해서 살아간다는 말입니다.

> 所謂 段食觸食 思食識食
> 소 위 단식촉식 사식식식

이른바 단식 · 촉식 · 사식 · 식식이니라.

우리가 이 욕계에서 사람이 먹는 것이라든지, 심지어 파리가 먹는 것까

지도 아주 조금씩 씹어 먹는 거니까 다 단식입니다.

　물도 한 모금씩 먹고, 밥도 한 숟가락씩 먹는 이게 단식인데, 모양이 있다고 해서 단식이요, 또 재방 변(扌)에 있는 뭉칠 단摶 자를 쓰기도 하는데, 어쨌든 이 욕계에 있는 중생은 다 단식을 하고 있습니다.

　촉식은 귀신이 먹는 것인데, 귀신은 자기의 몸에 음식을 촉觸하기만 하면 배가 부르다는 겁니다. 그래서 제사 지낸 밥은 밥이 없어지지는 않지만 맛은 다 빠졌다고들 하는 겁니다.

　사식은 색계 사선천四禪天에서 하는 것인데, 이것을 두 가지로 해석합니다. 밥을 생각만 하면 음식이 온다는 사식식지思食食至(?)가 하나 있는데, 그 밥이 오면 단식을 하느냐, 촉식을 먹느냐 하는 이런 문제가 있습니다.

　그렇기 때문에 사식식지하는 게 아니라 밥 생각하는 그것이 벌써 먹는 것이다, 우리가 밥을 먹는다고 하는 것은 허약해진 기운을 보충해서 살아갈 수 있게 하는 거니까 그 색계천은 음식을 입으로 먹는 게 아니라 법희法喜 선열식禪悅食이라고 해서 참선하는 것이, 즉 법에 대해 즐거움을 갖는 것이 먹는 것이다 해서 그걸 사식이다, 이 두 가지로 보는데, 우리가 있어 보지 않아서 모르기는 하지만, 이것이 옳은 것 같습니다.

　우리와 같이 밥을 만드는 게 아니라 밥 생각만 하면 배가 부르다는 얘기이고, 또 그 사선천에는 음식을 먹는 일이 없다고 얘기하는 데도 있고, 그렇습니다.

　그 다음에 식식은 무색계천들은 형단形段이 없으니까, 즉 오음五陰을 가지고 있지 않고 식識만 있으니까 식 그대로 자기의 체體를 유지하는 것이라고 그럽니다. 그러니까 인식하는 식으로 사는 그것이 곧 식食이라고 해서 식식이라고 그럽니다.

　그래서 단식은 욕계 중생이 먹는 것이고, 촉식은 귀신, 사식은 사선천의 색계 천인들이 하는 것이고, 식식은 무색계천에서 하는 것이고 그렇습니다.

> 是故佛說 一切衆生 皆依食住
> 시 고 불 설 일 체 중 생 개 의 식 주

이런고로 부처님께서 말씀하시되, 일체중생이 다 식食을 의지해 주住한다 하시느니라.

일체중생은 삼계 중생을 다 가리키는 말입니다.

> 阿難 一切衆生 食甘故生
> 아 난 일 체 중 생 식 감 고 생

아난아, 일체중생이 감甘을 먹으면(단것을 먹는 연고로) 생하고,

감甘 자를 썼지만, 독毒이 없는 것을 감甘이라고 그럽니다.

> 食毒故死
> 식 독 고 사

독毒을 먹는 고로 죽느니라.

먹는 가운데 생사가 달려 있다는 얘기나 같게 됩니다.

> 是諸衆生 求三摩提 當斷世間 五種辛菜
> 시 제 중 생 구 삼 마 제 당 단 세 간 오 종 신 채

이 중생들이 삼마지를 구하려 할진댄, 마땅히 세간의 5종 신채를 끊어야 하나니,

오신채五辛菜는 마늘, 파, 달래, 부추(정구지) 또 흥거興渠라고 하는 것까지 다섯 가지 맵고 좋지 않은 채소인데, 위의 네 가지는 중국이나 우리나라에 다 있는 것이고, 마지막에 흥거라고 그랬는데, 흥거라고 하는 게 아니고 흥의興宜라고 해야 옳다고 이랬습니다.

범어를 음으로 번역한 것인데, 그 도랑 거渠 자를 마땅 의宜 자로 고쳐야 옳다고 하는데, 이것은 중국이나 우리나라에는 없고, 인도에만 있다고 합니다.

중국의 어떤 스님이 흥거를 알아보고자 인도엘 갔는데, 마침 겨울이 되어서 줄기와 잎은 못 보고, 땅속에 묻어 저장하던 흥거를 보았는데, 모양은 무와 같고, 마늘 냄새처럼 독한 냄새가 나더라는 그런 얘기가 쓰인 기록이 있습니다. 그러니까 중국에서도 그 오신채를 알기 위해서 그렇게 한 모양입니다.

질문 견식見食이란 것도 있습니까?
답 보고 먹는 것을 말하나요? 글쎄, 그건 못 듣던 얘깁니다.

질문 견식이라는 말이 더러 있던데…….
답 사식思食이라고 하는 것을 누가 아마 잘못 생각한 것일 겁니다. 우리가 재미있는 영화나 운동 경기를 보면, 그 보는 기쁨 때문에 배고픈 줄

도 잊게 되는데, 배가 고픈지도 모른다는 이런 것을 사식의 일종이라고 하지 그걸 가지고 견식이라고 하는지는 모르나, 나는 견식이라고 하는 말을 처음 듣습니다.

그래서 어제도 얘기했지만, 양파가 오신채에 드느냐, 안 드느냐 이겁니다. 아마 파가 변종變種해서 된 게 아닌가 하는데…….

질문 양파가 일본 음식에서 나온 겁니까, 한국 음식에서 나온 겁니까?
답 글쎄, 어디서 나왔든지 이 세계에 있다고 하면 오신채에 들지 않겠나 합니다.

질문 파에도, 옴파, 대파, 뭐 여러 가지…….
답 여러 종류지요. 지금 우리가 보는 파 중에도 굵은 것도 있고, 여러 종류가 있지 않습니까? 이 가운데 오신채의 이름은 없지만 산에서 나는 멧마늘이라는 게 있습니다. 그것도 역시 마늘과 비슷한데, 여기에서는 중요한 다섯 가지만 들어서 그렇지 그와 비슷한 것들도 다 오신채에 속할 겁니다.

질문 그러니까 파과(科)에 속하는 건 다 오신채라고 보면 되겠군요.
답 그렇게 할 수밖에 없는 것이지요.

이제 본문으로 돌아와서, 이 오신채가 왜 살殺·도盜·음婬·망妄을 돕는 조인助因이 되느냐, 그걸 얘기합니다.

> 是五種辛 熟食發婬
> 시 오 종 신 숙 식 발 음

이 5종의 신辛을 익혀 먹으면 음婬을 발發하고,

이것은 이전에(그 후에 다시 생각해 본 것은 아니지만) 아이들에게 어려서 오줌소태라고 해서, 오줌을 자꾸 누는 그런 종류의 병이 있는 걸 봤는데, 거기에는 파를 달여 짜 먹이면 낫는다고 하는, 그런 얘기가 있습니다. 그것도 일종의 음婬을 도와주는 거라고 볼 수 있지 않겠나 하는, 그런 생각을 해 봤습니다.

그 다음에,

> 生啖增恚
> 생 담 증 에

생으로 먹으면 진에瞋恚를 더하는지라,

먹을 담啖 자입니다. 그래서 음婬은 탐貪이고, 이건 진瞋이니까 탐진貪瞋 때문에 온갖 죄를 짓는 것이니까 이 오신채가 탐진을 도와주는 게다, 이런 말입니다. 그래서 그게 조인助因이다, 그 말입니다.

그래서 오신채 먹지 말라는 이유를 얘기했고, 이제 또 오신채를 먹음으로 해서 좋지 않은 일들이 있게 되는, 그것을 얘기합니다.

> 如是世界 食辛之人 縱能宣說 十二部經
> 여 시 세 계 식 신 지 인 종 능 선 설 십 이 부 경

이와 같은 세계의 오신五辛을 먹는 사람이 비록 능히 십이부경을 선설할지라도,

경經의 형식이나 문구 등의 여러 가지 내용으로 구분해 놓은 게 십이부경인데, 대승에서는 십이부라 하고, 흔히 소승에서는 구부경九部經이라 한다고 그럽니다.

그러니까 이 십이부경이란, 한 경 가운데에도 인연, 비유 등의 여러 가지가 들어가 있지만, 그중에 인연에 속하는 것은 인연에 들어가고, 비유에 속하는 것은 비유에 들어가는 등 그런 것을 말합니다.

十方天仙 嫌其臭穢 咸皆遠離
시 방 천 선 혐 기 취 예 함 개 원 난

시방의 천天, 선仙이 그 취예를 혐오하여 모두 다 멀리 여의며,

이 신선 선仙 자는, 선취仙趣만이 아니라 한문 글자로는 사람으로서 가장 이상적 경지에 이르는 것을 표현할 때 씁니다.

성인聖人은 사람 가운데 하나이지만, 성인보다도 더 급이 높은 것을 선仙이라고 그랬습니다. 그러니까 그런 천天, 선仙 들이 이 오신채 먹는 사람을 다 떠나 버리고 보호해 주지 않는다는 말입니다.

諸餓鬼等 因彼食次 舐其脣吻
제 아 귀 등 인 피 식 차 지 기 순 문

모든 아귀 등이 인하여 저가 밥을 먹는 차에(저가 밥 먹는 次를 인하

여) 그 입술을 핥나니,

아귀는 귀신들인데, 귀신들은 오신채를 좋아하니까 오신채 먹는 사람의 입술에 묻은 것까지 핥아 먹는다는 말입니다.

> 常與鬼住 福德日銷 長無利益
> 상여귀주 복덕일소 장무이익

항상 귀신으로 더불어 주住하여 복덕이 날로 소멸하여 길이 이익이 없으며,

> 是食辛人 修三摩地 菩薩天仙 十方善神 不來守護
> 시식신인 수삼마지 보살천선 시방선신 불래수호

이 오신五辛을 먹는 사람은 삼마지를 닦아도 보살, 천, 선과 시방의 선신이 와서 수호하지 않고,

삼마지를 닦으면 와서 수호할 텐데 오신채를 먹기 때문에 더러워서 수호하질 않는다는 말입니다.

> 大力魔王 得其方便
> 대력마왕 득기방편

대력마왕이 그 방편을 얻어서,

위에서도 귀신이라고 했는데, 모두 마구니 종류입니다.

그러니까 오신채 먹는 방편을 타서,

現作佛身 來爲說法
현 작 불 신 내 위 설 법

불신을 현작하여 와 설법하기를,

오신채 먹는 사람을 속여 부처님 형상을 하고 와서는,

非毁禁戒
비 훼 금 계

금계를 그르다 훼방하고,

계율 가운데는 하지 말라는 게 많기 때문에 금禁 자를 씁니다. 비非 자는 아니한다는 말이 아니고, 그르다고 한다는 말입니다.

讚婬怒癡
찬 음 노 치

음婬 · 노怒 · 치癡를 찬탄하며,

노怒한다는 게 진심瞋心 낸다는 말이고, 음婬이라는 게 음탐婬貪이라는 말이니까 음 · 노 · 치는 탐貪 · 진瞋 · 치癡입니다. 그러니 그런 설법을 듣고는, 그걸 따라가게 된다는 말입니다.

命終自爲魔王眷屬
명 종 자 위 마 왕 권 속

명命을 마치고는 스스로 마왕의 권속이 되어,

오신채 먹고 마왕의 설법을 들었으니까 마구니의 권속이 되는 겁니다.

受魔福盡
수 마 복 진

마魔의 복을 다 받고는,

마구니도 복이 있습니다.

다 공부도 하고, 선정도 닦으니까 복이 있는데(마구니의 권속이니까 마구니의 복은 받는데), 그 복 받는 걸 다 마치고는,

墮無間獄
타 무 간 옥

무간옥에 떨어지느니라.

阿難 修菩提者 永斷五辛 是則名爲第一增進 修行
아 난 수 보 리 자 영 단 오 신 시 즉 명 위 제 일 증 진 수 행
漸次
점 차

아난아, 보리를 닦는 이는, 길이 오신을 끊어야 하나니, 이 이름이 제일 증진의 수행점차이니라.

제일이란 가장 좋다는 게 아니고, 첫째라는 말입니다.

증진이라는 것도 차차 나아간다는 점漸 자의 뜻과 같습니다.

그래서 오신채는 자꾸 탐·진·치를 도와주니까 먹지 말라고 했고, 그 다음에,

云何正性
운 하 정 성

무엇이 정성인고?

고기정성刳其正性이라고 해서, 잘못된 마음의 바탕, 즉 정성을 깎아 버리라고 했으니, 그 정성이 무엇이냐는 말입니다.

阿難 如是衆生 入三摩地 要先嚴持 清淨戒律
아 난 여 시 중 생 입 삼 마 지 요 선 엄 지 청 정 계 율

아난아, 이와 같은 중생이 삼마지에 들고자 할진댄 종요로이 먼저 청정 계율을 엄지해야 하나니,

계율 가지라는 게 살殺·도盜·음婬·망妄 끊으라는 얘기입니다.

永斷婬心 不飱酒肉
영 단 음 심 불 손 주 육

길이 음심을 단斷하고 주육을 먹지 않으며,

고기 먹는 가운데는 살생이 있고, 훔치는 것이 있겠고, 술이란 술 자체가 나쁜 것은 아니지만, 술을 먹으면 정신이 흐려져서 살생도 하게 되고, 음행도 하게 되고, 도둑질도 하게 되니까 그래서 먹지 말라고 하는 겁니다. 그러니까 음婬과 살생을 얘기했지만, 도둑질까지가 다 들어 있습니다.

> 以火淨食 無啖生氣
> 이 화 정 식 무 담 생 기

불로써 음식을 깨끗이 하여 생기를 먹지 말지니라.

율사들은 생과일을 먹지 않고 얼마쯤 다 익혀서 먹습니다. 설사 무정물이어서 직접 살생은 아니지만, 무정물이 사는 것을 해롭게 하는 것이니까 그래서 불에 익혀서 먹지, 날것으로는 안 먹는다고 합니다.

> 阿難 是修行人 若不斷婬 及與殺生
> 아 난 시 수 행 인 약 부 단 음 급 여 살 생

아난아, 이 수행인이 만약 음심과 살생을 끊지 않으면,

단斷 자가 거기까지 내려옵니다.

> 出三界者 無有是處
> 출 삼 계 자 무 유 시 처

삼계를 출出하려 함이 이런 도리가 없나니,

음음淫·살살殺을 그냥 두고는 삼계에서 출出하지 못한다는 말입니다.

常觀婬欲 猶如毒蛇
상 관 음 욕 유 여 독 사

마땅히 음욕 보기를 마치 독사와 같이 하고,

독사가 물기만 하면 죽는 게니까 청정 법신이 계율을 범함으로 해서 죽게 되는 것입니다.

如見怨賊
여 견 원 적

원적 보는 것과 같이 하며,

아주 그렇게 멀리해야 되겠다, 그 말입니다.

先持聲聞 四棄八棄
선 지 성 문 사 기 팔 기

먼저 성문의 사기와 팔기를 가져서,

기棄 자는 바라이波羅夷입니다. 바라이는 범어인데, 번역하면 기棄니까 승단에서 버린다는 뜻입니다.

이 기棄라는 것은 중이 못 되게 속俗으로 쫓아 버리는 그런 게 아니고, 중은 중이니까 중 가운데에 같이 밥 먹고 수행하지 않아서 승단에 들어오지 못하게 따로 있게 하는, 그런 걸 말합니다.

사기는 살殺·도盜·음婬·망妄 네 가지이고, 팔기는 비구니의 계율인데, 살·도·음·망에다가 촉觸·팔八·부覆·수隨를 더해서 여덟 가지가 됩니다.

비구니의 몸으로 비구의 몸에 살을 갖다 대는 게 촉觸이고, 팔八이란 여덟 가지라는 말인데, 손을 잡지 마라, 으슥한 곳에 같이 들어가지 마라, 나중에 어디서 만나자고 기약하지 마라는 등 여덟 가지를 말하고, 부覆란 죄가 있는 비구승의 죄를 덮어 주는 걸 말하고, 그러니까 덮을 부覆 자니까 그 죄가 대중 가운데 드러나지 않게 덮어 준다는 말이고, 수隨는 따른다, 이것은 쫓겨난 비구승을 따라가서 음식도 공급해 주고 옷가지도 마련해 주면서 시봉하는 그것입니다.

그러니 그걸 잘 가져서,

執身不動
집 신 부 동

몸을 집執(團速)하여 동하지 말고,

몸으로 범하는 신계身戒입니다.
그러니까 나쁜 행실을 하지 않게 하고,

後行菩薩 淸淨律儀 執心不起
후 행 보 살 청 정 율 의 집 심 불 기

뒤에 보살의 청정한 율의를 마음을 집執(團速)하여 일어나지 않게 할지니라.

그러니까 성문은 마음으로는 아무리 나쁜 생각이 동했다고 하더라도, 실제로 범하지만 않으면 범하지 않는 게 되지만, 보살은 마음으로 생각만 해도 계를 범한다는 얘기니까 그런 생각이 일어나지 않도록 하라는 말입니다.

禁戒成就 則於世間 永無相生 相殺之業
금 계 성 취 즉 어 세 간 영 무 상 생 상 살 지 업

금계를 성취하면 세간에서 길이 상생과 상살하는 업이 없고,

음행으로는 서로 낳는 것이니까 음행을 끊기 때문에 상생하는 일이 없고, 또 살생하는 것으로는 세세생생에 서로 죽이는 것이니까 살생을 안 하니 상살하는 일이 없어지고, 그래서 가장 중요한 것이 음婬과 살殺입니다.

이제 또 도둑질하는 것을 얘기합니다.

偸劫不行 無相負累 亦於世間 不還宿債
투 겁 불 행 무 상 부 루 역 어 세 간 불 환 숙 채

투도와 겁탈을 행하지 아니하면 서로 누累를 짊어짐이 없고, 또한 세간에서 숙채를 갚지(還) 아니하리니,

몰래 도둑질하는 것은 투偸요, 지금처럼 강도가 겁탈하는 그런 것이 겁劫입니다. 루累 자는 남에게 빚을 진다든지 하면, 그것이 죄가 되어 늘 거

기에 속박되는 것을 말합니다. 숙채는 과거에 진 빚인데, 그렇게 하면 설사 빚진 게 있더라도 다 갚지 않게 된다는 말입니다.

> 是淸淨人 修三摩地 父母肉身 不須天眼
> 시 청 정 인 수 삼 마 지 부 모 육 신 불 수 천 안

이 청정인이 삼마지를 닦으면 부모의 육신에 천안을 수구須求하지 아니하여도,

천안통天眼通을 얻어야 보는데, 안 얻고, 부모가 낳아 준 이 몸으로 본다는 얘깁니다.

> 自然觀見 十方世界
> 자 연 관 견 시 방 세 계

자연히 시방세계를 관견하고

> 覩佛聞法 親奉聖旨
> 도 불 문 법 친 봉 성 지

부처님을 뵈옵고 법을 들어 친히 성지를 받자오며,

> 得大神通 遊十方界
> 득 대 신 통 유 시 방 계

대신통을 얻고 시방계에 유遊하며,

宿命淸淨 得無艱嶮
숙 명 청 정 득 무 간 험

숙명이 청정하여 간험이 없음을 얻으리니,

그래서 살殺·도盜·음婬·망妄을 안 해야 한다는 겁니다.

是則名爲第二增進 修行漸次
시 즉 명 위 제 이 증 진 수 행 점 차

이 이름이 증진 수행하는 제이 점차이니라.

云何現業
운 하 현 업

무엇이 현업인고?

위기현업違其現業이라고 하는 현업을 어겨서 안 한다는 얘기입니다.

阿難 如是淸淨 持禁戒人 心無貪婬
아 난 여 시 청 정 지 금 계 인 심 무 탐 음

아난아, 이와 같이 청정한 금계를 가지는 사람은 마음에 탐·음이

없어서,

마음에 없으니까 그런 생각도 안 한다는 말입니다.
그러니까 안으로 마음이 깨끗하기 때문에,

> **於外六塵 不多流逸**
> 어 외 육 진 부 다 유 일

밖으로 육진에 흔히 유일流逸하지 아니하며,

마음이 깨끗하기 때문에 밖에 어떤 경계가 있다 해도 따라가질 않게 된다는 말입니다.

> **因不流逸**
> 인 불 유 일

유일하지 아니함을 인하여,

밖의 경계에 유일하지 않기 때문에,

> **旋元自歸 塵旣不緣**
> 선 원 자 귀 진 기 불 연

선旋하여 원元으로 스스로 돌아가고 진塵을 이미 반연攀緣하지 아니하므로,

밖의 육진을 반연하지 않으니까,

根無所偶
근 무 소 우

근根이 짝할 바가 없으며,

육근은 육진을 짝하는데, 육진을 반연하지 않으니까 육근이 소용없게 됩니다.

反流全一
반 류 전 일

류流를 돌이켜 하나를 온전히 하면,

밖으로 색·성·향·미·촉·법을 가지고 안·이·비·설·신·의가 흘러가던 것을 돌이켜 우리 본성 자리인 일一에 오면,

六用不行
육 용 불 행

육용六用이 행하지 아니하리니,

육용은 육근의 작용인데, 그렇게 되면 근根과 진塵이 다 없어지는 겁니다.

十方國土 皎然淸淨
시방국토 교연청정

시방의 국토가 교연히 청정함이,

皎교 자는 흴 교 자입니다.
하얗게, 때가 하나도 없이 밝은 모양을 교연이라고 했습니다.

譬如琉璃 內懸明月
비여유리 내현명월

마치 유리의 안에 명월을 달아 놓은 것과 같아서,

유리만도 깨끗한데, 그 가운데 달을 달아 놓으면 더욱 밝고 깨끗할 것이며, 시방세계가 다 그와 같아집니다.

그와 같아서,

身心快然 妙圓平等 獲大安隱
신심쾌연 묘원평등 획대안은

신심이 쾌연하고 묘원 평등하여 대안은을 얻으며,

一切如來 密圓淨妙 皆現其中
일체여래 밀원정묘 개현기중

일체 여래의 밀원하고 정묘함이 다 그중에 나타나리라.

是人卽獲無生法忍 從是漸修
시 인 즉 획 무 생 법 인 종 시 점 수

시인이 즉시에 무생법인을 얻고, 이로 좇아 점점 닦아서,

이 삼 점차漸次를 차차 닦아,

隨所發行
수 소 발 행

소所를 따라 행行을 발하여,

곳을 따라 행을 발한다. 지금 오십오위五十五位 점차로 올라가는 겁니다. 그리하여,

安立聖位
안 립 성 위

성위를 안립하리니,

지금 삼 점차를 지난 후에 성위에 안주한다고 했는데, 대개 삼 점차를 지나 오십오위를 닦는데, 오십이위라고 하는 데도 있고, 오십칠위라고 하는 데도 있습니다. 가령 오십오위를 닦는다고 하면, 처음의 간혜지乾慧地는 빼놓고, 십신十信·십주十住·십행十行·십회향十廻向·십지十地까지

열씩 다섯이니까 오십이고, 그 다음에 사가행四加行이 있고, 등각等覺까지 오십오위입니다. 보통 오십오위를 잡고, 그게 초발심해 가지고 등각等覺까지 올라가는 점차입니다.

> 是則名爲第三增進 修行漸次
> 시 즉 명 위 제 삼 증 진 수 행 점 차

이 이름이 제삼 증진하는 수행점차이니라.

> 阿難 是善男子
> 아 난 시 선 남 자

아난아, 이 선남자가,

삼 점차를 그대로 닦아 온 선남자가,

> 欲愛乾枯
> 욕 애 건 고

욕애가 건고하여,

욕애는 탐·음을 가리킵니다.

> 根境不偶
> 근 경 불 우

근根과 경境이 짝하지 아니할새,

상대가 되지 않는다는, 그러니까 진塵이 소용없기 때문에 근根도 필요 없다는 얘깁니다.

現前殘質 不復續生
현 전 잔 질 불 부 속 생

현전의 잔질이 다시 속생하지 아니하며,

이 몸이 아무리 근根과 진塵이 짝하지 않는다고 해도 육근은 그대로 있으니까 육근이 흘러가서 진을 탐하는 그런 일이 없다고 하더라도 이 몸이 있긴 있으니까 그게 잔질입니다.

그래서 살생하지 않는다는 말이니까 이 몸이 없어지면 다시 나지 않는다, 생사에 안 들어간다는 말입니다.

執心虛明
집 심 허 명

집착심이 허명하여,

이 집執 자는 마음을 집한다는 말이 아니고, 아집我執·법집法執의 집執을 말합니다.

純是智慧 慧性明圓 瑩十方界 乾有其慧 名乾慧地
순 시 지 혜 혜 성 명 원 형 시 방 계 간 유 기 혜 명 간 혜 지

순전히 이 지혜이며, 혜성이 원명하여 시방계를 밝혀서 마른 지혜만 있는 것을 이름하여 간혜지라 함이라.

지혜는 있지만, 지혜가 여래의 법류수法流水에 접하지 못했기 때문에 마른 지혜만 있는 것을 간혜라고 그럽니다.

> 欲習初乾 未與如來 法流水接
> 욕 습 초 간 미 여 여 래 법 류 수 접

욕습이 처음 간乾하여 여래의 법류수로 더불어 접하지 못하였으니,

욕습초간이란 탐·진·치는 없어졌다는 말이고, 법류수는 진여인데, 아직 부처님의 기분에 가 닿지 못했다 해서 이건 간혜지를 해석한 말이 됩니다.

욕습초간이 간乾이요, 여래의 법류수와 접하지 못했기 때문에 지혜만 있으니, 그것이 간혜지다, 그 말입니다.

그 다음엔 십신十信을 얘기합니다.

> 卽以此心
> 즉 이 차 심

곧 이 마음으로,

간혜지에 있는 이 마음, 즉 집심執心이 허명虛明해져서 지혜가 된 이 마음입니다.

中中流入
중 중 류 입

중中으로 중으로 흘러 들어가,

바다로 말하면 복판으로 복판으로 들어간다는 말이고, 또 불교는 중도 中道니까, 유有도 아니고 무無도 아닌 중도를 가리키니까(有란 중생이 가지는 생각이고, 無란 소승들이 가지는 생각인데, 중도가 보살행이니까) 중도로 중도로 유입한다는 것이고, 유입은 부처님의 묘장엄해妙莊嚴海로 들어가는 걸 말합니다.

圓妙開敷 從眞妙圓 重發眞妙
원 묘 개 부 종 진 묘 원 중 발 진 묘

원묘가 개부하고 진묘원으로 좇아 거듭 진묘함을 발發하여,

진묘한 가운데 또 진묘를 발한다는 얘깁니다.

진묘원한 것을 좇는다는 것은 간혜지를 말할 테고, 다시 진묘를 발한다는 건 십신에 들어간다는 말일 겁니다.

妙信常住 一切妄想 滅盡無餘
묘 신 상 주 일 체 망 상 멸 진 무 여

묘신이 상주하고 일체 망상이 멸진하여 나머지가 없으며,

> **中道純眞 名信心住**
> 중 도 순 진 명 신 심 주

중도가 순진함을 신심주라 이름하느니라.

십신의 처음이 신심信心인데, 왜 주住 자를 썼느냐면, 열 가지 가운데 주住 자 쓴 것이 여섯 가지가 되고, 안 쓴 것이 네 가지가 된다고 하는데, 그러나 첫째는 신심信心이요, 심주心住라고 하는 말이 없는데, 글자를 넉 자로 맞추느라 그랬는지도 모르겠고, 또 처음에 '차심此心으로 중중류입中中流入하여 원묘개부圓妙開敷하고, 종진묘원從眞妙圓 중발진묘重發眞妙한다'라고 하는 이게 보통 말하는 '간혜지乾慧地 위에 십신十信' 하는 그 십신과는 좀 다르다는 얘깁니다.

그래서 이걸 어떻게 얘기하는고 하니, 『능엄경』의 십주十住는 초주初住에 있는 마음을 열 가지로 나누어 놓은 게 십신이다, 그러니까 십신을 설명하는 것이 상도常道에서 말하는 십신과는 다르다, 이 얘깁니다.

상도에서 말하는 십신은 아직도 결정되지 못했다고 그러는데, 십신위에 들어가면 삼현三賢도 못 되니까 아직 범부인데, 그러한 범부를 털 모毛 자 하고 길 도道 자를 써서 모도범부毛道凡夫라고 합니다.

털이란 것이 바람이 불면 위로 올라가고, 또 바람이 없어지면 아래로 가라앉듯이 이 신심이 차차 올라가면 십주로 나아갈 수 있고, 또 퇴타하면 다시 범부, 외도로 떨어질 수도 있기 때문에 허공에 떠 있는 가는 털과 같다고 해서 그걸 모도라고 그럽니다.

그런데 여기는 중중유입中中流入부터 죽 일체 망상이 멸진무여滅盡無餘라고 했으니까 뒤로 물러나지 않게 된다, 일체 망상이 없는데, 왜 다시 물러나겠느냐, 이겁니다.

그렇기 때문에 『능엄경』은 상도常道에서 말하는 십신과는 달라서 초주에 있는 마음을 열 가지로 나누어서 한 것이다. 신심信心이니, 염심念心이니 하는 이름은 같지만, 그 행상이 통상의 십신과는 다르다고 그렇게 얘길 하고, 그걸 증명하기 위해서 여기에서도 주住 자를 썼다고 얘기하기도 했습니다.

그러니까 이것은 십신 가운데 초신初信을 가리키는 말입니다.

眞信明了
진 신 명 료

진신이 명료하여,

이 진신이란 게 내내 위의 신심주信心住라는 그 신信을 가리키는 말인데, 이 신信이 그냥 비슷한 게 아니라 참된 것이라는 뜻으로 진眞이라고 했습니다. 지금 신심信心에서 염심念心으로 올라가고 있기 때문에 앞의 것을 먼저 가져다 얘기한 겁니다.

一切圓通 陰處界三 不能爲礙
일 체 원 통 음 처 계 삼 불 능 위 애

일체가 원통하여 음·처·계의 삼이 능히 장애되지 못하며,

십팔계의 경계에 이 진심이 명료한 것이 끌려가지 않는다는 말입니다.

> 如是乃至 過去未來 無數劫中
> 여시내지 과거미래 무수겁중

이와 같이 내지 과거, 미래의 무수겁 중에,

> 捨身受身 一切習氣 皆現在前
> 사신수신 일체습기 개현재전

몸을 버리고 몸을 받던 일체 습기가 다 앞에 나타날새,

습기란 버릇이라는 말인데, 지금 우리의 탐·진·치가 존재하는 현행現行이 있고, 또 탐·진·치를 행할 만한 종자種子가 있습니다. 지금 현행은 안 하지만, 그런 씨가 남아 있는 게 종자요, 습기는 종자는 아닙니다. 종자는 다시 돋아날 수 있지만, 습기는 버릇만이지 다른 것은 아닙니다.

마음 가운데는 그럴 생각이 없지만, 습기 때문에 나쁜 짓을 할 수가 있으니까 그래서 습기를 예로 얘기할 때에 가섭 존자는 과거 많은 동안 건달 노릇을 했기 때문에 그것이 습기가 되어 가지고 음악만 들으면 앉아서 흔들흔들 춤을 추는 그런 예가 있었다고 합니다.

또 사리불이 과거 성내던 습기로 진심嗔心을 많이 냈다든지, 또 필릉가바차가 과거 5백 생 동안 바라문, 양반 노릇 하던 습관으로 항하사의 여신을 업신여겼다고 하는 것을 들 수가 있는데, 그 필릉가바차가 참말 남을 업신여기는 만심慢心이 있어서가 아니고, 과거의 습기, 버릇이 되어서 한다는 그게 현행은 아니지만, 습기까지 없어지진 않는다는 것입니다.

> 是善男子
> 시 선 남 자

이 선남자가,

이신二信에 올라온 선남자가,

> 皆能憶念
> 개 능 억 념

다 능히 억념하여,

사신수신捨身受身하던 온갖 것을 생각해서,

> 得無遺忘 名念心住
> 득 무 유 망 명 염 심 주

유망함이 없음을 염심주라 이름하느니라.

　염심念心이란 억념한다는, 생각한다는 말이니까 과거의 습기를 다 환하게 알고서 잊어버리지 않는 걸 염심念心이라고 하는데, 이것도 그냥 말하는 염심인데, 주住 자가 붙은 겁니다.

> 妙圓純眞
> 묘 원 순 진

묘원함이 순진하고,

묘원은 내내 앞의 '종진묘원從眞妙圓하여 중발진묘重發眞妙라'라고 하던 그걸 가리키는 말입니다.

> **眞精發化**
> 진 정 발 화

진정이 발화하여,

순진한 참된 정기에서 변화해 발發하여,

> **無始習氣 通一精明**
> 무 시 습 기 통 일 정 명

무시의 습기가 통일하게 정명할새,

정명한 자리가 되어 버리고 만다는 얘깁니다.

> **唯以精明 進趣眞淨 名精進心**
> 유 이 정 명 진 취 진 정 명 정 진 심

오직 정명으로써 진정에 진취進趣함을 이름해 정진심이라 하느니라.

정진이란 노력한다, 꾸준하게 나아간다는 말로서, 이게 정精 자와 진進 자를 설명한 말입니다.

心精現前
심정현전

심정이 현전하여,

이건 내내 위의 정진심이 심정입니다.

純以智慧 名慧心住
순이지혜 명혜심주

순전히 지혜로 씀을 혜심주라 이름하느니라.

아직 선정은 없고 지혜만 있는 겁니다.

執持智明
집지지명

지智의 명明을 집지하여,

그건 내내 혜慧 자가 지명智明이니까 그 지명한 것을 보존해 가지고 차차 나아가서,

周遍寂湛 寂妙常凝 名定心住
주변적담 적묘상응 명정심주

주변하고 적담하여 적묘가 상응함을 정심주라 이름하느니라.

응凝 자는 한데 엉켜서 흩어지지 않는 걸 말합니다.

```
定光發明 明性深入 唯進無退 名不退心
정광발명 명성심입 유진무퇴 명불퇴심
```

정定의 광光이 명명을 발發하고 명성이 심입하여 오직 나아가고 퇴함이 없음을 이름하여 불퇴심이라 하느니라.

```
心進安然 保持不失 十方如來 氣分交接 名護法心
심진안연 보지불실 시방여래 기분교접 명호법심
```

마음으로 안연하게 정진함을 보지하여 퇴실하지 아니할새, 시방여래의 기분과 교접함을 호법심이라 이름하느니라.

정광定光이 발명해서 정진하는 게니까 마음 정진하는 게 안연하다, 안연이란 처음에는 애를 써야 하지만, 얼마 지나면 으레 그렇게 되는 것을 말합니다.

```
覺明保持 能以妙力
각명보지 능이묘력
```

각명을 보지하여 능히 묘력으로써,

각명은 위에서 말한 지혜의 마음을 가리키고, 묘력은 선정력입니다.

廻佛慈光 向佛安住
회 불 자 광 향 불 안 주

부처님의 자광을 회廻하여 부처님을 향하여 안주하는 것이,

부처님께서 광명을 돌이켜 오시고, 나는 그리로 향하고, 서로 교섭하는 겁니다.

猶如雙鏡 光明相對
유 여 쌍 경 광 명 상 대

마치 쌍경의 광명이 상대하여,

거울과 거울을 마주 대하면, 이 거울에 저 거울이 비치고, 저 거울에 이 거울이 비치듯이 중생의 마음이 부처님께 향하고 부처님의 마음이 중생에게 향하는 것이, 쌍경의 광명이 상대하는 것과 같다는 말입니다.

其中妙影 重重相入 名廻向心
기 중 묘 영 중 중 상 입 명 회 향 심

그중의 묘영이 중중상입하는 것과 같음을 회향심이라 이름하느니라.

중생의 마음을 돌이켜서 부처님을 향한다는 말이니까 그것을 회향심이라고 한다는 말입니다.

心光密廻
심 광 밀 회

심광이 밀회하여,

회廻 자는 회향심廻向心을 말하는 회 자입니다.

獲佛常凝 無上妙淨
획 불 상 응 무 상 묘 정

부처님의 상응한 무상묘정을 얻고,

부처님의 마음을 얻어서,

安住無爲
안 주 무 위

무위에 안주하여,

일부러 뭐 하겠다고 하는 건 유위인데, 저절로 되는 게 무위입니다.

得無遺失 名戒心住
득 무 유 실 명 계 심 주

유실함이 없음을 계심주라 이름하니라.

계戒라고 하는 것이 조금도 잃어버리지 않고, 그대로 향해야 하는 게니까 그것을 계심주라 한다는 말입니다.

> 住戒自在 能遊十方 所去隨願 名願心住
> 주계자재 능유시방 소거수원 명원심주

계戒에 주住함이 자재하여 능히 시방에 유遊하되, 가는바 원願을 따름을 원심주라 이름하나니라.

가고 싶은 대로 시방을 가게 된다는 겁니다. 그래서 십신十信은 아직 범부로 있는 것이고, 십주十住에 들어가야 물러나지 않는다는 겁니다.

주住란, 선근불퇴善根不退라고 하는데, 나무를 꺾어다 땅에 꽂으면 잡아당길 때 십신과 같아서 뽑혀 버리지만, 뿌리가 땅에 박힌 나무는 아무리 잡아당겨도 뽑히지 않는, 그게 주住 자의 뜻입니다. 그러니까 본래 주住 자의 뜻이 선근불퇴를 말합니다.

> 阿難 是善男子 以眞方便 發此十心
> 아난 시선남자 이진방편 발차십심

아난아, 이 선남자가 진방편으로써 이 십심을 발하여,

그러니까 초주初住에서 발차십심發此十心이라고 했기 때문에 앞에 얘기한 십신은 다른 데와 같이 초주 전의 십신이 아니라 초주에서 나온 열 가지라고 얘길 했습니다. 이게 글도 이렇게 되었다는 겁니다.

그래서 참된 마음을 가지고 십신을 발하고는,

心精發輝
심 정 발 휘

심정이 빛을 발하고,

십신을 발한 마음이(정미로운 것이) 광명을 발하여,

十用涉入 圓成一心
십 용 섭 입 원 성 일 심

십용을 섭입하여 일심을 원성함을,

위의 십신의 마음이 한군데로 원만해서 한마음 되는 것을,

名發心住
명 발 심 주

이름을 발심주라 하느니라.

이것이 십주 가운데 첫째 발심주입니다.

처음으로 보살 될 마음을 낸다고 해서 발심주인데, 보통으로는 초주初住가 삼현三賢 가운데 처음이라고 얘길 하는데, 그건 별교別敎에서 하는 말이고, 원교圓敎에서 볼 때는 초주나 초지나 같다는 겁니다.

그래서 경 가운데도 「십지품十地品」을 「십주품十住品」이라고 하는 데도 있습니다. 그러니까 원교에서는 주住 자와 지地 자의 의미를 같이 보는 것인데, 이걸 발심주라고 했습니다.

心中發明
심중발명

심중에 명명明을 발發함이,

발심주가 명명을 발發한다, 발심주를 그대로 가져와서 하는 말입니다.

如淨琉璃 內現精金
여정유리 내현정금

마치 깨끗한 유리 속에 정금을 현현現하는 것과 같거든,

그렇게 발명해졌거든,

以前妙心 履以成地
이전묘심 이이성지

전 묘심으로써 리履할 지地를 삼는 것이,

발심주 그 자리를 밟아 가지고 집을 지으려면 지단地段이 생겨야 하는 것과 같이 그 지단을 이루는 것을,

名治地住
명치지주

이름이 치지주이니라.

치지란, 시초를 닦는다는 말이나 같은 겁니다.
그러니까 십주十住의 공부가 차차 올라가는 것을 말합니다.

心地涉知
심 지 섭 지

심심과 지지가 상섭相涉하여 알아서,

심心은 발심주發心住의 심이요, 지地는 치지治地의 지입니다.
마음이란 지혜이고, 지란 의지할 땅이니까 이치로 보아 지혜와 이치로도 보고, 또 여기에서 발심주는 처음입니다. 그래서 서로 심이 지를 알고, 지가 심을 안다는 겁니다.

俱得明了 遊履十方 得無留礙 名修行住
구 득 명 료 유 리 시 방 득 무 유 애 명 수 행 주

다 명료함을 얻어 시방에 유리하되, 무류애를 얻음이 이름이 수행주이니라.

行與佛同
행 여 불 동

행行이 부처님과 더불어 같아서,

수행 중의 행입니다.

受佛氣分
수 불 기 분

부처님의 기분을 받음이,

그래서 부처님의 기분을 좀 받아 가지게 되는 겁니다.

부처님 행과 같아지니까 부처님 기분을 받게 된 것이, 그러니까 부처님 되는 자리로 가는 것이,

如中陰身 自求父母
여 중 음 신 자 구 부 모

마치 중음신이 스스로 부모를 구하매,

사람이 죽어서 아직 다음 몸 받지 않은 것을 중음신이라고 하는데, 누가 시킨 게 아니라 중음신이 되었으니, 다음 몸을 받아야 하므로 부모 될 처소를 스스로 찾아가는 겁니다.

陰信冥通
음 신 명 통

음신이 명통함과 같아서,

음陰 자는 드러나지 않는 은은한 것을 말하는데, 그것을 통해서 가게 된다는 얘깁니다.

요전에 언젠가 다른 곳은 다 캄캄하지만, 내 부모 될 이가 있는 그곳은

환한 빛이 있어서 그 광명을 따라가면 부모가 있다는 얘기를 한번 했습니다만, 그것이 음신명통입니다.

신信 자는 기별입니다.

> 入如來種 名生貴住
> 입 여 래 종 명 생 귀 주

여래종에 입入함이 이름이 생귀주이니라.

이 귀貴 자는 부처님을 가리킵니다.

> 旣遊道胎
> 기 유 도 태

이미 도태에 유遊하여,

부처님 되는 태胎가 도태입니다.

> 親奉覺胤
> 친 봉 각 윤

친히 각윤을 받자옴이,

각覺은 부처님이요, 윤胤은 아들 윤 자입니다.
불자佛子, 부처님 제자가 된다는 말입니다.

如胎已成 人相不缺
여태이성 인상불결

마치 태胎가 이미 이루어져서 인상이 불결함과 같음이,

어리지만 모양이 다 된 것이,

名方便具足住
명방편구족주

이름이 방편구족주이니라.

방편으로 구족한 것이다. 사람 모양을 구족하긴 했으니까 방편구족주라 그럽니다.
이 주住 자가 부처 될 지위에 올라가는 걸 가리키는 말입니다.

容貌如佛 心相亦同 名正心住
용모여불 심상역동 명정심주

용모가 부처님과 같고, 심상이 또한 같음이 이름이 정심주이니라.

용容은 몸을 가리키고, 심상心相은 마음을 가리킵니다.
부처 될 참된 마음이 정심주라는 얘깁니다.

身心合成
신심합성

신身과 심心이 합성하여,

日益增長 名不退住
일 익 증 장 명 불 퇴 주

날로 더욱 증장함이 이름이 불퇴주이니라.

십신 가운데는 여섯째가 불퇴심인데, 여기 십주에서는 일곱째가 불퇴주입니다.

十身靈相
십 신 영 상

십신의 영상이,

십신은 보살신菩提身 · 원신願身 · 화신化身 · 역신力身 등의 열 가지가 있는데, 그 십신을 구족하지는 못했지만, 장차 십신을 가질 만한 그 신령한 모양만 생기는 걸 말합니다.

一時具足 名童眞住
일 시 구 족 명 동 진 주

일시에 구족함을 이름을 동진주라 하느니라.

동진은 아이를 가리키는 말입니다.
그러니까 모양이 다 생긴 것을 말합니다.

形成出胎
형성출태

형상을 이루고 태에서 출出하여,

십신의 형상이 다 이루어졌다는 동진주, 다시 말하면 아이의 형상이 다 이루어졌으니 태에서 나오는 겁니다.

親爲佛子 名法王子住
친위불자 명법왕자주

친히 불자가 되는 것을 이름을 법왕자주라 하느니라.

그래서 아들을 낳은 후에,

表以成人 如國大王 以諸國事 分委太子
표이성인 여국대왕 이제국사 분위태자

표하여 성인이 됨이 마치 국대왕이 모든 국사를 태자에게 분위하고,

우리나라에서도 태종이 나중에 세종에게 국사를 다 위임하고 병권兵權만 가지고 있었듯이, 어느 나라든지 임금이 나이가 늙고 태자가 성장하면 태자에게 그걸 맡기는 겁니다.

彼刹利王 世子長成 陳列灌頂
피찰리왕 세자장성 진열관정

저 찰제리 왕이 세자가 장성하매 관정을 진열함과 같은 것을,

관정하는 법식이 있는데, 인도에 있는 임금이 태자에게, 요샛말로 하면 선위禪位, 태자를 봉하는 그런 의식을 하는데, 동서남북에 있는 사해의 바닷물을 떠다가 병에 담아서 태자를 불러 앞에 놓고 임금이 그 병을 들어서 태자의 정수리에 부어 준다는 겁니다.

그 바닷물을 머리에 부어 주는 것은, 사해의 백성들이 이 태자를 임금으로 추대한다는 그런 의미에서라고 하는데, 그게 인도에 있는 법입니다.

名灌頂住
명 관 정 주

이름을 관정주라 하느니라.

阿難 是善男子
아 난 시 선 남 자

아난아, 이 선남자가,

관정식을 한 선남자가,

成佛子已 具足無量 如來妙德
성 불 자 이 구 족 무 량 여 래 묘 덕

불자를 이루어 마치매 무량한 여래의 공덕을 구족하여,

여래가 많다는 말도 되고, 한 여래의 공덕이 많다고 할 수도 있습니다.

```
十方隨順 名歡喜行
시 방 수 순   명 환 희 행
```

시방에 수순함을 이름을 환희행이라 하느니라.

```
善能利益 一切衆生 名饒益行
선 능 이 익   일 체 중 생   명 요 익 행
```

능히 일체중생을 잘 이익되게 함이 이름이 요익행이니라.

환희행의 심心이 있어서 그 공덕으로 잘 능히, 넉넉할 요饒 자니까 남을 이롭게 한다는 말입니다.

```
自覺覺他 得無違拒 名無嗔恨行
자 각 각 타   득 무 위 거   명 무 진 한 행
```

스스로가 각覺하고 남을 각하게 하여 무위거를 얻음이 이름이 무진한행이니라.

위거가 없으면 진한이 없을 테니까 자기 마음대로 된다는 말입니다.

```
種類出生
종 류 출 생
```

종류를 출생하게 하여,

『화엄경』에 보면, 지옥에 있는 중생도 모두 나와서 불법을 듣고 성불하게 한다는 그런 얘기가 있는데, 그런 여러 종류의 중생들이 불법 가운데 출생한다. 즉 여러 종류의 중생을 다 그 부류에서 벗어나 부처님 법 가운데로 출생하게 한다는 말입니다.

> 窮未來際 三世平等 十方通達 名無盡行
> 궁미래제 삼세평등 시방통달 명무진행

미래제가 다하며 삼세가 평등하여 시방에 통달함이 이름이 무진행이니라.

시간으로 삼세가 평등하고, 공간으로 시방을 통달해서 끝이 없다는 말입니다.

> 一切合同 種種法門 得無差誤 名離癡亂行
> 일체합동 종종법문 득무차오 명이치란행

일체가 합동하는 종종의 법문에 차오差誤가 없음을 이름을 이치란행離癡亂行이라 하느니라.

> 則於同中 顯現群異
> 즉어동중 현현군이

동동한 가운데에 군이를 현현하고,

일체 합동이니까 그 동同한 가운데에 이異가 있고,

> 一一異相 各各見同 名善現行
> 일 일 이 상 각 각 견 동 명 선 현 행

낱낱 이상에서 각각 동동을 보임을 이름을 선현행이라 하느니라.

이異 가운데 동동이 있다는 얘깁니다. 그러니까 동동과 이異에 조금도 어김이 없이 잘 나타내는 것을 말합니다.

> 如是乃至 十方虛空 滿足微塵 一一塵中 現十方界
> 여시내지 시방허공 만족미진 일일진중 현시방계

이와 같이 내지 시방 허공에 미진을 만족하고, 일일 진塵 중에 시방계를 나타내어,

세계 가운데 티끌을 나타내고, 티끌 가운데 세계를 나타낸다는 말입니다.

> 現塵現界 不相留礙 名無着行
> 현 진 현 계 불 상 유 애 명 무 착 행

진塵을 나타내고 계界를 나타내어도 서로 유애하지 아니함이 이름이 무착행이니라.

티끌을 나타내든지, 세계를 나타내든지, 크고 작은 것이 유애되지 않는 게 이름이 한 곳에 착착하지 않는다는 무착행이라는 말입니다.

> 種種現前 咸是第一波羅蜜多 名尊重行
> 종 종 현 전 함 시 제 일 바 라 밀 다 명 존 중 행

가지가지 현전함이 다 이 제일바라밀다임을 이름을 존중행이라 하느니라.

그 존중행이,

> 如是圓融 能成十方諸佛軌則 名善法行
> 여 시 원 융 능 성 시 방 제 불 궤 칙 명 선 법 행

이와 같이 원융하여 능히 시방제불의 궤칙을 이룸을 이름을 선법행이라 하느니라.

궤칙이 내내 법이니까 선법행이라 한다는 말입니다.

> 一一皆是淸淨無漏
> 일 일 개 시 청 정 무 루

낱낱이 다 이 청정무루이며,

위의 아홉 가지 행을 다 가리키는 말입니다.

> 一眞無爲 性本然故 名眞實行
> 일 진 무 위 성 본 연 고 명 진 실 행

일진한 무위이어서 성性이 본연한 연고로 이름을 진실행이라 하느니라.

성품이 본연하기 때문에 무위無爲하다는 겁니다.

[편자주] 이 대목부터 다음 십습十習 중 제오습 말末 '여외시랑如畏豺狼'까지 보완분임.

여러분, 노화상老和尙의 강의를 입수하지 못한 부분이 또 생겼습니다.

좋은 강의를 듣지 못함을 여러분과 함께 유감스럽게 생각하면서 원문을 석사하는 정도에서 강의 테이프를 기다리는 동안 임시 이렇게 대체하도록 하겠습니다.

삼현三賢 가운데 십행十行까지를 끝내고 십회향十廻向으로 들어가는 과정입니다. 십주와 십행에서는 세속을 벗어나려는 생각, 공부하려는 생각이 주로 많고, 중생을 교화하려는 쪽의 생각이 좀 렬劣한 것이 특징인데, 이 십회향에 들어와서는 중생을 이롭게 하려는 게 중점이 되겠습니다.

그 회향이라는 자체가 무엇을 돌려서 무엇을 한다는 말인데, 자기가 받은 상금을 자기가 쓰지 않고, 돌려서 어떤 복지기관에 희사하는 것도 일종의 회향입니다.

그러니까 십주, 십행에서 자기가 이 세속에 물들지 않는 그러한 힘, 지혜를 터득했으면, 그걸 가지고 혼자 즐기지 아니하고 중생제도하는 데 전력을 다한다는, 그런 뜻이 되겠습니다.

본문으로 들어가겠습니다.

阿難 是善男子 滿足神通
아 난 시 선 남 자 만 족 신 통

아난아, 이 선남자가 신통을 만족하여,

위에서 말한 십행 중에 제8행까지를 얘기합니다.

成佛事已
성 불 사 이

불사를 이루어 마쳐서는,

이것은 제9행을 말합니다.

純潔精眞
순 결 정 진

순결하고 정진하여,

제10행을 말합니다.

遠諸留患
원 제 유 환

모든 유환을 멀리했거든,

유환은 장애입니다.

십회향을 이루었다는 생각, 그 자체에 걸려 있으면 유환이 되는데, 그것까지도 멀리 여의었거든,

當度衆生
당 도 중 생

마땅히 중생을 제도하되,

그런 힘은 중생제도하는 데 써야 하나니, 중생을 제도하되,

滅除度相 廻無爲心
멸 제 도 상 회 무 위 심

제도한 상相을 멸제하고 무위심을 회廻하여,

중생을 제도한다는 생각이 없어지면, 그 생각이 바로 무위의 마음입니다.

그런 마음을 돌이켜서,

向涅槃路
향 열 반 로

열반로涅槃路로 향함을,

모든 중생과 더불어 열반 길에 가야겠다, 이렇게 하는 것이 열반로를 향한다는 말입니다.

> 名救護一切衆生離衆生相廻向
> 명 구 호 일 체 중 생 리 중 생 상 회 향

이름을 구호일체중생리중생상회향이라 하느니라.

저 사람은 중생인데, 내가 제도할 대상이다 하는 이런 생각을 여의는 회향입니다. 다시 말하면 조건 없는 봉사가 되겠습니다.

그 다음에 두 번째,

> 壞其可壞 遠離諸離 名不壞廻向
> 괴 기 가 괴 원 리 제 리 명 불 괴 회 향

괴壞할 것을 가히 괴壞하고, 모든 여읠 것을 멀리 여읨을 불괴회향이라 이름하느니라.

위의 괴壞 자는 동사가 되겠습니다.

가괴란, 위에서 중생을 제도하는 생각을 여의었다고 했는데, 그 중생을 제도한다는 생각을 괴해 버린다는 말입니다.

중생을 제도하되, 제도했다는 중생상까지도 여의었다는 것을 구호일체중생리중생상회향救護一切衆生離衆生相廻向이라고 하면, 거기서 다시 구호일체중생救護一切衆生호대, 이중생상회향離衆生相廻向, 중생이라는 모습을 여의었다는 생각이 남아 있으면 안 된다, 그래서 중생의 모습을 여의었다는 그 여읨도 아주 멀리 여읜다는 말이 원리제리遠離諸離입니다.

그러니까 나는 중생을 제도하되, 조건 없이 한다, 조건 없이 한다는 생각까지도 원리하는 이것을 불괴회향이라고 그랬습니다.

불괴란 견고해서 무너지지 않고 확고하다는 말입니다.

그래서 수행이 이쯤 갈 때에 무너지지 않는 그런 경지에 이르러 가기 때문에 불괴회향이라고 하는 것입니다.

세 번째는,

> 本覺湛然 覺齊佛覺 名等一切佛廻向
> 본각 담연 각제불각 명등일체불회향

본각이 담연하여 각覺이 부처님의 각覺과 제등齊等함을 등일체불회향이라 하느니라.

본각이란, 수행자의 심중의 부처님이라 했는데, 심중의 부처님은, 불괴회향하는 자리에 나타나는 마음이 부처님과 둘이 아닌 그러한 당당한 자세입니다. 그 자세는, 마치 맑은 바다와 같이 담연해서 수행자의 각覺이 부처님과 같아진다고 그랬습니다. 그러니까 부처님의 각과 가지런해진다고 했는데, 이 상태에 와서는 여읠 것도 없고, 무너지거나 무너지지 못할 것도 없고, 여읜다는 것과 여의지 않는다는 것도 없어서 담연해졌기 때문에 결국 부처님과 가지런해졌다고 합니다. 이렇게 가지런해졌기 때문에 일체불과 동등해지는 회향을 했습니다.

그래서 부처님의 세계에 이르러졌으면, 부처님의 세계와 동등해졌다는 생각마저 없어서 그야말로 담연한 상태입니다.

그 다음엔 네 번째,

> 精眞發明 地如佛地 名至一切處廻向
> 정진발명 지여불지 명지일체처회향

정진이 명명을 발發하여 지地가 불지와 같음을 지일체처회향이라 하느니라.

위에서의 각覺이 담연했기 때문에 정진이 발명인데, 이 정진이라는 말은 우리의 불성佛性입니다.

그래서 일체불과 동등한 자리가 정진인데, 이런 정진한 자리에서 명명이 발發한다, 명이 발한다는 것은 중생을 제도하겠다는 그런 신념만이 발동한다, 그래서 지地가 불지佛地와 같아졌다고 했습니다.

그래서 이 앞에서는 각覺이 부처님과 가지런해졌다고 그랬는데, 깨달음(覺)의 세계가 부처님의 진여, 본질 세계와 같아졌다는 얘기고, 여기에서 각제불각覺齊佛覺, 지여불지地如佛地가 짝이 되는 얘기인데, 지여불지라는 말은, 진여의 영역, 다시 말하면 진여의 활용 범위까지도 정진이 더욱 발명해서 널리 영역을 잡았다, 이런 얘깁니다.

일체처는 중생이 있는 곳 어디에나 이른다 해서 이건 진여의 작용이 부처님과 같아졌다는 얘기이고, 이 위는 진여의 본체와 같아졌다고 이렇게 고래古來로 보고 있습니다.

다섯 번째,

世界如來 토相涉入
세 계 여 래 호 상 섭 입

세계와 여래가 서로 섭입하되,

이 위에서 지여불지地如佛地, 수행자의 지위가 부처님의 지위와 같다고 그랬는데, 부처님의 지위가 바로 세계로 나타납니다. 그래서 부처님의 세계가 자기 자신이 불경지佛境地에 이른 여래요, 여래란 수행자의 여래와 동등한 지혜입니다. 그러니까 세계와 여래, 즉 환경과 지혜, 이렇게 되겠습니다.

지혜로써 세계를 관찰할 수가 있고, 세계로써 지혜를 관찰할 수가 있습니다. 이 얘기를 더 구체적으로 하면, 세계로써 여래를 비추어 보면 무진無盡 세계의 초목 끝마다에도 부처님이 안 계신 곳이 없게 된다고 합니다.

또 여래로써 세계를 비추어 보면, 우리의 몸 털구멍 하나마다에 무량국토가 나타난다는 경전 말씀이 나옵니다.

미진微塵 속에 앉아서 대법륜大法輪을 굴린다는 얘기가 바로 이 얘긴데, 그래서,

> 得無罣礙 名無盡功德藏廻向
> 득 무 괘 애 명 무 진 공 덕 장 회 향

무괘애를 얻음이 이름이 무진공덕장회향이니라.

세계 속에 몸이 나타나고, 몸속에 세계가 나타나기 때문에 무괘애입니다. 그래서 이것은, 부처님의 중생 교화하시는 활동상이 찬란하심을 말하는 부분이 되겠습니다.

그 다음엔,

> 於同佛地 地中各各 生淸淨因
> 어 동 불 지 지 중 각 각 생 청 정 인

불지와 같음에서 지地 중 마다에 각각 청정인을 생하고,

어동불지는 위에서 말한 지여불지地如佛地를 다시 얘기한 것입니다.

부처님과 같은 지위에서, 어떤 지위에서든지 각각 청정인을 낸다, 청정인이란 열반에 이를 수 있는 원인, 수행을 말합니다. 그러니까 이것은 저 위에서 말한 중생을 제도하되, 제도한다는 생각이 없는 그런 모습입니다.

그러한 인因을 내서,

> 依因發輝 取涅槃道
> 의 인 발 휘   취 열 반 도

인因을 의지하여 빛을 발하여 열반도를 취함이,

이 말은 열반에 도달한다는 말입니다.

> 名隨順平等善根廻向
> 명 수 순 평 등 선 근 회 향

이름이 수순평등선근회향이니라.

평등선근은 중생과 부처가 동연불성同緣佛性의 존재라고 할 때 평등선근입니다. 그런 원칙에 수순해서 중생과 부처의 차별 없이 모두가 열반에 이르러 가게 하는, 그런 회향을 말합니다.

> 眞根旣成
> 진 근 기 성

진근을 이미 성취하여,

진근은 평등선근을 얘기합니다.

위의 평등선근회향이 왜 진근으로 불리느냐면, 본성이 참으로 원융해서 성진性眞이 원융법계라고 그랬습니다. 그래서 이 평등선근이 참으로 원융하다는 그런 신념에 수순평등선근회향을 다시 각색한 것입니다.

이것이 완성되어서,

> 十方衆生 皆我本性 性圓成就 不失衆生
> 시방 중생 개아 본성 성원성취 불실중생

시방 중생이 다 나의 본성이며 성性을 원만히 성취하되, 중생을 잃지 아니함이,

바꿔 말하면 나는 곧 시방 중생과 동격이다, 이런 얘깁니다. 그래서 이 원융을 다 성취해서 이 성性에서 볼 때에 원융하여 피차가 없는데, '너는 중생이다' 하는 이런 생각을 낸다고 하면, 이건 잃는 것입니다. 그러나 여기에서는 중생을 잃지 않는 겁니다.

> 名隨順等觀一切衆生廻向
> 명 수 순 등 관 일 체 중 생 회 향

이름이 수순등관일체중생회향이니라.

이것은 일체중생을 평등하게 보는 원칙을 수순하는 회향이라고 그랬습니다. 그래서 이 등관이라는 말은, 쉽게 말하면 고하高下도 없고 피차彼此도 없는 것입니다. 그래서 모든 중생을 완전히 원섭圓涉하는 게 되겠습니다.

> ## 卽一切法 離一切相
> 즉 일 체 법 이 일 체 상

일체법에 즉하고 일체상을 이離하여,

즉卽한다는 말은 붙어서 떨어지지 않는다는 상관적 관계요, 일체상을 이離한다는 것은 상리적相離的 관계입니다.

그래서 이 수순등관일체중생회향에서 다시 하나 더 나아가면 등관等觀하기 때문에 일체법 그대로이기도 하고, 일체법을 떼어 버리기도 해서,

> ## 唯卽與離 二無所着 名眞如相廻向[1]
> 유 즉 여 리 이 무 소 착 명 진 여 상 회 향

오직 즉卽과 다못 이離의 둘에 집착한 바가 없음이 이름이 진여상회향이니라.

다시 말하면 진여의 모습 그대로 살아가는 겁니다.

그 다음에,

> ## 眞得所如
> 진 득 소 여

진정 여如한 바를 얻어서,

---

1 고려대장경에는 명여상회향名如相廻向으로 되어 있으나, 송본·원본·명본에는 본문과 같이 되어 있다.

진여를 의지해서, 진여를 잘못 얻은 게 아니라 진짜로 얻어서,

十方無礙 名無縛解脫廻向
시 방 무 애   명 무 박 해 탈 회 향

시방에 무애함이 이름이 무박해탈회향이니라.

그 다음 열 번째,

性德圓成
성 덕 원 성

성덕이 원만히 성취되어,

성덕이란 십회향에 들어와서 제7 수순등관일체중생회향隨順等觀一切衆生廻向에서 이루어지는데, 그 성덕이 원만히 이루어져서,

法界量滅 名法界無量廻向
법 계 양 멸   명 법 계 무 량 회 향

법계의 양을 멸함이 이름이 법계무량회향이니라.

어디까지나 법계의 양이다, 이렇게 생각하지 않고 끝없는 세계를 대상으로 보는 겁니다. 즉 끝없는 세계를 법계로 삼는 회향이라는 말입니다. 그래서 이렇게 법계가 한량이 없을 때에 현賢의 지위에서 초월해 성聖의 지위로 들어가게 된다는 의미를 가지고 있는 회향입니다.

다시 말하면, 삼현三賢 십성十聖, 그럴 때에 현賢의 세계는 아직까지 진리를 추구하는 그런 지위에 있습니다.

그러나 앞으로 성위聖位에 들어가게 되는데, 들어가면 현자와 성자의 차이를 어디다 두느냐 하면, 성聖은 십지十地니까 진리 속에 살아가면서 바로 진리가 자신임을 누려 나가는 게 성자聖者라 하겠습니다.

그래서 십지에 들어가기 전에 사가행四加行이 있게 되는데, 삼현을 마치고 성자에 들어가는 하나의 준비 과정으로 보면 되겠습니다.

> 阿難 是善男子 盡是淸淨 四十一心
> 아 난 시 선 남 자 진 시 청 정 사 십 일 심

아난아, 이 선남자가 이 청정한 사십일심을 다하여서는,

이 사십일심의 수행을 끝내고는,

> 次成四種 妙圓加行
> 차 성 사 종 묘 원 가 행

다음에 사종의 묘원한 가행을 이루느니라.

이것을 사가행四加行이라고 하는데, 가행이란 더할 가加, 행할 행行, 보통 때에 하루 열 시간 공부하다가 두 시간을 더해서 열두 시간을 한다든지 하는, 이런 것을 가행이라고 그럽니다.

그런데 현인賢人의 지위에서 성인 지위에 들어가려면, 여기에서 법계의 양이 멸하는 것까지가 삼현의 마지막이라고 했습니다만, 현자賢者는 법계

의 양이 멸했다고 하더라도 나와 법계의 차이가 있는데, 성자의 세계에서는 나 자체가 법계임을 누리는 그러한 세계가 되겠습니다.

그러니까 거기에 들어가기 위해서는 좀 더 특별한 가행을 하는 것인데, 상급학교에 가기 위해서 평소 때보다 입시 준비를 더하는 것으로 보아도 됩니다. 소승에서도 사가행을 얘기합니다만, 대승의 사가행은 특히 심성을 다루는 데 역점을 두었기 때문에 묘원이라는 말을 썼다고 합니다.

그러면 어떤 것인가.

> 卽以佛覺 用爲己心
> 즉 이 불 각 용 위 기 심

곧 부처님의 각覺으로써 나의 마음을 삼아,

용用 자는 써 이以 자와 같습니다.

> 若出未出
> 약 출 미 출

출出한 것 같으나 출하지 못함이,

부처님의 각覺을 자기의 마음으로 삼되, 그런 상태가 완성될 듯하면서도 아직 채 안 된 상태를 말합니다.

> 猶如鑽火 欲然其木
> 유 여 찬 화 욕 연 기 목

마치 나무를 찬鑽하여 불을 낼 적에 그 나무를 태우려 할 듯 말 듯한 것과 같아서,

뚫을 찬鑽 자입니다만, 비빈다는, 그러니까 두 나무를 빨리빨리 비비면 뜨거워져서 불이 나게 되는데, 이 상태를 찬화라고 합니다.

요새는 성냥도 있고 라이터도 있지만 옛날엔 그렇게 불을 켰습니다.

> 名爲煖地
> 명 위 난 지

이름이 난지이니라.

나무를 태우고자 한다는 건 두 나무를 극도로 빨리빨리 마찰시킬 때에 그 나무에서 불이 날까 말까 하는 상태가 바로 난지이다. 그러니까 불이 날 정도까지가 되었으면 삼현이 되겠습니다만, 거기에서 불이 삐끔 보일 때에 보드라운 솜 같은 것으로 살짝 대어 불을 떼어 내 가지고 불을 키워서 활활 태우는 것인데, 그 불이 삐끔 났다 하면 성현 지위에 들어가는 겁니다. 그러니까 이 사가행은 그렇게 되었을 때 조금 더 노력하는 겁니다.

그 첫자리가 난지, 다시 말하면 따뜻해지는 경지, 이 두 나무가 뜨거워져서 불이 날 듯 말 듯한 그런 것과 같이 성聖에 들어갈까 말까 하는 자리, 불각佛覺이 자기의 마음이 될까 말까 하는 자리라고 보면 되겠습니다.

두 번째,

> 又以己心 成佛所履
> 우 이 기 심 성 불 소 리

또 자기의 마음으로써 부처님의 밟던 바를 이루어서,

부처님의 각覺으로써 자기의 마음 삼는 것이 될까 말까 한 자리에서 한 층 더 나아가 불각佛覺을 자기의 마음으로 삼아 그 다음에는 부처님의 밟으시던 바를 이룬다고 했습니다.

부처님께서 밟으시던 바라는 것은, 내 마음 행하는 것이 부처님의 밟으신 바이어서 견해가 부처님과 같아질 뿐만 아니라 부처님과 마음도 같아지고, 발걸음도 같아질까 말까 하는 자리입니다.

그래서 내 발자국으로 부처님의 밟으신 바를 이루고자 해서,

> 若依非依
> 약 의 비 의

의지한 듯하면서 의지한 것 아님이,

무엇인가 의지해 있으면서 사실은 의지하지 않은 것과 같다. 또 이것은 의지하지 않은 것 같지만 실제로는 의지했다고 봐도 됩니다.

무슨 얘긴고 하면, 의지라는 건 아직까지도 성인 지위에 채 들어가지 못한, 성지賢地 위에 의지하는 부분이 좀 남았다는 얘깁니다.

비의非依란 '거기서 떠난 것도 같고' 하다는 얘깁니다.

> 如登高山 身入虛空 下有微礙
> 여 등 고 산 신 입 허 공 하 유 미 애

마치 고산에 오르매 몸은 허공에 들었으나 아래에 미애가 있는 것

같음이,

　높은 꼭대기, 바위 위에서 발바닥 삼분의 일만 걸치고 섰다고 할 때에 몸 전체는 실질적으로 허공에 들어가서 성불소리成佛所履가 될까 말까 합니다만, 발바닥에 붙어 있는 5센티미터, 10센티미터, 그것만 떨어진다고 하면, 자기 몸이 완전히 허공에 들어가서 성불소리가 되는 겁니다.
　그런데 그게 안 되었습니다. 그래서 마치 허공에 들어갔을 때 아래의 약간의 장애만이 남아 있는 상태와 같은 그러한 상태, 다시 말하면 현賢의 지위에서 벗어나서 성聖의 지위에 들어가려는, 이 몸이 지금 전체가 허공에 다 들어가고 발바닥에 조금 남은 그것만 떨어지면 되는 지위를,

名爲頂地
명 위 정 지

이름이 정지이니라.

　정頂 자는 산 정수리 정 자입니다.
　세 번째는,

心佛二同 善得中道
심 불 이 동　선 득 중 도

마음과 부처님 둘이 같아서 잘 중도를 얻음이,

　마음은 자기의 마음입니다. 위에서 자기의 마음으로써 부처님의 밟으신 바를 이루고자 했다고 그랬는데, 그게 이루어진 것입니다.

내 마음 쓰는 자리가 부처님 쓰는 마음자리이고, 부처님 마음 쓰는 자리가 내 자리이며, 내 걷는 자리가 부처님 걷는 자리이고, 부처님 걷는 자리가 내 자리라는 그런 얘깁니다.

중도를 얻었다는 건 내가 불경계佛境界와 가까워진 것 같아도 가까워지지도 않고, 내가 아직 이르지 못했다고 해서 처지지도 않는 이것을 중도라 한다고 그랬습니다.

이러한 두 가지의 중도를 얻어서,

如忍事人
여 인 사 인

마치 일을 참는 사람이,

일을 참는다는 말은, 어떤 사건에 대해서 체념해서 잊어버리는 것도 아니고, 또 사건을 드러내서 떠드는 것도 아니고, 입 밖에 그 말이 나올 듯하면서도 차마 안 내는, 요즘 TV 드라마에 보면, 공산당들이 고문할 때 동료들이 있는 곳을 알려 주면 산다는데, 알려 줄까 말까 하는 소리가 나오지만, '아니다, 얘기하면 나도 죽고 동료들도 죽는다' 해서 그걸 말 안 하는 것처럼, 그게 곧 입 밖에 나올까 말까 하는 자리입니다.

非懷非出
비 회 비 출

회懷함도 아니고 출出함도 아님과 같음이,

참아 둔 사건을 품속에 품어 두어 체념해 잊은 것도 아니고, 또 출出 자는 입 밖에 토설해 버리는 것도 아님이,

名爲忍地
명 위 인 지

이름이 인지이니라.

이 중도의 과각果覺을 선득중도善得中道, 중도를 얻었으면 얻은 것으로 끝나는 것이 아니라 중도에 의해서 어떤 목적지에 도착할 것 같은데, 도착할락 말락 하는 그런 상태를 얘기한다고 그랬습니다.

그 다음 네 번째,

數量銷滅
수 량 소 멸

수량이 소멸하여,

수량이란 숫자와 분량이고, 위의 세 번째는 마음과 부처님의 두 가지가 동등하다고 그랬는데, 여기에서는 마음이다 부처다 이 두 가지 주관 객관까지의 개념이 소멸하고,

迷覺中道 二無所目
미 각 중 도 이 무 소 목

미迷나 각覺의 중도 들을 지목할 수 없음을,

미중도迷中道, 각중도覺中道 그럽니다.

앞에서 중도를 잘 얻었습니다.

잘 얻었다는 말은, 앞에 말한 것과 같이 심心과 부처님, 두 가지의 관계에서 중도가 이루어졌는데, 그런데 이 심과 부처님이 있다고 전제하고 심과 부처님 사이에서 중도를 얻으면, 이것은 아직 미중도라고 보는 겁니다.

각중도는 수량이 소멸하고 심과 부처님이 둘이 있는 걸 인정하지 아니하고, 초월한 자리에서 중도만 보는 것을 각중도라 그랬습니다. 그래서 미중도냐 각중도냐, 이 두 가지에서 이름 지을 수 없다는 얘기는 결국 세울 수가 없다.

그래서 초연히 중도 제일의제법第一義諦法으로 들어갔다 해서 그 자리를,

名世第一地
명 세 제 일 지

이름을 세제일지라 하느니라.

세제일이라는 말은, 현인까지를 세世라고 하는데, 이 세상의 세태를 보는 데는, 이 세상 지위에서는 현인이 최고 가는 지위다, 그랬습니다. 그래서 이건 세世라고 하고, 한 걸음만 넘어가게 되면 출세出世가 됩니다.

십지인 성인 지위에 들어가면 세상 밖, 다시 말하면 여래의 법류法流와 더불어 같이 부합되는 거니까 출세제일出世第一이 되는 것입니다.

그래서 이런 것들은 유식唯識 중에서 얘기하는 그런 세계의 개념과는 다르기 때문에 묘원사가행妙圓四加行이라고 한다고 그랬습니다.

사가행을 마치면 십지에 들어가게 되는데, 본문 보시겠습니다.

> 阿難 是善男子 於大菩提 善得通達
> 아 난 시 선 남 자 어 대 보 리 선 득 통 달

아난아, 이 선남자가 대보리에 잘 통달을 얻어서,

보리菩提라고 하면 각覺이요 진리인데, 여기에다 대大 자를 썼습니다.

이 주해註解에도 오보리五菩提라는 말을 했는데, 똑같은 보리에다 다섯 가지의 의미를 부여하는데, 첫째는 발심보리發心菩提 그럽니다. 이건 십신위十信位에서 얻는 보리입니다.

그 다음엔 복심보리覆心菩提, 엎드릴 복覆, 마음 심心을 써서 삿된 마음을 굴복시키는 보리인데, 십주·십행·십회향의 위位에서 닦는 보리라고 하겠습니다.

세 번째는 명심보리明心菩提인데, 밝을 명明, 마음 심心, 초지 이상 칠지까지를 말하고, 그 다음에 날 출出, 이를 도到, 출도보리出到菩提가 있는데, 팔지에서 십지까지를 얘기하고, 그 다음 무상보리無上菩提는 등각等覺에서 증證한다고 그럽니다.

이 발심보리, 복심보리, 명심보리, 출도보리, 무상보리의 이 다섯 가지 가운데 무상보리에 상응한다고 이 주註에서 노스님(운허 스님)이 얘길 하셨습니다.

> 覺通如來 盡佛境界 名歡喜地
> 각 통 여 래 진 불 경 계 명 환 희 지

각覺이 여래와 통하여 부처님의 경계를 다함이 이름이 환희지이니라.

환희지란, 현자의 지위에서 성자의 지위에 들어가면서 얻어지는 기쁨이 크기 때문에 여기를 환희지라 그럽니다.

그래서 삼현에서는 각覺이 부처님의 경지와 제등齊等했고, 지위가 부처님의 경지에 제등해서 거기서 사가행을 더 닦아서 지금 이 묘원가행妙圓加行을 통해서 보리가 원만해졌기 때문에 무상보리를 목표 삼아서 그 무상보리의 세계가 어떻다 하는 것을 선득통달善得通達했다고 그랬습니다.

앞에서 무상보리는 등각에서 얻고, 초지에서는 명심보리를 얻는다고 했는데, 이것은 과상果上에서 하는 얘기고, 여기에서는 무상보리의 세계를 당증當證하는 얘기가 되겠습니다.

그 무상보리의 세계에 대한 환희, 다시 말하면 자기가 가야 할 목적지라는 생각을 하니, 기쁨이 가득한 그것을 환희지라고 그랬습니다.

그 다음에,

> 異性入同 同性亦滅 名離垢地
> 이 성 입 동 동 성 역 멸 명 이 구 지

이성이 동同에 들어가고 동성도 멸함이 이름이 이구지이니라.

이성입동은 같은 얘기가 될지 모르겠습니다만, 대보리를 통해서 부처님의 경계를 다 얻고 보면, 일체 장애가 다 구경각究竟覺이 되고, 중생과 국토가 동일법성同一法性이 된다고 『계환소戒環疏』에 되어 있습니다.

그래서 다시 말하면, 수량이 소멸한다는 얘기와도 같은 것으로서 모든 차별된 현상이 한 깨달음의 세계로 들어가고, 또 동성同性도 멸해서 깨달은 세계에 들어갔다고 하는 생각도 없어져서, 다시 말하면 초환희지初歡喜地에서 얻었던 기쁨, 지혜 또한 없어진 것이 이구지라는 말입니다.

구구垢(때)란 위의 생각들이 때가 된다는, 그러니까 심정心精의 때입니다.

> 淨極明生 名發光地
> 정 극 명 생 명 발 광 지

정淨이 극極하여 명明을 생함이 이름이 발광지이니라.

때를 여의는 것은 환희를 얻었다고 하는 생각도 때가 되겠고, 또 중생과 국토가 다르다는 생각도 때가 되는데, 그런 생각을 다 여의고, 여의기가 극해서 밝음이 생하면 묘각妙覺의 광명이 생긴다, 그렇게 봤습니다.

그 다음,

> 明極覺滿 名燄慧地
> 명 극 각 만 명 염 혜 지

명明이 극하여 각覺이 원만함이 이름이 염혜지이니라.

염燄이란 활활 타오르는 불꽃인데, 불꽃 같은 지혜, 그 지혜가 극승해지는 지위라고 그랬습니다.

> 一切同異 所不能至 名難勝地
> 일 체 동 이 소 불 능 지 명 난 승 지

일체동이가 소所에 능히 이르지 못함이 이름이 난승지이니라.

앞에서는 '이성입동異性入同하고 동성역멸同性亦滅이라'라고 했는데, 동同과 이異가 모두 동시에 멸해 가지고 이기기 어려운 지혜를 난승지라고 그럽니다.『화엄경』「십지품十地品」에 보면 자세히 나와 있습니다.

無爲眞如 性淨明露 名現前地
무위진여 성정명로 명현전지

무위진여의 성性이 정명하게 드러남이 이름이 현전지이니라.

동진여同眞如가 되어서 함이 없다, 뭘 하려는 생각이 없되, 진여가 되어서 진리가 앞에 오롯이 나타난다는 말입니다.

盡眞如際 名遠行地
진진여제 명원행지

진여의 제際를 다함을 이름을 원행지라 하느니라.

제際 자는 살피(두 땅이 맞닿은 경계를 나타낸 표) 제 자입니다.

내 땅의 살피면 땅의 끄트머리인데, 진여의 끝까지 진여의 세계가 머니까 끝까지 다가갔으니, 원행지입니다. 이렇게 해서 칠지까지가 앞에서 얘기한 명심보리明心菩提가 되는 겁니다.

그래서 진여의 끝까지 다가감으로써 진여는 바로 마음인데, 마음의 정체를 끝까지 밝힌다, 이렇게 함으로써 제팔지인 부동지不動地에 오른다 해서 대체로 이 칠지에서 팔지에 오르는 과정을 한 구단으로 보고 있는 것입니다.

> **一眞如心 名不動地**
> 일 진 여 심 명 부 동 지

일진여심을 부동지라 이름하느니라.

하나인 진여 마음이 되는 것이, 진여의 영역이 다해 버리고, 그 자체 그대로가 진여가 되어 버린다는 말입니다.

> **發眞如用 名善慧地**
> 발 진 여 용 명 선 혜 지

진여의 용용用을 발發함이 이름이 선혜지이니라.

위에서 염혜지는 불꽃 같은 밝은 지혜라고 그랬는데, 이 선혜지는 신통과 심력心力이 자재한 것입니다.

위의 염혜지는 진리를 터득하는 지혜가 확고부동한 것을 얘기했고, 여기는 신통과 심력心力이 차지하는 그런 지혜의 힘을 얘기했습니다.

열 번째에 들어가기 전에,

> **阿難 是諸菩薩 從此已往 修習畢功**
> 아 난 시 제 보 살 종 차 이 왕 수 습 필 공

아난아, 이 모든 보살이 이로부터 이왕은 수습의 공을 마치고,

종차란 제구지요, 이왕은 이후以後라는 말입니다.

> **功德圓滿 亦目此地 名修習位**
> 공덕 원만 역목차지 명수습위

공덕이 원만할새, 이 지地를 지목하여 수습위라 이름하느니라.

수습이란 닦아 익힌다. 그래서 초지에서 구지까지를 묶어서 수습위라고 그러고, 십지에 올라가서는 무학위無學位라고 그러는데, 십지의 공부는 제십지를 증득하는 데 묘妙가 있습니다. 그래서 제구지까지를 수습위라고 한다는, 그런 얘기가 되는 것입니다. 이렇게 얘기하는 이유는, 맨 처음 간혜지에서 십지까지 전부 오십오위가 되기 때문입니다.

간혜지가 하나, 십신·십주·십행·십회향까지 사십일위 하고, 그 다음에 사가행四加行을 하면 사십오위에다 아직 십지까지는 덜 왔습니다만, 이 십지까지 오십오위 점차라고 해서 대체적으로 십지까지 하면 수행이 끝나는 것으로 되는데, 이 오십오위의 수행을 또 자량위資糧位, 가행위加行位, 통달위通達位, 수습위修習位, 무학위無學位, 이렇게 나눕니다.

자량資糧이라는 말은, 도울 자資 자, 양식 량糧 자 해서 먼 길 떠나는 사람이 노자와 양식을 갖추는 그것을 노자 자資, 양식 량糧이라 해서 이것을 삼현三賢으로 봅니다.

두 번째, 가행위는 이 앞에 말한 사가행이 되겠고, 세 번째는 통달위라고 해서 초지를 말하는데, 대보리의 방향, 소재를 알아서 진리야말로 이것이구나 하고 통달하니까 초지이며, 네 번째가 수습위인데, 정확히 말하면 이지에서 구지까지를 수습위라 하고, 다섯 번째는 무학위인데, 이것은 제십지, 등각等覺·묘각妙覺을 포함해서, 다시 말하면 십지를 무학위라고 그럽니다.

그래서 이렇기 때문에 하는 말이고, 그 다음은,

> 慈陰妙雲 覆涅槃海 名法雲地
> 자음묘운 부열반해 명법운지

자음과 묘운이 열반해에 덮임을 법운지라 이름하느니라.

우리는 흔히 구름이 덮였다고 하면 답답하고 안 좋은 상태라고 말하는데, 인도는 더운 곳이 되어서 햇빛이 구름에 가리면 좋은 일이라고 말을 합니다.

그래서 자비의 그늘은 나무 그늘이요, 묘운 이것도 햇빛을 가리는 것, 즉 생사고해의 햇빛을 차단시키고 가려서 열반을 이루는 것이 법운지이다. 다시 말하면 자기의 수행 공덕으로 무진법계無盡法界가 모두 열반을 이루는 것입니다.

이것이 바로 십지의 마지막 법운지가 되겠고, 다시 말하면 자리이타自利利他의 일이 모두 끝나는 대목이 되겠습니다.

그 다음엔 등각위等覺位인데,

> 如來逆流 如是菩薩 順行而至 覺際入交 名爲等覺
> 여래역류 여시보살 순행이지 각제입교 명위등각

여래께서는 역류하시지만, 이 보살은 순행으로 이르러서 각제에 입교함이 이름이 등각이 되느니라.

등각이란 동등하다. 즉 각覺에 등等해졌다, 가까워졌다 그런 얘깁니다. 그래서 여래께서 역류하신다는 역逆 자는 생사의 흐름을 초월해 계신다, 그 말입니다.

여시보살은 십지 보살인데, 생사의 흐름을 순順하면서 여기까지 왔다.

그러니까 순행이란 중생들의 생사 속에 들어가서 그들과 더불어 희로애락을 같이하면서 여기에 이르러 각覺에 입入합니다.

그러니까 서울에서 봉선사에 오는 사람 하고 봉선사에서 서울 가는 사람 하고 중간에 만나듯이, 부처님은 역류를 중심으로 하시고, 보살은 순류를 중심으로 여래의 세계를 추구하고, 그러다 보니 만나는 자리가 있게 됩니다. 그래서 각覺의 자리에서 부처님과 여러 보살이 같이 만나 교交하는 자리가 등각이 되겠습니다.

阿難 從乾慧心 至等覺已
아 난 종 간 혜 심 지 등 각 이

아난아, 간혜심으로 좇아 등각에 이르러서는,

이상에서 등각을 얘기했는데, 이 간혜심이라는 말은 맨 처음 발심할 때의 간혜심을 얘기합니다.

是覺始獲 金剛心中 初乾慧地
시 각 시 획 금 강 심 중 초 간 혜 지

이 각覺이 비로소 금강심 중의 초간혜지를 얻나니,

이 각覺이란, 수행자의 깨달음의 세계입니다.

그리고 맨 처음 발發할 때의 것이 간혜지乾慧地인데, 그 마음을 얻는다 그래서 수행이 맨 처음에 시작되는 간혜지를 초간혜지라 그러고, 여기에서 얻어지는 간혜지를 금강간혜金剛乾慧라고 그럽니다.

그러니까 처음에는 불심佛心을 수행하겠다는 발심을 함으로써 마른 것 같은 지혜, 즉 간혜라고 그러고, 여기는 등각 지위에 올라가서 금강같이 굳어진 위에 다시 묘각妙覺 자리에 이르기 위한 간혜지다. 그래서 이 간혜를 금강혜 또는 금강간혜라 한다는 얘깁니다.

> 如是重重 單複十二
> 여 시 중 중 단 복 십 이

이와 같이 단복으로 십이를 중중하여야사,

겹겹은 차례차례라고 해도 되겠습니다. 홑이란 말은, 여기 지금 홑으로 된 것도 있고, 겹으로 된 것도 있는데, 가령 초간혜지는 홑이고, 십신은 열이니까 복複이 됩니다.

그러니까 열두 가지가 되는 것은, 초간혜지·십신·십주·십행·십회향·난위煖位·정위頂位·인위忍位·세제일위世第一位·십지·금강간혜지·등각, 이렇게 해서 열두 가지가 되겠습니다. 그 열두 가지 중에는 홑으로 된 것도 있고, 또 복수로 열씩 된 것도 있고 하니까 단복입니다.

> 方盡妙覺 成無上道
> 방 진 묘 각 성 무 상 도

바야흐로 묘각을 다하여 무상도를 이루느니라.

그러니까 보살의 수행 과정을 등각·묘각까지 있는 대로 합하면 오십칠위가 되는데, 이것을 때에 따라서는 개전합후開前合後라 하는 데도 있고,

또 개후합전開後合前이다, 이렇게 하는 논리도 있습니다.

이 개전합후면, 앞에 있는 초간혜지라든가, 십신·십주·십행·십회향을 다 그냥 두지만, 뒤에 와서 등각·묘각·금강간혜 이걸 따로 논하지 아니하고, 금강간혜지를 빼 버리고 십지·등각·묘각을 말하기도 합니다. 왜냐하면 금강간혜라는 말은, 이 등각에 와서 등각의 마음이 금강같이 굳어졌다는 것이지 별다른 지위가 아니다, 이렇게 보는 데가 있습니다. 그러니까 금강간혜지를 빼면 오십육위가 되겠지요.

그런가 하면 십지 후에 등각·금강간혜지·묘각도 빼 버리고, 십지로 끝나는 것으로 말하는 수도 있습니다. 그렇게 되면 오십오위가 되는 것이죠. 이렇게 개전합후이니, 개후합전이니 해서 그 지위 수가 사십이위, 사십칠위, 오십오위, 오십칠위 이렇게 달라지는 건, 그래서 그렇습니다.

是種種地 皆以金剛 觀察如幻 十種深喩
시 종 종 지 개 이 금 강 관 찰 여 환 십 종 심 유

이 종종지는 모두 금강으로 환幻과 같은 열 가지 깊은 비유를 관찰하여,

종종지란 여기에서 말한 오십칠위입니다. 금강은 금강간혜이고, 환幻은 비유 가운데 하나입니다.

그런데 열 가지 깊은 비유란, 첫째 환인幻人은 요술에 의해서 생겨난 사람이고, 둘째는 아지랑이인데, 그것도 실지로 있는 것 같지만 보이지 않는 것이고, 그 다음 수중월水中月·공화空華·메아리·신기루 등이 있는데, 신기루는 건성, 하늘의 건달바성이라 해서 무지개와 같은 현상입니다.

하늘에 어떤 형상이 비쳐서 하늘에 거울 같은 기상氣象 현상이 나타나

는데, 상공에 그런 현상이 나타나서 그것이 거울에 비쳐 가지고, 다시 물속에 있는 조개껍데기에 비쳐서 저쪽 하늘에 가 비치면, 전혀 엉뚱한 세계의 현상이 다른 세계의 공중에 나타나는 그게 건성입니다.

그것을 신기루라 그러고, 그 다음에 꿈, 또 물체가 있을 때 나타나는 그림자, 그 다음엔 도깨비 등 열 가지가 되겠습니다.

이러한 '열 가지 깊은 비유를 관찰하여' 이 말은, 이러한 모든 것들이 실지로는 없는데, 우리가 알게 되면 거기에 속지 않는 것처럼 모든 지위를 닦을 때에 이러한 지위를 깊이 관찰하라는 얘기는 그런 지위에 수행하고 있다는 생각에 집착하지 않기 위해서, 다시 말하면 공부하는 데 성스러운 견해도 세우지 않아야 한다. 성해불립聖解不立이라는 말이 있는데, 이것이 그런 뜻에서 하는 얘깁니다.

그래서,

奢摩他中
사 마 타 중

사마타 중에서,

사마타, 비바사나毗婆舍那는 지止와 관觀인데, 사마타를 닦을 때에 사마타 가운데서,

用諸如來 毗婆舍那
용 제 여 래 비 바 사 나

모든 여래의 비바사나로써,

그러니까 다시 말하면, 사마타는 번역하면 지止이고, 비바사나는 관觀인데, 수행하는 가운데 여래의 비바사나를 써서, 이 말입니다.

관법觀法이라는 것이 한가운데로 심성을 집중시키는 것이니까 낚시꾼이 찌를 담가 놓고 관찰하는 것도 일종의 관觀이라고 하겠습니다.

> 清淨修證 漸次深入
> 청 정 수 증 점 차 심 입

청정하게 수증하여 점차로 깊이 들어가느니라.

점차로 깊이 들어간다는 얘기는 이상 오십오위를 얘기했지만, 오십오위가 실지로 있는 게 아니기 때문에 없는 건 아니지만, 실지로 있는 것이 아니어서 거기 집착하면 안 되기 때문에 환幻 같은 것으로 관찰하면서 공부해 나가야 한다, 그런 얘깁니다.

> 阿難 如是皆以三增進故
> 아 난 여 시 개 이 삼 증 진 고

아난아, 이와 같이 다 삼 증진을 쓰는 연고로,

삼증진이란, 위에서 말한 삼 점차漸次를 얘기합니다.

제기조인除其助因 · 고기정성刳其正性 · 위기현업違其現業 이 세 가지인데, 고기정성은 제업諸業이 될 수 있는 바른 소지, 탐욕 같은 걸 버리는 것이고, 그 다음 제기조인, 탐욕이 생길 수 있는 간접적인 요인인데, 예를 들자면 탐욕의 경우에 돈 같은 것을 만지지 않는 것은 고기정성, 즉 탐욕을 버리는 것이고, 돈 같은 것을 주변에 두지 않는 것이 제기조인이고, 그 다음에 위기현업은 현실적으로 물건을 볼 때에 탐욕을 내지 않도록 노력하는 것으로, 이것이 삼점차, 삼증진입니다.

써 이以 자는 그런 것을 쓰기 때문에,

> 善能成就 五十五位 眞菩提路
> 선능성취 오십오위 진보리로

잘 능히 오십오위의 진보리로를 성취하나니,

여기에서는 부처님 자신이 오십칠위를 내놓았지만, 여기에서 오십칠위를 지적한 이유가 무엇이겠냐 하면, 이것도 역시 앞에서 말한 바와 같이 개전합후開前合後, 즉 등각 · 묘각 · 금강간혜를 줄여 버리는 것이 되겠습니다.

> 作是觀者 名爲正觀
> 작시관자 명위정관

이 관觀을 짓는 것은 이름을 정관이라 하고,

정관에 의해서만이 오십오위를 성취할 수가 있다, 이런 얘깁니다.

> 若他觀者 名爲邪觀
> 약타관자 명위사관

만약 다르게 관하는 것은 이름을 사관이라 하느니라.

이렇게 해서 『능엄경』의 오분五分 가운데 견도분見道分・수도분修道分, 수행하는 방법이랄까, 아니면 그 심성을 포착해서 그 세계에 나아가는 구체적인 방법은 끝난 겁니다.

그런데 보통의 경에는 하실 말씀을 끝낸 다음 경의 제목에 대한 얘기를 하시는데, 『능엄경』은 중간에 이렇게 경 이름이 나옵니다.

그래서 이제 결경분結經分이라 해서 경의 이름을 맺어 주는 품이다, 그런 얘기가 되겠습니다.

爾時文殊師利法王子 在大衆中 卽從座起 頂禮佛足
이 시 문 수 사 리 법 왕 자 재 대 중 중 즉 종 좌 기 정 례 불 족
而白佛言
이 백 불 언

이때 문수사리 법왕자가 대중 중에 있다가 자리로부터 일어나 불족에 정례하고 부처님께 아뢰어 말하였다.

當何名是經 我及衆生 云何奉持
당 하 명 시 경 아 급 중 생 운 하 봉 지

마땅히 이 경을 무엇이라 이름하오며, 저 및 중생이 어떻게 봉지하오리까?

경 이름에 대해서 말씀해 달라는 얘깁니다.

> 佛告文殊師利 是經名大佛頂 悉怛多般怛囉 無上寶
> 불 고 문 수 사 리 시 경 명 대 불 정 실 달 다 반 달 라 무 상 보
> 印 十方如來 清淨海眼
> 인 시방여래 청정해안

부처님께서 문수사리에게 말씀하셨다.

이 경의 이름은 대불정 실달다반달라 무상보인 시방여래 청정해안이라 이름하며,

이렇게 경 제목이 다섯 가지가 나옵니다.

대불정은 『능엄경』 시작할 때도 얘기했습니다만, 대大 하고 불정佛頂이다, 대大는 절대한 대大다, 불정이란 위가 없는 뜻이라고 그랬습니다.

그 다음에 실달다반달라, 이것은 백산개白傘蓋라 해서 희고 넓고 큰 일개日傘, 모든 사람들이 여기에 와서 햇빛을 피할 수 있는 그러한 의미에서 하는 말이고, 그 다음 무상보인은 위없는 보배 인印, 보배 된 도장에 문채를 새겨 가지고 어디에 찍었다면 그 문채가 동시에 그대로 옮겨지는, 그러니까 무상無上한 법을 간직해 가지고 있는 도장과 같은 옥쇄이며, 다시 말하면 무상한 진리가 들어 있는 창고라는 얘기이며, 또 시방 여래의 청정해안淸淨海眼이다, 그런 얘깁니다.

바다 해海 자는 끝없다, 많다는 수식어적이고, 형용사적 부사입니다. 그래서 시방 여래의 청정하시고 끝없으신 안목이다, 이렇게 되는 겁니다.

이 『능엄경』은 여래장심如來藏心과 여래장량如來藏量을 간직하고 있는 무한한 보고다, 그런 뜻에서 『능엄경』이 포용하고 있는 진리의 영역을 상징하는 이름들이 되겠습니다.

> 亦名救護親因 度脫阿難 及此會中 性比丘尼 得菩提
> 역명구호친인 도탈아난 급차회중 성비구니 득보리
> 心 入遍知海
> 심 입변지해

또한 친인을 구호하되 아난을 도탈하고, 아울러 이 회중의 성 비구니가 보리심을 얻어 변지해에 든 경이라 이름하며,

이건 제목이 좀 이상한 것 같습니다.

친인은 친한 인연, 혹은 친한 인척姻戚을 말합니다.

정확하게 토를 달자면, '구호친인하되, 아난과 이 법회 중에 나타났던 마등가를 도탈(구제)해서 보리심을 얻어 변지해에 들게 하는 경이며', 이렇게 되는 겁니다. 이것이 구호친인 가운데 모두 얽힌 말입니다.

구호하는 가운데는 아난도 구제했고, 성 비구니도 구제했으며, 그냥 악마의 굴에서 구제하는 걸로 끝나는 것이 아니라 보리심을 얻어 변지해에 들어가게까지 하는 이것이 『능엄경』이 가지고 있는 역량입니다.

다시 말하면 활용 부분, 제도하는 역량 첫 번째의 대불정大佛頂, 이것은 『능엄경』이 지니고 있는 무상한 진리의 본체이고, 지금 얘기하는 건 『능엄경』이 가지고 있는 무상無上한 진리의 구제 능력을 얘기하는 겁니다.

그 다음 세 번째,

> 亦名如來密因修證了義
> 역명여래밀인수증요의

또한 여래밀인으로서 수증하여야 할 요의라 하며,

그 누구라도 여래가 되기 위해서는 반드시 이것에 의지해야 하는 원인이 있는데, 그 원인은 누구나가 알기 쉽게 드러낸 싸구려가 아니고, 비밀한 원인이다. 즉 남몰래 숨겨져 있는 여래가 되는 비결 원인이며, 또 여래께서 닦아 증득하셔야 할 요의이다, 그 말입니다. 요의란 그동안 공부해 아시겠지만, 요了한 정의, 그러니까 완벽한 진리입니다.

요컨대 여래가 되고자 하면 반드시 의지해야 하고, 또 반드시 이것을 수修해야 하고, 반드시 증證해야 하는 법이다. 그래서 이『능엄경』이야말로 인격을 완성하게 하는, 즉 여래께서 여기에서 나오시는 보고다, 그런 얘기가 되겠습니다.

> **亦名大方廣 妙蓮華王 十方佛母 陀羅尼呪**
> 역 명 대 방 광 묘 련 화 왕 시 방 불 모 다 라 니 주

또한 대방광한 묘련화왕 시방불모 다라니주라 이름하며,

이렇게 보면『능엄경』이 하나의 다라니입니다.

지금 신묘장구대다라니, 왕생정토진언, 지장보살멸정업진언 등의 이런 것들이 전부 다 일종의 다라니인데, 이것을 밀교에 속한다고 알고 있듯이『능엄경』도 이 제목으로 본다면 제목 자체가 밀교라는 게 드러납니다.

그러나 대불정여래밀인수증요의제보살만행수릉엄경大佛頂如來密因修證了義諸菩薩萬行首楞嚴經, 그런다 해서 이『능엄경』이 밀교라는 생각을 전혀 못 했을 겁니다. 그런데 이 제목을 보면『능엄경』이 밀교에 속하는 것이 분명합니다.

그래서 꼭 맞는 얘긴지는 모르겠으나 세계의 여러 학자들, 또 일본에서 나온 신수장경新修藏經만 하더라도 이『능엄경』이 밀교에 속하는 걸로 되어

있습니다. 왜냐하면 능엄주를 설하기 위해서 애초에 시작이 되고, 중간에 능엄주를 설해 주고, 뒤에 끝나는 부분에 능엄주를 해야만 여러 마장 장애를 면할 수 있다고 나오기 때문입니다.

결과적으로 이 능엄주를 설하게 되는 것이 여래장묘진여성如來藏妙眞如性을 알아야 할 텐데 알지 못하기 때문에 마魔에 걸리니, 마에 걸린 정도가 심한 사람들이 마의 환幻에서 벗어나기 위해서는 능엄주를 외우라고, 결국 능엄주 권하는 것이 『능엄경』의 목표인 것처럼 사실 경의 줄거리가 되어 있습니다.

그래서 대방광묘련화왕大方廣妙蓮花王, 대大란 절대한 대大, 방方이란 평등하다는 말이고, 광廣이란 주변周徧해서 끝없이 용납한다는 그런 뜻입니다.

묘하다는 것은 참으로 알 것 같되 알 수 없는 것이고, 연화蓮華란 처염상정處染常淨이라고 아마 다 알 것입니다.

중생이 곧 부처가 될 수 있는 묘한 도리가 있는데, 묘한 도리는 묘련화왕으로 인격화해서 부르는 겁니다. 그래서 이 『능엄경』 다라니주야말로 대방광大方廣하고, 묘련화왕이고, 시방불모인 다라니다, 이렇게 토를 달면 좋겠습니다.

亦名灌頂章句諸菩薩萬行首楞嚴 汝當奉持
역 명 관 정 장 구 제 보 살 만 행 수 릉 엄 여 당 봉 지

또 관정장구이며 제보살의 만행인 수릉엄이라 이름하나니, 너희들이 마땅히 봉지하라.

관정이란 십주十住에서 설명할 때 들어서 알 것입니다만, 정수리에다

물을 붓는다는 뜻입니다.

　태자가 새로 태어나 성장하면 태자 선위식禪位式을 하는데, 태자의 머리에다가 그 나라 사해四海의 물을 떠다 부어서 앞으로 사해를 짊어지고 통치할 사람이라는 것을 상징한다고 그럽니다. 그래서 이와 같이 태자의 직위를 이어받으면, 태자가 아무리 어리더라도 왕으로서의 소재를 갖추고 있음을 입증하는 의식입니다.

　그러니까 중생이 누구나가 부처가 될 수 있음을 입증하는 경·법문·장구 이런 뜻도 되고, 또 한 가지 밀교를 관정이라고 그럽니다. 즉 인도의 관정부灌頂部에서 유출되었기 때문에 관정장구라 한다 그랬습니다.

　그렇게 보면 인도의 관정장구란 말은, 관정부에 속해 있는 것으로 보는 법인데, 앞의 걸 보면 태자가 어리지만 왕의 요소를 가지고 있는 그런 의식을 하는 것과 같은 그런 법을 설한 장구章句, 법문들 이렇게 되어야 합니다.

　그런데 나중 것을 보면 관정부에 속하는 장구들로서, 제보살만행, 모든 보살들이 만행해야 할 수릉엄이다, 이렇게 됩니다.

　수릉엄은 원어로는 필경견고畢竟堅固, 또는 씩씩한 재상이 일을 분별하는 것과 같은 뜻으로서 건상분별健相分別, 즉 필경견고로 보면『능엄경』의 절대 당당한 진리가 내포되어 있다는 말이고, 건상분별은『능엄경』의 도리에 의해서 권선징악, 또는 진퇴수진進退修進이 분명하다, 그런 얘기가 되겠습니다.

　그런데 우리가 지금 부르고 있는 제목은 여기에서 볼 것 같으면 대불정大佛頂은 첫째 이름에서 석 자만 왔습니다. 초명初名은 절상래絶上來요, 처음 이름은 위의 것만 끊어 왔고, 제이명은 불래不來요, 전혀 현재의 이름에는 담아 오지 않았고, 제삼명은 전취래全取來요, 그랬습니다.

　셋째 이름은 여래밀인수증요의如來密因修證了義인데, 현재 대불정여래밀인수증요의大佛頂如來密因修證了義, 이건 셋째 이름이 몽땅 다 온 겁니다. 그리고 넷째 이름은 불래不來요, 제오명은 관정장구가 빠지고 제보살만행수릉엄경諸菩薩萬行首楞嚴經 그렇게 왔으니까 제오명은 절하래絶下來입니다.

부처님께서 일러 주신 오명五名 가운데서 두 개는 일부분만 왔고, 한 개는 전부 왔고, 나머지 두 개는 전혀 오지 않았다, 이렇게 아시면 되겠습니다.

그래서 현재 『능엄경』이 현교顯敎, 즉 밀교가 아닌 걸로 보게 되어 있는데, 사실은 시방불모다라니라고 부처님도 말씀해 주셨고, 또 인도에서 관정부에서 편입해 왔다고 해서 그런 의미에서 밀교에 속하는 걸로 보고 있는데, 그 말도 일리가 있는 얘기가 되겠습니다.

그래서 다른 경을 보더라도, 『금강경』도 그렇고, 모든 경이 경 제목을 얘기해 주면 일단 경이 끝나는 걸로 되어 있는데, 지금 이 교재의 주해를 보더라도 책이 한 반쯤밖에 안 나와 있습니다. 그런데 지금 제목이 나왔습니다. 그래서 결경분結經分이 끝나고 다시 조도분助道分이라 넷째, 초심자의 긴요한 일을 얘기한다 그랬습니다.

이 『능엄경』의 맨 처음에 아난 존자가 시방 여래께서 공부하신 사마타奢摩他 · 삼마三摩 · 선나禪那의 최초 방편을 묻는다고 그랬습니다. 이상으로써 사마타 · 사마 · 선나의 얘기는 되었습니다만, 이건 최초 방편 부분을 풀이하는 겁니다.

초심자가 얼마만치 공부해 가노라면, 점점 잘못될 소지가 많은데, 그것을 최초 방편이라 했고, 또 초심자의 긴요한 일이라 번역했고요, 또 경의 이름 얘기한 부분을 결경분이라 그러고, 여기 이하 초심자에게 필요한 일 이하의 전체 끝까지를 조도분助道分이라 그럽니다. 그래서 고래로 『능엄경』이 한꺼번에 설한 것이냐, 또는 두 번 설한 것이냐 합니다.

그 조도분 말씀의 내용이 크게 나누어 두 가지가 있는데, 첫째는 칠취七趣의 세계를 얘기해서 칠취의 세계가 어떻게 생겼고, 또 어떤 고통을 받는 곳이며, 왜 칠취에 가게 되느냐 하는 것을 밝혀서 공부를 잘해야겠다는 생각을 내게 했습니다. 그리고 두 번째에 마魔의 경계를 자세히 얘기해서 거기에 끄들리지 않도록 했습니다.

그러니까 이 조도분에서 중요한 것이 오십변마五十辨魔에 대한 얘기가 되겠지만, 오십변마를 얘기하기 전에 다른 곳은 육취를 얘기합니다만, 칠취의 세계를 얘기한 것이 부수적인 얘기가 되겠습니다. 그래서 이런 이유로 조도분이 초심자에게 중요한 일, 이렇게 얘길 했습니다.

본문으로 들어가서,

Ⅳ. 초심자의 긴요한 일

1. 칠취七趣를 말하다

1) 칠취가 생기는 인유因由

> 說是語已
> 설 시 어 이

이 말씀을 마치시니,

이 말씀은 이상의 얘기입니다.

> **卽時阿難 及諸大衆 得蒙如來 開示密印 般怛囉義**
> 즉시아난 급제대중 득몽여래 개시밀인 반달라의

　　즉시에 아난과 대중이 여래께서 개시하시는 밀인인 반달라의 뜻을 받자옵고,

　　득몽은 들었다는 말입니다.

> **兼開此經了義名目 頓悟禪那 修進聖位 增上妙理**
> 겸개차경요의명목 돈오선나 수진성위 증상묘리

　　겸하여 이 경의 요의인 명목을 듣자오며, 선나로 수진하는 성위의 증상묘리를 돈오하고,

　　증상增上은 가장 높다는 말입니다.

> **心慮虛凝 斷除三界 修心六品 微細煩惱**
> 심려허응 단제삼계 수심육품 미세번뇌

　　마음이 허응하며 삼계 수심의 6품 미세 번뇌를 단제하였다.

　　수심육품미세번뇌란 우리가 지금 공부해 나가는데, 번뇌의 종류를 크게 나누면 견도혹見道惑과 수도혹修道惑의 두 가지가 있다고 그럽니다.

　　견도혹은 진리의 소재가 어디냐를 보는데, 그것을 장애하고 있는 번뇌, 다시 말하면 옳고 그른 쪽이 어디냐, 이걸 판단하는 것으로서 일차적인 공부입니다.

그런데 이 견도혹은 여기에 해당하는 것이 아니고, 수도혹은 가령 여기에서 서울이 서쪽에 있는 것을 알았다, 이건 견도혹은 벗어난 얘기입니다. 그런데 서울이 어느 쪽인지는 알았지만, 서울을 가다 보면 다리 아픈 일도 있고, 길이 먼 것도 있고 그러는데, 이런 여러 가지 실지 현장에서 우러나오는 번뇌를 수도혹, 그럽니다.

그래서 수도혹을 일명 사혹思惑 그러기도 합니다. 생각 사思 자, 생각 속에서 문득 우러난다 이 말인데, 훌륭하고 점잖고 덕망이 높은 분도 과거에 탈선하던 생각을 한다든가, 또는 탈선해 볼 생각을 하다가도 속으로 그걸 꼭 눌러 버립니다.

그래서 생각으로 일어나는 번뇌라 하기도 하고, 실질적으로 수도를 해 나가는 데 있어서 장애가 되는 번뇌라 해서 수도혹이라 하기도 합니다. 그래서 수도혹은 견도혹보다는 미세합니다.

미세하기 때문에 끊기가 어렵고, 끊기가 어려운 만큼 끊는 작업이 복잡해서 이 수도혹을 끊어 나가는 데 있어서는 그 대상이 탐심·진심瞋心·치심癡心, 그 다음 네 번째가 교만한 마음입니다.

견도혹에는 탐·진·치 등 열 가지가 있는데, 일단 겉으로 눈에 띄기 쉬운 번뇌들이니까 끊어 버린다 하더라도 이 수도혹은 깊은 데서 나오는 번뇌입니다.

그런데 이 네 가지 때문에 혹惑을 일으키기 때문에 대상은 네 가지가 되고, 끊는 영역은 역시 욕계·색계·무색계의 삼계가 됩니다. 그래서 삼계수심三界修心 그러는데, 너무나 미세하니까 삼계를 또 아홉 영역으로 만듭니다.

욕계를 한 세계를 만들고, 색계·무색계를 각각 네 개씩 해서 합하여 아홉, 삼계를 도분구지都分九地라 그럽니다. 삼계를 아홉 지역으로 나누고, 또 낱낱 구지九地를 끊기 어려우니까 다시 9품으로 또 나눕니다. 그래서 그렇게 되면 9×9는 81, 정확히 말하면, 수도혹이 81품이 되는 겁니다.

　81품이 되는데, 저 위에서 견도혹을 끊으면 사과四果 가운데서 첫 번째 과인 수다원이 되고, 그 다음에 수도혹을 끊을 때 일차적으로 욕계에 해당하는 부분, 9품을 끊어 들어가는데, 그 수다원을 얻은 사람이 욕계의 수도혹을 끊기 시작하면, 1품, 2품, 3품, 4품, 5품, 6품까지를 끊어 가지고서 사다함을 증득한다고 그랬습니다.

　그래서 욕계에 해당하는, 여섯째 수도혹까지를 끊고 사다함이 되면, 말하자면 아난 존자가 지금 사다함의 지위에 있습니다.

　그래서 그 다음에 욕계에 해당하는 나머지 3품을 다 끊었다고 할 때에 이제 제3과, 아나함을 끊고, 그 나머지 색계·무색계에 해당하는 8×9는 72, 72품을 끊어 버리면 아라한이 되는데, 아라한 되기가 그렇게 어렵다는 얘기가 되겠습니다.

　아난 존자는 여기에서 지금, 삼계의 수도혹 가운데 욕계에 해당하는 첫머리의 6품, 미세 번뇌를 끊어 제하고, 이런 얘깁니다.

　그런데 왜 삼계의 수심륙품미세번뇌라 하느냐? 이 수심혹修心惑은 삼계에 공통되어 있기 때문에 삼계심혹三界心惑이라 그랬고, 그 가운데 첫 자리가 되는 6품 미세혹, 그러니까 이건 자동적으로 81품 가운데 첫 6품이니까 욕계 6품이다. 따라서 아난의 지위는 사다함이다, 그런 얘기가 되는 겁니다.

　그 다음 원문입니다.

即從座起 頂禮佛足 合掌恭敬 而白佛言
즉 종 좌 기　정 례 불 족　합 장 공 경　이 백 불 언

　곧 자리를 좇아 일어나 불족에 정례하고 합장 공경하여 부처님께

아뢰어 말하였다.

> 大威德世尊 慈音無遮 善開衆生 微細沈惑
> 대위덕세존 자음무차 선개중생 미세침혹

대위덕 세존의 자음이 무차하사 잘 중생의 미세 침혹을 개開하사,

> 令我今日 身心快然 得大饒益
> 영아금일 신심쾌연 득대요익

저로 하여금 금일에 신심이 쾌연하여 대요익을 얻게 하나이다.

요익이란 풍요로운 이익입니다.

> 世尊 若此妙明 眞淨妙心 本來遍圓
> 세존 약차묘명 진정묘심 본래변원

세존이시여, 만일 이 묘명하고 진정한 묘심이 본래 변원하며,

묘명진정은 위에서 말한 여래장묘진여성如來藏妙眞如性을 얘기하는 겁니다.

> 如是乃至 大地草木 蠕動含靈 本元眞如
> 여시내지 대지초목 연동함령 본원진여

이와 같이 내지 대지, 초목과 연동하는 함령이 본원이 진여이어서,

연동함령은 고물고물하는 생명들, 그러니까 모기, 깔다귀까지 다 포함되는 겁니다.

卽是如來 成佛眞體
즉 시 여 래 성 불 진 체

즉 여래의 성불하신 진체가 오면,

즉시란, 그대로가 그런 얘깁니다.
그러니까 초목, 대지, 더 나아가서는 고물거리는 모기들까지도 여래께서 성불하신 본바탕일 것이니,

佛體眞實
불 체 진 실

부처님의 체體가 진실이거늘,

이 우주만법이 불체 아닌 것이 없겠다는 얘깁니다.
모든 것이 묘명진정심妙明眞淨心이 변원遍圓해서이지, 그대로가 묘명진심妙明眞心이라면 무엇 하나 묘명진심 아닌 게 없고, 무엇 하나 진심 아닌 게 없다면 전부가 불체이고, 전부가 불체라면,

---

云何復有 地獄餓鬼 畜生修羅 人天等道
운 하 부 유 지 옥 아 귀 축 생 수 라 인 천 등 도

어찌하여 다시 지옥·아귀·축생·수라·인천 등의 도道가 있나이까?

그래서 칠취七趣가 생긴 이유를 묻습니다. 다른 데서는 보통 육취六趣를 얘기하는데, 이『능엄경』에서는 하나를 더 넣었습니다.

다른 데서는 아수라를 따로 넣지 않고, 아귀에다 넣어서 아수라, 아귀, 그 밖의 잡귀, 귀신 종류는 다 아귀에다 넣는데, 귀신 가운데 아수라의 형태와 아귀의 형태가 전혀 다르다고 해서『능엄경』만은 따로 칠취를 얘기합니다.

칠취七趣의 취趣 자, 나아갈 취趣 자와 길 도道 자, 둘 다 갈래라는 말입니다.

世尊 此道爲復本來自有 爲是衆生 妄習生起
세존 차도위부본래자유 위시중생 망습생기

세존이시여, 이 도는 다시 본래 스스로 있는 것입니까, 이 중생의 망습妄習으로 생기하는 것입니까?

그러니까 본래 청정하다고 하면, 왜 칠취가 있습니까, 칠취가 있는 걸 전제하더라도 본래부터 있는 겁니까, 망습에 의해 생긴 겁니까 하고 두 가닥으로 물었습니다.

없어야 할 것인데 왜 있느냐, 또 본래부터 있다면 본래부터 있는 것이냐, 아니면 중생들이 만들어 낸 것이냐? 여기에서 한 가지 특징이 있다면 신神이 만들어 낸 것이냐, 그건 안 물었습니다. 본래부터 있다는 것에 속합니다.

> 世尊 如寶蓮香比丘尼
> 세존 여보련향비구니

세존이시여, 보련향 비구니는,

보련향 비구니는 어떤 경에도 나온 곳이 없다고 합니다.
나는 널리 상고相考하는 전문가가 되지는 못하는데, 보련향 비구니는 이『능엄경』에만 나오는 특정 인물이랍니다.

> 持菩薩戒 私行婬欲 妄言行婬 非殺非偸 無有業報
> 지보살계 사행음욕 망언행음 비살비투 무유업보

보살계를 지持하다가 음욕을 사행하고 말하되, 행음은 살생도 아니요, 훔치는 것도 아니어서 업보가 없다고 하더니,

> 發是語已 先於女根 生大猛火
> 발시어이 선어여근 생대맹화

이 말을 발하여 마치고, 먼저 여근에서 대맹화가 생하고,

여근이란 여자의 생식기입니다.

> 後於節節 猛火燒然 墮無間獄
> 후어절절 맹화소연 타무간옥

후에 마디마디에서 맹화가 소연하여 무간옥에 떨어졌으며,

琉璃大王 善星比丘 琉璃爲誅 瞿曇族姓
유리대왕 선성비구 유리위주 구담족성

유리대왕과 선성 비구에서 유리는 구담 족성을 주멸誅滅하였으며,

유리대왕은 앞 시간에도 얘기했습니다만, 부처님과 동년배로서 부처님을 깍듯이 모시던 바사닉왕의 아들로서, 부처님께서 그렇게 존경받으시는 걸 흠모해 왔었습니다.

또 부처님 제자 가운데 제바달다라는 사람이 있어서 부처님의 권위를 탐내 하던 차에 유리대왕이 태자 때 아버지인 바사닉왕을 해하라고 꼬시고, 자기는 부처님을 주誅하여서 신왕신불의 영광을 누려 보자, 그래서 신천지를 만들어 보자고 다짐하고, 유리왕은 자기의 아버지를 지하실에 가두어 말려 죽였고, 또 이 제바달다(조달)는 부처님을 죽이려고 부처님의 몸에 피를 냄으로 해서 교단에 오역죄五逆罪의 정의가 생겨나기도 했던 사실이 있습니다.

그런데 여기는 지금 유리가 왕이 된 뒤에 구담 족성을 죽였다고 되어 있습니다.

보통의 토로는 '선성 비구는, 유리는' 이렇게 해서 '는' 자가 둘이라서 토가 이상한데, '유리대왕과 선성 비구에서 유리는', 이렇게 토를 달면 좋겠습니다.

왜 유리왕이 구담 족성을 죽였느냐면, 유리왕이 구담 족성에게 원한이 있다고 그랬습니다. 이 경에는 안 나오는 얘기지만, 전하는 얘기로서 바사닉왕은 불교에 귀의歸依하여 부처님이나 구담족과 친분이 두터웠지만, 그

선대는 상놈 나라이고, 강한 나라였습니다. 그런 상놈 나라에서 감히 가비라국에 공주를 며느리로 보내라고 했답니다.

구담족의 가비라국에서는 아니꼽지만 어쩔 수 없이 종을 공주로 꾸며 보냈답니다. 그 후 그 가짜 공주가 친정엘 왔는데, 그때 데리고 온 외손자가 너무 심하게 장난을 하는 통에 무의식 중에 "이 종의 새끼야." 했는데, 그 소리를 들은 외손자 유리 태자가 자기 어머니에게 졸라 그 사실을 알고는 자기들을 업신여겼다 해서 끝내 구담 종족을 멸망시킵니다.

까닭 없이 구담 종족을 멸망시키니, 7일 안에 지옥에 들어갈 것이라고 부처님께서 수기授記하시니, 그 말을 듣고 유리왕이 물속으로 피했지만, 결국 물속에서 타서 죽었다고 되어 있습니다.

그러니까 먼저의 보련향 비구니는 음욕이고, 또 유리왕의 경우는 살생입니다.

善星妄說 一切法空 生身陷入 阿鼻地獄
선 성 망 설 일 체 법 공 생 신 함 입 아 비 지 옥

선성 비구는 망녕되이 일체법이 공하다 설하여 생신이 아비지옥에 들어갔나이다.

그러니까 이건 망어죄妄語罪입니다. 그래서 지금 살殺·도盜·음婬·망妄 중에서 도盜만 빠졌습니다. 그러나 그것은 살생에 포함됩니다. 왜냐? 불여취不與取, 즉 주지 않는 것을 가졌으니까요.

此諸地獄 爲有定處 爲復自然 彼彼發業 各各私受
차 제 지 옥 위 유 정 처 위 부 자 연 피 피 발 업 각 각 사 수

이 모든 지옥이 정처가 있습니까, 다시 자연히 피피(제각기) 발업하여 각각 사수하는 것이오니까?

위에서 물었던 것을 다시 한번 묻는 것입니다.

피피는 저희 끼리끼리, 다시 말하면 보련향 비구니가 간직해 온 보련향 비구니의 업에 의해서 생긴 것, 또 선성 비구가 가진 지옥은 선성 비구가 지은 것, 저 사람 사람들이 서로서로가 업을 일으켜서 각각 사수私受하는 거니까 이것은 중생망습衆生妄習의 생기生起가 되는 겁니다.

惟垂大慈 發開童蒙 令諸一切 持戒衆生
유 수 대 자 발 개 동 몽 영 제 일 체 지 계 중 생

바라옵건대 대자로 동몽을 발개하사 모든 일체 지계 중생으로 하여금,

聞決定義 歡喜頂戴 謹潔無犯
문 결 정 의 환 희 정 대 근 결 무 범

결정의를 듣고 환희하여 정대하며 근결하여 범함이 없게 하소서.

佛告阿難 快哉此問
불 고 아 난 쾌 재 차 간

부처님께서 아난에게 말씀하셨다.

쾌快하다, 이 물음이여.

> 令諸衆生 不入邪見 汝今諦聽 當爲汝說
> 영 제 중 생   불 입 사 견   여 금 제 청   당 위 여 설

모든 중생으로 하여금 사견에 들지 않게 하고자 하니, 네가 지금 자세히 들으라. 마땅히 너를 위하여 설하리라.

일러 주시겠다는 허락이고,

> 阿難 一切衆生 實本眞淨 因彼妄見 有妄習生
> 아 난   일 체 중 생   실 본 진 정   인 피 망 견   유 망 습 생

아난아, 일체중생이 실은 본래 진정하건만, 저 망견을 인하여 망습을 생하고,

망견이라는 게 수차 얘기한 잘못된 생각, 그러니까 '성각필명性覺必明하야 망위명각妄爲明覺'할 때의 그 망妄입니다. 그래서 지금 이게 무명에 의해서 삼망三網의 업業이 생긴다, 이 얘깁니다.

> 因此分開 內分外分
> 인 차 분 개   내 분 외 분

이를 인하여 내분과 외분이 분개되었느니라.

내분이란 밑에 설명이 나옵니다만, 중생들의 감정에 속하는 것이고, 또

외분이라는 말은 바깥 경계를 추구하는 바깥 경계에 의해서 생기는 심상心相들이라고 하겠습니다.

> 阿難 內分卽是衆生分內
> 아 난 내 분 즉 시 중 생 분 내

아난아, 내분은 곧 이 중생의 분내이니,

분내란 중생들의 한계 안의 것이라는 말입니다.
그러니,

> 因諸愛染 發起妄情 情積不休 能生愛水
> 인 제 애 염 발 기 망 정 정 적 불 휴 능 생 애 수

모든 애염을 인하여 망정이 발기하고, 망정이 쌓여 쉬지 아니하면, 능히 애수를 생하느니라.

그러니까 자꾸 마음속에서 우러나오는 감정입니다.

> 是故衆生 心憶珍羞 口中水出
> 시 고 중 생 심 억 진 수 구 중 수 출

이런 연고로 중생이 마음에 진수를 생각하면 구중에 물이 출出하고,

心憶前人 或憐或恨 目中淚盈
심 억 전 인 혹 련 혹 한 목 중 누 영

마음에 전인을 생각하여 혹 연憐하거나 혹 한恨하면 눈 가운데 눈물이 차고,

전인이란 전날 만났던 사람들 또는 내 앞에 만나야 할 사람들입니다. 그래서 먼 님을 기다린다든가, 과거의 님을 추억한다든가 이런 것들을 생각해서 련憐 자는 가엾이 여긴다, 또는 연모한다는 말이고, 한恨 자는 왜 안 나타나는가 하는 그런 것입니다.

貪求財寶 心發愛涎
탐 구 재 보 심 발 애 연

재보를 탐구하여 마음에 애연을 발發하면,

군침을 흘린다는 말이 있듯이 돈에 눈이 어둡고, 여색에 침을 흘리고, 그런 얘기들입니다.

그러니까 재보를 생각하느라고 마음으로 군침을 흘리면,

擧體光潤
거 체 광 윤

온몸이 광윤하고,

혼기가 되어 시집가게 된 사람의 얼굴에 생기가 돈다는 말도 그 소립

니다.

> 心着行婬 男女二根 自然流液
> 심착행음 남녀이근 자연유액

마음에 행음을 착着하면 남녀의 이근에 자연히 액이 흐르느니라.

이것은 안으로 정情이 쌓여서 바깥으로 물형적인 반응이 온다는 걸 입증하는 얘깁니다. 뿐만 아니라 여기에서 진수珍羞를 생각하면 입에서 물이 나온다고 그랬는데, 진수도 그렇지만 제일 쉬운 예로 살구나 사과 같은 걸 생각하면 입에서 군침이 나오는 것도 그러한 사례가 되겠습니다. 그러니 내분이 변해서 외형적으로 뭐가 나타나는 그런 상태입니다.

> 阿難 諸愛雖別
> 아난 제애수별

아난아, 여러 애愛가 비록 다르나,

애愛란 염애染愛를 말합니다.
마음속으로 애愛하는 것, 돈을 좋아한다든가, 여자·남자를 좋아한다든가 하는 이러한 애착을 말합니다.

> 流結是同
> 유결시동

흘러 맺음은 같으니라.

사랑하는 마음을 흘려서 업業을 만드는 게 유결입니다.

> 潤濕不昇 自然從墜 此名內分
> 윤 습 불 승 자 연 종 추 차 명 내 분

윤습한 것은 오르지 못할새, 자연히 떨어짐을 좇나니, 이 이름을 내분이라 하느니라.

다시 말하면 안으로 자꾸 애념愛念을 일으켜서 애념에 의해서 형성되는 세계를 내분이라 한다, 그런 말입니다.

> 阿難 外分卽是衆生分外
> 아 난 외 분 즉 시 중 생 분 외

아난아, 외분은 곧 이 중생의 분외이니,

> 因諸渴仰 發明虛想 想積不休 能生勝氣
> 인 제 갈 앙 발 명 허 상 상 적 불 휴 능 생 승 기

모든 갈앙을 인하여 허상이 발명되고, 허상이 쌓여 쉬지 아니하면, 능히 승기를 생하느니라.

수승한 기氣는 용맹스럽고 힘찬 기운입니다.

> 是故衆生 心持禁戒 擧身輕淸
> 시고중생 심지금계 거신경청

이런 연고로 중생이 마음에 금계를 가지면 온몸이 경청하고,

> 心持呪印 顧眄雄毅
> 심지주인 고면웅의

마음에 주인을 가지면 고면이 웅의하여지고,

웅의, 돌아보거나 힐끗 보는 것이 웅장하고 씩씩하다. 이 심지주인이라는 말을 얼른 이해하실지 모르지만, 주력呪力을 많이 한 사람은 눈결이 무서워 보이는 것도 있고, 또 무당들의 대감놀이 같은 걸 하는 것을 보면 얼굴에 서슬이 새파래지는데, 그런 것들을 얘기합니다.

앞에서 내분內分은 마음 안으로 곰곰이 생각하는 것이고, 외분外分은 밖으로 심상心相이 나타난다고 했는데, 그게 웅의입니다.

> 心欲生天 夢想飛擧
> 심욕생천 몽상비거

마음에 천상에 생하고자 하면 비거함을 몽상하고,

> 心存佛國 聖境冥現
> 심존불국 성경명현

마음을 불국에 두면 성경이 그윽이 나타나고,

> 事善知識 自輕身命
> 사 선 지 식 자 경 신 명

선지식을 섬기면 스스로 신명을 가벼이 여기느니라.

> 阿難 諸想雖別 輕擧是同
> 아 난 제 상 수 별 경 거 시 동

아난아, 여러 가지 허상虛想이 비록 다르나 경거함은 같으니라.

그러니까 내분內分은 애愛요, 외분外分은 상想입니다.

다르다는 것은 입장과 여건이 다른 것이고, 경거망동이라는 말을 하는데, 경거란 가볍게 들뜬다는 얘기가 되고, 움직인다는 얘기가 됩니다.

> 飛動不沈 自然超越 此名外分
> 비 동 불 침 자 연 초 월 차 명 외 분

비동하는 것은 침沈하지 아니할새, 자연히 초월하나니, 이것을 이름하여 외분이라 하느니라.

외분이라는 말은 멀리 날아다니고, 위로 올라가는 형태, 그러니까 위로 올라가는 업業은 외분이고, 안으로 처지는 업業, 이것이 내분입니다. 그러니까 올라가는 업, 내려가는 업을 서로 조절해서 칠취가 생긴다는 말이 되겠습니다.

　내분의 감정은 애愛요, 외분의 감정은 상想, 상상하는 겁니다. 그러니까 내분의 형태는 자꾸 침沈하는 것이고, 외분의 형태는 자꾸 들뜨는 겁니다. 그러니까 들뜨는 감정이 많은 업보 중생은 올라가는 세계로 가야겠고, 또 침沈하는 감정이 많은 중생은 처지는 세계로 가는 것이 당연합니다. 그래서 외분과 내분의 두 가지 상승 작용에 의해서 생긴다는 얘기를 해 나갑니다.

> 阿難 一切世間 生死相續
> 아 난 일 체 세 간 생 사 상 속

아난아, 일체세간의 생사가 상속하되,

일체세간은 제세간중생諸世間衆生이, 그 말입니다.

> 生從順習 死從變流
> 생 종 순 습 사 종 변 류

생生은 순습을 따르고, 사死는 변류를 따르나니,

배 고플 때 밥 먹고, 추운 겨울에 따뜻한 아랫목을 찾아가는 건 순습입니다.

> 臨命終時 未捨暖觸 一生善惡 俱時頓現
> 임 명 종 시 미 사 난 촉 일 생 선 악 구 시 돈 현

임명종시에 난촉 사라지기 직전에 일생의 선악이 구시에 돈현하느니라.

死逆生順 二習相交
사 역 생 순 이 습 상 교

사死는 역逆하고, 생生은 순順하는 이습이 상교하느니라.

이걸 더 쉬운 말로 하면 임명종시에 따뜻한 기운이 채 버려지기 전에 그 상태에서 죽음을 싫어하는 마음과 살고자 하는 마음의 두 습관이 서로 교차하게 된다는 그런 얘깁니다.

그 다음엔,

純想卽飛 必生天上
순 상 즉 비 필 생 천 상

순상은 비飛하여 반드시 천상에 생生하거니와,

상想은 외분인데, 외분만을 많이 닦은 업으로는 곧 날아가서,

若飛心中 兼福兼慧 及與淨願
약 비 심 중 겸 복 겸 혜 급 여 정 원

만일 나는 마음 중에 복을 겸하고 혜慧를 겸하고 정원까지 겸하였으면,

천상으로 날아가는 마음은 상심想心인데, 날아가게 하는 마음이니까 과거에 인을 닦을 때 업이 상想이었다는 그 말입니다.

> **自然心開 見十方佛**
> 자 연 심 개   견 시 방 불

자연히 마음이 개開하야 시방의 부처님을 뵈오며,

그러니까 천상으로 태어나고 더 복福을 증장한 사람이라면 부처님도 뵙게 된다는 말입니다.

> **一切淨土 隨願往生**
> 일 체 정 토   수 원 왕 생

일체 정토에 원을 따라 왕생하느니라.

원하는 대로 왕생하게 된다는 말입니다.

여기에서 한 가지 의심나는 것은, 천상은 매우 좋은 곳이지만, 일체제불의 토土나 부처님을 뵙는 것만 못한 것으로 된 까닭은, 천상은 정한 시간의 낙樂이 끝나면 다시 나쁜 곳으로 가야 하기 때문에 좋은 게 못 된다는 얘기가 됩니다.

그 다음에,

> **情少想多**
> 정 소 상 다

정情이 적고 상想이 많으면,

천상이니까 상다정소想多情少하는 게 순서인데, 가령 상과 정을 50 대 50으로 볼 때, 순상純想은 상이 10이 되었다, 이런 얘깁니다. 그럴 때는 천상에 가게 되고, 그 다음에 이 밑에 얘기하는 형태들로 보면 여러 가지로 나누게 되는데, 정이 하나에 상이 아홉이다, 정이 둘에 정이 여덟이다 등등 이렇게 할 수 있는 것입니다.

그래서 정이 넷에다 상이 여섯이라 하더라도, 상이 많으면 많은 것입니다. 그러니까 9에서 6까지를 주욱 내려오면서 차등해서 얘기를 해야 할 텐데, 한꺼번에 얘기하고 있다는 겁니다.

그래서 정이 적고 상이 많으면,

> 輕擧非遠 卽爲飛仙
> 경 거 비 원 즉 위 비 선

경거함이 멀지 못하여 비행하는 선仙이니,

이 비선의 경우는 정일상구情一想九일 때입니다.

> 大力鬼王 飛行夜叉 地行羅刹 遊於四天
> 대 력 귀 왕 비 행 야 차 지 행 나 찰 유 어 사 천

대력 귀왕이나 비행 야차나 지행 나찰이 되어 사천에 유遊할새,

대력 귀왕, 귀신 가운데 힘이 대단하여 왕 노릇 하는 귀신인데, 그것은 정情이 2가 되고, 상상想이 8이 될 경우라고 했습니다.

비행 야차는 정이 셋이고, 상이 일곱일 경우라 했고, 지행 나찰은 땅으로 다니는 나찰, 그래서 땅 위로 나찰이 다니기는 다니지만 우리 인간이나 동물보다 월등한 힘을 가지고 있다고 합니다.

그러니까 이 정소상다情少想多를 넷으로 나누면 좋겠다고 저 밑에 있는 걸 맞추어 얘기합니다.

> 所去無礙 其中若有善願善心 護持我法
> 소 거 무 애 기 중 약 유 선 원 선 심 호 지 아 법

거去한 바가 장애가 없거니와 그 가운데 만일 선원선심이 있어 나의 법을 호지하거나,

> 或護禁戒 隨持戒人 或護神呪 隨持呪者
> 혹 호 금 계 수 지 계 인 혹 호 신 주 수 지 주 자

혹 금계를 보호하여 지계인을 따르거나, 혹 신주를 보호하여 지주자를 따르거나,

> 或護禪定 保綏法忍
> 혹 호 선 정 보 수 법 인

혹 선정을 보호하여 법인을 보수하였으면,

법인이란 선정을 닦아 얻어지는 지혜를 얻은 이를 말합니다.

> 是等親住 如來座下
> 시 등 친 주 여 래 좌 하

이 등等은 여래의 좌하에 친히 주住하느니라.

그러니까 날아다니는 그런 유가 아니라 여래의 좌하에서 부처님을 모시고 한다. 그래서 야차나 나찰 등은 사람을 잡아먹고, 또 대력 귀왕, 어떤 때는 귀신이 붙어 가지고 아프기도 한다고 하여 귀신이라면 의당 나쁜 걸로 알고 있는데, 절에서 보면 천룡팔부天龍八部라 해서 문 앞에 칼 들고 서 있는 선신善神들도 본래는 이런 무리들인데, 개중에는 발심하여 악마를 따르는 것이 아니라 발심한 선신善神이고, 또 선신이 따로 있는 게 아니라 발심을 잃어버리면 악마다, 이렇게 보는 분도 있습니다.

그 다음 세 번째는,

> 情想均等 不飛不墜 生於人間
> 정 상 균 등 불 비 불 추 생 어 인 간

정情과 상想이 균등하면 날지도 않고 떨어지지도 않아 인간에 생하니,

> 想明斯聰 情幽斯鈍
> 상 명 사 총 정 유 사 둔

상想은 밝아서 총명하게 되고, 정情은 어두워서 둔하게 되느니라.

말하자면 순상純想에서 상과 정이 균등한데, 와 가지고 다시 정이 많은

쪽으로 흘러갑니다.

> 情多想少 流入橫生 重爲毛群 輕爲羽族
> 정 다 상 소 유 입 횡 생 중 위 모 군 경 위 우 족

정情이 많고 상想이 적으면 횡생에 유입하되, 중重하면 모군이 되고, 경輕하면 우족이 되느니라.

저 위와는 반대가 되는 겁니다. 그래서 정情은 침沈하는 것이고, 상想은 들뜨는 거라고 그랬는데, 여기는 정이 많고 상이 적으니까(올라가는 힘은 적고 내려가는 힘은 많으니까) 그 가운데 조금 무거운 것은 팔 달린 종족이 되어서 천상은 날아 보지는 못하고, 그 가운데 정이 많고 상이 적되 많은 가운데도 상이 적은 게 모군이 되고, 또 새의 종족이 될 수 있다, 그런 애깁니다.

그 다음에 또 비행 나찰이라든가, 대력귀 같은 이러한 높은 세계에는 가지 못한다, 그런 애깁니다.

이제 정다상소의 부분을 여기에서 자세히 나누었는데,

> 七情三想 沈下水輪 生於火際
> 칠 정 삼 상 침 하 수 륜 생 어 화 제

칠정삼상은 수륜에 침하하여 화제에 생生할새,

정확히 하자면 육정사상六情四想이 빠졌습니다.

화제란 화륜火輪이니, 귀신들이 살고 있는 세계입니다.

> 受氣猛火 身爲餓鬼 常被焚燒 水能害己
> 수 기 맹 화 신 위 아 귀 상 피 분 소 수 능 해 기

　맹화의 기를 받아 몸이 아귀가 되고, 항상 분소함을 입으며, 물도 능히 몸을 해하여서,

　물을 마실라 치면 그만 뜨거운 불이 입에서 나와 버리는 걸 수능해기라 그럽니다. 지옥의 한 형태랄 수 있습니다.

> 無食無飮 經百千劫
> 무 식 무 음 경 백 천 겁

　먹지도 못하고 마시지도 못하고 백천 겁을 지내느니라.

　이와 같이 아귀의 세계에 들어가서 고통 받는 그런 모습들을 얘기하고 있습니다.
　다음은,

> 九情一想
> 구 정 일 상

　구정일상은,

　이것은 정情이 극도로 많아져서 상想이 하나뿐입니다.

下洞火輪
하 통 화 륜

아래로 화륜을 뚫고 내려가서,

화륜이란 위에서 말한 화제火際인데, 이 위의 칠정삼상七情三想은 화제에 태어나서 사는 것이고, 여기의 아래로 화륜을 통洞한다는 말은 화륜을 통과해서,

身入風火 二交過地
신 입 풍 화 이 교 과 지

몸이 풍風과 화火의 둘이 교과한 지地에 들어가되,

그러니까 두 가지가 교체되는 지역입니다.

輕生有間 重生無間 二種地獄
경 생 유 간 중 생 무 간 이 종 지 옥

가벼우면 유간에 생하고, 무거우면 무간의 2종 지옥에 생하느니라.

2종 지옥은 유간지옥, 무간지옥이 되겠습니다.

純情卽沈 入阿鼻獄
순 정 즉 침 입 아 비 옥

순정은 침沈하여 아비옥에 들어갈새,

아비를 번역하면 무간無間이 되는데, 이 위에서 2종 지옥이라 했고, 또 아비라고 했습니다. 그러니까 똑같이 아비가 무간으로 번역이 되지만, 범어로 그냥 둔 아비지옥은 번역한 무간보다도 조금 더 높은 걸로 풀이가 됩니다.

> 若沈心中
> 약 침 심 중

만일 침沈하는 마음 가운데,

침沈하는 마음은 정신입니다.

> 有謗大乘 毀佛禁戒 誑妄說法
> 유 방 대 승 훼 불 금 계 광 망 설 법

대승을 비방하고 부처님의 금계를 훼毀하며 광망하게 설법하며,

> 虛貪信施 濫膺恭敬 五逆十重
> 허 탐 신 시 남 응 공 경 오 역 십 중

허망하게 신시를 탐하거나 외람되이 공경을 받거나 오역 십중을 범하면,

> **更生十方 阿鼻地獄**
> 갱 생 시 방 아 비 지 옥

다시 시방의 아비지옥에 생하느니라.

팔한팔열八寒八熱 지옥이나, 위에서 말한 2종 유간·무간 지옥은 일정한 장소가 있어서 세계가 망가질 때에 그 세계가 망가짐으로 해서 풀려나오지만, 여기 시방 아비지옥이라는 것은, 이 세계가 겁이 다해 무너지더라도 다시 다른 세계의 지옥으로 옮겨가져서 영원히 벗어날 기약이 없다, 그런 뜻으로서 무간지옥의 개념이 좀 다릅니다.

그 차이는 죄를 짓고 신심身心이 아비지옥에 들어가는데, 신심 가운데서 정법正法을 비방하는 죄가 가산되면, 그렇게 된다고 그랬습니다.

이렇게 해서,

> **循造惡業 雖則自招**
> 순 조 악 업 수 즉 자 초

악업을 순조하여 비록 스스로 부른 것이나,

그러니까 악업은 제각기 각자가 지었다는 말입니다.

> **衆同分中 兼有元地**
> 중 동 분 중 겸 유 원 지

여러 동분 중에서 겸하여 원지가 있느니라.

중동분은 공동인 대중이 똑같은 부분, 똑같은 죄를 지은 사람끼리 모인 자리에서 생기는 하나의 집단적인 것이 되겠습니다.

죄는 제각기 지었으나, 받는 데는 똑같은 자리에 모여서 받아지는 일정한 장소가 있다는 말이고, 겸兼이란 말은 여기에서 '겸하여' 그랬지만, 공통적으로, 합동적으로 이런 말이 되겠습니다.

죄를 제각기 짓기는 지었지만, 중동분 가운데는(죄를 받는 데는) 똑같이 원인을 맺은 사람이 똑같은 형태의 과果를 받는 것을 중동분이라고 그러는 것입니다. 그러니까 지옥은 각각 지어 가지고, 받기는 공통적으로 받는다는, 그런 얘기입니다.

이렇게 얘기를 하고 보니 업에 의해서 지어진다는 원칙이 이루어졌습니다. 그러면 업에 의해서 지어진 원칙들을 설명한 다음에는 업에 의해서 지어지는 상황, 다시 말하면 중동분 중의 겸유원지는 중동분의 지地에서 볼 때 모두 근원이 있는데, 지옥에 있는 사람의 중동분을 나누어 보고, 칠취의 중동분을 나누어 봅니다.

2) 지옥

> 阿難 此等皆是 彼諸眾生 自業所感
> 아 난 차 등 개 시 피 제 중 생 자 업 소 감

아난아, 이 등等은 다 저 모든 중생의 자업으로 감感한 바이니,

이런 등等이란 내분과 외분의 분배 관계, 그래서 위로 올라가고 아래로 내려가는 형태의 모든 중생들이 자업으로 받는 것이니,

> 造十習因 受六交報
> 조 십 습 인 수 육 교 보

십습인을 지어서 육교보六交報를 받느니라.

육교六交란 말은 여섯 가지 교차되는 악업惡業, 그래서 여섯은 육근입니다. 육근으로 지은 업이 사귀어 번갈아 악을 일으켜서 악보를 받는다 해서 하는 말입니다. 가령 입으로 욕을 했다고 할 때 뜻으로는 나쁜 생각을 하고, 눈으로는 흘겨보면서 손으로는 후려갈기는, 이것이 육근이 사귀어서 업을 짓는 겁니다.

그러니까 이런 것들이 모두가 자업소감自業所感인데, 자업이라는 얘기는 십습이 된다는 얘기고, 그 십습인에 의해서 육교를 통해서 보報를 받게 된다는, 그런 얘기가 되겠습니다.

십인十因과 육교보를 설명할 차례인데, 먼저 십인을 얘기합니다.

> 云何十因
> 운 하 십 인

무엇이 십인인고?

> 阿難一者 婬習交接 發於相磨 研磨不休
> 아 난 일 자 음 습 교 접 발 어 상 마 연 마 불 휴

아난아, 일은 음습으로 교접함이 서로 마磨함에서 발發하나니, 연마하여 쉬지 아니할새,

> 如是故有 大猛火光 於中發動
> 여시고유 대맹화광 어중발동

이와 같은 연고로 큰 화광이 있어서 그 가운데 발동하나니,

> 如人以手 自相磨觸 暖相現前
> 여인이수 자상마촉 난상현전

마치 사람이 손으로써 서로 마촉하면, 난상이 현전함과 같으니라.

> 二習相然 故有鐵床 銅柱諸事
> 이습상연 고유철상 동주제사

이습이 상연하는 연고로 철상, 동주 등의 제사가 있느니라.

이습이란 음婬을 할 때의 남녀 간의 두 습習입니다. 다시 말하면, 음습婬習에 의해서 지옥에 간 사람이 받는 지옥의 고통은 철상지옥, 쇠로 된 뜨거운 평상지옥, 구리로 된 뜨거운 기둥을 안는 등 뭔가 뜨거운 데다가 마찰하는 그러한 보報를 당하게 된다 했습니다.

그래서 십습十習을 내려가면서 보면 열 가지 괴로운 모습이 나타나고, 열 가지 괴로운 모습은 인행因行의 형태를 그대로 방불하게 하여 거기에서 다시 받는 것이 공통된 특징이라고 하겠습니다.

그래서 음습은 뜨거운 것, 또는 뭔가를 붙들고 비비는 그런 고통을 받는다는 그런 말입니다.

> 是故十方 一切如來 色目行婬 同名欲火
> 시고시방 일체여래 색목행음 동명욕화

이런고로 시방의 일체 여래께서 음행을 색목하여 다 욕화라 이름하시고,

빛 색色 자도 규정짓는 것이고, 목目 자도 이름 짓는 겁니다.

> 菩薩見欲 如避火坑
> 보살견욕 여피화갱

보살이 욕욕을 보되, 화갱을 피하는 것과 같이 하시느니라.

음욕을 불로 견주는 것이 그 때문이다. 따라서 음욕의 대가로는 뜨거운 불의 고통을 받는 지옥에 간다는 말입니다.

> 二者 貪習交計 發於相吸
> 이자 탐습교계 발어상흡

이는 탐습으로 교계함이 서로 흡취함에서 발發하며,

탐내는 마음과 탐내는 물건이 되겠습니다.
사귄다는 말은 물건과 나의 관계에서 계計하는 겁니다.
흡吸이란 상대방의 것을 끌어들이려고 하는 것입니다.

吸攬不止
흡 교 부 지

흡교하여 그치지 아니할새,

如是故有 積寒堅氷 於中凍冽
여 시 고 유   적 한 견 영   어 중 동 렬

이와 같은 고로 적한견영이 그 가운데서 동렬하나니,

如人以口 吸縮風氣 有冷觸生
여 인 이 구   흡 축 풍 기   유 냉 촉 생

마치 사람이 입으로 풍기를 흡축하면, 냉촉이 생하는 것과 같으니라.

바깥바람을 들이마시면 아무리 따뜻한 방에서도 입안이 시원해지고, 차가워집니다. 더구나 추운 날씨에 밖에 나가 의도적으로 공기를 한참 들이마시면 입안에 싸늘한 냉촉이 생한다는 말입니다.

二習相凌 故有吒吒波波囉囉 青赤白蓮 寒氷等事
이 습 상 릉   고 유 타 타 파 파 라 라   청 적 백 련   한 빙 등 사

이습이 상릉하는 연고로 타타, 파파, 라라, 청련, 적련, 백련, 한빙寒

氷 등의 사事가 있느니라.

서로 능멸한다는 말은, 나는 저쪽 물건을 탐내는데, 저쪽 물건은 나한테로 와지지 않는다는 것을 말합니다.

타타, 파파, 라라는 추워서 떠는 소리나 모습이고, 청련, 적련 등은 춥고 얼어 터져 가지고 살결이 부어 퍼렇게 되는 자, 또 백련같이 하얗게 얼어붙은 자, 또 기절하여 깨면 다시 또 얼고 이렇게 해서 그런 등의 지옥에 간다고 했습니다.

是故十方 一切如來 色目多求 同名貪水
시고시방 일체여래 색목다구 동명탐수

이런고로 시방의 일체 여래께서 다구함을 색목하여 한 가지로 탐수라 이름하시며,

菩薩見貪 如避瘴海
보살견탐 여피장해

보살이 탐貪을 보되, 마치 장해를 피하듯 하시느니라.

장해란 독의 바다인데, 요새 바다가 오염되어 물고기가 죽느니, 강물이 오염되어 사람이 먹을 수가 없고, 식물이 죽느니 그럽니다. 그런 형태도 일종의 식물이나 고기로 봐서는 장해가 되겠습니다.

신화에는 그런 바다가 있었다고 합니다만, 탐욕이 출렁거리는 바다라고 생각하고 피하셨다는, 그런 말씀이 되겠습니다.

三者 慢習交凌 發於相恃
삼자 만습교릉 발어상시

삼은 만습으로 교릉함이 서로 의시倚恃함에서 발發하나니,

상대방을 업신여기는 마음은 내가 뭣인가 자시自恃한다, 지위가 높다든가, 돈이 많다든가, 학문이 높다든가 그 밖에 뭔가로 스스로 믿는 겁니다.

馳流不息
치류불식

치류하여 쉬지 아니할새,

교만하게 생각하고 행동하는 이런 것들이 끝없이 달린다는 말입니다.

如是故有 騰逸奔波
여시고유 등일분파

이와 같은 연고로 등일분파하여,

편안한 일逸 자는 흘러갈 일逸 자입니다.
또한 가랑잎이 바람에 둥실둥실 날아가는 모습이 등騰입니다.
분파란 파도를 타고, 물거품이 끝없이 흘러가는 모습입니다.
이러한 형태가 있어서,

積波爲水
적 파 위 수

파波를 적積하여 물이 되나니,

如人口舌 自相緜味 因而水發
여 인 구 설 자 상 면 미 인 이 수 발

마치 사람이 구설(혀)을 스스로 면미하면, 인하여 물이 발함과 같으니라.

솜 면緜 자는 이어간다는 말입니다.
그러니까 입안에서 혓바닥을 자꾸 문지르면 물이 나는 것과 같다. 그래서 교만이 서로 등일騰逸하고, 등일하는 과정에서 물이 생긴다는 말입니다.

二習相鼓 故有血河 灰河熱沙 毒海融銅 灌吞諸事
이 습 상 고 고 유 혈 하 회 하 열 사 독 해 융 동 관 탄 제 사

이습이 상고하는 연고로 혈하, 회하, 열사, 독해와 융동을 관탄하는 모든 일이 있느니라.

이건 다 지옥에 나타나는 모습들입니다.

是故十方 一切如來 色目我慢 名飮癡水
시 고 시 방 일 체 여 래 색 목 아 만 명 음 치 수

이런고로 시방의 일체 여래께서 아만을 색목하여 치수를 마심이라 이름하시며,

菩薩見慢 如避巨溺
보살 견만 여 피 거 닉

보살이 아만을 보되, 거닉을 피하는 것과 같이 하시느니라.

거닉이란 사람이 빠지기 쉬운 큰 강 같은 곳입니다.

四者 嗔習交衝 發於相忤
사 자 진 습 교 충 발 어 상 오

사는 진습으로 교충함이 서로 오忤함에서 발發하며,

화날 오忤 자입니다.

忤結不息 心熱發火 鑄氣爲金
오 결 불 식 심 열 발 화 주 기 위 금

오忤가 결結하여 쉬지 아니하면 마음이 열熱하여 화火를 발發하고 기氣를 주鑄하여 금이 될새,

如是故有 刀山鐵橛 劍樹劍輪 斧鉞鎗鋸
여 시 고 유 도 산 철 궐 검 수 검 륜 부 월 쟁 거

이와 같은 고로 도산, 철궐, 검수, 검륜, 부斧, 월鉞, 쟁鎗, 거鋸가 있나니,

> 如人銜寃 殺氣飛動
> 여 인 함 원 살 기 비 동

마치 사람이 원한을 품으면 살기가 비동하는 것과 같으니라.

> 二習相擊 故有宮割 斬斫剉刺 槌擊諸事
> 이 습 상 격 고 유 궁 할 참 작 좌 자 퇴 격 제 사

이습이 상격하는 연고로 궁宮, 할割, 참斬, 작斫, 좌剉, 자刺, 퇴槌, 격擊의 모든 일이 있느니라.

다 형벌 받는 종류들이고, 지옥에 가서 고통 받는 일들입니다.

궁宮이란 남근이나 여근을 잘라 버리는 것이고, 할割이란 그걸 쪼개어 베어내는 형벌이랍니다. 참斬은 목을 벤다, 작斫은 두 쪽으로 낸다, 좌剉는 허리를 두 토막 낸다, 자刺는 몸에다 말뚝을 박는 것, 퇴槌는 망치로 친다, 격擊은 창 같은 걸로 찌르는 이런 종류의 형벌들입니다.

그러니까 십습十習이 전부 다 조직이 똑같습니다.

> 是故十方 一切如來 色目嗔恚 名利刀劍
> 시 고 시 방 일 체 여 래 색 목 진 에 명 이 도 검

이런고로 시방의 일체 여래께서 진에를 색목하여 이도검이라 이름하시나니,

> 菩薩見嗔 如避誅戮
> 보 살 견 진 여 피 주 륙

보살이 진에嗔恚를 보되, 주륙을 피하듯 하시느니라.

주륙이란 사람을 잡아 죽이는 상태, 이 장면을 가지고 진습嗔習이 교충交衝한다고 했습니다.

그러니까 저 위에서 말한 내분內分과 외분外分의 기운이 서로 엇갈릴 때, 평소에 진습嗔習을 쌓은 사람은 결국 쇳소리가 나는 잔인한 상태로 굳어져서 업이 이루어져서 임종 시에는 이런 것들이 나타나는데, 비유로 들자면 마치 이 사람이 원한을 품으면 살기가 등등하여 그 살기가 바로 칼로 나타나는 겁니다. 그래서 그 습이 서로 격돌해서 쉬지 않기 때문에 궁宮, 할割 등의 지옥이 나타나는 겁니다.

그래서 어떤 사람은 돌아갈 때 편안히 가고, 어떤 사람은 소리를 지르고 고통스러워하는데, 사실 우리가 극락세계 가는 업을 닦을 때에도 원아임욕명종시願我臨欲命終時 진제일체제장애盡除一切諸障礙(내가 命을 마칠 때에 모든 장애가 다 없어져서), 면견피불아미타面見彼佛阿彌陀 즉득왕생안락찰卽得往生安樂刹(내 얼굴을 마주해서 아미타불을 뵈옵고 극락세계 가지이다.) 하는 이런 것들이 있고, 법장 비구의 사십팔원四十八願 가운데도 임종할 때에는 극락세계의 서상瑞相이 앞에 나타나지이다 하는 것도 있고, 또 그런가 하면 정토염불淨土念佛을 일생에 내로라 하게 하다가도 결국 죽음이라는 대전제 앞에서는 흉진이 나타나지 않기를 바라는 것이 고래의 가르침이고, 또 불

보살의 서원이었습니다.

그 다음에 다섯 번째인데, 이 거짓이라는 것도 사실은 두 가지로 나옵니다. 밑에 보면 광습誑習이 있고, 여기 사습詐習이 있는데, 거짓 사詐 자는 요즘 말로 사기를 해서 상대방을 꼬이어 불이익한 데 집어넣고, 자기는 이로움을 취하는 것이 되겠고, 이 밑의 거짓 광誑 자는 말로써 상대방을 구렁텅이에 넣는 거짓 행동, 즉 거짓말이 되겠습니다.

五者 詐習交誘 發於相調
오 자 사 습 교 유 발 어 상 조

오는, 사습이 교유함이 서로 조인調引함에서 발發하나니,

조調 자는 조절한다. 조절이라면 싸우는 데 가서 잘 조절하여 싸움이 없게 하면 좋은 것인데, 여기에서 말하는 조절은 저 사람이 나에게 고분고분 해지기를 바란다. 즉 내가 저쪽을 길들여서 내 맘대로 하려고 하고, 저쪽은 나를 길들여서 제 맘대로 하려고 한다, 그게 상조입니다.

引起不住
인 기 부 주

인기하여 머무르지 아니할새,

내 말 좀 들으라고, 자꾸 자기 옆으로 끌어들이는 걸 인기라고 그랬습니다.

> 如是故有 繩木絞校
> 여 시 고 유 승 목 교 교

이와 같은 고로 승繩, 목木으로 교교함이 있나니,

그러니까 밧줄, 형틀 등으로 목메는 등이 있으니,

> 如水浸田 草木生長
> 여 수 침 전 초 목 생 장

마치 물을 밭에 침浸하면 초목이 생장하는 것과 같으니라.

사습詐習이 머무는 자리에 임종 시에 나타나는 승繩, 목木, 교교絞校 등이 구체적으로 없어지지 않고 살아난다. 그래서 죽은 뒤에 나타나는 겁니다.

> 二習相延故
> 이 습 상 연 고

이습이 상연하는 연고로,

연延 자는 맞이한다, 끌어들일 연 자입니다.

흔히 기한을 연기한다는 뜻으로 늘인다는 말도 되지만, 정확히 말하면 어떤 기한을 연기해서 나에게 유리한 조건을 맞아들이는 데 의미가 있기 때문에 맞아들일 연延 자입니다.

두 가지 습기가 상대방이 내 뜻대로 돌아오도록, 다시 말하면 상대방을 꼬셔 가지고, 도둑질을 해다 나에게 바치도록 한다면 저 사람이 본래 도둑질을 하고 싶은 건 아닌데, 한 번만 해 오면 부자가 되게 해준다든가, 이런 식으로 해서 나한테로 끌려고 하는 그런 습관을 지었으니까 임종 시에 밧줄 같은 것이 잡아당기고, 또 나무 같은 것에 형틀을 붙들어 매 가지고 꼼짝 못 하게 하는 그런 일이 생깁니다.

남에게 그런 욕을 했기 때문에 대가로 그런 현상을 보게 되고, 그런 습기를 맞아들이고 끌어들이는 것을 했기 때문에,

> 有杻械枷鎖鞭杖撾棒諸事
> 유 뉴 계 가 쇄 편 장 과 봉 제 사

뉴杻, 계械, 가枷, 쇄鎖, 편鞭, 장杖, 과撾, 봉棒의 모든 매 맞는 일이 있느니라.

> 是故十方 一切如來 色目奸僞 同名讒賊
> 시 고 시 방 일 체 여 래 색 목 간 위 동 명 참 적

이런고로 시방의 일체 여래께서 간위를 색목하여 참적이라 이름하시며,

참적이란, 사실이 아닌데 무고히 죽게 하는 도적을 말합니다.

구체적으로 말하면 가령 A라는 사람이 도둑질을 하여 관에 잡혀 끌려간다고 할 때, 기왕 죽을 바엔 아무개도 나와 한 무리라 하여 무고한 사람을 끌어들여서 어떤 때는 맞아죽을 뻔하고, 또 죽는 사람도 있는 그런 경우입니다.

유명한 『고왕경高王經』에도, 고경덕이라는 사람이 참적에게 당해 가지고 속절없이 죽게 되었는데, 꿈에 『고왕경』을 3천 번 부르라는 현몽을 해서

그렇게 했더니, 그 칼이 세 번이나 목에 와 부러져서 형을 집행하지 못하고, 알아보니 관세음보살의 가피력이었다고 하는 그런 얘기가 있습니다.

그러니까 참적이란 무서운 것이어서 요즘은 그런 게 있는 것 같지 않지만, 얼마 전만 해도 죄인을 형무소에서 재판소로 옮길 때에는 얼굴에다 용수를 씌웠는데, 용수란 설명이 복잡한데, 긴 쓰레기통처럼 움푹하게 된 기다란 통을 얼굴에다 푹 씌우면 먼 곳은 안 보이고, 자기의 발부리만 보이는 게 있습니다. 그게 조선 말엽, 구한말 때부터 있었던 것인데, 그걸 씌우는 이유가 자기네가 죽게 되면, 두리번거리고 사방을 보면서 아무나 한패라 하여 부당한 옥사가 생긴 일이 많이 있습니다.

그래서 그렇게 했다는 얘긴데, 사람을 속이고 간악하고 거짓된 짓은 참적과 같은 행위다, 이렇게 보셨고, 또,

菩薩見詐 如畏豺狼
보 살 견 사 여 외 시 랑

보살이 사詐를 보되, 시랑을 두려워하듯 하시느니라.

사람을 보기만 하면 갈기갈기 찢고 잡아먹는 못된 짐승이기 때문에 겁을 내고, 조금도 곁에 두거나 생각을 않아야겠다, 이런 얘깁니다.

시랑은 우리나라 말로, 승냥이 랑狼 자는 이리인데, 짐승 가운데 범이나 이런 것은 아니지만, 그 다음으로 사람을 해치는 나쁜 짐승인데, 그걸 무서워하는 것과 같이 한다는 말입니다.

이하에도 노스님의 강의가 조금 떨어지는 아쉬움이 있습니다만, 그래도 노스님의 육성과 강의를 직접 들으시는 것이 오히려 여러분들에게 이득이 클 걸로 생각해서 사자四者까지는 강의가 전혀 없었고, 오자五者부터 있긴

한데, 이 한 대문이 음질이 너무 떨어지는 것 같아 외람되이 제가 했습니다. 육자六者부터는 노스님의 강의로 직접 들으시겠습니다. 감사합니다.

> 六者 誑習交欺 發於相罔²
> 육자 광습교기 발어상망

육은 광습으로 교기함이 상망함에서 발發하며,

없는 일을 갖다 씌우는 게 광誑입니다.

망罔 자가 없을 망 자니까 없는 죄를 얽어 씌워 멸망시키는 걸 망罔이라고 그럽니다.

> 誣罔不止
> 무망부지

무망하여 그치지 아니할새,

> 飛心造奸
> 비심조간

마음을 날려 간사함을 짓느니라.

어떡하면 저 사람을 홀릴까, 마음을 날려 가지고 간사한 일을 지어서

---

2 고려대장경에는 망䰄으로 되어 있으나, 송본·명본에는 본문과 같이 되어 있다. 다음 구절에 나오는 망罔 자도 이와 같다.

그 사람의 죄를 얽어 씌우는 겁니다.

그 습習을 가지고 죄를 지으면 나중에 보報를 받을 때에,

> 如是故有 塵土屎尿 穢汙不淨
> 여시고유 진토시뇨 예오부정

이와 같은 연고로 진塵, 토土, 시屎, 뇨尿의 예오하여 부정함이 있나니,

똥 시屎, 오줌 뇨尿, 진토塵土는 나쁜 먼지 등을 가리킵니다.

> 如塵隨風 各無所見
> 여진수풍 각무소견

마치 티끌이 바람을 따르면 각기 본 바가 없는 것과 같으니라.

바람에 티끌을 날리게 되면, 각各 자는 티끌과 바람이 각각 잘 보이지 않듯이 많다는 말입니다. 그러니까 진塵, 토土, 시屎, 뇨尿 들을 가리키는 말입니다.

> 二習相加 故有沒溺騰擲 飛墜漂淪諸事
> 이습상가 고유몰닉등척 비추표륜제사

이습이 상가하는 연고로 몰沒, 닉溺, 등騰, 척擲, 비추, 표륜의 모든 일이 있느니라.

서로 얽어 씌우는 것이기 때문에 나중에 보報 받을 때는, 몰沒이란 물속에 빠지는 것이고, 닉溺 자는 빠져서 나오지 못하는 것이고, 등騰 자는 물속에 둥둥 떠서 올라간다, 척擲 자는 돌을 던진다든지 해서 허공에서 나가 떨어지는 것이고, 표륜이란 물속에서 잠기는 것이고, 비추는 허공에서 날아다니다 떨어지는 것인데, 그런 여러 가지가 있게 된다. 죄보罪報 받을 때에 그런 보報를 받게 된다는 말입니다.

> 是故十方 一切如來 色目欺誑 同名劫殺
> 시 고 시 방 일 체 여 래 색 목 기 광 동 명 겁 살

이런고로 시방의 일체 여래께서 기광을 색목하여 겁살이라 이름하시며,

억지로 그 사람을 죽이는 걸 겁살이라 그럽니다.

이것이 점占하는 사람들 가운데는, 겁劫 자가 그 사람 모르게 덮치는 것이고, 또 살殺 자는 살이 선다, 그 사람을 해롭게 하는 살기殺氣, 살殺 자로서 몰래 와서 씌우는 살기를 겁살이라 그럽니다.

> 菩薩見誑 如踐蛇虺
> 보 살 견 광 여 천 사 훼

보살이 광誑을 보되, 사훼를 밟는 듯하시느니라.

훼虺 자는 뱀 가운데 큰 것을 말합니다.

七者 怨習交嫌 發于銜恨
칠자 원습교혐 발우함한

칠은 원습으로 교혐함이 한恨을 머금음에서 발發할새,

미워하기 때문에 원수가 생기는 것인데, 혐嫌 자는 미워한다는 뜻입니다.
분한 것을 머금고 있어서 가만히 저 사람을 해롭게 하려고 원통하게 생각한다는 것이 내가 무슨 생각을 드러내서 하는 건 아니고, 저 사람을 해롭게 하려는 것이니, 함銜 자는 머금을 함 자이고, 한恨 자는 분 한이라는 말입니다.

如是故有 飛石投礫 匣貯車檻 甕盛囊撲
여시고유 비석투력 갑저거함 옹성낭박

이와 같은 고로 비석, 투력, 갑저, 거함, 옹성, 낭박함이 있나니,

갑저란 나무로 통을 짠 궤짝 같은 속에 사람을 가두어 두는 것이고, 거함이란 걸어가지 않고 수레를 타고 가게 되는데, 거기다가 뒤주같이 만들어서 사람을 넣고, 숨은 쉬지만 그 속에서 나오지 못하게 하는 그런 것인데, 지금도 호랑이 가두는 것을 함이라고 합니다.

옹甕은 독이고, 성盛 자는 담는다, 낭박에서 낭囊 자는 자루에 넣는다는 것이고, 박撲 자는 돌 위에다 놓고 쳐서 죽인다는 얘깁니다. 그러니까 자루에 넣어서 자루째 돌에다 쳐서 죽이는 게 낭박입니다.

그런 일들이 생기게 되는데, 이런 것들은 몰래, 드러나지 않게 죽이는 일을 가리키는 말입니다.

如陰毒人 懷抱畜惡
여 음 독 인 회 포 축 악

마치 음독한 사람이 가슴에 품어 악惡을 축적함과 같으니라.

드러내는 게 아니고 몰래 하는 거니까 축畜 자는 드러내지 않고 쌓아 놓는다는 그렇게 하는 것과 같다는 얘깁니다.

二習相吞 故有投擲 擒捉擊射 抛撮諸事
이 습 상 탄 고 유 투 척 금 착 격 사 포 촬 제 사

이습이 상탄하는 연고로 투척, 금착, 격, 사, 포, 촬 하는 모든 일이 있느니라.

투척은 땅에 가서 떨어질 때 아프도록 하는 것이고, 금擒 자는 얽어매다, 착捉 자는 손아귀에 거머쥔다, 격擊 자는 친다는 말이고, 사射 자는 활로 쏜다는 말이고, 포抛 자는 잡아 던진다, 촬撮 자는 거머쥔다는 등의 모든 일이 있게 된다. 즉 서로 지옥에 들어가게 되면 이렇게 해서 그 사람을 곤란하게 하는 일이 있겠다는 얘깁니다.

是故十方 一切如來 色目怨家 名違害鬼
시 고 시 방 일 체 여 래 색 목 원 가 명 위 해 귀

이런 연고로 시방의 일체 여래께서 원가를 색목하여 위해귀라 이름하시며,

위해귀는 내 뜻을 어기게 해서 나를 해하는 귀신이니까 알게 와서 해롭게 하는 게 아니라 몰래 와서 해롭게 하는 걸 말합니다. 귀신인데, 나를 해롭게 할 때에 드러내놓고 가서 싸운다든지 하는 게 아니라 몰래 따귀를 때린다든지 해롭게 하는 걸 위해귀라 그럽니다.

> 菩薩見怨 如飮鴆酒
> 보살견원 여음짐주

보살이 원怨을 보되, 짐주를 마시듯 하시느니라.

짐鴆이란 새 가운데 독한 새입니다. 본 사람이 별로 없겠지만, 독사 가운데 날아다니는 독사가 있다고 하는데, 그게 아마 짐鴆인 모양입니다.

그래서 이건 새인데 독한 새이기 때문에 그 털을 술에다 건드리기만 해도 그 술을 사람이 먹으면 그냥 죽는 게 아니라 창자가 끊어져서 죽는다는 겁니다. 그래서 짐주라고 하고, 또 다른 음식에도 그 새가 위로 한 번 날아다니기만 해도 독기가 들어서 그 음식을 먹으면 사람이 죽는다든지 한다는 겁니다.

> 八者 見習交明 如薩迦耶 見戒禁取 邪悟諸業 發於
> 팔자 견습교명 여살가야 견계금취 사오제업 발어
> 違拒 出生相返
> 위거 출생상반

팔은 견습으로 교명하는 살가야, 견취, 계금취, 사오의 업들이 위거함에서 발發하여 상반함을 출생할새,

자기 소견이 옳다고 주장하는 게 견습입니다.

옳다고 변명하는 건 교명입니다.

살가야는 범어인데, 이 육신을 가지고 자기 소견대로 이 몸이 늘 살아간다든지 하는 그걸 신견身見이라 그럽니다.

견계금취는 견취와 계금취입니다.

견見 자를 위에 떼는 게 아니라, 살가야라는 것이 신견이라는 것이고, 자기 소견을 고집하는 건 견취見取見이라 하고, 계戒와 금禁한 것을 그대로 집착하는 걸 계금취라 그럽니다.

견취란 자기 소견을 굽히지 않고, 그것이 꼭 옳다고 해 나간다는 뜻이니, 취取 자는 고집한다는 말입니다.

또 계금취를 얘기할 때, 오랜 절터에 사람은 살지 않고 비어 있는데, 애들이 다니다 똥을 눈 것을 개들이 먹었는데, 그 개들은 먹기 위해서였지만 절 도량의 더러운 것을 없앴으니까 그 똥을 먹은 공덕으로 개가 죽어 천상에 나는 걸 봤다면, 외도들은 생각하기를 똥만 먹으면 천상에 가 난다고 하는 그걸 계戒와 금禁에 취착한다 해서 계금취라 그럽니다. 그러니까 견계금취라는 그 취取 자는 견취, 계금취의 둘에 통하는 말입니다.

알긴 알았지만 잘못 아는 게 사오邪悟이고, 곧 소견이 잘못되었다는 말이니까 그게 바로 위거입니다. 정도와는 맞지 않으니 위거이고, 제각기 자기 소견이 저 사람의 소견과 맞지 않기 때문에 서로의 견습이 옳다고 하기 때문에 상반함을 출생한다는 말입니다.

如是故有 王使主吏 證執文籍
여 시 고 유 왕 사 주 리 증 집 문 적

이와 같은 연고로 왕사와 주리가 문적을 증집함이 있나니,

왕사는 염라대왕의 사신이고, 주리는 사건을 주장해서 처리하는 관리입니다.

그 사람이 안 했다고 할 때에 이러이러한 사실을 문서의 증거로 갖다 대는 그게 출생상반出生相反이고, 또 한쪽은 안 했다고 하는데, 한쪽은 증거를 갖다 대는 거니까 견습교명見習交明이라는 말입니다.

如行路人 來往相見
여 행 로 인   내 왕 상 견

마치 길 가는 사람이 내왕하면서 서로 보는 것과 같으니라.

가는 사람, 오는 사람이 길 가다가 서로 마주치는 것과 같이 서로 정반대되는 것이 서로 합한다는 말입니다.

二習相交 故有勘問 權詐考訊 推鞫察訪 披究照明
이 습 상 교   고 유 감 문   권 사 고 신   추 국 찰 방   피 구 조 명
善惡童子 手執文簿 辭辯諸事
선 악 동 자   수 집 문 부   사 변 제 사

이습이 상교하는 연고로 감문, 권사, 고신, 추국, 찰방, 피구, 조명과 선동자善童子, 악동자惡童子가 손에 문부를 잡고 사변하는 모든 일이 있느니라.

교交 자는 서로 상대한다는 말입니다. 감문이란 이렇게 하지 않았느냐

고 힐문하는 것이고, 권사란 거짓말로, 요즘 말로 하면 뒷거리 친다는, 확실히는 모르겠으나 네가 아무 때 이러지 않았느냐고 뒷거리 치는 게 권사입니다. 고신은 심문하는 것이고, 추국은 이론을 따져서 고문하는 것이고, 찰방은 정탐해서 그 일을 전부 증거 대는 것, 피구는 숨긴 것을 자꾸 드러내서 규명하는 것이고, 조명은 업경대業鏡臺 같은 걸로 비쳐 본다든지, 그런 걸 가지고 그 사람이 속이고 있는 것을 드러내는 것이고, 선악동자란 선동자와 악동자인데, 선동자는 그 사람이 선한 일 하는 걸 기록하고, 악동자는 악한 일 하는 것을 기록해서 그걸 며칠 만에 한 번씩 옥황상제에게 보고를 한다는 겁니다. 그러니까 그것이 문부가 되어서 그걸 가지고 죄를 짓고도 안 지었다고 하면, 와서 변명하는 등의 여러 가지 일이 있게 된다는 말입니다.

是故十方 一切如來 色目惡見 同名見坑
시고 시방 일체 여래 색목 악견 동명 견갱

이런고로 시방 일체 여래께서 악견을 색목하여 다 견갱이라 이름하시고,

이건 견습見習이니까 나쁜 소견이고, 갱坑이란 빠지기만 하면 다시 나오지 못하는 것을 말합니다.

菩薩見諸虛妄遍執 如入毒壑
보살 견 제 허망 변집 여입 독학

보살이 모든 허망변집함을 보되, 독의 구렁에 입입함과 같이 하시

느니라.

> 九者 枉習交加 發於誣謗
> 구자 왕습교가 발어무방

구는 왕습으로 교가함이 무방에서 발發할새,

왕습이란 바른 것을 굽혀 놓는다는 말이니까 억울하게 없는 것을 씌워 가지고 할 수 없이 억울한 죄를 당하게 하는 것을 말합니다.

> 如是故有 合山合石 碾磑耕磨
> 여시고유 합산합석 연애경마

이와 같은 연고로 합산, 합석, 연碾, 애磑, 경耕, 마磨함이 있나니,

합산은 두 산이 와서 합하여 죄인이 피할 수 없게 하는 것이고, 합석은 두 돌이 와서 죄인을 가운데 놓고 합해 버리는 것이고, 연碾이란 지금 사용하는지는 모르나 우리 어려서는 떡방아도 찧고 벼도 찧어 쌀을 만들고 했었는데, 그런 물건을 부수는 연자를 말하고, 애磑는 맷돌, 경耕은 혀를 보섭으로 가는 것, 마磨는 몸을 갈아 버리는 것을 말합니다.

> 如讒賊人 逼枉良善
> 여참적인 핍왕양선

마치 참적한 사람이 양선한 이를 핍왕하는 것과 같으니라.

> 二習相排 故有押捺 搥按蹙漉 衡度諸事
> 이 습 상 배 고 유 압 날 추 안 축 록 형 도 제 사

이습이 상배하는 연고로 압押, 날捺, 추搥, 안按, 축蹙, 록漉, 형도衡度하는 모든 일이 있느니라.

그 사람이 안 했다고 하는 것을 하지 않았느냐고 갖다 씌우는 게 배排입니다.

압押은 꼭 눌러놓는 것, 날捺은 비비는 것, 추搥는 방망이로 때리는 것, 안按은 깔고 앉는 것, 축蹙이란 발로 밟아서 배가 터진다든지 다리가 부러지는 것, 록漉이란 자루에 넣고 걸러 내는 것, 형도衡度란 횡橫 자와 같이 보는데, 가로로 조그만 구멍이 있는 데다 넣고 뽑아내는 것인데, 가령 전선줄을 만들 때 구멍이 조그만 데다가 쇠를 넣고 뽑아내면 가늘어지는 것과 같이 몸 전체를 조그만 구멍으로부터 뽑아내면 굵던 몸이 가늘어져 나오는 것을 말하는데, 이런 것들이 다 배척하는 데서 나온다고 그럽니다.

> 是故十方 一切如來 色目怨謗 同名讒虎
> 시 고 시 방 일 체 여 래 색 목 원 방 동 명 참 호

이런고로 시방의 일체 여래께서 원방을 색목하여 다 참호라 이름하시고,

범은 보기만 하면 잡아먹으니까 참소를 하면 그렇게 된다는 겁니다.

菩薩見枉 如遭霹靂
보 살 견 왕 여 조 벽 력

보살이 왕枉함을 보되, 마치 벽력을 만남과 같이 하시느니라.

벽력은 벼락입니다.

十者 訟習交諠 發於藏覆
십 자 송 습 교 훤 발 어 장 부

십은 송습으로 교훤함이 장부함에서 발發할새,

송訟이란 송사한다는 송 자인데, 자기의 옳은 것을 드러내고 다른 사람의 그릇된 것을 말하는 게 송訟입니다. 그러니까 이것은 관청에서 송사한다는 뭐 그런 것이 아니라 '아무래도 이게 옳지 않겠느냐' 하는 게 송訟입니다.

훤諠 자는 시끄럽게 떠든다는 말이고, 부覆 자는 복과 부의 두 가지 뜻과 음인데, 밥그릇 같은 걸 엎어놓는 게 복이고, 덮는다는 뜻이 부입니다. 그 두 가지로 쓰이는데, 지금 복면覆面한다고 하는 말은 복면이 아니라 부면이 맞는 말입니다. 얼굴을 엎어놓는 게 아니라 가리어 놓는 것이니, 부면이라야 할 텐데, 어쩌다 복면이라고 하고 있습니다.

如是故有 鑑見照燭
여 시 고 유 감 견 조 촉

이와 같은 연고로 감견, 조촉함이 있나니,

감견, 거울로 보게 한다든지, 조촉, 숨겨 놓은 것을 촛불로 비추어서 드러나게 한다는 말인데, 촉燭이란 촛불이라는 말이 아니고, 촛불을 가지고 밝힌다는 말입니다.

> 如於日中 不能藏影
> 여 어 일 중 불 능 장 영

마치 일중에는 능히 그림자를 감추지 못함과 같으니라.

해가 있으면 그림자를 감출 수 없는 것처럼 환하게 드러난다는 말입니다.

> 二習相陳³ 故有惡友 業鏡火珠 披露宿業 對驗諸事
> 이 습 상 진 고 유 악 우 업 경 화 주 피 로 숙 업 대 험 제 사

이습이 상진하는 연고로 악우, 업경, 화주로 피로하고 숙업을 대험하는 모든 일이 있느니라.

진陳은 진술한다는 말입니다.

지옥에 가면 나쁜 친구가 있어서 아무 때 이러이러하지 않았느냐고 증거를 대는 사람이 있는데, 그게 악우라는 겁니다.

업경이란 거울이 있는데, 그 거울 위에 사람을 세우면 일생 동안 한 일이 모두 거울에 드러나는 것이고, 화주란 불과 같이 환하게 비치는 구슬인데, 그걸 사람에게 갖다 대면 그 사람의 일생 동안의 일이 다 드러난다는 것이고, 피로는 숨겨 놓은 것을 들추어내는 것이고, 숙업은 숙세에 지은

---

3 고려대장경에는 이 구句가 없으나, 원본과 명본에는 있다.

업입니다.

> 是故十方 一切如來 色目覆藏 同名陰賊
> 시고시방 일체여래 색목부장 동명음적

이런고로 시방 일체 여래께서 부장을 색목하여 다 음적이라 이름하시고,

음적은 몰래 하는 도적을 말합니다.

> 菩薩觀覆 如戴高山 履於巨海
> 보살관부 여대고산 이어거해

보살이 부覆함을 보되, 마치 고산을 이고 거해를 밟는 것과 같이 하시느니라.

그냥 바다에 들어가도 빠질 텐데, 무거운 산을 이고 바다에 빠지면 다시는 나오지 못하듯, 덮는 것이 그와 같아서 그것을 피하는 것과 같다는 말입니다.

그래서 십습인十習因을 다 이야기했습니다.

> 云何六報
> 운하육보

무엇을 육교보六交報라 하는가?

> 阿難 一切衆生 六識造業 所招惡報 從六根出
> 아 난 일 체 중 생 육 식 조 업 소 초 악 보 종 육 근 출

아난아, 일체 중생이 육식으로 업을 지어서 부른바 악보가 육근을 좇아 출出하느니라.

육식을 가지고 업을 지었기 때문에 받을 때는 육근으로 받는다, 이런 말입니다. 그러니까 육식만 가지고 짓는 게 아닙니다. 마음으로 업을 지을 생각은 하겠지만, 실상은 육근을 가지고야 짓고, 받을 때도 육근만이 받는 게 아니라 육근 가운데는 은연하게 육식이 있고, 육식으로 업을 지을 때는 손발이 들어야 짓고 하니까 근根과 식識이 서로 통하므로 육식이 업을 짓고, 육근으로 보報를 받는다는 말입니다.

> 云何惡報 從六根出
> 운 하 악 보 종 육 근 출

어찌하여 악보가 육근으로 좇아 출出한다 하는가?

짓기는 위의 십습인十習因을 가지고 지었는데, 그 악보가 어째서 육근으로부터 난다고 하느냐 하면, 안·이·비·설·신·의, 즉 눈으로 보고 귀로 듣고 하니까 하는 말입니다.

> 一者見報 招引惡果
> 일 자 견 보 초 인 악 과

일은 견보가 악과를 초인함이니,

눈으로 보고서 나쁜 짓을 한 그것을 가지고 악과를 불러올 때에,

> **此見業交**
> 차 견 업 교

이 견업이 교호하면,

보는 한근限根을 가지고 지은 업이 그걸 받게 되는데, 여기에서 교호 자는 받게 된다는 뜻입니다.

> **則臨終時 先見猛火 滿十方界**
> 즉 임 종 시 선 견 맹 화 만 시 방 계

임종 시에 먼저 맹화가 시방계에 가득함을 보고,

눈은 불에 속하기 때문에 눈으로 짓는 것이 불의 과보를 받는다는 말입니다.

> **亡者神識 飛墜乘煙 入無間獄**
> 망 자 신 식 비 추 승 연 입 무 간 옥

망자의 신식이 비추하며 연기를 타고 무간옥에 들어가서,

이것은 눈으로 십습을 지은 것이 눈에 와서 받게 된다는 겁니다.

그래서 무간지옥에 들어가면,

> **發明二相**
> 발 명 이 상

이상을 발명하느니라.

한꺼번에 두 가지로 들어가는 게 아니라 이것이 할 수도 있고, 저것이 할 수도 있는 것입니다.

> **一者明見**
> 일 자 명 견

일은 명견이니,

눈으로, 견見으로 하는 게니까 분명하게 보는 것이니, 그걸 가지고는,

> **則能遍見 種種惡物 生無量畏**
> 즉 능 변 견 종 종 악 물 생 무 량 외

즉 능히 두루 종종 악물을 보고, 무량한 외畏를 생함이요,

외畏 자는 호랑이를 본다든지 도적을 보고서 무서워하는 겁니다.
그래서 첫째는 명견이고,

二者暗見 寂然不見 生無量恐
이 자 암 견　적 연 불 견　생 무 량 공

이는 암견이니, 적연히 보이지 아니하여 무량한 공포恐을 생함이니라.

공포恐이란 눈으로 보고 무서워하는 게 아니라 마음속으로 무서워하고, '이럴까 봐서' 하는 게 공포恐입니다. 눈으로 보이는 건 외외畏라 하고, 보이지 않는 건 공포恐이라고, 여기에서 외외畏와 공포恐을 다르게 얘기했습니다.

그래서 이것이 견보見報, 눈으로 받게 되는 보報인데, 이것이 눈에 오기도 하고, 귀에 오기도 하고, 혀에 오기도 한다는 얘깁니다.

如是見火燒聽
여 시 견 화 소 청

이와 같이 견화가 청聽에 타면,

저 위에서도 맹화猛火를 본다고 했고, 아래도 보면 귀로 할 때도 귀에도 와서 닿게 되고, 또 눈에도 와서 닿게 된다고 되어 있는데, 여기는 견화가 눈에 와서 받게 되면 어떻게 된다는 게 있어야 할 텐데 빠져 있다는 겁니다.

能爲鑊湯洋銅
능 위 확 탕 양 동

능히 확탕, 양동이 되고,

확탕이란 40유순이나 되는 큰 가마솥에다 기름이나 물을 끓이는 게 아니라 쇳물을 끓이면서 죄인을 삶는, 즉 쇠가 끓는 것을 확탕지옥이라 그러고, 양동은 구리를 녹여 물이 되면 죄인의 입에 부어 넣는다는 말입니다.

> 燒息能爲黑煙紫燄
> 소 식 능 위 흑 연 자 염

식息에 타면 능히 흑연, 자염이 되고,

숨 쉬는 코인데, 불이 붙어 나오는 것이니까 연기가 되기도 하고, 자색 빛 불꽃이 되기도 한다는 것입니다.

> 燒味能爲焦丸鐵糜
> 소 미 능 위 초 환 철 미

미味를 태우면 능히 초환, 철미가 되고,

환丸은 총알 같은 탄자인데, 그걸 볶아서 새빨갛게 달군 게 초환입니다. 철미는 무쇠를 가지고 죽을 끓인 것인데, 이 환丸이나 철미가 다 입으로 들어가게 되니까 맛에 속하는 것입니다.

> 燒觸能爲熱灰鑪炭
> 소 촉 능 위 열 회 노 탄

촉觸에 타면 능히 열회, 노탄이 되고,

열회는 양잿물 같은 것이고, 노탄은 화로의 불로서 숯을 말합니다.

燒心能生星火迸灑 煽鼓空界
소 심 능 생 성 화 병 쇄 선 고 공 계

심心에 타면 능히 성화가 병쇄함을 생하여 공계에 선고하느니라.

병迸은 쏟아져 달아나면서, 쇄灑는 여러 곳으로 달아나면서 불을 뿌려서, 선煽은 불붙은 것을 부채질하는 것입니다.

그래서 견보見報를 얘기했고, 이제 문보聞報입니다.

二者聞報 招引惡果
이 자 문 보 초 인 악 과

이는 문보가 악과를 초인함이니,

此聞業交 則臨終時 先見波濤 沒溺天地
차 문 업 교 즉 임 종 시 선 견 파 도 몰 닉 천 지

이 문업이 교交하면 임종 시에 먼저 파도가 천지에 몰닉함을 보고,

亡者神識 降注乘流 入無間獄
망 자 신 식 강 주 승 류 입 무 간 옥

망자의 신식이 강주하며 흐름을 타고 무간옥에 들어가서,

쏟아져 내려가서 그 물을 타고 무간옥에 들어가면,

發明二相
발 명 이 상

이상을 발명하느니라.

一者開聽 聽種種鬧 精神愗亂
일 자 개 청 청 종 종 뇨 정 신 무 란

일은 개청이니, 종종의 시끄러움을 듣고 정신이 무란함이요,

무愗 자는 아득해질 무 자입니다.

二者閉聽 寂無所聞 幽魄沈沒
이 자 폐 청 적 무 소 문 유 백 침 몰

이는 폐청이니, 적연히 들은 바가 없어서 유백이 침몰하느니라.

如是聞波注聞 則能爲責爲詰
여 시 문 파 주 문 즉 능 위 책 위 힐

이와 같이 문파가 문聞에 부으면 능히 책責이 되고 힐詰이 되며,

책責은 책망하는 것이고, 힐詰은 이런 일을 하지 않았느냐고 힐책하는 것인데, 모두 지옥에 가서 문초 받을 때 하는 겁니다.

> 注見則能爲雷爲吼 爲惡毒氣
> 주 견 즉 능 위 뢰 위 후 위 악 독 기

견見에 부으면 능히 뢰雷가 되고 후吼가 되며, 악독기가 되며, 후吼 자는 벼락 치는 소리입니다.

> 注息則能爲雨爲霧 灑諸毒蟲 周滿身體
> 주 식 즉 능 위 우 위 무 쇄 제 독 충 주 만 신 체

식息에 부으면 우雨가 되고 무霧가 되며, 모든 독충을 뿌려서 신체에 주만하고,

> 注味則能爲膿爲血 種種雜穢
> 주 미 즉 능 위 농 위 혈 종 종 잡 예

미味에 부으면 능히 농膿이 되고 혈血이 되며, 종종 잡예가 되며,

> 注觸則能爲畜爲鬼 爲糞[4]爲尿
> 주 촉 즉 능 위 축 위 귀 위 분 위 뇨

촉觸에 부으면 능히 축畜이 되고 귀鬼가 되며, 분糞이 되고 요가 되며,

---

4 고려대장경에는 屎로 되어 있으나, 송본·원본·명본에는 본문과 같이 되어 있다.

注意則能爲電爲雹 摧碎心魄
주 의 즉 능 위 전 위 박 최 쇄 심 백

의意에 부으면 능히 전電이 되며 박雹이 되어 심백을 최쇄하느니라.

박雹은 우박입니다.

三者後報 招引惡果
삼 자 후 보 초 인 악 과

삼은 후보가 악과를 초인함이니,

此後業交 則臨終時 先見毒氣 充塞遠近
차 후 업 교 즉 임 종 시 선 견 독 기 충 색 원 근

이 후업이 교交하면 임종 시에 먼저 독기가 원근에 충색함을 보고,

亡者神識 從地涌出 入無間獄 發明二相
망 자 신 식 종 지 용 출 입 무 간 옥 발 명 이 상

망자의 신식이 지地로 좇아 용출하여 무간옥에 들어가서 이상을 발명하느니라.

> 一者通聞 被諸惡氣 熏極心擾
> 일 자 통 문 피 제 악 기 훈 극 심 요

일은 통문이니, 모든 악기를 입고(맡고) 훈熏이 극極하여 심心이 요란함이요,

> 二者塞聞 氣掩不通 悶絶於地
> 이 자 색 문 기 엄 불 통 민 절 어 지

이는 색문이니, 기氣가 가리어 통하지 못하고 지地에 민절하느니라.

코가 막혀 잘 맡아지지 않는다는 말입니다.

절絶 자는 아주 죽는 건 아니지만 기운이 끊어진다는 말이고, 민悶 자는 답답해서 땅에 엎드리게 된다는 말입니다.

> 如是齅氣衝息 則能爲質爲履
> 여 시 후 기 충 식 즉 능 위 질 위 리

이와 같이 후기가 식息에 쏘이면 질質이 되며 이履가 되고,

코에 맞닥뜨려 숨을 쉬게 되면, 질質은 막힌다는 말이고, 이履는 통한다는 말이라고 계환 선사의 해석이 그렇습니다.

> 衝見則能爲火爲炬
> 충 견 즉 능 위 화 위 거

견見에 쏘이면 능히 화火가 되며 거炬가 되고,

화火는 보통 불이고, 거炬는 횃불 거 자입니다.

衝聽則能爲沒爲溺 爲洋爲沸
충 청 즉 능 위 몰 위 닉 위 양 위 비

청聽에 쏘이면 능히 몰沒이 되며 닉溺이 되고, 양洋이 되며 비沸가 되고,

몰沒 자는 그냥 물속으로 들어간다는 말이고, 닉溺 자는 들어가 빠져나오지 못한다는 말입니다. 양洋이란 쇠나 구리의 금속을 녹인 물을 말하고, 비沸 자는 두 가지인데, 끓는다고 할 때는 비이고, 용솟음친다고 할 때는 불입니다.

衝味則能爲餒爲爽
충 미 즉 능 위 뇌 위 상

미味에 쏘이면 능히 뇌餒가 되며 상爽이 되고,

뇌餒 자는 배고플 뇌 자이고, 상爽 자는 변할 상, 어그러질 상이니까 음식이 쉰다는 상 자입니다.

衝觸則能爲綻爲爛 爲大肉山 有百千眼 無量咂食
충 촉 즉 능 위 탄 위 란 위 대 육 산 유 백 천 안 무 량 잡 식

촉촉에 쏘이면 능히 탄탄綻이 되며 란爛이 되고, 대육산이 되어 백천 안이 있음이어든, 무량히 빨아먹고,

탄綻 자는 살이 터진다는 말이고, 대육산이란 살이 산과 같이 크다는 말입니다. 또한 이 안眼 자는 눈이 아니라 구멍입니다. 무량잡식이란 벌레 같은 한량없는 것들이 구멍마다 몸을, 잡咂 자는 빨아먹는다는 말입니다.

衝思則能爲灰爲瘴 爲飛砂礫 擊碎身體
충 사 즉 능 위 회 위 장　위 비 사 력　격 쇄 신 체

사思에 쏘이면 능히 회灰가 되며 장瘴이 되고, 나는 사력이 되어 신체를 격쇄하느니라.

장瘴은 물속에 퍼지는 병을 말하고, 력礫 자는 자갈 같은 걸 뿌려 준다는 말입니다.

四者味報 招引惡果
사 자 미 보　초 인 악 과

사는 미보가 악과를 초인함이니,

此味業交 則臨終時 先見鐵網 猛炎熾烈 周覆世界
차 미 업 교　즉 임 종 시　선 견 철 망　맹 염 치 열　주 부 세 계

이 미업이 교交하면 임종 시에 먼저 철망에 맹염이 치열하여 세계

에 두루 덮임을 보고,

사람이 전부 불로 된 철망 속에 들어가게 된 세계를 본다는 말입니다.

亡者神識 下透挂網
망 자 신 식 하 투 괘 망

망자의 신식이 아래로 투透하다가 그물에 걸리어,

철망 속으로 빠져나가는 게 투透입니다.

倒懸其頭
도 현 기 두

그 머리가 거꾸로 매달려서,

바로 내려가는 게 아니라 머리부터 내려가서 머리가 철망에 달려서,

入無間獄 發明二相
입 무 간 옥 발 명 이 상

무간옥에 들어가서 이상을 발명하느니라.

一者吸氣 結成寒氷 凍裂身肉
일 자 흡 기 결 성 한 빙 동 렬 신 육

일은 흡기이니, 한빙이 결성하여 신육이 동렬함이요,

二者吐氣 飛爲猛火 燋爛骨髓
이 자 토 기 비 위 맹 화 초 란 골 수

이는 토기이니, 맹화가 날리어 골수까지 초란함이니라.

如是嘗味 歷嘗則能爲承爲忍
여 시 상 미 역 상 즉 능 위 승 위 인

이와 같이 상미가 상嘗에 닿으면 능히 승承이 되고 인忍이 되며,

승承 자는 자기가 지은 죄를 법관이 따져 물으면 승명承命하는 것이고, 인忍 자는 그랬다고 승명하고는, 그 죄보를 참고 받는다는 말입니다.

歷見則能爲然金石
역 견 즉 능 위 연 금 석

견見에 닿으면 능히 타는 금석이 되고,

연然 자는 탈 연 자입니다.

歷聽則能爲利兵刃
역 청 즉 능 위 리 병 인

청聽에 닿으면 능히 이利한 병인이 되고,

이利는 예리한 칼, 병兵은 전쟁에 쓰는 것, 인刃 자는 그냥 칼입니다.

歷息則能爲大鐵籠 彌覆國土
역 식 즉 능 위 대 철 롱   미 부 국 토

식息에 닿으면 능히 대철롱이 되어 국토에 가득 덮이고,

歷觸則能爲弓爲箭 爲弩爲射
역 촉 즉 능 위 궁 위 전   위 노 위 사

촉觸에 닿으면 능히 궁弓이 되며 전箭이 되며, 노弩가 되며 사射가 되고,

쏴서 죽이는 건 마찬가지인데, 조그만 활을 노弩라고 그럽니다.

歷思則能爲飛熱鐵 從空雨下
역 사 즉 능 위 비 열 철   종 공 우 하

사思에 닿으면 능히 나는 열철이 허공을 좇아 우하(내려오다)하느니라.

조각조각 쇠 파편 같은 게 내려온다는 말입니다.

五者觸報 招引惡果
오 자 촉 보 초 인 악 과

오는 촉보가 악과를 초인함이니,

此觸業交 則臨終時 先見大山 四面來合 無復出路
차 촉 업 교 즉 임 종 시 선 견 대 산 사 면 내 합 무 부 출 로

이 촉업이 교호하면 임종 시에 먼저 대산이 사면으로 와 합하여 다시 출로가 없음을 보고,

亡者神識 見大鐵城
망 자 신 식 견 대 철 성

망자의 신식이 대철성에,

흙이나 돌로 쌓은 게 아니라 쇠로 만들어 놓은 성이 있는데, 그 성에는,

火蛇火狗 虎狼師子 牛頭獄卒 馬頭羅刹
화 사 화 구 호 랑 사 자 우 두 옥 졸 마 두 나 찰

화사, 화구, 호랑, 사자가 있음을 보거든, 우두 옥졸과 마두 나찰이,

철선이 되어서 뚫고 나올 수도 없지만, 또 이런 짐승들이 있어서 거기를 넘어오지 못하게 되는 겁니다.

나찰은 다 악한 귀신을 가리킵니다.

| 手執槍矟 馳入城門 向無間獄 發明二相 |
| 수 집 창 삭 구 입 성 문 향 무 간 옥 발 명 이 상 |

손에 창삭을 들고 성문으로 구입하여 무간옥으로 향하여 이상을 발명하느니라.

| 一者合觸 合山逼體 骨肉血潰 |
| 일 자 합 촉 합 산 핍 체 골 육 혈 궤 |

일은 합촉이니, 합산이 몸을 핍박하여 골骨 · 육肉 · 혈血이 궤潰함이요,

촉觸은 꼭 눌러놓는 것을 말하고, 궤潰는 무너질 궤 자니까 쏟아져 오는 것을 말합니다.

| 二者離觸 刀劍觸身 心肝屠裂 |
| 이 자 이 촉 도 검 촉 신 심 간 도 열 |

이는 이촉이니, 도검이 몸에 촉하여 심心 · 간肝이 도열하느니라.

심心은 염통이고, 도屠 자는 소 잡을 도 자니까 오리고 베어 내는 것인데, 옥중에 가서 그런 일들을 당하게 된다는 말입니다.

> 如是合觸 歷觸則能爲道爲觀 爲廳爲案
> 여시합촉 역촉즉능위도위관 위청위안

이와 같이 합촉이 촉에 닿으면 도道가 되며 관觀이 되며, 청廳이 되며 안案이 되고,

도道는 옥중에 형을 받으러 가는 길입니다. 즉 재판관한테로 나아가는 길입니다. 관觀은 문이 있는데, 문 좌우에 높이 집을 지어 놓고 그 위에서 사람이 사방을 관망하는 것, 본래 관觀 자가 집 관 자인데, 가운데 문이 있고, 문 좌우에 조그만 집이 지어져 있어서 거기에 사람이 있어 가지고 적이 오는 것을 관망하는, 그러니까 그 관觀은 옥중에 있는 왕이 죄인을 다스리는 문에 있는 관觀인 것입니다. 그러니까 그 도道로 가서 관觀을 통해 가지고 염라대왕 등의 앞에 가서 죄를 받게 되는 거겠지요.

청廳 자는 관청이고, 안案 자는 책상 안 자니까 죄인을 앞에 놓고 문초할 때 책상 위에 문서를 놓고 하니까 그게 안案 자입니다.

> 歷見則能爲燒爲爇
> 역견즉능위소위설

견見에 닿으면 능히 소燒가 되며 설爇이 되고,

> 歷聽則能爲撞爲擊 爲剚爲射
> 역청즉능위당위격 위사위사

청聽에 닿으면 능히 당撞이 되며 격擊이 되며, 사剚가 되며 사射가

되고,

사劃는 칼을 가지고 몸에다 꽂을 사 자입니다.

> 歷息則能爲括爲袋 爲考爲縛
> 역 식 즉 능 위 괄 위 대 위 고 위 박

식息에 닿으면 능히 괄括이 되며 대袋가 되며, 고考가 되며 박縛이 되고,

괄括은 훑친다는, 걸망 같은 게 괄括에 속합니다. 대袋는 전대를 말하는데, 주머니 낭囊 자는 자루와 같이 한쪽은 막힌 것이지만 바리때 보자기와 같이 이쪽과 저쪽이 다 통하게 되어 있는 게 대袋인데, 사람을 잡아넣는 것입니다. 고考는 고문하는 것이고, 박縛은 결박하는 것을 말합니다.

> 歷嘗則能爲耕爲鉗 爲斬爲截
> 역 상 즉 능 위 경 위 겸 위 참 위 절

상嘗에 닿으면 능히 경耕이 되며 겸鉗이 되며, 참斬이 되며 절截이 되고,

경耕은 혀를 뽑아 놓고 보섭으로 가는 것이고, 겸鉗은 자갈을 물리는 것, 참斬은 칼로 목이나 허리를 자르는 것이고, 절截은 다리나 팔을 끊는 것입니다.

歷思則能爲墜爲飛 爲煎爲炙
역 사 즉 능 위 추 위 비 위 전 위 자

사思에 닿으면 능히 추墜가 되며 비飛가 되며, 전煎이 되며 자炙가 되느니라.

오랠 구久 밑에 불 화火 자 하면 뜸뜰 자灸 자인데, 저녁 석夕 자 비슷한 글자 밑에 불 화火 하면 적炙이라고 해서 고기 같은 걸 굽는 걸 말하고, 또 이것을 자라고도 하는데, 불을 쪼인다든지 향을 쪼인다고 할 때는 자가 됩니다.

六者思報 招引惡果
육 자 사 보 초 인 악 과

육은 사보가 악과를 초인함이니,

此思業交 則臨終時 先見惡風 吹壞國土
차 사 업 교 즉 임 종 시 선 견 악 풍 취 괴 국 토

이 사업이 교交하면 임종 시에 먼저 악풍이 국토를 취괴함을 보고,

亡者神識 被吹上空 旋落乘風 墮無間獄 發明二相
망 자 신 식 피 취 상 공 선 락 승 풍 타 무 간 옥 발 명 이 상

망자의 신식이 취吹를 입어 공空으로 올라가 선락하매 바람을 타고 무간옥에 들어가서 이상을 발명하느니라.

> 一者不覺 迷極則荒 奔走不息
> 일 자 불 각 미 극 즉 황 분 주 불 식

일은 불각이니, 미迷가 극하면 황荒하여 분주히 쉬지 아니함이요,

생각은 깨닫고 잊어버리고 하는 것이니까 아득할 미迷, 모른다는 말입니다.

또한 어찌할 줄 모르고 돌아다니는 게 황荒입니다.

> 二者不迷 覺知則苦 無量煎燒 痛深難忍
> 이 자 불 미 각 지 즉 고 무 량 전 소 통 심 난 인

이는 불미이니, 각지한즉 고꿈가 되어 무량한 전소를 통痛이 심심하여 참기 어렵느니라.

불각不覺은 알지 못한다는 말이고, 불미不迷는 모르지 않는다, 그러니까 안다는 말입니다.

> 如是邪思 結思則能爲方爲所
> 여 시 사 사 결 사 즉 능 위 방 위 소

이와 같이 사사가 사思에 맺히면 능히 방方이 되고 소所가 되고,

소所 자는 허소虛所를 가리키니까 죄받을 방方과 소所입니다.

結見則能爲鑑爲證
결 견 즉 능 위 감 위 증

견見에 맺히면 능히 감鑑이 되며 증證이 되고,

업경業鏡 같은 걸 다 감鑑이라고 그러는데, 거울이란 무엇을 비추면 그대로 드러나게 되어 있듯이, 죄인이 가진 모든 잘못과 숨기는 것들을 다 드러내는 것입니다.

結聽則能爲大合石 爲氷爲霜 爲土爲霧
결 청 즉 능 위 대 합 석 위 빙 위 상 위 토 위 무

청聽에 맺히면 능히 대합석이 되며, 빙氷이 되며 상霜이 되며, 토土가 되며 무霧가 되고,

結息則能爲大火車 火船火檻
결 식 즉 능 위 대 화 차 화 선 화 함

식息에 맺히면 능히 큰 화차가 되며, 화선과 화함이 되고,

結嘗則能爲大叫喚 爲悔爲泣
결 상 즉 능 위 대 규 환 위 회 위 읍

상嘗에 맺히면 능히 대규환이 되며, 회悔가 되며 읍泣이 되고, 소리 지르고 뉘우치고, 읍泣 자는 아파서 우는 겁니다.

結觸則能爲大爲小 爲一日中 萬生萬死 爲偃爲仰
결 촉 즉 능 위 대 위 소 위 일 일 중 만 생 만 사 위 언 위 앙

촉觸에 맺히면 능히 대大하며(커지고) 소小하며(작아지며), 1일 중에 만생만사하며, 언偃하고 앙仰함이 되느니라.

언偃 자는 눕는다, 앙仰 자는 자빠진다는 말입니다.

이제 총히 맺는 말입니다.

阿難 是名地獄 十因六果
아 난 시 명 지 옥 십 인 육 과

아난아, 이것을 지옥의 십인, 육과라 이름하나니,

지옥에 들어갈 업 짓는 것이 열 가지 인이고, 그 보報를 받을 때는 여섯 군데로 받는다. 즉 육근인데, 보報 자나 과果 자나 같은 뜻이니까 과果라 그랬습니다.

皆是衆生 迷妄所造
개 시 중 생 미 망 소 조

다 이 중생의 미망으로 짓는 바이니라.

미망하지만 않으면 죄를 짓고 보報 받는 게 없을 텐데 미망하기 때문이다. 그러니까 미망한 것으로 짓는 바라 했으니, 깨달으면 없다는 말입니다.

그래서 지옥에 가는데, 종류는 받는 형상이 여러 가지이지만 많이 짓기도 하고 적게 짓는 그 업 짓는 걸 따라 가지고 지옥의 죄가 중하고 경하다는 것을 얘기하는 겁니다.

若諸衆生 惡業圓造
약 제 중 생 악 업 원 조

만약 모든 중생이 악업을 원만히 지었으면,

십습인十習因을 다 짓고, 육교보六交報를 다 짓고, 십악업十惡業을 다 지어서 눈으로라든지, 경계로라든지 하나도 빼지 않고 한꺼번에 짓는 것이 원조입니다.

질문 동同 자가 아닌지요?(불분명함)
답 원圓 자는 악업 자체를 원만하게 하나도 빼지 않고 지었다는 게 될 것이고, 만약 동同 자라고 하면 육근을 가지고 전부 다 십악업을 한꺼번에 지었다는 말이 됩니다.

질문 육근이 각조各造, 각각 짓는 게 있습니까?
답 여기 소疏에도 구족동조具足同造라고 했고, 무불원조無不圓造라고 두 가지로 얘기했습니다. 그게 악업을 하나도 빼지 않고 모두 지었다는 말입니다. 동조同造라고 해도 안 맞는 게 아닙니다.

그렇게 온갖 죄를 다 지은 사람은 아비옥에 간다고 요전에도 얘기했지만 팔한팔열八寒八熱 지옥이 있는데, 한옥寒獄보다 열옥熱獄이 더 고통스럽고, 팔열옥八熱獄 가운데 처음 일옥一獄은 사이가 있는 유간옥有間獄이요, 제팔은 무간옥無間獄이라고 해서 아비阿鼻를 번역하면 무간옥이라 하는데, 그 무간지옥이 팔한팔열 지옥 외에 따로 있는 게 아니라 팔한팔열 지옥 가운데 제팔을 아비지옥이라 한다. 그게 보통 하는 말인데, 여기에서 볼 것 같으면 아비지옥 외에 무간옥이 또 있게 된다는 말입니다. 그러니까 이걸로 보면 팔한팔열 외에 아비지옥이 또 따로 있다고 보게 되어 있습니다, 이『능엄경』에서는.

보통 일반적으로는 팔열옥 가운데 제팔이 아비옥이라고 그러는데, 아비란 인도 말이고, 무간이란 한문 말이니까 다 같은 말이지만,『능엄경』에서는 무간지옥보다 더 고통스러운 아비지옥을 따로 내세웠습니다.

> 入阿鼻獄 受無量苦 經無量劫
> 입 아 비 옥 수 무 량 고 경 무 량 겁

아비옥에 들어 무량고를 받아 무량겁을 지내느니라.

[질문] 그 전에 나온 것과 이번에 나온 게 두 가지네요?(『능엄경』이)

[답] 이번에 한 것은 해인사에 있는 장경藏經의『능엄경』그걸 보고 해서 지금 우리가 강원에서 배우는 것과는 다르게 된 게 많이 있습니다.

처음에 한 것은 통도사에 있는 판 그대로 했는데, 이번에 할 때는 그 사람들이 고려장경高麗藏經에 있는『능엄경』을 한다고 해서 고친 데가 많이 있는데, 그대로 하면 좀 잘못된 게 있습니다.

그러니까 지금 제방諸方에서 보는 그것이 누가 고친지는 모르나 잘못된 걸 고친 것이고, 그런데 또 해인사에 있는 장경 그대로 해서는 말이 안 되는 곳이 더러 있던데, 그래서 그게 다르게 됩니다.

그래서 고품 받는 형벌이 한량없다는 말이고, 그 형벌을 잠깐만 받고 마는 게 아니라 무량겁을 받는다, 시간도 한량없다는 말입니다.

본래 무간無間이라는 말이 형벌하는 기구도 잠깐도 쉬는 사이가 없고, 고통도 시간도 잠시도 여유가 없다고 해서 다섯 가지 무간을 얘기합니다.

六根各造
육 근 각 조

육근이 각각 지었거나,

위의 것은 한꺼번에 지었는데, 이건 따로따로 짓는 겁니다.

각조各造니까 눈으로 지을 때는 눈으로 짓고, 귀로도 짓고, 코로도 짓고 하는데, 위에서 동시에 다 짓는 게니까 원조圓造이고, 여기는 눈으로도 짓고, 코로도 짓고 해서 짓기는 육근이 다 짓지만 한꺼번에 짓는 게 아니다, 짓는 시간은 다른 것으로 본다고 그랬습니다.

及彼所作 兼境兼根
급 피 소 작 겸 경 겸 근

저 지은 바가 경境을 겸하고 근根을 겸하면,

죄인들이 지은 바가 육근을 가지고 몇 가지를 겸했다는 말입니다.

그러니까 경境도 하나만이라든지, 근根도 하나만이면 경輕할 텐데, 경境도 겸하고 근도 겸했으니까 아비지옥과 같이 악업원조惡業圓造는 아니지만

각각 지으면서도 경境, 근을 가지고 지었으면,

> 是人則入八無間獄
> 시 인 즉 입 팔 무 간 옥

이 사람은 팔무간옥에 드느니라.

옥獄의 수가 적을수록 중重한 지옥이고, 옥의 수가 많을수록 경輕한 지옥입니다.

> 身口意三 作殺盜婬 是人則入十八地獄
> 신 구 의 삼 작 살 도 음 시 인 즉 입 십 팔 지 옥

신·구·의 셋으로 살殺·도盜·음婬을 지으면 이 사람은 십팔지옥에 들어가느니라.

십팔지옥은 출처가 없습니다.

[질문] 녹음 상태가 불분명不分明함.
[답] 십팔지옥 미진微塵이 있다고 나온 데는 있습니다.

> 三業不兼
> 삼 업 불 겸

삼업을 겸하지 아니하고,

위는 신身·구口·의意 삼업을 겸해 지었는데, 신과 구로만 짓고 의가 안 했다든지, 의와 구로만 짓고 신이 안 했다든지, 어쨌든 셋을 다 겸하진 않았다는 말입니다.

中間或爲一殺一盜
중 간 혹 위 일 살 일 도

중간에 혹 한 살殺이나 한 도盜를 했으면,

삼업은 짓는 기구를 가리키는 말이고, 이건 짓는 죄를 가리킵니다.

다른 것도 있는데, 이 둘만 쓴 것이고, 또 저 위엔 살殺·도盜·음婬을 다 지었다는 말인데, 이건 일 살도殺盜, 좀 적게 지었다는 말입니다.

是人則入三十六地獄
시 인 즉 입 삼 십 육 지 옥

이 사람은 삼십육 지옥에 들어가느니라.

이것도 출처가 없는 모양입니다.

見見一根 單犯一業
견 견 일 근 단 범 일 업

견見과 견의 일 근으로 홀으로 일업만 범하였다면,

이것을 '견見이면 견' 이렇게 보는 이도 있고, 그러니까 만일 귀라면 '문聞

이면 문', 이렇게도 본다는 말이고, 또 하나는 능견能見, 소견所見, 위의 견은 능견을 가리키고, 아래의 견은 소견을 가리킨다고도 해서 능견이든지, 소견이든지 근만으로 보는데, 이건 견을 전례로 들어서 그렇지, 눈으로만 짓는다는 말이 아니고, 코로 지었다든지, 귀로 지었다든지 다 통하는 말입니다.

그래서 하나만 지은,

是人則入一百八地獄
시 인 즉 입 일 백 팔 지 옥

이 사람은 일백팔 지옥에 드느니라.

앞에서도 말했지만 지옥의 숫자가 많을수록 죄도 경한데, 그래서 지옥 자체가 경중을 따라서 여러 가지가 있는 것을 얘기했습니다.

질문 견견일근見見一根의 윗 견見 자를 현현으로 보는 곳도 있던데요?
답 현現 자는 지금 현재라는 말인 것이죠. 견견일근見見一根이라는 글 자체가 시원하지 않은 글인데, 경을 고칠 수는 없고, 제각기 자기 소견대로 보는 게지요.

질문 주에 보면 통리通理는 망견妄見으로 보고, 오흥吳興은 능견, 소견으로 본다고 되어 있는데, 통리, 오흥이 뭡니까?
답 오흥이란 중국의 인악仁岳 선사를 가리키고, 통리는 『지장소指掌疏』를 지은 사람입니다. 인악 선사는 『능엄집회』를 지은 사람의 이름인데, 그게 아마 처음 나왔고, 중간에 또 나오니까 그렇게만 썼지, 구족하게 누구라고 나와 있을 겁니다.

『지장소』를 지은 이가 청나라 사람으로 달천통리達天通理입니다. 청나라가 지금으로부터 한 삼사 백 년 전밖에 안 되니까 그 후에도 또 한 이가 있겠지만 가장 나중입니다.

지금 이번에 내가 주해註解한 것은, 명나라 때의 참 진眞 자, 볼 감鑑 자, 진감 선사가 지은 『정맥소正脉疏』를 위주로 했습니다. 통리가 한 『지장소』도 갖다 보고, 계환戒環의 소疏는 물론 그 외에 보환普幻의 해解도 갖다 보고, 웬만한 것은 다 갖다 봤는데, 나만 그렇게 한 것이 아니라 『정맥소』를 지은 진감 선사도 그 전에 지은 것들을 다 갖다 봤습니다.

나는 그 책을 다 구비해서 그렇게 많이 보지는 못했지만, 그이는 구족하게 다 봤을 것이고, 그래 가지고 이전 사람의 해解 가운데 맞지 않는 부분은 자기의 해解를 따로 냈고, 또 그중에 옳게 된 게 있으면 그걸 갖다 대고 그랬습니다.

그래서 여러 사람이 해석한 것을 모아 『능엄경집회』를 지은 사람이 어질 인仁 자, 뫼 악岳 자 인악 스님인데 통리는 청나라 사람으로서, 내가 본 바로는 통리는 대개 진감의 『정맥소』를 위주로 했습니다. 가다가 『정맥소』의 마음에 맞지 않은 부분이 있으면 자기의 해解를 따로 내고 그랬는데, 그러나 대체적으로 『정맥소』를 따르고, 그리고 또 그 『지장소』에서는 글자 글자마다 어려운 것을 모두 해석해 놓았습니다.

『정맥소』에서는 대체적으로 이유만을 얘기했는데, 글자 해석을 간간히 한 것이 『지장소』입니다. 그래서 처음 보는 사람은 『지장소』를 보는 게 좋을 것 같고, 『정맥소』보다 분량이 더 많습니다.

由是衆生 別作別造
유 시 중 생 별 작 별 조

이 중생이 별작, 별조함을 말미암아,

이 사람은 이렇게 짓고, 저 사람은 저렇게 짓는다고 해서 작作 자와 조造 자는 둘 다 짓는다는 것인데, 그래도 달리 썼으니까 내가 생각한 바로는 작은 일부러 한 것이고, 조는 일부러는 아니지만 하다 보면 이런 죄업을 이루는 게 조가 아닌가, 즉 작과 조의 두 가지를 썼으니까 해석을 하자면 그래야 하지 않겠나 하고, 꼭 옳다고 하는 것은 아니지만, 그렇게 생각을 해 봤습니다.

아무래도 하나라면 하나만 썼겠지, 별작별조라고 작과 조를 따로 두 가지를 썼겠느냐는 말입니다.

[질문] 조작造作이란 게 같은 것을 합해서 썼을 뿐이 아닐까요?
[답] 같으면 그냥 하지, 왜 별작별조라고 썼겠느냐는 말입니다. 별작은 어떻게 하고, 별조는 어떻게 하는가 따져 봐야 할 텐데, 작作은 일부러 하는 것이고, 조造는 일부러 하면서도 그렇게까지 하려고 않았는데 지어지는 수도 있다, 무의식 중에 지어진 것으로 보자는 말입니다.

그러니까 조造는 무의식 중에 지어진 것이라 하고, 꼭 이렇게 해야겠다고 한 것은 작作으로 보고, 그렇게 구별 짓지 않는가, 어디 그렇다고 한 곳은 없지만, 내가 그렇게 생각을 해 보았습니다.

신·구·의를 따로 짓는다든지 살殺·도盜·음婬을 따로 짓는다는 말이 아니고, 이 중생은 이렇게 짓고, 저 중생은 저렇게 지어서 이 중생과 저 중생 지은 것이 다르다고 해서 별別입니다.

그래서,

於世界中
어 세 계 중

세계 중에서,

아비지옥이나, 팔한팔열 지옥이나 십팔 지옥이 다 이 세계 안에 있는 것인데, 대개 지옥은 철위산鐵圍山 사이에 있다고 그럽니다.

철위산도 소철위산, 대철위산, 여럿인데, 지금 우리가 얘기하는 동서남북, 사주四洲 세계를 통해 철위산이 하나 있고, 세계의 구조가, 사주 세계를 중간에 놓고, 그걸 둘러싼 소철위산이 있고, 소천세계小千世界에도 소천세계를 둘러싼 철위산이 또 있고, 중천세계에도 있고, 대천세계에도 철위산이 있다고 하는데, 지옥은 이 철위산과 저 철위산 사이의 공지空地입니다.

땅속 깊이 들어가 속에 지옥이 있다고 이전부터 인도에서 하는 말인데, 말하자면 인도 사람이 상식적으로 그렇게 아는 것은 부처님께서 창조해서 말씀하신 게 아니라 "이렇게 하다." 하고 되어 있는 것이 많습니다. 그래서 경에 나온다고 해서 모두 불설佛說이라 하지는 않습니다.

제일 문제가 되는 것은, 『법화경』에 보면, 일체중생이 다 범천왕梵天王의 아들인 것처럼 된 부분이 있는데, 그러나 부처님께서 말씀하실 때에 중생이 범천왕의 아들이라고 안 했는데, 바라문들이 이 세계는 다 범천이고, 일체중생은 범천왕의 아들이라고 주장하는 것이, 마치 지금의 예수교에서 하느님의 아들이라고 하는 얘기나 같습니다.

부처님께서는 그런 얘기를 인정 안 하시는데, 『법화경』에는 또 일체중생이 범천왕의 아들인 것과 같이 모든 경전이 다 『법화경』에서 나왔다고 해서, 『법화경』이 제일이라는 비유를 한 게 있습니다.

여기 이것도 부처님께서 이렇게 말씀하신 게 아니라 인도에서 일반적으로 생각하는 것을 갖다 늘어놓은 겁니다. 그래서 그 세계 중이라는 것에 철위산 얘기를 그것 때문에 지금 한 겁니다.

그러니까 사바세계면 사바세계이고, 또 다른 세계라면 그 세계 중에서,

入同分地
입 동 분 지

분分이 같은 지옥에 입入하나니,

중생들이 제각기 죄를 지었지만, 세계 안에서, 십팔 지옥 갈 만한 죄를 지은 사람도 여럿이고, 무간지옥 갈 죄를 지은 사람도 여럿인 그게 동분지 同分地입니다.

아무개 받을 무간지옥은 저기 있고, 이 사람이 받을 무간지옥은 여기 있는 게 아니라 어디서 짓든 무간지옥에 들어갈 죄를 지었으면 분分이 같은 사람끼리 한 지옥에서 받게 된다는 말입니다.

그렇게 해서 다 지은 대로 가게 되는데, 이것이 다,

妄想發生 非本來有
망 상 발 생 비 본 래 유

망상으로 발생하는 것이라 본래 있는 것이 아니니라.

죄를 지은 것도 망상이요, 망상으로 죄를 지었기 때문에 지옥에 가서 보報 받는 것도 허망한 것이지 본래 있는 게 아닙니다.

중생이 업을 지으니까 지옥이 있지, 중생이 업을 짓든지 안 짓든지 지옥이 생겨 있지 않다는 말입니다.

지금 교도소가 죄인들을 가두기 위해서 생겨 있는데, 죄인이 없어도, 죄를 안 지어도 으레 교도소를 지어 놓는 건 아니라는 그런 말입니다.

청정본연한 곳에는 지옥이 있을 리가 없는데, 중생들이 망상으로 죄를 짓기 때문에 역시 허망한 게 있게 된다는 그런 얘깁니다.

그래서 위에서 중생이 업을 지었기 때문에 지옥이 있습니까, 본래부터 있습니까 하고 물었던 것이고, 동분지에 들어간다는 말은 같이 가는 지옥이 있다는 말이었는데, 그렇지만 이것이 본래부터 있는 게 아니고, 망상으로 지은 것이요, 지옥이 있는 게 아니라고 아난이 물은 것에 대해 그렇게 대답한 말입니다.

육취六趣 가운데 가장 고苦를 받는 게 지옥이고, 지옥보다 조금 나은 게 아귀라고 하는데, 이제 아귀를 얘기합니다.

3) 아귀餓鬼

復次阿難 是諸衆生
부 차 아 난 시 제 중 생

다시 아난아, 이 모든 중생이,

지옥에 갔던 중생들을 가리킵니다.

非破律儀
비 파 율 의

율의를 그르다 하여 파하였거나,

파하지 않는 게 아니라 그르다 해서 파한다는 말입니다.

犯菩薩戒 毀佛涅槃
범 보 살 계 훼 불 열 반

보살계를 범하였거나, 부처님의 열반을 훼멸하였거나,

열반이 없다고 한다든지, 비라지자와 같이 사후에 아무것도 없는 것이 열반이라고 한다든지, 이런 게 다 훼불열반입니다.

그건 다 중죄를 가리키는 말이고,

諸餘雜業
제 여 잡 업

모든 나머지 잡업으로,

그런 업으로 죄를 지었기 때문에 지옥에 가서, 그 말입니다.

歷劫燒然
역 겁 소 연

역겁을 소연하다가,

형기가 5년 지옥도 있고, 10년 지옥도 있듯이 그와 같이 죄의 경중을 따라서 연然 자도 탈 연 자이니까 오랫동안 몸이 타는 고통을 받을 때에 죄가 다 타 버리는 겁니다.

後還罪畢 受諸鬼形
후 환 죄 필 수 제 귀 형

후에 도로 죄를 마치면, 모든 귀鬼의 형形을 받느니라.

환還 자는 돌아온다는 말이 아니고, 도로라는 말입니다.

이것은 꼭 아귀가 지옥에서 죄받을 것을 받고 아귀 되는 것이 아니라 나쁜 데서부터 올라오면서 받는 것은 아귀라고 하면, 지옥에서부터 다 받고 아귀 되는 것이고, 또 지옥 죄를 다 받고도 모두가 아귀 되는 건 아닙니다.

그렇게 하고도 업이 좀 남았기 때문에 아귀보를 받는 것이지, 한 번 지옥에 간 사람은 으레 그 지옥보를 다 받고 아귀 되는 게 아니고, 지옥보를 다 받고서 사람이 될 수도 있고, 천상에 가 생生할 수도 있고, 축생도 될 수가 있고, 아귀가 될 수도 있는 것이니까 지옥의 보를 받으면, 으레 아귀 된다는 게 아니라 지옥의 죄가 중하기 때문에 지옥보를 다 받고도 아귀 되는 얘기를 한 것이고, 또 아귀는 아래에서 올라오면서만 받는 게 아니라 사람이 잘못하여 아귀에 들어가는 수도 있는데, 그건 위에서부터 내려가는 겁니다.

그러니까 밑에서부터 올라오는 것은 아귀가 되어도 하천한 아귀가 되고, 위에서부터 내려간(사람이 죄를 지어 鬼趣에 가지만) 것은 귀취鬼趣에 가긴 가지만 복이 있을 테니까 좋은 데 가게 됩니다.

우리가 아귀라고 하면 모두 같은 종류라고 생각하지만 귀鬼는 좀 못한 것이고, 신神은 산신이라든지 마후라, 긴나라 같은 세력도 있고, 복도 있는 신들입니다.

어떤 방면으로는 사람보다 나은 게 신인데, 그래서 이 귀취라는 귀鬼는 꼭 나쁜 것만이 아니라 귀취는 신神과 귀鬼의 두 가지로 나누게 되는데, 복은 있고 세력이 있는 밝은 편으로는 신이고, 어둡기만 하고 복도 없는 편으로는 귀鬼이고, 그렇게 다릅니다. 그러니까 귀취라 하면 아귀만이 따로 있는 것이 아닙니다. 일반 신이나 귀라고 하는 것이 사람이 아니고, 천인天人도 아니고, 축생도 아닌 그런 종류도 다 귀취라는 말입니다.

그래서 여기는 지옥에서부터 올라오는 얘기니까 지옥에 갈 죄를 지을 때에,

若於本因 貪物爲罪
약 어 본 인 탐 물 위 죄

만일 본인에서 물物을 탐하여 죄가 되었다면,

이 본本 자는 지옥에 갈 죄를 지은 근본입니다. 십습인十習因 가운데 물건을 탐해서 죄가 되었던 사람은, 그 말입니다.

지옥에 갔던 사람이 지옥에 갈 죄를 지을 때에 색色이라든지 집이라든지 그런 게 다 물건이니까 그것을 탐해서 지옥에 갔던 사람은,

是人罪畢
시 인 죄 필

이 사람이 죄를 마치면,

위에서 후환죄필後還罪畢이라고 했으니까 그걸 가리키는 말입니다.

이 사람이 죄가 필畢하면 그 다음에 아귀가 될 텐데, 아귀가 될 때에도,

遇物成形
우 물 성 형

물物을 만나 형形을 이루나니,

물건을 탐해서 죄가 되었던 것이니까 지옥에 갔다 와서 아귀가 될 때에도 물건을 만나 물건에 붙어서 형상이 된다는 얘깁니다.

그러니 그것을,

名爲怪鬼
명 위 괴 귀

괴귀라 이름하느니라.

이것은 쇠나 금이나 돌 같은 데 붙어서 그걸 의지해 되는 겁니다.

요즘은 그런 것을 볼 수도 없고, 증명할 수도 없는데, 우리나라에서 말할 때, 물구즉신物久則神이라, 무슨 물건이든지 오래되면 신이 된다는 이런 말을 합니다. 그러니까 물건이 화化해서 신이 되는 게 아니라 오래된 물건이 있으면 귀취鬼趣가 될 것이, 물건을 의지해서 되게 되는데, 그것이 우물성형遇物成形입니다.

임진란 전이고, 세조대왕 후기에 이런 일이 있었습니다.

그때 사람이 홍역을 하다 죽으면, 그냥 문밖에 갖다 버리기도 하고, 나

무 위에 덕을 매고 올려놓기도 했는데, 그렇게 하면 그 집에 있는 사람이 다시는 홍역으로 인해 죽지 않는다는 그런 미신이 있었던 모양인데, 어떤 부잣집이고 양반집 처녀가 홍역으로 죽어서 송장을 문밖 뽕나무 위에 덕으로 매어 놓았습니다.

그때에 상진尙震이라는 사람이 홍계관이라는 봉사 점쟁이 밑에서 심부름을 하고 있었는데, 상진의 나이가 스무 살쯤 되었을 어느 날, 홍계관이라는 봉사가 "너 오늘 시구문 밖의 아무 곳엘 가면 뽕나무 위에 여자 송장이 있을 테니, 그걸 가서 업고 오너라." 이러는 겁니다.

그러니까 그때는 이 홍계관이라는 봉사 밑에서 심부름을 하고 있고, 또 이 봉사는 점을 쳐서 잘 알고 하니까 할 수 없이 그 처녀 송장을 업어다 시키는 대로 건넌방에 불을 지피고, 꼭 끌어안고 하룻밤을 자면서 입을 마주 대고 숨을 불어 넣었더니, 얼마 후에 이 송장이 살아나서는, 자기가 아무 정승의 딸이라는 얘기를 하더라는 겁니다.

그렇게 해서 며칠을 죽을 끓여 먹이고 해서 제대로 건강도 회복을 했는데, 하루는 그 여자가 자기가 다시 살아난 사연이 적힌 편지를 상진에게 주면서, 아무 집이 우리 집이니 찾아가 전해 달라고 하더라는 겁니다.

그렇게 해서 그 집에서 편지를 받고 보니, 딸이 살아나긴 했지만, 상진이라는 봉사의 하인이 하룻밤을 끌어안고 숨을 불어 넣어 살아났으니, 양반집에서 다른 곳에 시집보낼 수도 없고 너희끼리 가 살라고 해서 그 여자와 살게 되었는데, 집이 없으니, 오래전부터 귀신이 난동하여 누가 살지도 않는 오래된 흉가, 즉 방이 백 칸쯤 되는 큰 집이 있었는데, 그중의 방 하나를 치우고 그냥 사는데, 남편인 상진은 짐꾼이고, 이 여자는 그래도 양반집 규수였으니, 바느질 솜씨도 있고 해서 삯바느질을 해서 생활을 해 나가는데, 하루는 남편이 지게 품팔이를 나간 다음 돌아오지 않아서 혼자 불을 켜 놓고 바느질을 하고 있는데, 위 천장에서 우르릉, 퉁퉁 하는 소리가 나더라는 겁니다.

그러더니 누가 문을 열고 턱 들어오는데, 얼굴이 사람도 아니고, 귀신도 아닌 게 춥다고 하면서 들어오더니, 그 여자의 무릎을 베고는 잠을 자더라는 것입니다.

그런데 그 여자는 대담했던 모양인지 그냥 내버려 두고는 잠들었을 때, 바느질을 하느라 화로에 묻어 두었던 뜨거운 인두를 가지고 그 이마에 지졌더니, 달아나고 없어지더라는 겁니다.

그래서 그대로 바느질을 하고 있다가 얼마 후에 남편이 돌아오자 저녁을 차려 주고는 있었던 얘기를 했고, 그날은 그냥 자고, 이튿날 아침에 무엇이 있어서 그런 건지, 그 발자국 소리가 나던 천장엘 올라갔습니다. 올라가 보니 한쪽 구석에 항아리가 놓여 있고, 그 안에 가득 마제은馬蹄銀이 채워져 있더라는 겁니다.

나도 중국에 다니면서 본 일이 있는데, 말 마馬 자, 발굽 제蹄 자, 마제은이라고 해서, 은을 가지고 말발굽 모양으로 맸고, 주위에는 손으로 들고 다니게 되어 있고, 아래는 통인데, 그것 하나가 지금 돈으로는 사 오 만 원쯤 될 텐데, 그런 마제은이 가득 있더라는 겁니다.

천장은 어두운 곳이고 해서 환한 곳으로 내려다 놓고 보니, 은마다 인두로 지진 자리가 있더랍니다.

그러니까 오래된 마제은에 귀鬼가 붙어 가지고 그런 작용을 한 것인데, 밤마다 나와서 그런 짓을 하니, 백여 칸이나 되는 그런 집이지만 아무도 살 수가 없었던 것을, 인두로 지졌으니 귀신도 다 도망갔고, 그 은을 팔아 집도 사고, 땅도 샀으며, 나중에 유명한 정승이 된 상진이란 사람의 얘기가 있습니다.

오히려 상尙 자, 우레 진震 자, 성은 상가尙家이고, 이름은 진震이라는 정승인데, 그 집이 지금의 한국은행 부근, 그 전에는 상동尙洞, 상 정승의 집이 있는 동네라고 해서 상동尙洞이라고 했다는데, 아마 지금 나이가 많고, 그 부근에 사는 이라면 상尙을 짐작할 겁니다.

괴귀怪鬼라는 게 재물에 붙는 것도 있고, 금에 붙는 것도 있고, 여러 가지 물건이 오래되면 그런 귀신이 붙는다는 얘깁니다.

그래서 물건을 만나 가지고 귀신의 형상을 이루게 되는데, 그렇게 되는 귀신을 괴귀라 한다, 그런 말입니다.

> 貪色爲罪 是人罪畢 遇風成形 名爲魃鬼
> 탐 색 위 죄 시 인 죄 필 우 풍 성 형 명 위 발 귀

색을 탐하여 죄가 되면, 이 사람은 죄를 마쳐서는 풍風을 만나 형형을 이루나니, 이름이 발귀이니라.

발魃 자는 바람 풍風 자, 풍발風魃이라고 해서 비가 안 오게 한다는 가뭄 귀신입니다.

> 貪惑爲罪 是人罪畢 遇畜成形 名爲魅鬼
> 탐 혹 위 죄 시 인 죄 필 우 축 성 형 명 위 매 귀

혹惑을 탐하여 죄가 되면, 이 사람이 죄를 마쳐서는 축축을 만나 형상을 이루나니, 매귀라 이름하느니라.

혹惑은 무명無明입니다.

우리나라에도 닭이 오래되면 변해서 귀신이 된다든가, 소가 변해서 귀신이 된다든가 하는 얘기가 있는데, 그걸 매귀라고 그럽니다.

또한 축畜 자는 축생인데, 축생은 축생이라고도 하지만, 곁 방傍 자를 써서 방생傍生이라고도 합니다. 축생이란 사람이 기른다는 말이니까 소나 말이나 개나 고양이, 이런 걸 가리키는 말이고, 또 인도에는 코끼리도 기르니까 코끼리도 포함되고, 방생이란 사람과 달리 횡으로 다닌다고 해서 방생이라고 하는데, 범위가 넓어서 모든 짐승이 다 방생이 됩니다.

> 貪恨爲罪 是人罪畢 遇蟲成形 名蠱毒鬼
> 탐 한 위 죄 시 인 죄 필 우 충 성 형 명 고 독 귀

한恨을 탐하여 죄가 되면, 이 사람이 죄를 마쳐서는 충蟲을 만나 형形을 이루나니, 이름이 고독귀이니라.

다른 사람을 미워하는 게 한恨입니다.

고蠱 자는 뱃속벌레 고 자인데, 고독귀를 만들어 사람이 자는 이부자리에 넣는다든지, 집에 갖다 두면 병이 나서 죽게 되거나, 집이 망해 버린다고 하는데, 그 고독귀를 만들 때는 뱀이라든지 지네라든지 이런 독한 짐승들을 잡아다가 큰 항아리 속에 넣고 먹이를 주지 않으면, 저희끼리 기운 센 놈이 약한 놈을 잡아먹고 먹히고 해서 나중에 마지막 벌레 한 마리만 남게 되는데, 여러 벌레의 독이 한 마리에게 다 뭉친다는 겁니다.

그래서 그 벌레를, 몰래 해치려는 사람의 이부자리나 집에 두면, 그 사람이 죽거나 그 집이 망하게 되는데, 그걸 고독귀라 한다고 그럽니다. 여기도 보면 남방에 그런 요술을 해서 고독귀 만드는 데가 있다고 되어 있습니다.

> 貪憶爲罪 是人罪畢 遇衰成形 名爲癘鬼
> 탐 억 위 죄 시 인 죄 필 우 쇠 성 형 명 위 여 귀

억憶을 탐하여 죄가 되면, 이 사람이 죄를 마쳐서는 쇠衰를 만나 형形을 이루나니, 여귀라 이름하느니라.

억憶은 남을 미워한다든지, 원수를 늘 잊지 않고 생각해 두는 것을 말합니다. 쇠衰 자는 그 집안에 쇠운이 든다고 해서 폐병이나 학질 등이 생기는 것을 말하는데, 이것을 또 려癘, 유행병 려癘 자를 써서 여귀癘鬼라 한다는 말입니다.

> 貪慠爲罪 是人罪畢 遇氣成形 名爲餓鬼
> 탐 오 위 죄 시 인 죄 필 우 기 성 형 명 위 아 귀

오慠를 탐하여 죄가 되면, 이 사람이 죄를 마쳐서는 기氣를 만나 형形을 이루나니, 아귀라 이름하느니라.

오慠는 기만한다는 말이니까 만습慢習입니다.

아귀취餓鬼趣라고 하지만 특별히 아귀라는 총명 가운데 이게 하나가 별명으로 나온 겁니다.

[편자 주] 이 대목부터 다음 '우인위형遇人爲形 명전송귀名傳送鬼'까지 보완분임.

> 貪罔爲罪 是人罪畢 遇幽爲形 名爲魘鬼
> 탐 망 위 죄 시 인 죄 필 우 유 위 형 명 위 엽 귀

망罔을 탐하여 죄가 되면, 이 사람이 죄를 마쳐서는 유幽를 만나 형形을 이루나니, 이름이 엽귀이니라.

망罔이란 없을 망, 없는 것이면서도 있는 것처럼 허세하는 겁니다.

그러니까 남을 억지로 눌러서 허세를 부려 골탕 먹이던 그런 업을 지은 사람은 광습誑習인데, 지옥에 들어가 죄를 받다가 그 죄를 마치면 어두운 데 가서 의지한다. 어둠을 만나 형상을 이룬다는 것은, 어두운 세계에 가서 어둠을 의지해 사는 귀신이 되는데, 그 귀신 이름이 엽귀다. 즉 잠 속을 찾아다니면서 가위 눌리게 하고 애를 먹이는 그런 좋지 않은 귀신이 된다는 말입니다.

> 貪明爲罪 是人罪畢 遇精爲形 名魍魎鬼
> 탐 명 위 죄 시 인 죄 필 우 정 위 형 명 망 량 귀

명明을 탐하여 죄가 되면, 이 사람이 죄를 마쳐서는 정精을 만나 형形을 이루나니, 이름이 망량귀이니라.

명明이란 말은, 바로 알고 있지도 못하면서 바로 아는 척하는 이른바 외도의 사견邪見 같은 걸 좋아하다가 죄를 지은, 소위 견습見習이 되겠습니다. 이런 자들이 지옥에 가면 죄를 받게 되고, 그 죄가 끝나면 오래 묵은 나무, 그러니까 목정木精, 또는 돌이 오래되었다면 석정石精이 되는데, 그런 것이 화化해서 붙는다는 말입니다.

> 貪成爲罪 是人罪畢 遇明爲形 名役使鬼
> 탐 성 위 죄 시 인 죄 필 우 명 위 형 명 역 사 귀

성成을 탐하여 죄가 되면, 이 사람이 죄를 마쳐서는 명明을 만나 형形이 되나니, 이름이 역사귀이니라.

이룬다(成)는 것은, 자기 앞에 굽신거려서 자기의 뜻이 이루어지기를 희망하는 것입니다.

이런 자들도 일종의 허세인데, 죽어서 지옥 죄를 다 마치고는 환하게 불 켜놓고 굿하는 무당집 같은 데서 무당 심부름 해주는 귀신이 된다고 해서 역사귀라고 합니다.

貪黨爲罪 是人罪畢 遇人爲形 名傳送鬼
탐 당 위 죄 시 인 죄 필 우 인 위 형 명 전 송 귀

당黨을 탐하여 죄가 되면, 이 사람은 죄를 마쳐서는 인人을 만나 형形이 되나니, 이름이 전송귀이니라.

당黨이란, 위의 십습十習에서 말한 송습訟習, 편당 짓기를 좋아하는 그런 죄업입니다.

전송귀는 무당에게 붙어서 길吉이나 흉을 말해 주는 귀신입니다. 이런 귀신을 경상도에서는 명도라고 하기도 합니다.

이렇게 해서 열 가지 귀신이 나왔는데, 귀신의 세계가 다름이 아닌 이런 열 가지의 업인業因에 의해 가지고 열 가지의 귀鬼를 이루게 된다, 그런 얘기입니다.

阿難 是人皆以純情墜落 業火燒乾 上出爲鬼
아 난 시 인 개 이 순 정 추 락 업 화 소 건 상 출 위 귀

아난아, 이 사람은 다 순정으로 추락하다가 업화가 소건하고 위로 출出하여 귀鬼가 된 것이니,

순정은 지옥에 들어간다고 그랬으니까 지옥에 들어가던 애깁니다.

또한 정情은 물에 속한 거니까 업業의 불로 그 정情이 타서 말라 버렸다는 말입니다.

| 此等皆是自妄想業之所招引 |
| 차 등 개 시 자 망 상 업 지 소 초 인 |

이 등等은 다 자기의 망상의 업으로 초인한 바라,

그러니까 망상으로 지은 것이기 때문에,

| 若悟菩提 則妙圓明 本無所有 |
| 약 오 보 리 즉 묘 원 명 본 무 소 유 |

만약 보리를 깨달으면 묘원명하여 본래 있는 바가 없느니라.

묘원명한 자리에 아귀가 있을 수가 없는 것입니다.

4) 축생

| 復次阿難 鬼業旣盡 |
| 부 차 아 난 귀 업 기 진 |

다시 또 아난아, 귀업이 이미 다하면,

아귀가 되어 가지고 얼마 동안 죄를 소멸해서 귀신 된 업이 다 끝나면,

則情與想 二俱成空
즉 정 여 상 이 구 성 공

정情과 다못 상想이 둘 다 공空을 이루어서,

정情은 지옥에 갔던 정이고, 상想은 귀취鬼趣에 올라온 상입니다. 지옥을 떠났으니 정이 없고, 귀鬼를 떠났으니 상도 공하여,

方於世間 與元負人
방 어 세 간 여 원 부 인

비로소 세간에서 원부인으로 더불어,

본래 지옥에 갈 때 혼자서 죄를 짓는 게 아닙니다. 만일 사람을 죽였다면 상대가 있을 테고, 음행을 했다 해도 상대가 있을 테니까 그게 원부인입니다.

원래 자기가 다른 사람의 생명을 빼앗았다든지, 다른 사람의 재산을 빼앗아서 돈 빚을 졌다든지, 원래 빚졌던 사람으로 더불어,

怨對相值
원 대 상 치

원怨을 대해 서로 만나서,

그러니까 축생이 되어 날 때에 남의 돈을 많이 빚졌으면, 그 집에 가서 축생이 되어 가지고서 빚을 갚아 준다든지, 짐을 실어다 준다든지, 집을 봐 준다든지 해서 그걸 갚아야 하는 그게 원대상치입니다.

원수와 상대해서 서로 만나 그 빚을 갚으려니까,

身爲畜生 酬其宿債
신 위 축 생 수 기 숙 채

몸이 축생이 되어 그 숙채를 갚느니라.

지옥에 갈 때의 묵은 빚을 갚게 된다. 그러니까 이것도 사람이 축생이 되기도 하고, 아귀가 축생이 되기도 하는데, 여기는 아래서부터 올라오는 거니까 축생 중에도 못난 축생입니다.

위로부터 내려가서 사람이 축생이 된다든지, 천인이 축생이 된다든지 하면 좀 영리하고 잘 살기도 하여 축생 가운데도 기린이나 범 같은 그런 것으로 태어나는데, 이것은 그렇지 못하고 밑에서부터 올라오는 것이니까 아주 열劣한 축생이 되는 것입니다.

物怪之鬼 物銷報盡
물 괴 지 귀 물 소 보 진

물괴의 귀鬼가 물物이 사라지고 보報가 다하면,

물건이 끝나면 그 보報가 다한다는 말입니다.

生於世間
생 어 세 간

세간에 생하여,

이건 축생이 사는 세간입니다.

多爲梟類
다 위 효 류

흔히 올빼미의 유가 되느니라.

다多 자는 다 그런 게 아니라 흔히 그렇다는 말이고, 효梟 자는 올빼미 효 자인데, 낮에는 볼 수 없고 밤에만 다니면서 먹을 것을 구하는 조류입니다. 저 위에서 십이유생十二類生 얘기 했을 때 흙을 품에 안으면 새끼가 되어서 에미를 잡아먹는다고 했던 나쁜 짐승입니다.

風魃之鬼 風銷報盡 生於世間
풍 발 지 귀 풍 소 보 진 생 어 세 간

풍발의 귀鬼가 풍風이 사라지고 보報가 다하면 세간에 생하여,

多爲咎徵 一切異類
다 위 구 징 일 체 이 류

흔히 구징의 일체 이류가 되느니라.

구咎 자는 허물 구 자, 징徵 자는 징조라는 말입니다. 까마귀가 울면 나쁜 병이 돈다든지, 가문다든지, 비가 많이 온다든지 흉한 일을 미리 알려 주는 게 구징입니다.

예전엔 짐승이 그런 걸 알려 준다고 믿었던 모양인데, 요새도 개미가 집을 옮겨 높은 곳으로 올라가면 장마가 지고, 낮은 데로 내려가면 가문다고 하는 말을 하는데, 그러한 풍한서습風寒署濕을 알려 주는 게 구징입니다.

畜魅之鬼 畜死報盡 生於世間 多爲狐類
축 매 지 귀 축 사 보 진 생 어 세 간 다 위 호 류

축매의 귀鬼가 축생이 죽어 보報가 다하면 세간에 생하여 흔히 호류가 되느니라.

여우가 되어 남을 홀리는 그런 유가 된다는 말입니다.

虫蠱之鬼 蠱滅報盡 生於世間 多爲毒類
충 고 지 귀 고 멸 보 진 생 어 세 간 다 위 독 류

충고의 귀鬼가 고蠱가 멸하여 보報가 다하면 세간에 생하여 흔히 독류가 되느니라.

독류란 독사, 지네 같은 종류를 말합니다.

> 衰癘之鬼 衰窮報盡 生於世間 多爲蚘類
> 쇠려지귀 쇠궁보진 생어세간 다위회류

쇠려의 귀鬼가 쇠衰가 다하여 보報를 다하면 세간에 생하여 흔히 회류가 되느니라.

창자 속에 있는 회충 같은 그런 미미한 물건이 된다는 말입니다.

> 受氣之鬼 氣鎖報盡 生於世間 多爲食類
> 수기지귀 기쇄보진 생어세간 다위식류

기氣를 받았던 귀鬼가 기가 사라지고 보報가 다하면 세간에 생하여 흔히 먹히는 유類가 되느니라.

아귀 노릇은 다했으니까 닭이 된다든지 해서 사람에게 먹혀야 할 테니, 그런 사람이 잡아먹는 식류가 된다는 말입니다.

> 綿幽之鬼 幽鎖報盡 生於世間 多爲服類
> 면유지귀 유쇄보진 생어세간 다위복류

면유의 귀鬼가 유암幽暗이 사라지고 보報가 다하면 세간에 생하여 흔히 복류가 되느니라.

면綿 자는 솜과 같이 붙어서 떨어지지 못한다는 말입니다.

이것은 가위 눌리던 귀신 얘긴데, 복服 자는 양이라든지 누에에서 나는 털이라든지 실을 가지고 옷을 만들어 입는 것도 복이라 했고, 또 소라든지 말, 낙타 등의 짐승을 타고 다니는 것도 복服이라고 해서 두 가지를 얘기했습니다.

> 和精之鬼 和鎖報盡 生於世間 多爲應類
> 화정지귀 화쇄보진 생어세간 다위응류

화정의 귀鬼가 화和가 사라지고 보報가 다하면 세간에 생하여 흔히 응류가 되느니라.

응류란 봄이 되면 제비가 온다든지, 가을이 되면 기러기가 남쪽으로 간다든지, 시절을 응해 다니면서 사는 종류를 말합니다.

그래서 지금 차차, 조금씩 나아지는 것을 얘기하고 있습니다.

> 明靈之鬼 明滅報盡 生於世間 多爲休徵 一切諸類
> 명령지귀 명멸보진 생어세간 다위휴징 일체제류

명령의 귀鬼가 명명이 멸하고 보報가 다하면 세간에 생하여 흔히 휴징의 일체 제류가 되느니라.

명명은 주문을 가리킵니다.

위에서의 구징咎徵은 나쁜 일을 미리 알리는 것이고, 휴징은 까치가 울면 기쁜 일이 생긴다든지 하는 좋은 일을 미리 알려 주는 것을 말합니다.

휴休 자는 좋은 일이고, 구咎 자는 나쁜 일이고, 징徵 자는 미리 보고 아는 조짐을 말합니다.

> 依人之鬼 人亡報盡 生於世間 多爲循類
> 의인지귀 인망보진 생어세간 다위순류

　사람을 의지했던 귀鬼가 사람이 죽고 보報가 다하면 세간에 생하여 흔히 순류가 되느니라.

　사람을 따르는 개나 고양이가 된다는 말인데, 그러니까 짐승 가운데 좀 영명英明한 짐승이 된다는 말입니다.
　여기까지 해서 아귀의 열 종류를 나누어 봤는데, 계환사戒環師는 낱낱이 얘기하지 않고 지옥은 지옥, 아귀는 아귀, 이렇게만 했는데, 여기 내가 보는 『정맥소正脈疏』는 열 가지의 인因을 가지고 지옥에 갔다가 나올 때에 아귀도 열 가지 아귀가 되고, 또 아귀가 축생 되고 하는 그런 것을 처음부터 십습인十習因을 다 갖다 헤 왔는데, 글 보는 편으로는 이게 더 낫지 않나 생각합니다.

> 阿難 是等皆以業火乾枯 酬其宿債
> 아난 시등개이업화건고 수기숙채

　아난아, 이 등等은 다 업화가 건고하여 그 숙채를 갚고,

　그러니까 짐승이 되어 묵은 빚을 다 갚고는,

> 傍爲畜生
> 방위축생

곁으로 축생이 되는 것이니,

> 此等亦皆自虛妄業之所招引
> 차 등 역 개 자 허 망 업 지 소 초 인

이 등등도 또한 자기의 허망한 업으로 초인한 바라.

> 若悟菩提 則此妄緣 本無所有
> 약 오 보 리 즉 차 망 연 본 무 소 유

만약 보리를 깨달으면 이 망연이 본래 있는 바가 아니니라.

업과業果가 다 없다는 말입니다.

이제 결론을 내립니다.

> 如汝所言 寶蓮香等 及琉璃王 善星比丘 如是惡業
> 여 여 소 언 보 련 향 등 급 유 리 왕 선 성 비 구 여 시 악 업

네가 말한 바와 같아서 보련향 등과 유리왕과 선성 비구의 이와 같은 악업이,

다 지옥에 들어갈 업입니다.

> 本自發明 非從天降 亦非地出
> 본 자 발 명 비 종 천 강 역 비 지 출

본래 스스로 발명한 것이라. 하늘에서 내려온 것도 아니요, 또한 땅에서 출出한 것도 아니며,

> 亦非人與 自妄所招 還自來受
> 역 비 인 여 자 망 소 초 환 자 래 수

또한 사람이 준 것도 아님이요, 자기의 망상으로 초인한 바를 도리어 스스로 와 받거니와,

자기의 망妄을 가지고 지옥보를 불러왔던 것이기 때문에 자업자수自業自受라는 말입니다.

> 菩提心中 皆爲浮虛妄⁵想凝結
> 보 리 심 중 개 위 부 허 망 상 응 결

보리심 중엔 모두 부허한 망상으로 응결한 것이니라.

뜬 것이고, 허망한 것이어서 망상으로 응결해서 지옥이 된다든지, 아귀가 된다든지, 축생까지 셋을 다 결結하는 말입니다. 이것은 다 제 업으로 한 것이지 본래부터 원죄가 있는 것이 아니라는 얘기를 하는 겁니다.

그 다음엔 인취人趣를 얘기하는데, 이것도 축생에서 사람으로 올라오는 것이니까 축생이 사람 되면 사람 가운데도 어리석고 못난 이가 됩니다.

사람이 죽어 사람이 된다든지 천인이 하下해서 사람이 되면, 사람 중에도 좀 영리하게 태어나는데, 불교에서 미련한 사람을 말할 때 초생지인初

---

5 고려대장경에는 망허妄虛로 되어 있으나, 송본 · 원본 · 명본에는 본문과 같이 되어 있다.

生之人이라고 그럽니다.

좀 총명한 사람은 여러 번 사람이 되어 많이 닦았다고 하고, 아귀나 축생으로 있다가 처음 사람으로 태어난 미련한 사람을 초생지인이라고 하는데, 꼭 그런지는 모르지만 같은 사람이라도 어떤 사람은 총명하고, 어떤 사람은 둔한 걸 보면, 뿐만 아니라 한정 없이 악한 사람도 있고 별 사람이 다 있는데, 이런 것이 아무 까닭이 없이 되었다고 하면 의문이 아닐 수 없습니다.

또 예수교에서처럼 하느님의 섭리라고 하면, 하느님은 어째서 어떤 사람은 좋게 하고, 어떤 사람은 나쁘게 하여 공평하지 못한지 그것도 맞지 않고, 그러니 자기의 업보로 되었다고 하면, 자기의 업보니까 뭐라고 할 수 없는 것이지요.

5) 인취人趣

復次阿難 從是畜生 酬償先債
부 차 아 난 종 시 축 생 수 상 선 채

다시 아난아, 이 축생으로 좇아 선채를 수상하되,

수酬 자나 상償 자나 갚는다는 말이지만, 수酬 자는 지었던 만큼 준다는 말이요, 상償 자는 갚아 버린다는 말입니다.

若彼酬者 分越所酬
약 피 수 자 분 월 소 수

만약 저 갚는 자가 갚은 바가 분월하면,

소가 되어서 갚는다든지, 말이 되어서 갚는다든지, 갚는 사람이 백 냥쯤 졌던 걸 5백 냥쯤 갚게 된다든지, 또 돈밖에 안 지었는데 생명까지 빼앗아 소를 잡아먹는다든지 하는 것이 분월소수입니다.

그 갚은 분分이 예전의 갚을 바를 지났으면, 더 갚았으니 받아내야 할 것입니다.

此等衆生 還復爲人 返徵其剩
차 등 중 생 환 부 위 인 반 징 기 잉

이들 중생이 도리어 다시 사람이 되어 그 나머지를 반징하느니라.

그러니까 축생이 죽어서 사람이 되어 가지고는, 축생이 되었을 때 어떤 사람에게 가서 갚다가 자기 빚진 것보다 많이 갚았으면, 다시 사람이 되어서 그 사람에게 도로 물려받는다는 겁니다.

如彼有力
여 피 유 력

만일 그가 힘이 있고,

소를 부리던 사람이 소를 많이 부렸으면, 그 사람이 소한테 빚을 더 받은 겁니다.

피彼 자는 사람이 축생을 길러 가지고 빚을 받는데 그 사람이 힘이 있고,

兼有福德
겸 유 복 덕

겸하여 복덕까지 있으면,

짐승을 학대해서 부리기는 했지만, 그 사람이 사람 노릇 할 힘이 남았고, 또 복덕까지 있으면, 그 다음에 죽어서 다시 축생 되어 가지고 갚는 게 아니라,

則於人中 不捨人身 酬還彼力
즉 어 인 중 불 사 인 신 수 환 피 력

사람 가운데 인신을 버리지 아니하고 도로 저의 힘을 갚거니와,

갚긴 갚되, 죽어서 갚는 게 아니고 사람 그대로 있으면서 갚아야 한다, 그렇지만,

若無福者
약 무 복 자

만일 복이 없는 자는,

여긴 복 하나만 얘기했지만 힘도 없고 복도 없어서 사람 노릇을 할 수 없는 사람은,

還爲畜生 償彼餘直
환 위 축 생 상 피 여 치

도로 축생이 되어 저 여치를 갚느니라.

치直는 직이 아니고, 축생을 너무 과하게 부리면 그렇게 갚아 줘야 한다는 말입니다.

阿難當知 若用錢物 或役其力
아 난 당 지 약 용 전 물 혹 역 기 력

아난아, 마땅히 알라. 만약 전물을 썼거나, 혹 그 힘을 부렸거나,

역사力士를 시켜서 말에다 싣고 다니고, 소에게 밭을 갈게 하고, 그러던 사람이 소나 말을 길러서 그걸 받을 때는,

償足自停
상 족 자 정

갚음이 족하면 스스로 그칠 것이거늘,

받으리만치 받고 말아야 할 텐데, 값대로 부려 먹고도 나중에 돈을 받고 팔기도 하고, 또 잡아먹기도 하는데, 그게 분월分越입니다.

그러니 갚는 것이 만족해지면 스스로 그만둬야 할 텐데 그렇지 않고,

如於中間 殺彼身命 或食其肉
여 어 중 간 살 피 신 명 혹 식 기 육

만약 중간에 저의 신명을 죽이거나 혹 그 육肉을 먹으면,

如是乃至 經微塵劫 相食相誅
여 시 내 지 경 미 진 겁 상 식 상 주

이와 같이 내지 미진 겁을 지나 서로 먹고 서로 죽이는 것이,

주誅 자는 죽인다는 말입니다.

猶如轉輪 互爲高下 無有休息
유 여 전 륜 호 위 고 하 무 유 휴 식

마치 전륜과 같아서 서로 고하가 되어 휴식함이 없으리니,

바퀴를 굴린다고 하면, 땅에 갔던 것이 반 바퀴만 지나면 위에 올라오고, 위에 올라갔던 것이 다시 땅에 들어가는 게니까 아래로 가는 것은 축생이 되는 것이고, 위로 올라가는 건 사람이 되는 것입니다.

그래서 엎치락뒤치락 사람이 되었다, 축생이 되었다, 한정이 없는 걸 가리키는 말입니다. 즉 늘 정지되지 못하고, 축생 되고 사람 되고 해서 업과業果가 상속하게 된다는 말입니다.

그러니 그 사람들은,

> **除奢摩他 及佛出世 不可停寢**
> 제 사 마 타 급 불 출 세 불 가 정 침

사마타 및 부처님께서 출세함을 제하고는 가히 정침할 수 없느니라.

사마타는 자기 힘으로 법을 깨달아 공부해 가지고 윤회를 면한다는 말이고, 또 부처님께서 출세하시면 부처님 법을 믿어 다소의 죄를 소멸할 수는 있으니, 그것을 제하고는, 침寢 자도 사람이 잠을 잘 때는 일하지 않고 쉬는 거니까 쉰다는 침 자이나, 이런 공덕이 아니고 쉴 수 없다는 것입니다. 늘 중생 되고 사람 되고 해서 갚게 된다는 말입니다.

그래서 여기 또 사람도 열 가지를 얘기하는 겁니다.

> **汝今應知 彼梟倫者 酬足復形**
> 여 금 응 지 피 효 륜 자 수 족 복 형

네가 지금 응당히 알라. 저 올빼미의 무리가 족히 갚고 형상을 회복하여,

사람의 형상입니다.

> **生人道中 參合頑類**
> 생 인 도 중 참 합 완 류

인도 중에 생하여 완류에 참합하느니라.

완頑 자는 어리석고 미혹해서 아무것도 모른다는 뜻입니다.

이것도 다 그렇게 된다는 건 아니고, 대개가 그렇게 된다는 것이고, 참參 자는 거기에 섞이게 된다는 말입니다.

彼咎徵者 酬足復形 生人道中 參合愚類
피 구 징 자 수 족 복 형 생 인 도 중 참 합 우 류

저 구징자가 족히 갚고 형상을 회복하여 인도 중에 생하여 우류에 참합하느니라.

彼狐倫者 酬足復形 生人道中 參於佷類
피 호 륜 자 수 족 복 형 생 인 도 중 참 어 한 류

저 여우의 무리가 족히 갚고 형상을 회복하여 인도 중에 생하여 한류에 참합하느니라.

한佷 자는 마음이 못되어서 다른 사람을 좋지 않게 본다는 의미를 가지고 있습니다. 언제든지 얼굴에 살기가 있어 가지고 누구를 보든 한 번 웃지도 않고 해롭게 하려는 게 한佷입니다.

彼毒倫者 酬足復形 生人道中 參合庸類
피 독 륜 자 수 족 복 형 생 인 도 중 참 합 용 류

저 독毒의 무리가 족히 갚고 형상을 회복하여 인도 중에 생하여 용

류에 참합하느니라.

자기 힘으로 살아갈 능력도 없고, 남의 하인 노릇이나 하는 어리석은 무리가 용류입니다.

彼蚘倫者 酬足復形 生人道中 參合微類
피 회 륜 자 수 족 복 형 생 인 도 중 참 합 미 류

저 회蚘 중의 무리가 족히 갚고 형상을 회복하여 인도 중에 생하여 미류에 참합하느니라.

다 자기 살아갈 일도 못 하는 종류들입니다.

彼食倫者 酬足復形 生人道中 參合柔類
피 식 륜 자 수 족 복 형 생 인 도 중 참 합 유 류

저 먹히는 무리가 족히 갚고 형상을 회복하여 인도 중에 생하여 유류에 참합하느니라.

닭이 되어 먹힌다든지 하던 축생이 사람이 되어 남이 뭐라고 해도 반항 한 번 못 하는 유류가 된다는 것입니다.

彼服倫者 酬足復形 生人道中 參合勞類
피 복 륜 자 수 족 복 형 생 인 도 중 참 합 노 류

저 입는 무리가 족히 갚고 형상을 회복하여 인도 중에 생하여 노류

에 참합하느니라.

뼈가 빠지게 노동을 해서 겨우 밥이나 얻어먹고 사는 그런 노동하는 종류입니다.

彼應倫者 酬足復形 生人道中 參於文類
피응륜자 수족복형 생인도중 참어문류

저 응應하는 무리가 족히 갚고 형상을 회복하여 인도 중에 생하여 문류에 참합하느니라.

기러기나 제비같이 시절을 따르던 축생인데, 참말 글을 잘하는 유가 아니고, 대강 알아서 날받이나 하는 무리를 말합니다.

彼休徵者 酬足復形 生人道中 參合明類
피휴징자 수족복형 생인도중 참합명류

저 휴징자가 족히 갚고 형상을 회복하여 인도 중에 생하여 명류에 참합하느니라.

총명한 무리란, 정법正法을 아는 그런 총명한 무리는 되지 못하고 세지변총世智辯聰이라 했고, 이 주註에도 보면 천문天文이나 따지고 사주관상이나 하는 그런 무리라고 나와 있습니다.

편자주 이 대목부터 다음의 '차배명위가련민자此輩名爲可憐愍者'까지 보완분임.

> 彼諸循倫者 酬足復形 生人道中 參合達類
> 피제순륜자 수족복형 생인도중 참합달류

저 순循하는 무리가 족히 갚고 형상을 회복하여 인도 중에 생하여 달류에 참합하느니라.

개나 고양이처럼 주인을 따라다니던 종류인데, 통달한 무리란 세상일에 익숙하고 인정을 잘 아는 사람으로, 이른바 신문기자나 아나운서라 할까, 인간사에 좀 똑똑한 유類를 말합니다.

> 阿難 是等皆以宿債畢酬 復形人道
> 아난 시등개이숙채필수 복형인도

아난아, 이 등이 다 숙채를 필수하고 인도의 형상을 회복하였으나,

> 皆無始來 業計顚倒 相生相殺
> 개무시래 업계전도 상생상살

다 무시래로 업에 얽혀 전도할새, 서로 생하고 서로 죽이나니,

> 不遇如來 不聞正法 於塵勞中 法爾輪轉
> 불우여래 불문정법 어진로중 법이윤전

여래를 만나지 못하거나 정법을 듣지 못하고 진로 중에 법이윤전

하나니,

법이法爾란 으레라는 말입니다.

> **此輩名爲可憐愍者**
> 차 배 명 위 가 련 민 자

이런 무리를 이름하여 가히 연민하다 하느니라.

그러니까 인도人道를 총결하는 마당에서 인도란 어떤 것인가? 전생의 업에 의해 지옥엘 갔다가 와서는 귀취鬼趣에 갔고, 그 귀취에 갔다 와서는 축생이 되고, 축생의 보報가 끝난 다음에는 인도로 오는 것으로 되어 있습니다.

일반적으로 볼 때 인간이 점점 깊은 곳으로 들어가는 게 아니라 일단 무거운 업에 따라 지옥에 갔다가 그 지옥에서 나왔다고 해서 그걸 일러서 우리를 지옥 찌꺼기라고 얘기합니다. 그래서 이런 사람들을 진짜로 가엾은 존재라고 결론하셨습니다.

다른 데서는 신선을 다 인취로 보는데, 『능엄경』에서만은 칠취七趣를 말해서 선취仙趣를 따로 봅니다.

6) 선취仙趣

> **阿難 復有從人**
> 아 난 부 유 종 인

아난아, 또 사람으로 좇아,

사람으로서 공부해 가지고 신선 된다는 게 부유종인復有從人입니다. 그러니까 다른 게 아닌 사람의 몸을 가지고 한다는 얘깁니다.

不依正覺 修三摩地
불 의 정 각 수 삼 마 지

정각을 의지하여 삼마지를 닦지 아니하고,

바른 각覺을 의지해서 삼마지를 닦으면 부처 되는 길로 갈 텐데 그렇게 하지 않고 잘못한다는 얘깁니다.

別修妄念
별 수 망 념

달리 망념을 닦아서,

신선이 되어 오래 살겠다는 망념을 닦는다는 말입니다.

存想固形
존 상 고 형

상념을 두고 형형形을 견고하게 하여,

불교에서는 명심견성明心見性, 마음을 밝혀 가지고 성품을 본다고 하는데, 이 선도仙道에서는 생각을 정미로이 해서 버리지 않도록 두어 가지고 형形, 몸뚱이, 육신을 견고하게 해서 오래 살려고 한다는 겁니다. 그러니까 존상고형이 신선 되는 본뜻이 되는 겁니다. 그러나 그건 망상입니다.

그렇게 공부를 해서 공부가 성취되면,

> 遊於山林人不及處 有十種仙[6]
> 유 어 산 림 인 불 급 처 유 십 종 선

산림의 사람이 미치지 못하는 處처에 遊유하는 10종의 仙선이 있느니라.

여기 산림이라고만 얘기했지만 바닷가에도 가고, 어쨌든 보통 사람이 다니지 않는 그런 곳에, 遊유 자는 다닌다는 말입니다.

> 阿難 彼諸衆生
> 아 난 피 제 중 생

아난아, 저 모든 중생이,

신선법을 닦는 모든 중생이,

> 堅固服餌
> 견 고 복 이

이餌이 복용함을 견고히 하고,

---

[6] 고려대장경에는 선종仙種으로 되어 있으나, 원본·명본에는 본문과 같이 되어 있다.

이餌는 곡식이나 다른 약을 삶아서 떡을 만들거나 환丸을 만들어 먹는 것인데, 그러니까 이건 약 되는 떡을 먹는 겁니다.

而不休息
이 불 휴 식

휴식하지 아니하여,

꾸준하게 한다는 말인데, 이것이 불교에서 말하는 정진이나 같은 말입니다. 그래서 견고복이堅固服餌 이불휴식而不休息은 수행하는 원인을 가리킵니다.

그래 가지고 나중에 가서는,

食道圓成
식 도 원 성

식도가 원성한 이는,

길(道)이란 말이 아니고 도道라는 말입니다. 그러니까 원성해야 하지 그렇지 않고는 안 되는 겁니다.

선도仙道만 그런 게 아니라 불제자가 되어 불법을 배운다고 하더라도 천만인 가운데 한두 사람이지 드물고, 유교儒敎에도 그렇고, 온갖 것이 다 참말 성공하려면, 첫째는 꼭 내가 그렇게 하고야 말겠다는 원력이 지중해야 하고, 또 그 원을 성취할 수 있도록 수행하는 정진력이 특별히 견고해야 성공을 하게 되는데, 사람이 결심을 해서 한 가지를 이루어 보겠다는 그런 게 없기 때문에 그렇게 어려운 것입니다.

그러니까 그냥 이루어만 가지고는 안 되고, 원성, 조금도 부족한 데가 없이 성취해서 신선이 된 사람은,

名地行仙
명 지 행 선

이름이 지행선이니라.

열 가지 신선 가운데 앞의 다섯 가지는 땅이나 허공에 다닌다는 다닐 행行 자이고, 여섯째부터는 수행한다는 행行 자의 뜻입니다.

꼭 그렇다는 얘기는 없지만, 내용을 보면, 처음은 신선 가운데 하품이고, 차차 좀 나아지는 것으로 순서를 정한 모양입니다.

그래서 지행선은 몸이 좀 경첩해지고 오래 살 수는 있지만, 허공으로 다니지는 못하고 땅에서 다니는 신선이 된다는 말입니다.

堅固草木
견 고 초 목

초목을 견고히 하여,

위는 견고복이堅固服餌, 다 같은 약을 가리키지만, 초목이란 익혀 먹지 않고 생것 그대로 먹는 것을 말합니다.

복이服餌는 삶고 익혀서 떡을 지어 먹는 것이고, 이것은 초목 그대로 먹는다는 말인데, 아무 초목이나 먹는 게 아니라 제각기 무엇은 어떻다 하는

게 있을 겁니다.

而不休息
이 불 휴 식

휴식하지 아니하여,

여기까지는 행하는 것이고,

藥道圓成 名飛行仙
약 도 원 성 명 비 행 선

약도가 원성한 이를 비행선이라 이름하느니라.

약藥이니까 약을 가지고 하는 도리가, 그 말입니다.

비행선이란 허공에 날아다닌다는 게 아니고, 사람이 길을 걷는데 나는 듯이 빠르게 걷는다는 뜻입니다.

그러니까 산에 오르는 것도, 좀 빨리 오른다든지 건너뛰는 걸 남보다 많이 뛴다든지 이렇게 나는 것 같다고 해서 비행선이라 하지, 참말 난다는 말이 아닙니다.

堅固金石
견 고 금 석

금석을 견고히 하고,

지금도 경옥고瓊玉膏를 고아서, 그런 방면으로 아홉 번 하면 환원단還元丹이 되는데, 그걸 죽은 사람의 가슴에 갖다 놓으면 죽었던 사람의 혼이 돌아온다고 해서 환원단이라 하는데, 그것도 선도仙道 가운데서 하는 한 가지입니다.

그러니까 수은水銀이나 금석에 대한 것이니까 금석이라 하는데, 그 사람들은 무엇 무엇을 어떻게 한다는 방법이 있을 겁니다.

而不休息
이 불 휴 식

휴식하지 아니하여,

化道圓成
화 도 원 성

화도가 원성한 이를,

병병이 화化해서 건강해진다든가, 범부의 뼈가 신선의 뼈로 화하듯이 변화하는 도道를 성취한 이를,

질문 화도化道라는 뜻을 잘 모르겠습니다.
답 화化하는 도道, 변화하는 도道다, 그럽니다.

名游行仙
명 유 행 선

유행선이라 이름하느니라.

걸어다니기는 걸어다니지만, 하루에도 몇 백 천 리를 가는 게 유행선입니다.

堅固動止
견 고 동 지

동지를 견고히 하고,

지금 스님들이 불법을 닦는다고 하면서도 아마 삼분지일 이상은 다 이런 것을 할 겁니다.

동지라는 것은 자고 일어나서 손에 따뜻한 기운이 나도록 해서 눈을 비벼 준다든지, 운동을 한다든지 이런 것들이 모두 동지입니다.

또 요즘 요가라고 해서 일본에서 들어온 듯한데, 불교에서도 유가론瑜伽論이라는 논論이 있습니다. 그것의 본명이 요가인 모양인데, 심호흡이나 뭐 이런 것들을 자꾸 하면 몸이 뻣뻣하지 않아서 다른 사람이 동하지 못하는 걸 할 수 있는 요즘의 무용 같은 이런 것도 다 거기에 속하는 것입니다.

내가 본 사람 중에도 그런 이가 많이 있고, 또 그렇게 하면 몸이 건강하다고 하는 것인데, 존상고형存想固形하는 게 신선들의 주장입니다.

질문 유가론은 부처님께서 말씀하신 겁니까?
답 부처님께서 말씀하신 게 아닙니다. 유가瑜伽라는 말은, 번역하면 상

응相應, 서로 응한다는 뜻인데, 그 유가의 파가 있고, 또 경론 가운데 『유가사지론瑜伽師地論』이 있습니다.

[질문] 가부좌는 요가가 아닙니까?
[답] 가부좌跏趺坐는 참선하는 이들의 앉는 법입니다.

而不休息 氣精圓成
이 불 휴 식 기 정 원 성

휴식하지 아니하여 기정이 원성한 이를,

정精은 육체에 있는 액체 같은 것을 말합니다.

정을 견고히 해서 기氣로 돌아가고, 또 기를 견고히 해 가지고 정신으로 돌아가고, 이렇게 하는 게 있는데, 기와 정이 원성하다는 게 그겁니다.

기운이란 실상 물질이 있는 건 아니지만, 우리가 기가 없이는 활동하지 못하고 하는 거니까 기요, 정이란 정취를 가리키는 말일 겁니다.

名空行仙
명 공 행 선

공행선이라 이름하느니라.

하늘까지 올라가지는 못하지만 비행기가 다니는 만치는 다닐 수가 있는, 그걸 공행선이라 그럽니다.

堅固津液
견 고 진 액

진액을 견고히 하고,

몸에 있는 진액인데, 침을 뱉지 않고 삼킨다든지 이 몸 가운데 나쁜 진액은 토해 버리고, 좋은 것은 빨아들이고 해서 몸을 건강하게 한다는 말입니다.

而不休息 潤德圓成
이 불 휴 식 윤 덕 원 성

휴식하지 아니하여 윤덕이 원성한 이를,

윤潤이란 물 기운을 가지고 윤택하게 하는 것이고, 여기의 진액이라는 것도 수분에 속하는 것이니, 그래서 하는 말입니다.

名天行仙
명 천 행 선

천행선이라 이름하느니라.

하늘에까지, 사천왕四天王까지 가는 것을 말합니다.
여기까지의 다섯은 다닌다는 행行 자입니다.
가장 멀리 가면 천상에까지 간다는 겁니다.
선도仙道들을 따라 해 보려는 사람이 많이 있는 모양인데, 성취하는 일이 드문 것은 용이하게 하려고 하기 때문입니다.

지금 우리가 강원에서 한 2, 3년 공부하면 온갖 것을 다 아는 것 같지만, 그게 어디 되어야 말입니다. 내가 지금으로부터 한 20여 년 전에 경기도 안성의 청룡사라는 절에 6·25전쟁을 피해서 피난을 가 있었습니다.

그래서 그 청룡사에 1년 반 정도 있었는데, 하루는 어떤 늙은이가 하나 오는데 법당엔 안 들어가고 시왕전(十王殿)만 참배를 하고, 마루에 앉아 있는 나한테로 와서 자기가 아침 먹고 육칠십 리 되는 길을 걸어서 지금 도착했다고 얘기하는데, 그때 시간이 11시쯤이었습니다.

그래서 자기네 법회를 여는데 만수향이 없어서 절에는 있을 것 같아 구하러 왔다고 하길래 만수향이 있기야 하겠지만 청룡사 주지가 옛날부터 같이 공부했고, 또 잘 아는 스님이었지만 마침 외출 중이고, 나는 여기 객으로 와 있어서 모른다고 했습니다. 시왕전에만 가서 절하는 것부터가 이상하고, 내 나이 그때 육십이었는데, 그이는 한 칠십쯤 되어 보였는데도 얼굴이 아주 청수하고 걸음걸이가 바르고 그랬습니다. 그때 더 물었으면 얘기했을지도 모르겠는데 그러지는 않았습니다.

堅固精色 而不休息
견 고 정 색 이 불 휴 식

정색을 견고히 하여 휴식하지 아니하여,

견고는 노스님도 누누이 말씀하셨지만, 그 방면으로 다진다, 요즘 말로는 전공한다는 얘깁니다.

이 정색을 견고히 한다는 건 남녀 관계를 얘기하는데, 몸의 여색을 쓰지 않는다, 정색을 아낀다는 말입니다.

| 편자 주 | 이 대목부터 다음 '보진환래報盡還來 산입제취散入諸趣'까지 보완분임.

吸粹圓成 名通行仙
흡수원성 명통행선

흡수가 원성한 이를 통행선이라 이름하느니라.

통행이란, 통通해서 행行한다, 이 우주의 조화와 교통한다, 어울린다고 그랬습니다.

흡수한다는 말은, 아침에 해가 뜨면 해를 삼키는 연습을 한다든가, 우주의 공기를 마신다든가, 하늘의 별을 마신다든가 이런 일을 자주 해서 자기의 몸이 우주의 조화와 공통이 된다는 그런 얘기입니다.

堅固呪禁 而不休息 術法圓成 名道行仙
견고주금 이불휴식 술법원성 명도행선

주금을 견고히 하고 휴식하지 아니하여 술법이 원성한 이를 도행선이라 이름하느니라.

주금이란 잘 알다시피 주문하는 것인데, 그걸 일과로 삼아 자유스럽게 이루어지는 걸 원성이라 할 수 있습니다.

도행선이란 선도仙道를 시행하는 데 자유자재하다, 결국 원성해지면 병도 고치고, 온갖 잡귀도 쫓아내고 해서 이런 일들이 자유자재하다는 얘기입니다.

堅固思念 而不休息 思憶圓成
견고사념 이불휴식 사억원성

사념을 견고히 하고 휴식하지 아니하여 사억이 원성한 이를,

사념이란 뭐 하나를 골똘히 생각해서 흩어지지 않게 하는 그런 얘깁니다.

주註에서는 상상想을 정문頂門에 두어 신神을 출出하고 심心을 제륜臍輪에 계繫하여 단丹을 련煉함이라고 그랬는데, 이 얘기는 단전에다 마음을 두고 마음을 집중시키는 얘깁니다.

그래서 그 일이 원성해지면,

名照行仙
명조행선

조행선이라 이름하느니라.

모든 일을 꿰뚫어 보는 그런 신선이 된다는 말입니다.

堅固交遘 而不休息
견고교구 이불휴식

교구를 견고히 하고 휴식하지 아니하여,

교구란 남녀의 성 관계인데, 여동빈 같은 사람은 소음 채음조양採婬助陽이라고 해서 음婬을 채採해야 양陽을 조助한다 해서 늙은 신선으로서 젊은

여자를 상대해 교구해서 여자들은 토정吐精을 하고, 자기는 토정하지 않아서 그쪽의 정精이 자기에게로 오게 한다는 것인데, 그런 일을 쉬지 아니해서,

感應圓成 名精行仙
감 응 원 성 명 정 행 선

감응이 원성한 이를 정행선이라 이름하느니라.

노사老師의『능엄경 주해』(이하 註)에서 선태仙胎를 결結한다고 하는 말은, 색色에 자재해서 신선의 위치가 정미로워진다는 얘깁니다.

堅固變化 而不休息 覺悟圓成
견 고 변 화 이 불 휴 식 각 오 원 성

변화를 견고히 하고 휴식하지 아니하여 각오가 원성한 이를,

변화를 견고히 한다는 건 재주, 신통 부리는 것을 말합니다.

처음에 우주의 사물이 변화되는 이치를 다지고 생각해서 그 속으로 몰입해 들어가기를 쉬지 아니해서 원성해진다는 말은, 올바로 깨닫는 것이 아니라 조화하는 도리에서 그 묘리를 깨달으니, 그래서 끝까지 원성해지면,

名絶行仙
명 절 행 선

절행선이라 이름하느니라.

절행선이란 현실 세계에서 자취를 감추는 것이 자유자재한 선仙이 된다는 말입니다.

절絶 자는 현실 세계에서 자취를 끊는 것이라고 봅니다.

이렇게 해서 열 가지를 다 얘기했는데, 지금 제가 말씀드린 다섯 가지는 수행이 자유자재한 모습들입니다.

阿難 是等皆於人中鍊心 不徇正覺 別得生理
아 난 시 등 개 어 인 중 연 심 불 순 정 각 별 득 생 리

아난아, 이 등等은 다 인중으로써 마음을 연마하되 정각을 닦지 아니하고 달리 생리를 얻어서,

생리란, 인간이 살아가는 이치입니다. 보통 인간은 칠십에서 백까지 사는 게 생리인데, 보통 사람보다 달리하려 한다는 말입니다.

壽千萬歲 休止深山 或大海島 絶於人境
수 천 만 세 휴 지 심 산 혹 대 해 도 절 어 인 경

천만 세를 살아서 심산이나 혹 대해도나 인경이 절絶한 곳에 휴지하거니와,

斯亦輪回 妄想流轉
사 역 윤 회 망 상 유 전

이 또한 윤회하는 망상으로 유전함이라.

신선이 천년을 산다 해도 결국은 죽게 되니까 그것 또한 윤회인지라, 결국 이 몸뚱이를 오래 놔두어서 장생불사長生不死하겠다는 게 신선인데, 장생불사가 영원한 불사라면, 진짜 삼미정법三昧正法인데 언젠가 죽으니까,

> 不修三昧 報盡還來 散入諸趣
> 불 수 삼 매 보 진 환 래 산 입 제 취

삼매를 닦지 아니할새, 보報가 다하면 도로 와서 흩어져 제취에 드느니라.

선취仙趣까지도 보통의 인간이 볼 때는 훨씬 위 같지만 아직 윤회를 벗어나지 못한 면에서는 역시 칠취七趣 중의 한 부류에 속하지 않을 수 없다, 그런 말이 되는 것입니다.

그 다음엔 천상에 가는 얘기, 천취天趣입니다.

여기에서 이제 욕계·색계·무색계를 낱낱이 얘기합니다.

7) 천취天趣 ①

> 阿難 諸世間人 不求常住
> 아 난 제 세 간 인 불 구 상 주

아난아, 모든 세간인이 상주를 구하지 아니할새,

마음자리를 닦아 상주불멸常住不滅하는 그런 것은 구하지 않는다는 말입니다.

未能捨諸妻妾恩愛
미 능 사 제 처 첩 은 애

모든 처첩의 은애를 능히 버리지 못하나,

처첩은 자기의 처첩입니다.
요즘은 법에 그런 게 없지만 이전 중국이나 우리나라에서는 으레 처가 있고도 첩을 여럿 둘 수가 있었습니다.
그러니까 자기의 본 처첩에 대해서는 은애를 버리지 못했으나,

於邪婬中 心不流逸
어 사 음 중 심 불 유 일

사음 중에는 마음이 유일하지 아니하며,

이 사음은 자기의 소유가 아닌, 그러니까 자기의 처첩 외의 다른 여자입니다. 자기의 본 처첩에 대해서는 애정이 없지 않지만, 다른 사람에 대해서는 마음이 조금도 흘러가지 않는다는 얘긴데, 그만 하더라도 보통 사람보다 좀 나은 것입니다.

澄瑩生明
징 영 생 명

징영하여 명명을 생하는 이는,

징澄 자는 물이 고요하게, 흔들리지도 흐르지도 않는 모습입니다.

지금 우리는 욕애欲愛 때문에 밝은 지혜가 생기지를 못하는데, 이 사람들은 욕애를 반박해 가지고 몸에는 명明이 생기게 된다는 것입니다.

그래서 일월이 수미산 중턱에 있다고 하니까 거기 일월에 가 날 수 있는 게 징영생명, 즉 자기 자체가 그렇게 밝기 때문에 일월이 있는 곳에 가 난다는 그런 말입니다.

> 命終之後 隣於日月
> 명 종 지 후 인 어 일 월

명命을 마친 후에 일월에 이웃하나니,

> 如是一類 名四天王天
> 여 시 일 류 명 사 천 왕 천

이와 같은 일 유類는 사천왕천이라 이름하느니라.

사천왕천이 수미산 중턱, 일월 곁에 있다고 그럽니다.

그런데 천상에 가 나려면, 십선十善, 열 가지 선행을 닦아야 하고, 계와 행이 다 갖추어져야 하는데, 여기에서는 지금 계만 얘기하는 터입니다.

그러니까 음욕이라든지, 식욕이라든지, 잠자는 욕欲이든지 그런 게 다 없어져야 하는데, 욕계 육천은 다 그런 욕이 있으니까 아래에서부터 올라가면서 욕이 적다가 나중엔 희박해서 아주 없어지는 데까지 가는 이런 것을 욕이 많고 적은 걸 가지고 욕계 육천을 지금 얘기해 놓은 모양입니다.

여기에 그런 말은 없지만, 십선을 닦아야 하지 십선 없이 음욕만 소박해 가지고 가서 나는 건 아닙니다.

여기는 욕계라고 했으니까 음욕이 많고 적은 걸 가지고 아래와 위를 차별해서 얘기했지만 십선은 꼭 있어야 하는 겁니다.

> 於己妻房 婬愛微薄
> 어 이 처 방 음 애 미 박

자기의 처방에도 음애가 미박하였으나,

이건 첩 얘기는 없으니까 첩도 없는 모양입니다.

위의 사천왕천에서는 자기의 처나 첩에 대해서는 애정을 버리지 못했으나 사음邪婬에는 마음이 유일流逸하지 않는다고 했는데, 여기는 자기 첩에 대해서도 마음이 미박하게 되었으니까 사천왕천보다는 나은 겁니다.

> 於淨居時 不得全味
> 어 정 거 시 부 득 전 미

정거 시에 전미를 얻지 못하면,

정거 시란, 참선을 한다든지 가만히 앉아서 궁구하고 있을 때입니다. 그러니까 정거해 있다가도 자기의 처방妻房에 대한 음욕이 생기게 되면, 그때는 마음이 동하기 때문에 정거를 못 하게 된다는 겁니다. 즉 다른 때는 정거하지만 음욕이 생기는 때는 정거하던 일이 잘 안 되니까 부득전미입니다.

그런 사람은,

> ## 命終之後 超日月明
> 명 종 지 후 초 일 월 명

명命을 마친 후에 일월의 명명을 초월하여,

일월이 있는 곳보다 더 올라갔다는 말입니다.

> ## 居人間頂
> 거 인 간 정

인간의 정상頂上에 거하나니,

수미산 정상까지는 인간이 있는 땅이니까 사람이 있는 가장 높은 곳이라 해서 인간정이라고 했습니다.

> ## 如是一類 名忉利天
> 여 시 일 류 명 도 리 천

이와 같은 일 유類는 도리천이라 이름하느니라.

도리천은 수미산 꼭대기에 있습니다.

> ## 逢欲蹔交 去無思憶
> 봉 욕 잠 교 거 무 사 억

욕欲을 만나면 잠깐 교交하나 가면 사억함이 없어져서,

세상 사람은 한 번 건드렸으면 자꾸 생각하는데, 지금 여기는 음욕이 담박해지는 겁니다.

於人間世 動少靜多
어 인 간 세 동 소 정 다

인간세에서 동함이 적고 정함이 많으면,

동動은 흔들리는 게니까 욕심이 생기는 것이고, 정靜은 고요한 것이니까 욕심이 없어진, 그러니까 동할 때는 적고 정할 때가 많은 사람입니다.

저 위에서는 정거淨居 시에 부득전미不得全味라고 했는데, 여기는 욕欲을 만나면 잠교蹔交하지 일부러 찾아가지도 않는 이런 겁니다.

그 사람은,

命終之後 於虛空中 朗然安住
명 종 지 후 어 허 공 중 낭 연 안 주

명을 마친 후에 허공 중에 낭연히 안주하여,

허공 위도 있으니까 허공 가운데에서 낭연, 자기의 몸에서 광명이 나가지고 환하게 비춘다는 말입니다.

日月光明 上照不及
일 월 광 명 상 조 불 급

일월 광명이 위로 비추어 미치지 못할새,

해와 달이 있는 곳은 수미산 중턱이니까 그 해와 달이 수미산 꼭대기까지는 비추지만 그 위는 비추지 못한다. 그러니까 거기는 일월 광명이 소용없는 곳입니다.

是諸人等 自有光明
시 제 인 등 자 유 광 명

이 모든 사람들이 스스로 광명이 있나니,

자기의 몸에서 광명이 나 가지고 분별할 수가 있는 것, 낭연안주朗然安住라는 랑朗 자가 자유광명自有光明을 의미하는 말입니다.

如是一類 名須燄摩天
여 시 일 류 명 수 염 마 천

이와 같은 일 유類는 수염마천이라 이름하느니라.

수염마란 시분時分이라 번역하는데, 이건 욕계 제삼천입니다.

一切時靜 有應觸來
일 체 시 정 유 응 촉 래

일체시에 정靜하다가 응촉이 오면,

일체 음욕이 동하지 않는데, 여자가 찾아오는 겁니다.

未能違戾
미 능 위 려

능히 위려하지 못하면,

찾아와서 건드리면 할 수 없이 일을 행하는 겁니다.

命終之後 上昇精微
명 종 지 후 상 승 정 미

명을 마친 후에 정미精微한 데에 상승하여,

이것은 도솔천인데, 정미한 곳은 내원궁內院宮의 경계이지, 같은 도솔천이기는 하나 외원궁外院宮을 말한 것은 아닙니다.

不接下界 諸人天境
부 접 하 계 제 인 천 경

하계의 모든 인천경을 접하지 아니하고,

다시 내려오질 않는다는 말입니다.

> **乃至劫壞 三災不及**
> 내 지 겁 괴 삼 재 불 급

내지 겁劫이 괴壞하여도 삼재가 미치지 못하나니,

화재火災 · 수재水災 · 풍재風災가 삼재입니다. 지금 세간에서 사람에게 삼재가 든다고 하는데 맞지 않는 말입니다. 이 세계가 일곱 번 화재가 생기고, 그 다음 여덟 번째는 수재가 생기고, 그렇게 화재가 일곱 번 생기고, 여덟 번째 와서는 또 풍재가 생긴다고 하는데, 그게 수 · 화 · 풍 삼재입니다.

세계가 처음에 화재로 불이 타다가, 그러니까 화재로 해서는 욕계는 물론 초선천까지 올라가고, 또 수재로 이 세계가 없어질 때는 이선천까지 올라가고, 풍재로 없어질 때는 삼선천까지 올라가고, 사선천은 삼재가 불급不及입니다.

그런데 이것은 욕계천에 있으면서도 삼재 불급인데, 그것은 내원궁만이지 외원外院은 아닙니다.

> **如是一類 名兜率陀天**
> 여 시 일 류 명 도 솔 타 천

이와 같은 일 유類는 이름이 도솔타천이니라.

도솔타는 지족知足이라고 번역합니다.

> **我無欲心 應汝行事**
> 아 무 욕 심 응 여 행 사

나는 욕심이 없으니, 너를 응應하여 사事를 행하거니와,

응촉은 여자가 오면 한다는 말이고, 이것은 자꾸 와서 요구하니까,

於橫陳時
어 횡 진 시

횡진할 적에,

내정된 재물이 아닌 뜻밖에 생긴 재물을 횡재라고 하고, 뜻밖에 죽는 걸 횡사라고 하듯이 횡진이라는 것은 그렇게 하려고 한 게 아닌데 어쩌다가 생긴 일입니다.

진陳 자는 남녀의 교구交溝하는 걸 벌여 놓는다는 말입니다.

味如嚼蠟
미 여 작 랍

맛이 밀을 씹는 것과 같으면,

남녀 간에 교제를 하지만 아무 맛도 없다는 말입니다.

命終之後 生越化地
명 종 지 후 생 월 화 지

명을 마친 후에 월화지에 생하나니,

월越 자는 하천下天을 지나서 다 초월했다는 말이고, 화化 자는 자기가 애락할 도구, 옷이나 거문고나 그런 것들을, 즉 낙구樂具를 자기가 변화해서 쓴다는 말입니다.

> 如是一類 名樂變化天
> 여 시 일 류 명 낙 변 화 천

이와 같은 일 유類는 낙변화천이라 이름하느니라.

변화를 좋아한다는 말이니까 뭐든지 자기가 필요한 것은 만들어 쓰는 그런 곳을 낙변화천이라고 합니다.

> 無世間心 同世行事
> 무 세 간 심 동 세 행 사

세간에는 마음이 없되, 세간과 같이 사事를 행하거니와,

거기에 마음은 없지만 그래도 마누라를 두고 살고 하는 겁니다.

> 於行事交 了然超越
> 어 행 사 교 요 연 초 월

행사교하매 요연히 초월하면,

조금도 거기에 음욕을 행한다는 그런 생각이 없다는 말입니다.

참말 그런 일이 있었는지는 모르나, 우리나라의 어느 스님이 길을 가다

여자를 만나 서로 어울리게 되었는데, 그때가 가을이었던 모양인데 밤이 떨어지니까 그만 내버려 두고는 가서 밤을 주워 먹더라는 그런 얘기가 있는데, 그게 요연초월입니다.

세상과 같이 행사는 하지만 그 행사교할 때에 조금도 관계하지 않는 이 사람은,

> **命終之後 遍能出超 化無化境**
> 명 종 지 후 변 능 출 초 화 무 화 경

명을 마친 후에 능히 화, 무화의 경지를 초출超出하나니,

> **如是一類 名他化自在天**
> 여 시 일 류 명 타 화 자 재 천

이와 같은 일 유類는 이름이 타화자재천이니라.

욕계 육천 가운데 맨 꼭대기가 되겠습니다.

제오천第五天까지도 자기 스스로 변화해서 즐기는 낙변화천이라 했는데, 그런 게 없이 자기는 전혀 무심한데 타화자재, 밖에서 즐거운 경계가 밀려온다, 그런데 거기에 대해서 자유롭게 대처한다, 이게 타화자재천의 특색입니다.

그러니까 앞에 아무리 좋은 음식이 오더라도 그건 타화他化에 의해 밀려 들어온 것이고, 거기에 홀딱 반해서 들어가는 게 아니라 초연하고 자재하게 대처할 수 있다. 그래서 화化, 무화無化의 경지라 그랬는데, 변화 있는 경계는 오천 이하, 변화 없는 경계는 욕계 제육천이 무화천에 속합니

다. 그러니까 화, 무화로 따지면 욕계 육천이 경계가 됩니다. 그래서 이러한 세계, 화化, 무화경無化境을 완전히 초월해서 타화他化에 자재自在하다, 이겁니다.

그러나 타화에 자재하다 하더라도 동세행사同世行事라, 음욕을 행하게 되면 행하는 것이라 했으니까 욕계에 해당이 됩니다.

이제 욕계 육천이 끝나고 맺는 말씀으로,

편자 주 │ 이 대목부터 다음 '자차이환自此已還 명위색계名爲色界'까지 보완분임.

> 阿難 如是六天 形雖出動
> 아 난 여 시 육 천 형 수 출 동

아난아, 이와 같이 육천이 형形은 비록 동動함에서 출出했으나,

> 心跡尙交 自此已還 名爲欲界
> 심 적 상 교 자 차 이 환 명 위 욕 계

마음과 자취는 오히려 교交할새, 이로부터 이환은 이름을 욕계라 하느니라.

동動 자는 조동躁動, 또는 요동, 욕경欲境에 대해서 흔들리는 상태입니다.

그러한 끄달림(動)에서는 벗어났으나 마음속에 욕欲이라는 관념을 버리지 못했기 때문에 욕계라 한다. 조금 전에도 말씀드렸지만 욕의 경계를 여의지 못했다 해서 욕계라 한다는 그런 말입니다.

이환己還의 환還 자는 돌아올 환 자인데, 선이라고 해서 아래 하下 자와 같습니다. 이렇게 해서 저는 끝에 두어 마디 하고 제8권을 끝내고 제9권으로 들어갑니다.

대불정여래밀인수증요의제보살만행수릉엄경
|제9권|

당 천축 사문 반랄밀제 역
唐 天竺 沙門 般剌蜜帝 譯

오장국 사문 미가석가 역어
烏萇國 沙門 彌伽釋迦 譯語

보살계제자전정간대부동중서문하평장사청하 방융 필수
菩薩戒弟子前正諫大夫同中書門下平章事淸河 房融 筆授

봉선사 사문 운허용하 강설
奉先寺 沙門 耘虛龍夏 講說

능엄경 강화
제9권

7) 천취 ②

> 阿難 世間一切 所修心人 不假禪那
> 아난 세간일체 소수심인 불가선나

아난아, 세간에서 일체 마음을 닦는바 사람이 선나를 가자하지 아니할새,

> 無有智慧 但能執身 不行婬慾
> 무유지혜 단능집신 불행음욕

지혜는 없으나 다만 능히 몸을 집執(단속)하여 음욕을 행하지 아니하고,

욕계에서 벗어난 사람들이 공부를 계속하는 것으로 보면 되겠습니다.

若行若坐 想念俱無
약 행 약 좌 상 념 구 무

혹 앉고 혹 행하매 상상과 염념이 다 없어져서,

愛染不生 無留欲界
애 염 불 생 무 류 욕 계

애염이 생하지 아니하여 욕계에 머무르고자 아니하면,

류留 자는 머뭇거린다는 말입니다.
욕欲 경계에서 마음이 완전히 벗어났으면,

是人應念 身爲梵侶
시 인 응 념 신 위 범 려

이 사람이 응념에 몸이 범려가 되나니,

응념이란, 그런 생각이 나는 즉시라는 뜻인데, 번역에는 '고대' 그랬습니다.
범천의 무리가 색계의 처음이니까, 말하자면 색계에 들어간다는 말입니다.

如是一類 名梵衆天
여 시 일 류 명 범 중 천

이와 같은 일 유類는 이름이 범중천이니라.

범천 가운데 평민, 말하자면 브라흐마나 하늘의 평민이 된다는 말입니다. 범천은 색계의 초선천인데, 대다수의 사람이 살고 있어서 범중이라 그랬고, 주에서는 범세梵世의 서민이라고 그랬습니다.

> **欲習旣除 離欲心現**
> 욕 습 기 제 이 욕 심 현

욕습을 이미 제하고 욕欲을 여읜 마음이 나타나서,

그러니까 애욕 없는 청정한 마음이 나타나고,

> **於諸律儀 愛樂隨順**
> 어 제 율 의 애 락 수 순

모든 율의를 애락하고 수순하면,

> **是人應時 能行梵德**
> 시 인 응 시 능 행 범 덕

이 사람이 응시에 능히 범덕을 행하나니,

범덕이란, 범천의 무리가 지켜야 할 덕을 갖추는 것입니다. 그러니까 범천이 된 것도 장하지만, 또 위에서 제시한 닦아야 할 것들이 있는데, 그래서 율의에 마음이 정착되는 겁니다.

> **如是一類 名梵輔天**
> 여 시 일 류 명 범 보 천

이와 같은 일 類유는 이름이 범보천이니라.

범보는 범중梵衆보다는 위이고, 범왕梵王보다는 아래입니다.

보輔 자는 국가에 있어서 왕을 보좌하는 재상, 대신들을 얘기하는데, 그런 범왕을 보좌하는 하늘 격이라, 이런 말입니다. 그러면 계율을 수순하겠다는 그런 생각이 주主가 되어서 되는 것이냐, 아니면 욕심이 여의어짐으로써 애욕 없는 마음이 나타나서 율의에 수순하느냐는 선후적인 문제가 되겠는데, 이런 경우에 도공계道共戒, 정공계定共戒를 말합니다.

선정이 이루어져 나감으로써 공통적으로 동일체로 나타나는 계법戒法을 정공계라고 그러는데, 여기에서는 애욕심이 안 나타나는 상태를 정定으로 보고, 거기에 수반되어 나타나는 율의에 수순하는 마음을 계로 봐서 여기에서 닦는 계를 이른바 정공계, 선정과 함께 닦는 계라고 그럽니다.

> **身心妙圓**
> 신 심 묘 원

몸과 마음이 묘원하여,

위에서 욕欲을 여읜 마음이 나타났고, 몸으로 율의를 수순하다고 했으니까 몸과 마음이 다 묘원한 것입니다.

> **威儀不缺 淸淨禁戒 加以明悟**
> 위의불결 청정금계 가이명오

위의가 결缺하지 않으며, 청정금계를 가加하여 명오하면,

그러니까 위의도 결함이 없고, 거기에다 가加 자는 더 보탠다, 무엇 무엇까지 보탠다면, 이 말인데, 그러니까 청정계율이 원만히 이루어진 자리에 더구나 밝은 깨달음이 보태어진다면, 이 말입니다.

> **是人應時 能統梵衆 爲大梵王**
> 시인응시 능통범중 위대범왕

이 사람은 응시에 능히 범중을 통솔하여 대범왕이 되느니라.

우리가 말하는 대범천왕입니다.

> **如是一類 名大梵天**
> 여시일류 명대범천

이와 같은 일 유類는 이름이 대범천이니라.

범왕천梵王天, 그러기도 합니다.

그러니까 범중천·범보천·범왕천 이렇게 하면, 백성과 대신과 왕이라고 생각하면 되겠습니다.

여기가 범보천과 좀 다른 것은 가이명오加以明悟가 문제가 되는데, 분명하게 깨닫는다는 것은 선정의 경계, 즉 위에서 말했던 정공계定共戒가 확

실히 나타나는 세계입니다.

이제 결론입니다.

阿難 此三勝流
아 난 차 삼 승 류

아난아, 이 세 가지 수승殊勝한 유류流는,

앞에 말한 삼三 범천梵天입니다.

一切苦惱 所不能逼
일 체 고 뇌 소 불 능 핍

일체 고뇌가 능히 핍박하지 못할 바이니,

즉 온갖 고뇌에 핍박을 받지 않게 되나니, 이런 말입니다.

雖非正修 眞三摩地
수 비 정 수 진 삼 마 지

비록 진삼마지를 바로 닦은 것은 아니나,

이렇게 된 것이 진정한 삼마지를 닦아 완전한 해탈을 얻은 것은 아니지만,

> **清淨心中 諸漏不動**
> 청 정 심 중 제 루 부 동

청정한 마음 가운데 모든 누漏가 동하지 아니할새,

> **名爲初禪**
> 명 위 초 선

이름이 초선이니라.

초선의 개념은 마음이 청정해서 이렇게 동하지 않는 것이 특색입니다.

우리가 하늘의 수數로 볼 때에 땅바닥에는 사주四洲 세계가 있고, 그 사주 세계 위로 4만 2천 유순 지점에 사왕천四王天이 있고, 거기서 그만치 또 4만 2천 유순 올라가면 도리천忉利天이 있고, 이렇게 차례차례 올라와서 욕계 육천, 색계 십팔천, 무색계 사천, 그래서 이른바 이십팔천이 됩니다.

그런데 보통 세계의 형태를 가지고 논할 때에 초선천을 한 그룹에서 나눕니다. 그래서 욕계 육천까지를 천상·인간·지옥·아귀·축생 등의 무리가 섞여 사는 곳이라 해서 오취잡거지五趣雜居地라고 하고, 거기에 반해서 색계의 범왕·범보·범중, 이 세 하늘을 묶어 초선천이라고 하는데, 욕계의 생멸을 여의고, 마음이 안정된 세계를 기뻐하는 곳, 즉 이생희락지離生喜樂地라고 그럽니다.

그래서 여기에서도 모두 누漏가 동하지 않는다고 했는데, 그것을 일러 이생희락지, 생멸심을 여읜 것이 마음이 안정되는 첫 단계라고 보는 겁니다.

그 다음엔 이선천二禪天으로 들어갑니다.

> 阿難 其次梵天 統攝梵人 圓滿梵行
> 아 난 기 차 범 천 통 섭 범 인 원 만 범 행

아난아, 그 다음 범천은 범인을 통섭하여 범행이 원만하며,

통섭이란, 통솔하고 다스리는 걸 말합니다.

> 澄心不動 寂湛生光
> 징 심 부 동 적 담 생 광

징심이 동하지 아니하고 적담하여 광光을 생하나니,

> 如是一類 名小光天
> 여 시 일 류 명 소 광 천

이와 같은 일 유類는 소광천이라 이름하느니라.

범천의 경지에서 범행하는, 더욱 원만히 해서 밝아진 자리에 도道의 광채가 나기 시작하는데, 그곳을 소광천이라 합니다. 그래서 이선의 첫째 하늘이 되겠습니다.

> 光光相然
> 광 광 상 연

광光과 광이 서로 연하여,

소광천에서 생겼던 광채입니다.

照耀無盡 映十方界 遍成琉璃
조 요 무 진 영 시 방 계 변 성 유 리

조요함이 다함없으며, 시방계를 비추어서 두루 유리를 이루나니,

마음이 맑아지면 몸이 맑아진다, 그런 얘깁니다.
그래서 도교에 비부작약肥膚綽若이라고 하는 막고신선藐姑神仙의 선인이 있는데, 몸이 투명하다고 그랬습니다.
상징적인 인물이겠지만 여기도 그와 같은 얘깁니다.

如是一類 名無量光天
여 시 일 류 명 무 량 광 천

이와 같은 일 유類는 이름이 무량광천이니라.

소광천에서 얻어진 선정의 힘이 더욱 돈독해서 온몸 그대로가 선정의 덩어리가 되는 겁니다.

吸持圓光
흡 지 원 광

원만한 광光을 흡지하여,

온몸이 유리를 이루어 온몸이 광채를 이룬다고 했는데, 그것이 원광입

니다.

> **成就敎體**
> 성 취 교 체

교체를 성취하고,

교체란 5권에도 나왔는데, 이 사바세계는 사람을 가르치는 교敎의 체體를(전달하는 매개체를) 음성으로써 한다고 했습니다. 그런데 여기는 원광圓光을 가지고 교체를 삼는다. 다시 말하면 빛으로 말을 한다, 그런 얘깁니다.

그러니까 밤에 전깃불을 가지고 교통순경이 신호하는 그 정도의 불빛이 아니라 몸에서 나는 광채를 가지고 좋은 말씀을 얼마든지 퍼뜨린다는 그런 얘깁니다.

> **發化淸淨 應用無盡**
> 발 화 청 정 응 용 무 진

청정한 교화를 발하여 응용이 다하지 않나니,

화化란 교화입니다. 그러니까 광채로 청정 교체를 삼고 그 청정 교체인 광명을 가지고 교화 사업을 얼마든지 발해서 응용무진, 중생들을 만나는 대로 교화할 수 있다는 말입니다.

> **如是一類 名光音天**
> 여 시 일 류 명 광 음 천

이와 같은 일 유類는 이름이 광음천이니라.

그러니까 빛으로써 소리를 삼는다. 자기 몸에서 나는 원만한 광채로써 교체를 삼아 가지고 많은 중생을 교화한다는 말입니다.

우리 통신강원 교양반 첫 부분에도 광음천 얘기가 나오는데, 광음천이 바로 여기이고, 전 세계가 무너질 때는 영혼들이 광음천에 와 있다가 다시 들어가는데, 우리가 살고 있는 이 사바세계에도 겁劫 초에 아무것도 없을 때에 광음천에서 사람들이 내려왔다고 그랬습니다.

이렇게 해서 소광천·무량광천·광음천의 셋을 얘기했고, 이걸 묶어서 이선천二禪天이라 합니다.

맺는 말씀입니다.

> 阿難 此三勝流 一切憂愁 所不能逼
> 아 난 차 삼 승 류 일 체 우 수 소 불 능 핍

아난아, 이 삼승류는 일체 우수가 능히 핍박하지 못할 바이니,

근심 우憂, 근심 수愁 자인데, 다른 어떤 책에는 수 자가 매달 현懸 자라고 되어 있는데, 그것도 일리가 있다고 합니다.

그리고 저 위에서 초선천에는 욕계의 고뇌가 침노하지 못한다고 그랬는데, 여기는 우수가 침노하지 못한다고 했습니다.

이 우수라는 말은 초선천에서 얻어진 이생희락지離生喜樂地, 생사를 여의고 얻은 기쁨이 사라지면 어떡하나 하는 근심이 다 없어졌으니,

雖非正修 眞三摩地
수비정수 진삼마지

비록 진삼마지를 정수한 것은 아니나,

진정한 삼마지라면 생사를 여의어야 하는데, 이것은 수행의 인에 따라서 언제든지 한계가 있는 겁니다. 그래서 자기가 닦은 인행因行만치는 우수憂愁가 핍박하지 않는 즐거움을 얻게 되는 것이니, 진정한 삼마지는 아니다, 이렇게 말합니다.

清淨心中 麁漏已伏
청정심중 추루이복

청정한 마음 중에 추루를 이미 굴복하였을새,

자기가 닦은 복업에 따라 하늘 낙을 누리는 동안만은 청정심인데, 그 안에는 이미 추루가 굴복되었으니,

名爲二禪
명위이선

이름이 이선천二禪天이니라.

정생희락지定生喜樂地, 그럽니다.
  선정이 생김으로써 기쁘다, 저 위의 선정이 다시 완전한 선정으로써 광채를 발해서 정공계定共戒가 완전히 이루어짐으로써 일체 우수가 침노하지

않는 자리, 그래서 선정이 생김으로써 기쁘고 즐거운 경지, 그러니까 초선천은 이생희락지離生喜樂地, 이선천은 정생희락지定生喜樂地, 그럽니다.

> 阿難 如是天人 圓光成音
> 아 난 여 시 천 인 원 광 성 음

아난아, 이와 같은 천인은 원광이 음音을 이루고,

광음천에서는 자기 몸이 그대로 광채가 되고, 광채로써 교법을 전하는 체體를 삼는다고 그랬습니다.

> 披音露妙
> 피 음 로 묘

묘한 음(理致)을 피로披露하며,

위에서는 발화청정發化淸淨이라 그랬습니다.

> 發成精行 通寂滅樂
> 발 성 정 행 통 적 멸 락

정행을 발성하여 적멸락에 통하나니,

선정이 생김으로써 기쁜 것이 이선 삼천에서 얻어진 기쁨이었는데, 여기에서는 발성정행이라, 그러니까 이 발성정행이란 이선천에서 교법을 펴던 일을 더욱 정미로운 행을 해서 자自와 타他가 둘이 아닌 것을 알게 되는 그런 경지에 이르게 됩니다.

그렇게 되면 이선천에서 얻은 기쁨은 없어져 버리고 진짜로 기쁨을 얻게 되는데, 이 기쁨이야말로 밖의 경계를 상대로 나타나는 기쁨이 아니라 자기 마음 깊은 데서 스스로 우러났기 때문에 통적멸락이라 그럽니다.

그래서 이선천을 정생희락지定生喜樂地, 그리고 이제 제삼선천으로 들어가는데, 제이선천에서 얻은 기쁨을 여의어야 합니다.

왜냐하면 제이선천의 것을 여기 견주면 아직 정행精行이 못 되고, 바깥 경계를 의식하는 그런 기쁨이었는데, 여기는 그런 기쁨이 아니라 속으로 적멸한 즐거움입니다.

그래서,

> **如是一類 名少淨天**
> 여 시 일 류 명 소 정 천

이와 같은 일 유類는 이름이 소정천이니라.

적멸락을 통했다는 말은, 체험했다는 얘깁니다.

그래서 삼선삼천三禪三天, 앞으로 올라가면서 소정천少淨天, 무량정천無量淨天, 변정천遍淨天의 세 하늘을 묶어서 제삼선천이라 하는데, 이희묘락지離喜妙樂地 이선천에서 얻었던 여의기 어려운 기쁨을 여의고 묘하게 적멸을 맛보는 그런 경지입니다.

이제 그렇게 얻은 통적멸락通寂滅樂을 어떻게 다듬어 들어가느냐의 얘깁니다.

淨空現前
정 공 현 전

청정한 공이 현전하여,

청정한 공이란 이 앞의 적멸락으로부터 구체적으로 나타나는데, 적멸락은 외계外界의 것을 대상으로 하지 않는 즐거움이라고 했기 때문에 외계를 인식하지 않는 공空이 바로 정공입니다.

引發無際
인 발 무 제

인발함이 제際가 없으며,

'인발함이 무제하며' 이렇게 해도 되고, '무제를 인발해서' 그래도 되는데, 그 정공淨空의 세계가 위에서는 통해서 맛을 보는 정도인데, 적멸락을 무진장하게 끄집어낸다, 계발한다, 요즘 말로 하면 새록새록 발견한다는 그런 말입니다.

身心輕安 成寂滅樂
신 심 경 안 성 적 멸 락

신심이 경안하여 적멸락을 이루나니,

이 위에서는 적멸락을 통했고, 여기에서는 터를 닦아 그 적멸락을 이룹니다.

> 如是一類 名無量淨天
> 여시일류 명무량정천

이와 같은 일 유類는 이름이 무량정천이니라.

> 世界身心 一切圓淨 淨德成就
> 세계신심 일체원정 정덕성취

세계와 신심이 일체가 원정하여 청정한 덕을 이루어서,

완전히 이루어지는 겁니다.

> 勝託現前
> 승 탁 현 전

의탁할 승경勝境이 현전하여,

의탁依托이란, 내가 살 자리, 직장도 의탁할 곳이라고 할 수 있는데, 그런 것들은 승탁은 못 되고, 여기에서는 정덕淨德을 성취함으로써 훌륭한 의탁할 경계의 대상이 나타나는 겁니다.

그런 대상이 눈앞에 나타나서,

> 歸寂滅樂
> 귀 적 멸 락

적멸락에 귀의하나니,

> 如是一類 名遍淨天
> 여 시 일 류 명 변 정 천

이와 같은 일 유類는 이름이 변정천이니라.

그 다음엔 맺는 말씀입니다.

> 阿難 此三勝流
> 아 난 차 삼 승 류

아난아, 이 세 가지 수승한 무리는,

소정천·무량정천·변정천, 이 세 하늘입니다.

하늘 이름들을 잘 알려면 서산 스님이 만드셨다는 성불도成佛圖 놀이라고 하는 스님들이 하는 윷놀이가 있는데, 우리가 학인 때는 그런 놀이를 많이 했었는데, 거기에 보면 하늘 이름이 다 나옵니다.

우리 봉선사에도 정초에 노보살님들이 성불도 놀이를 하자는 얘길 하니까, 이제 막 스님 된 이가 보살들이 뭘 먹으면서 놀겠다는 얘기인 줄 알고 성불도가 얼마씩인지, 한 근 사오겠다고 해서 모두 웃고 화제가 되었는데, 나는 성불도 놀이를 아는데, 아마 아는 사람이 별로 많지 않은 것 같습니다.

그래 그 성불도 놀이를 보면, 하늘 이름들이 주욱 나와서 오락하는 동안에 하늘 이름들을 다 알도록 되어 있습니다.

具大隨順
구 대 수 순

대수순을 이루고,

수순이란, 모든 일에 잘 적응하는 것인데, 적멸락은 모든 일에 적응이 되고, 그 적멸락에 의해서 모든 교법을 수행해 나가니까 대수순이라 그랬습니다.

身心安隱
신 심 안 은

신심이 안은하여,

자기 자신이 적멸락을 얻었으니 좋고 나쁜 게 없어져서 모든 것에 적응이 되는 게 대수순大隨順인데, 모든 것에 적응이 잘되면 몸도 마음도 편안합니다.

우리는 만나고 싶지 않은 사람 자꾸 만나고, 또 그리운 사람 못 만나는 게 괴로움인데, 대수순을 얻고 보면 몸과 마음이 불편할 게 없고 편안합니다.

그래서 몸과 마음이 안온하면,

得無量樂
득 무 량 락

무량락을 얻나니,

그러나 따지고 보면 정수행正修行은 아닙니다.

雖非正得 眞三摩地 安隱心中
수 비 정 득 진 삼 마 지 안 은 심 중

비록 진삼마지를 정득함은 아니나, 안은한 심중에,

대수순을 얻어 신심이 편안해지는 그 가운데입니다.

歡喜畢具
환 희 필 구

환희가 필구할새,

앞에서 제삼 선천을 환희묘락지歡喜妙樂地라고 한다고 했듯이 묘하게 즐겁다는 말은 즐거움의 정체를 잡을 수 없되, 모든 게 두루 해 있으니까 없는 것 같되 있고, 있는 것 같되 없는 게 묘하니까 그런 환희가 다 갖추어져 있는데, 이러한 것을,

名爲三禪
명 위 삼 선

삼선천三禪天이라 이름하느니라.

阿難 復次[1]天人 不逼身心
아 난 부 차 천 인 불 핍 신 심

아난아, 또 다음 천인은 신심을 핍逼하지 아니하여,

부차는 다음에라는 말입니다.

핍박하지 않는다는 것은, 요즘 말로 고통을 주지 않는다는 말입니다.

苦因已盡
고 인 이 진

고苦의 인因이 이미 다했으나,

신身과 심心이 삼선천까지 올라오는 동안 고인이 다했으나,

樂非常住 久必壞生
낙 비 상 주 구 필 괴 생

낙樂도 상주함이 아니요, 오래하면 반드시 괴壞가 생할새,

오래가면 반드시 무너진다는 말입니다.

苦樂二心 俱時頓捨
고 락 이 심 구 시 돈 사

---

1 고려대장경에는 차부次復로 되어 있으나, 송본 · 원본 · 명본에는 본문과 같이 되어 있다.

고품와 낙樂의 이심을 구시에 돈사하여,

지금 하늘 사람은 일향一向의 즐거운 것으로 묘사가 되어 있습니다.

즐거움을 추구하던 마음을 가지고 즐거움을 완전히 얻었는데, 즐거움은 고품에 상대한 것이어서 영원하지 못하고, 그 고에 상대한 것이라는 데 착안했던 모양인데, 어쨌거나 고와 낙의 이심二心을 몰록 버리는 겁니다.

그래서,

麁重相滅
추 중 상 멸

추중한 상相이 없어지고,

거칠고 무거운 모습이란 고락을 추구하는, 두드러지게 보이는 형태들을 말합니다.

淨福性生
정 복 성 생

정복의 성性이 생하나니,

고와 낙의 두 가지를 다 초월하면, 평등한 마음이 있게 되는데, 고도 버리고 낙도 버렸다 해서 이 평등한 마음을 버릴 사捨, 마음 심心, 사심捨心이라 그럽니다.

부처님의 네 가지 무량한 마음을 얘기할 때, 자慈 · 비悲 · 희喜 · 사捨라 합니다. 즐거움을 주는 것을 자慈, 고품를 없애는 것을 비悲, 다른 사람이 즐거워하는 것을 보고 같이 즐거워하는 것은 희喜, 기쁜 마음, 즐거운 마음을 초월해서 당신 스스로의 마음속에 오직 평등만이 계시다는 사捨, 이렇게 네 가지입니다.

사捨 자는 일명 평등할 사 자라고 그럽니다. 그래서 청정한 복의 성품이란 평등한 마음씨가 생겼다, 즉 평등한 마음을 가리키는 말입니다.

그래서 이 평등한 마음이 생기게 되면,

> 如是一類 名福生天
> 여 시 일 류 명 복 생 천

이와 같은 일 유類는 이름이 복생천이니라.

복의 씨앗은 앞에서도 말했지만, 거슬러 말하면 평등한 마음입니다. 그러니까 앞의 삼선천의 공부보다는 한 가지가 더 진전했다고 보는 것입니다.

이제 제사선천인데, 무려 아홉 하늘입니다. 그러니까 초선 삼천, 이선 삼천, 삼선 삼천 해서 아홉 하늘이 되겠고, 그 다음에 또 제사선천이 아홉 해서 색계가 도합 십팔천이 되는데, 이 색계 십팔천 중 마지막의 사선四禪 구천九天을 한데 묶어서 사념청정지捨念淸淨地라 그럽니다.

이것을 잘못 알면, '마음을 버리고 청정하다', 이렇게 하게 되는데, 잘못된 건 아니지만, 고와 낙의 두 가지 마음을 버리고 평등한 성품이 청정하게 되었다는 얘기입니다.

그러니까 제사선천의 특색은 고와 낙을 둘 다 버리고 평등한 성품을 추구하는 곳이다, 이렇게 알면 되겠습니다.

捨心圓融
사 심 원 융

사심이 원융하여,

勝解淸淨
승 해 청 정

승해가 청정하여,

평등한 성품을 올바로 수용하는 정신적 자세를 승해라 할 수 있습니다.

福無遮中
복 무 차 중

복이 차한遮限이 없는 중에,

 복이 끝이 없다는 말인데, 사실 평등한 마음이 원융하면, 그 평등한 마음은 곧 복의 성품이라고 그랬습니다. 그러면 거기에 따르는 복이 막힘이 있겠느냐는 얘깁니다.
 우리가 복을 받으려고 부처님께 절을 할 때 내 마음속에 남을 미워하는 마음이 있으면 승해청정勝解淸淨, 복무차가 될 수 없습니다.
 내 마음이 평등해져서 다 같이 원수를 용서할 줄 알고 마음이 너그러워져서 착실히 살면서 복을 받을 생각을 해야 하는데, 그렇지 않으면 복에 가리게 됩니다.

得妙隨順
득 묘 수 순

묘하게 수순함을 얻어서,

묘하다는 집착도 여읜, 끝없는 복과 끝없는 평등심을 가지고서 잘 적응하고 받아들인다는 얘깁니다.

窮未來際
궁 미 래 제

미래제를 다하나니,

묘하게 수순하는 건 공간적인 자리이고, 미래제가 다한다는 건 시간적인 관찰이 되겠고, 시간과 공간으로 평등한 마음을 십분 누릴 수 있다면,

如是一類 名福愛天
여 시 일 류 명 복 애 천

이와 같은 일 유類는 이름이 복애천이니라.

진정한 복, 다시 말하면, 현세의 복만이 아니라 미래에 이르기까지 그 복을 영원토록 다 누리는 그럴 수 있는 토대를 추구하는 그런 무리이기 때문에 가히 사랑스런 복을 추구한다는 그런 뜻입니다.

> 阿難 從是天中 有二歧路
> 아 난 종 시 천 중 유 이 기 로

아난아, 이 하늘로 좇아 두 기로가 있으니,

종시천중이란 복애천福愛天을 말합니다. 그러니까 색계 전체로 말하면 열 번째 하늘이 되겠고, 제사선천의 둘째 하늘이 복애천입니다.

> 若於先心 無量淨光 福德圓明 修證而住
> 약 어 선 심 무 량 정 광 복 덕 원 명 수 증 이 주

만일 선심에서 무량정광과 복덕이 원명하여 수증하여 주住하면,

> 如是一類 名廣果天
> 여 시 일 류 명 광 과 천

이와 같은 일 유類는 이름이 광과천이니라.

선심先心이란 저 밑의 색계, 초선천에서부터 닦아 오던 얘기입니다.

두 갈래 길이라는 것은, 하나는 직왕도直往道라고 해서 곧장 가는 길이고, 하나는 우벽도迂僻道라고 해서 돌아가는 길입니다.

그래서 무량정광無量淨光은 저 밑의 무량광천으로부터 복애천의 사이입니다.

위에서부터 주욱 내려오면서 닦은바 복덕이 원명하여 잘 간직한 상태에서 수증이주修證而住하면, 즉 복덕을 잘 닦아 왔다는 게 평등심이니까 평

등심 닦는 데로 연결지어 왔다면, 이런 사람들은 곧을 직直, 갈 왕往, 직왕도로 가게 된다는 말입니다.

이런 것을, 앞으로 광대한 과위果位를 얻을 길로 들어갔다 해서 광과천이라 말합니다.

> **若於先心 雙厭苦樂**
> 약 어 선 심 쌍 염 고 락

만일 선심에서 고苦와 낙樂을 쌍염하고,

이 선심은 무량광천 이후로부터 복애천까지의 사이입니다.

> **精研捨心 相續不斷 圓窮捨道**
> 정 연 사 심 상 속 부 단 원 궁 사 도

사심을 정미로이 연구하되, 상속이 부단하여 사捨하는 도道를 원만히 궁구하면,

사도는 버리는 도道, 또는 평등의 도道입니다.

> **身心俱滅 心慮灰凝**
> 신 심 구 멸 심 려 회 응

신심이 다 멸하고, 심려가 회응하여,

회灰 자는 열 나는 심성이 없어졌다는 얘기고, 응凝이란 요동 없이 한

군데로 모였다는 말입니다.

> **經五百劫**
> 경 오 백 겁

5백 겁을 지내거니와,

사도捨道를 원궁圓窮했기 때문에 몸과 마음이 멸해서 그런 상태로 5백 겁을 지나게 되나니,

> **是人旣以生滅爲因**
> 시 인 기 이 생 멸 위 인

이 사람이 이미 생멸로써 인을 삼았을새,

5백 세를 지나는 것까지는 좋은데, 이미 생멸의 도리로 인因을 삼아서, 즉 생사를 벗어나지 못하는 상태에서 인因을 삼았기 때문에,

> **不能發明 不生滅性**
> 불 능 발 명 불 생 멸 성

능히 불생멸성을 발명하지 못하여,

발명이란 발견發見입니다.

> **初半劫滅 後半劫生**
> 초 반 겁 멸 후 반 겁 생

처음 반 겁은 멸하였다가 후의 반 겁은 생하나니,

> **如是一類 名無想天**
> 여 시 일 류 명 무 상 천

이와 같은 일 유는 이름이 무상천이니라.

그래서 이 선심先心 무량광천에서 볼 때 복애천에 이르기까지의 사이에서는 고락을 쌍으로 싫어하고 번뇌를 굴복시키고, 또 공부도 많이 해서 이 희묘락지離喜妙樂地까지 왔으나, 불생멸할 존재가 있다는 생각을 가지고 있기 때문에 원궁사도圓窮捨道까지는 했지만, 또 어렵게도 생멸심으로 인因을 삼았다는 게 문제인데, 이것이 바로 얻을 바가 있으리라고 추구하는 마음입니다.

다시 말하면 생멸은 몹쓸 것이니 버려야 한다, 그리고 이 사심捨心이 되지 못하는 것은 생멸심 때문이고, 진정한 수도를 하기 위해서는 생멸심이 아주 없는 심성이 요동하지 않는 상태에 돌아가야만 진정한 수도라고 생각하는 겁니다.

다시 말하면, 생멸심은 버리려 하고 열반심을 얻으려 하는 그것이 바로 이것을 버리고 저것을 취하려는 생멸심인데, 그런 마음을 가지고 했기 때문에 5백 겁 동안 심려心慮가 회응灰凝한 선정 속에 들어가 있었지만, 다시 나오게 된다는 얘깁니다.

그래서 초 반 겁엔 멸하고 후 반 겁엔 생한다, 그러니까 생멸심을 가지고 닦았기 때문에 그런 대가로 5백 겁을 지나는 동안 심성이 멸한 상태에 있다가, 그 다음에 또다시 그 심성이 되살아나는데, 그 되살아나는 상태를 가지고 그 몸을 버리고 다음 세계로 가게 된다고 했습니다.

그러니까 이 세계를 무상천無想天이라 하는 이유는, 생멸심을 버리고 열반심을 좋아하는 생멸심, 즉 능能·소所가 있는 마음, 상대적인 마음 때문에 그야말로 아무것도 없는 열반에 들어가 봐야겠다는 그런 추구력이 주효해서 아무런 생각도 없는 세계에 들어가게 되는데, 그 세계를 무상천이라 그럽니다.

이 무상천을 멸진정滅盡定, 회신멸지灰身滅智라 해서 아무런 생각도 없는 상태의 선정이라 함은, 공부의 경력으로는 대단히 좋겠지만, 아직은 삼계의 생멸을 전체적으로 여의지 못했다고 하는 데서는 똑같다고 하겠습니다.

이렇게 볼 때,

> 阿難 此四勝流
> 아 난 차 사 승 류

아난아, 이 사승류는,

복생천福生天으로부터 복애천福愛天·광과천廣果天·무상천無想天, 이렇게 네 하늘을 말합니다.

윗 시간에 얘기하기를 이 색계의 제사선천은 구천九天이라 했는데, 아홉 하늘 가운데 넷째 하늘과 다섯째 하늘을 나누어서 얘기하는데, 원칙적으로 지금 말한 네 하늘은 우벽도迂僻道라 해서 옳지 못한 길, 정식으로 삼계를 벗어나는 코스가 아니고, 우벽도의 궁극적인 목적은, 무상천으로 들어가서 멸진정을 얻는, 이른바 소승적인 코스라고 이해하시면 되겠고, 나머지 다섯 하늘은 소승적인 수행을 하다가 대승으로 전향할 수 있는 그런 코스이기 때문에 합해서 아홉 하늘이라 하기도 하고, 또 전형적으로 하늘세계의 모습을 설명했다 해서 이 네 가지만을 제사선第四禪이라 하기도 합니다.

> 一切世間 諸苦樂境 所不能動
> 일 체 세 간 제 고 락 경 소 불 능 동

일체세간의 모든 고락경으로 능히 동하지 못할 바이니,

어떤 고락의 경계에도 물들지 않는다는 얘기입니다.

> 雖非無爲 眞不動地
> 수 비 무 위 진 부 동 지

비록 무위의 진부동지는 아니나,

> 有所得心 功用純熟
> 유 소 득 심 공 용 순 숙

얻을 바 있다는 마음에는 공용이 순숙할새,

얻을 바가 있으리라는 마음은, 생멸을 여의고 열반을 얻어야겠다, 열반자리는 아무런 생각도 없는 자리일 것이다. 이런 식으로 아무런 생각이 없는 방법으로 내 마음을 다져 들어가는 것입니다.

그럴 때에 아무리 마음이 없는 상태에 왔더라도 얻어진 결과가 그 근원을 볼 때 얻을 바가 있으리라는 마음, 아무 생각도 없어진 자리에는 열반이 나타나리라는 기대, 이러한 마음에 의해서 공부하는 코스이기 때문에 얻을 바가 있으리라는 마음 위에서 공용, 공부하는 작용이 완전히 익은 것이니,

名爲四禪
명 위 사 선

이름이 사선천四禪天이니라.

이건 돌아가는 길, 소승이라 그랬습니다.
이렇게 해서 사선천이 끝나고 다음으로,

阿難 此中復有 五不還天
아 난 차 중 부 유 오 불 환 천

아난아, 이 가운데 다시 다섯 불환천이 있나니,

그러니까 앞의 네 하늘, 무상천 등의 우벽도迂僻道인 네 하늘 하고, 오불환천 하면, 아홉이 꼭 맞습니다.

於下界中 九品習氣 俱時滅盡
어 하 계 중 구 품 습 기 구 시 멸 진

하계 중의 9품 습기를 구시에 멸진하고,

하계란 상계의 반대인데, 욕계·색계·무색계 중에 맨 아래인 욕계를 하계라 하고, 색계·무색계를 묶어서 상계라 그럽니다.

이유는, 욕계의 번뇌는 우리 범부로서 끊기가 어렵기 때문에 욕계의 번뇌를 하계라 하고, 색계·무색계에서는 세밀하여 끊기가 어렵긴 하지만 대체적으로 정돈되어 있기 때문에 묶어서 상계라고 그럽니다.

9품 습기는 통신강의를 가지고는 설명하기가 대단히 어려운 문제인데, 우리가 『금강경』을 많이 읽고, 보살님들도 독송하고 하는데, 그 『금강경』에 보면 아나함阿那含이라는 말이 나옵니다. 그 아나함을 번역하면 불환不還입니다.

범부로서 발심을 해서 우법소승愚法小乘, 소승의 수행을 하게 되면, 첫 단계가 수다원須陀洹이고, 두 번째가 사다함斯陀含, 세 번째가 아나함, 네 번째가 아라한阿羅漢이라 알고 있습니다.

그런데 욕계·색계·무색계를 총망라해 볼 때 우리 중생들이 익힌 번뇌가 크게 나누어 두 가지가 있습니다. 소위 견도혹見道惑과 수도혹修道惑이 그 두 가지인데, 견도혹은 도道를 보는 데 장애가 되는 미혹, 다시 말하면 무엇에 푹 빠졌다고 할 때 제정신 못 차리게 하는 두드러진 번뇌를 말합니다.

그러니까 욕계·색계·무색계에서 이것은 정도正道이다, 아니다 하는, 이른바 물불을 가리지 못하게 하는 겉으로 표현되는 거친 번뇌(견도혹)이고, 수도혹은 겉으로 두드러지게 나타나지는 않지만 속으로 은근히 끙끙 앓으면서 잊지 못하는 번뇌가 수도혹입니다.

그런데 욕계·색계·무색계를 총망라해서 견도見道, 겉으로 나타나는 번뇌를 끊어 버리면 수다원과가 됩니다.

그러니까 수다원을 얻어 가지고, 일단 하늘로 올라와서 오불환천五不還天에 그분들이 태어나는데, 하늘에 올라와서 생각해 보니, 견도혹만 끊고, 아직 수도혹은 건드리지도 않았다는 것을 알고, 수도혹을 끊기 위해서 다시 공부하러 인간세계에 돌아옵니다. 그렇게 공부를 해서 수도혹을 얼마만치 끊어 들어가면 계속해서 과위果位가 올라가게 되는데, 결국 본문에 보면 9품 습기라고 했습니다.

그러니까 수도혹이란, 아무리 점잖은 사람이라도 실수를 하게 되고, 이렇다 할 저명인사도 망신을 당하게 되는데, 뻔히 알지만 실수를 하는 게 속으로 끓어오르는 번뇌 때문인데, 그것을 끊는 게 수도혹입니다.

그런데 이것 또한 끊기가 너무 세분細分되고 어려워서 끊을 때는 삼계를 9품으로 나눕니다. 그래서 욕계를 한 구분으로 해서 오취잡거지五趣雜居地, 그리고 색계·무색계가 각 4천씩이 있어서 그것 여덟 하고 합해서 9가 되는 겁니다. 그래서 욕계·색계·무색계를 모두 아홉으로 구분해 나누어서 욕계에 해당하는 수도혹이 어느 정도인지를 지금 따로 떼놓습니다.

그런데 욕계에 해당하는 수도혹을 끊으려고 하다 보니, 너무 많아서 일단 거친 것부터 끊고, 또 차차 끊고, 끊어 가는 욕계에 해당하는 수도혹을 다시 아홉 등분으로 나누게 되는데, 이것을 일러서 욕계의 9품 습기 또는 욕계의 9품 수도혹이라 그럽니다.

그래서 욕계의 9품 수도혹을 반쯤 끊으면 사다함이 되고, 욕계의 9품 수도혹을 다 끊으면 아나함, 즉 불환과不還果가 됩니다.

그러니까 아나함이라는 말은 돌아오지 않는다, 즉 사다함이 되면 일왕래一往來라 해서 한 번만 더 인간 세상에 오면 되고, 이 아나함만 되면, 즉 욕계의 9품 수도혹을 다 끊어 버리면, 인간세계에 돌아오지 않고, 여기에서 말하는 오불환천에 있으면서 더 공부를 해서 아라한이 된다고 했습니다.

이 9품 습기를 말로 해서 전달이 잘 될지는 모르겠으나, 자세히 필기를 해 가면서 들으시면 좀 이해가 되실 겁니다.

따라서 특강 우법소과설愚法小果說을 공부하시기 바랍니다.

본문으로 가서,

苦樂雙亡
고 락 쌍 망

고苦와 낙樂을 쌍망하여,

욕계에 해당하는 습기가 없으니까 욕계에 대해서는 미련이 없습니다. 미련이 없는 자리에는 괴로움도 즐거움도 쌍으로 다 없어서 다시 여기에 찾아올 이유가 없어집니다.

이 욕계, 우리가 살고 있는 땅으로부터 욕계 육천, 타화자재천에 이르기까지 욕망이 이글거리는 이 세상에 올 필요가 없어서,

下無卜居
하 무 복 거

하계에는 복거할 게 없을새,

복卜 자는 점칠 복 자인데, 찾아다니면서 살 이유도 없고, 장소도 없습니다. 왜냐하면 이곳은 욕심을 끊는 장소인데, 욕심 없는 사람이 살 이유가 없기 때문입니다.

> 故於捨心 眾同分中 安立居處
> 고 어 사 심   중 동 분 중   안 립 거 처

고로 사심이 중동분 중에 거처를 안립하느니라.

사심은 고苦와 낙樂을 평등하게 해 버린 상태, 즉 제사선천이 다 평등한 마음을 가진 사심의 무리들입니다.

중동분이란 재가在家에 있으신 분들은 처음 듣겠습니다만, 요즘 말로 하면 공동체라는 얘깁니다. 글자만 보더라도 대중이 똑같은 부분이라는 말인데, 가령 인류는 서서 다닌다, 그게 인간의 중동분입니다.

또한 인간인데, 아프리카인은 까맣고, 한국인은 노랗고, 아메리카인은 하얗다, 이게 각 인종의 중동분입니다. 이렇게 과거에 업을 지은 것이 비슷한 사람끼리 모이는 상태를 중동분이라 그럽니다.

이미 앞에서도 중동분이라는 얘기가 나왔었는데, 아난 존자가 부처님께 "지옥이란 게 원래 따로 있는 겁니까? 또는 중생들의 업에 의해서 있는 겁니까?" 하고 물었는데, 부처님의 대답이 각각 지옥이 일어날 때는 중동분에 의해 일어나 가지고 태어나는 건 제각기 업에 의해 태어난다는 그런 말씀을 하십니다.

그러니까 대중이 똑같은 분分, 즉 중동분 가운데 하늘에 태어날 만한 사람들이 없음으로 해서 그런 사람을 수용할 만한 하늘이 이루어진다는 얘깁니다.

가령 서울 올림픽에 이러이러한 경기를 해야 하는데, 우리나라엔 그러한 시설이 그동안 없었기 때문에 새로이 그 경기에 맞는 시설을 한다든지, 그 경기에 필요한 선수를 수용할 장소를 만든다면, 그건 선수들의 중동분에 맞는 그런 거처가 한국 땅에 안립이 되는 것입니다.

여기도 지금 아나함과를 얻고, 다시 욕계에 태어날 조건이 끊어진 사람들이 다시 욕계로 갈 수는 없고, 어딘가에 의지해 살아야 하겠는데, 그들이 태어날 곳이란 이 앞에서 얘기한 사천四天에도 없어서 다시 색계의 제사선천 위에 아나함들이 태어날 수 있는 세계가 새로이 그들의 업력에 의해서 이루어지는데, 이것을 일러 사심동분捨心同分이라고 그럽니다. 즉 사심의 수행으로써 고락을 다 버린 마음으로 수행하는 사람들이 받아야 할 적지가 이루어진다는 그런 얘깁니다.

阿難 苦樂兩滅 鬪心不交
아 난 고 락 양 멸 투 심 불 교

아난아, 고苦와 낙樂이 양멸하여 투심이 교交하지 아니하면,

싸우려면 누군가가 상대를 해야 하는데, 고와 낙을 다 잊어버린 게 사심捨心이고, 사심이 철저한 사람들이 태어날 자리의 첫째 형태가 고락양멸 투심불교입니다.

투심이란, 우리가 말하는 한번 싸워 보자는 그런 것이 아니고, 고락 경계가 내 마음에 상대될 일이 없는 것입니다.

다시 말하면, 고와 낙의 경계를 모두 떠난 분으로서 괴로운 경계에 대해 대상이 있어서 싫어하는 그런 것이 아니고, 경계와 상대하지 않는, 즉 경계가 없는 상태를 말합니다.

낙의 경계에 대해서 받아들이는 것도 일종의 투鬪인데, 고락을 추구하는 마음이 없어지기 때문에 투심, 접촉하는 마음이 고락의 경계와 상대하지 않게 된, 즉 마음뿐이고, 경계가 없는 유심무경唯心無境의 상태입니다.

> 如是一類 名無煩天
> 여시일류 명무번천

이와 같은 일 유類는 이름이 무번천이니라.

마음에 싫어하는 생각, 좋아하는 생각이 있으면 경계에 대해서 싫어함, 좋아함이 생겨서 투쟁이 생기게 되는데, 그런 게 있는 한은 번거로웠는데, 그런 게 없으니까 이름이 무번천입니다. 이것을 또 인간 세상에서는 칠반생사七返生死라고 합니다.

수다원과를 얻고, 인간세계에서 죽어 가지고 하늘에 왔다가 다시 내려가서 아나함과, 즉 여기까지 올라오기 위해서 일곱 번을 인간에 났다, 천계에 났다 해야 하는데, 요즘도 "너 같은 게 나를 따라오려면 일곱 번 죽었다 깨나 봐라." 하는 그런 말을 합니다. 또 요즘은 늘어 가지고 백 번이라고 하는데, 백 번이 아니고 일곱 번, 즉 불교에서 나온 술어입니다.

> 機括獨行 研交無地
> 기괄독행 연교무지

기機와 괄括로 독행하여 연교할 지地가 없으면,

고래로 기機와 괄括을 보는 해석이 조금씩 다릅니다.

교재에 보면 기는 노아弩牙라고 되어 있습니다. 노아란 활이 멀리 가게 하기 위해서 기계 장치를 한 것을 말합니다. 요즘은 지렛대 같은 걸 사용해서 활이 멀리 가게 하는데, 그러니까 기라는 것도 결국은 화살과 활시위를 짝을 대야 하는 것이고, 괄이라고 하는 것도 낭괄囊括이라고 했는데, 주머니입니다.

뭘 넣는 게 있는 그런 얘기인데, 기만 있고 화살이 없고, 괄만 있고 주머니에 넣을 것이 없는 상태로서, 그러니까 사념捨念이 청정해진 분이 유심唯心이 되어서 무번無煩인 상태가 되면 기와 괄이 독행해야 하는 겁니다.

위의 것을 연결지어 볼 때 투심鬪心이 불교不交하니까 무번이 되었고, 무번이 되었으니까 기와 괄이 독행해야 하는 겁니다.

그래서 다시 더 한걸음 나아가서 연교무지硏交無地, 연研 자는 연마한다, 교交 자는 사물과 사귄다는 말이니까 무지無地, 사귈 경지, 대상이 없다, 자리가 없게 된다, 완전히 홀로 앉는 자리가 되는 겁니다.

如是一類 名無熱天
여 시 일 류 명 무 열 천

이와 같은 일 유類는 이름이 무열천이니라.

기機와 괄括에 대해서 다른 설명도 있으나 복잡하고, 어쨌든 기와 괄이 어울려 다니면 마찰되고 열熱이 나고 하는데, 그런 것이 다 없는 상태니까 무열입니다.

우리가 모든 일에 걸핏하면 열을 내는 그런 열은 아닙니다만, 대단히 좋은 경지라 하겠습니다.

十方世界 妙見圓澄
시 방 세 계 묘 견 원 징

시방세계를 묘견함이 원징하여,

보는 것은 천안통天眼通이라 그랬습니다.

저 아래 사선천四禪天에서 얻은 그것과 같은 것으로서 이 위의 무열천에서 연교무지研交無地한 그런 경지가 이어지는 겁니다.

또한 밖의 경계를 보지 않고, 내심으로 보기 때문에 묘견이라고 그럽니다.

更無塵像 一切沈垢
갱 무 진 상 일 체 침 구

다시 진상의 모든 침구가 없으면,

바깥 경계를 진상이라 그럽니다.

이 위에서 기機와 괄括이 독행獨行한다고 했으니까 외계를 보지 않게 되고, 외계를 보지 않음으로 해서 그 외계를 보지 않는 기운이 원징圓澄해져서 다시는 진상을 인정하지 않고, 다시 침구도 없고 그런 것이 모두 없어진다는 말입니다.

如是一類 名善見天
여 시 일 류 명 선 견 천

이와 같은 일 유類는 이름이 선견천이니라.

시방에 걸림이 없이 모두 보니까 선견천이 됩니다.

精見現前
정견현전

정견이 현전하여,

위에서 말한 선견善見을 정견이라 했습니다.

陶鑄無礙
도주무애

도주함에 애礙가 없으면,

　도陶란 질그릇을 구워 내는 것이고, 주鑄란 쇠로 구워 내는 것인데, 관세음보살도 응현무애應現無礙라고 하는데, 바깥 경계를 대한다든가 이런 상태에서 구애拘礙함이 없다, 그래서는 어떠한 형태를 도주처럼 만들어 낸다, 그러한 견見을 중생 교화에 실지로 사용한다, 그런 얘깁니다.

　왜냐하면 침구沈垢가 나타나지 아니하고 원만하게 맑아졌다고 했으니까, '그것은 마치 맑은 거울에는 모든 그림자가 마음대로 나타나는 것과 같다. 그것을 도주무애라 한다' 그랬고, 그러한 것을,

如是一類 名善現天
여시일류 명선현천

이와 같은 일 유類는 이름이 선현천이니라.

거울 속에 그림자가 그대로 나타나듯이 모든 사물을 대함에 있어서 구

애가 없다 그런 얘기고, 그것을 선현천이라 한다는 말입니다.

究竟群幾 窮色性性
구 경 군 기 궁 색 성 성

군기를 구경究竟하고, 색성의 성품을 궁진窮盡하여,

군기란 모든 움직이는 기미, 시초입니다. 그러니까 끝까지 군기를 궁구하는 게 구경입니다.

그 색성의 근본 바닥을 궁구해서,

入無邊際 如是一類 名色究竟天
입 무 변 제 여 시 일 류 명 색 구 경 천

무변제에 들면, 이와 같은 일 유류類는 이름이 색구경천이니라.

물질은 색이고, 색성色性의 성성이란 물질이 생기기 이전의 근본입니다. 그러니까 선현천의 경지에서 더 공부하면 거울 속에 나타나는 색상이 역력하지만, 그 성품은 거울의 밝은 것 외에는 있지 않다고 보는 것이 거울의 성품입니다.

모든 사물을 대할 때에 색성의 성성을 궁구한다는 말이 그 말인데, 그 자체가 끝까지 실체가 어떤 것인지를 똑똑히 모른다면 그 색성色性에 걸려 버리게 되겠지만, 여기는 그것을 구경究竟하고 색의 성품을 궁구했기 때문에 무변제에 들어갑니다.

다시 말하면 걸림이 없는 상태에 이른다, 색성이 있는 한 색성의 근본을 알아서 무변제로 찾아드니, 이러한 형태의 세계, 또 이런 이들이 올라가서 태어나는 세계를 색구경천이라 한다, 그러니까 색구경천은 색계의 마지막이 되는, 물질의 마지막이 되는 근본을 똑바로 이해하는 하늘이라는 뜻이 되겠습니다.

또 한편으로는 색계의 마지막이 되는 맨 꼭대기라 해서 일명 유정천有頂天이라 그럽니다. 유정有頂이라는 말을 유루有漏 색상, 다시 말하면 형색이 있는 세계에서는 가장 꼭대기인 정수리가 된다는 말입니다.

그래서 색구경천을 유정천이라고도 하는데, 어쨌건 유상有相의 세계, 말하자면 형상이 있는 세계에서는 마지막이라는 말이고, 여기에서 지나면 사무색천四無色天, 즉 공천空天이 됩니다.

그 다음엔 회통하는 말이 되겠는데,

> 阿難 此不還天
> 아 난 차 불 환 천

아난아, 이 불환천은,

오불환천五不還天입니다.

> 彼諸四禪 四位天王 獨有欽聞 不能知見
> 피 제 사 선 사 위 천 왕 독 유 흠 문 불 능 지 견

저 사선의 사위천왕도 오직 흠문함만 있고, 능히 지견하지 못하나니,

색계를 얘기할 때 복생천福生天 · 복애천福愛天 · 광과천廣果天 · 무상천無想天의 넷을 얘기했는데, 사위천왕은 각 사천四天의 왕들입니다.

제사선천으로 들어간 이들은, 궁극적으로 무상천無想天, 멸진정滅盡定에 들어가는 것으로 목표를 삼고, 여기의 오나함천五那含天에는 와 보지도 못하고 깨닫지도 못하는 그런 특수하게 좋은 세계라는 말인데, 직왕도直往道라 할 수 있습니다.

> **如今世間曠野 深山聖道場地**
> 여 금 세 간 광 야 심 산 성 도 량 지

마치 지금 세간의 광야와 심산의 성도량지는,

> **皆阿羅漢 所住持故**
> 개 아 라 한 소 주 지 고

다 아라한이 주지한 바인 연고로,

> **世間麤人 所不能見**
> 세 간 추 인 소 불 능 견

세간의 추인은 능히 보지 못할 바인 것과 같으니라.

요즘도 그 좋은 도량에는 아라한이 산다고 합니다. 오대산에서 세조대왕이 문수보살을 친견親見했다고 하는데, 그 후로 우리는 세간의 추인麤人

이기 때문에 그런 성도량지聖道場地에 아라한이 살고 있는 것을 말만 들었지 보지 못하는 것과 같이, 오불환천과 저 밑의 제사선천과의 관계를 얘기할 때 똑같은 색계에 속하는 하늘이지만, 오불환천은 사선천의 왕들에게 있어서, 마치 우리가 문수도량이라는 말만 들었지 문수보살을 보지 못하는 것과 같다, 이렇게 심오하고 특수한 세계다, 그런 얘깁니다.

총괄적으로 색계를 맺는 말이 또 나오는데,

> 阿難 是十八天 獨行無交 未盡形累
> 아 난 시 십 팔 천 독 행 무 교 미 진 형 루

아난아, 이 십팔천은 홀로 행함이요 교姟함이 없거니와, 형상의 누累를 다하지 못할새,

색계 십팔천은 이상 얘기한 것이고, 이 독행무교라는 것은 욕계의 영역 경계를 다 벗어나서 외계의 모든 반연을 떠났기 때문에 철저히 내심內心의 세계를 가지고 살아가는 겁니다.

그래서 마지막 색구경천에 오기까지 '궁색성성窮色性性하야 입무변제入無邊際했다'라고 했는데, 그 무변제에 들어갔다는 말은 색성色性의 성품이 우주에 있어서 외면적으로 볼 때 여러 가지가 있겠지만, 그 성품 본질에 있어서는 끝도 없고 한도 없는 하나로 공통됩니다.

그래서 거기는 외부와 접촉을 하지 않기 때문에 독행무교입니다. 성품 자리를 홀로 행하면서 외부 사물이나 형색과는 교姟하지 않는 자리이기 때문에 독행무교, 그럽니다. 그러나 철저히 형식을 떠나고 모양을 떠난 것 같으나 미진형루입니다.

색성성性色性性 속에서 무변제에 들어가 있지만, 색이라는 관념 내지는

색이라는 전체의 영역에 아직은 속해 있기 때문에,

> **自此已還 名爲色界**
> 자 차 이 환   명 위 색 계

이로부터 이환은 색계라 이름하느니라.

이 차此 자는 색구경천을 가리킵니다. 그래서 색구경천 이하 저 밑의 범중천梵衆天까지를 모두 합해서 색계라 이름한다는 얘깁니다.

다시 말하면 염욕染欲을 떠나서 자기의 심성 하나만을 즐기고 살기 때문에 독행무교獨行無交이지만, 아직은 색의 영역 속에 있기 때문에 형상의 누累, 더러움을 다하지 못했다, 그런 까닭에 색은 아직 의지하고 산다는 말입니다.

여기에서 색은 여색女色이니 남색男色이니 하는 그런 색이 아니라 물질, 즉 이 몸뚱이라는 말입니다. 그래서 자기의 주체, 물질 바탕을 여읠 수 없는 세계라 해서 이걸 모두 묶어 색계라고 한다. 요컨대 정도의 차이는 있을지언정 물질이란 것을 여의지 않고 있다, 결국 몸을 여의지 않고 있다는 말입니다.

다음엔 무색계, 즉 사공천四空天이라고 하는데, 여기에 들어가게 되면 상황이 달라집니다. 왜냐하면 지금 색계를 벗어나서 색이 없는 세계, 즉 무색계에서 공空을 수용하는 세계가 되기 때문에 전혀 다른 형태로 넘어갈 고비가 색구경천입니다.

제 얘기는 여기에서 그치겠습니다.

> 復次阿難 從是有頂 色邊際中
> 부 차 아 난 종 시 유 정 색 변 제 중

또 아난아, 이 유정의 색변제 중을 좇아,

색구경천이 유有의 정頂, 즉 유정有頂인데, 유의 맨 꼭대기, 즉 색구경천을 유정천이라 그럽니다. 그런데 유정천의 또 다른 이름을 색변제라고 합니다. 색으로는 맨 가이니까 이 위로부터는 공空이 되고, 색으로는 맨 끝이니까 색의 변제입니다. 그래서 유정은 색구경천을 말하는 것이고, 색구경천은 색의 변제라는 말입니다.

그러니까 색구경천으로부터, 그 말입니다.

> 其間復有 二種歧路
> 기 간 부 유 이 종 기 로

그 사이에 다시 2종의 기로가 있나니,

색구경천은 오나함천五那含天의 하나이니까 제삼과第三果를 증證한 성현들이 있는 곳인데, 거기에서 무색계로 올라가되, 두 가지의 길이 있다는 말입니다.

> 若於捨心
> 약 어 사 심

만일 사捨하는 마음에서,

고苦와 낙樂을 다 버리는 게 사捨하는 것인데, 이 사捨하는 마음이란 색구경천에서 한다는 말입니다.

發明智慧
발 명 지 혜

지혜를 발명하여,

사捨하기만 하는 게 아니라 지혜가 생긴다는 얘깁니다.

慧光圓通
혜 광 원 통

혜광이 원통하면,

사捨하는 마음에서 지혜가 생겨서 지혜 광명이 원통해진다면,

便出塵界
변 출 진 계

문득 진계를 출出하여,

그러니까 출세간出世間한다는 말입니다.

> 成阿羅漢 入菩薩乘
> 성 아 라 한 입 보 살 승

아라한을 이루어 보살승에 입入하나니,

제삼과第三果의 지혜가 원통해져서 아라한이 되었는데, 아라한만 되는 게 아니라 소승으로부터 대승으로 올라간다는 겁니다.

> 如是一類 名爲廻心大阿羅漢
> 여 시 일 류 명 위 회 심 대 아 라 한

이와 같은 일 유는 이름이 회심한 대아라한이니라.

소승의 마음을 돌이켜서 대승으로 돌리는 겁니다.
그게 두 가지 가운데 첫째 부류이고,

> 若在捨心
> 약 재 사 심

만일 사捨하는 마음에서,

마찬가지로 색구경천의 사捨하는 마음에,

> 捨厭成就
> 사 염 성 취

사염을 성취하고,

사捨하는 것도 그만두고, 이제 색을 다 없애 버리고 공空으로 올라오는 겁니다.

그렇게 되니까,

覺身爲礙 銷礙入空
각 신 위 애   소 애 입 공

몸이 장애가 됨을 깨달아 장애를 소멸하고 공空에 입入하면,

그러니까 이건 아라한도 되겠지만, 회심廻心해서 삼계에서 나오는 것이 아니고 제삼과에 있으면서, 그 말입니다.

如是一類 名爲空處
여 시 일 류   명 위 공 처

이와 같은 일 유類는 공처(空無邊處天)라 이름하느니라.

저 위에서도 초선정初禪定을 닦아서 초선천에 가서 나고, 이선정二禪定을 닦아서 이선천에 나고, 그렇게 삼선천, 사선천은 물론 이것도 공처정空處定을 닦아서 공처에 나고 그럽니다.

그러니까 무색계 가운데 첫 하늘이 공처천인데 공처정을 닦아 가지고 가서 나고, 여기는 색·물질이 없으니까 무색계라고 그럽니다.

諸礙既銷
제 애 기 소

모든 장애가 이미 소멸되고,

위에서 각신위애覺身爲礙하던 애礙가 녹았다는 공처천空處天의 것을 갖다 하는 말입니다.

無礙無滅
무 애 무 멸

무애라는 무無도 멸하면,

애礙가 없고 멸滅이 없다는 게 아니고, 무애라고 하는 그 없다는 것까지 없어졌다, 그러니까 공空까지 부인하는 겁니다. 즉 공도 없어지는 겁니다.

其中唯留 阿賴耶識 全於末那 半分微細
기 중 유 류 아 뢰 야 식 전 어 말 나 반 분 미 세

그 가운데는 오직 아뢰야식과 말나의 미세한 반분만 온전하나니,

그러니까 색이 싫어서 공空에 났고, 공空이 싫어서 공까지는 없어졌는데, 아직 식識은 남아 있습니다.

아뢰야식은 제팔식인데 잠깐 작용이 쉴 수는 있지만, 우리의 여래장묘진여성如來藏妙眞如性이 제팔식이니까 언제든지 없어지지 않고 있습니다. 말나는 제칠식인데, 반분미세는 온전히 가지고 있다는 말입니다.

색과 공과 식을 반연하는 것이 말나식의 작용인데(본래는 제팔식만 반연해서 나라고 하는데), 속으로 제팔식을 반연해서 나라고 하니까 겉으로는 색과 공과 식을 반연할 텐데, 그것을 다 안 한다는 말입니다. 그러니까 색과 공과 식을 반연하던 것인데, 색과 공을 반연하던 것은 없어지고, 식 반연하는 그것만 남아 있습니다. 그러니까 삼분의 일이라고 해야 하겠지만 그걸 반분이라고 그랬습니다.

말나는 제칠식인데 반분미세는 온전히 가지고 있다는 말입니다. 그게 미세한 것인데, 식만 반연하고, 색·공을 반연하던 것을 없앴으니까 아뢰야식은 그냥 가지고 있고, 말나식 반분의 미세한 식만 온전히 가지고 있다는 그 말입니다.

그러니까 아뢰야식은 그냥 가지고 있고, 말나식 가운데는 아뢰야식을 반연하는 그쪽만 남아 있다, 그래서 아뢰야식과 말나의 반분의 미세한 것은 온전히 가지고 있는 그것을 식은 남아 있다, 공은 없어졌지만, 식은 남아 있다고 하는 것입니다.

> **如是一類 名爲識處**
> 여 시 일 류 명 위 식 처

이와 같은 일 유類는 이름이 식처이니라.

이것도 역시 식처정을 닦아서 그 천天에 가 나게 되는 겁니다.
이것은 지금 무색계 사천 가운데에 제이천第二天에 나는 걸 얘기합니다.

> **空色旣亡**
> 공 색 기 망

공과 색이 이미 망하고,

이건 내내 제이천에서 하던 말입니다.

識心都滅
식 심 도 멸

식심도 모두 멸하여,

제이천에서는 식심이 있었는데, 여기에서는 그것까지 멸한다는 겁니다. 식심도멸이라는 건 앞에서도 말했듯이 아뢰야식이 멸하는 건 아닙니다. 작용이 쉬어서 가만히 있게 된다는 것이지, 아주 없어지는 건 아니라는 얘깁니다.

十方寂然
시 방 적 연

시방이 적연하여,

그러니까 아무것도 없어서,

逈無攸往
형 무 유 왕

훤칠히 갈 바가 없으면,

색도 없고, 공도 없고, 식도 없으니까 어디 갈 데가 없는,

如是一類 名無所有處
여 시 일 류 명 무 소 유 처

이와 같은 일 유類는 이름이 무소유처천이니라.

색이나 공이나 식이 다 없다는 게 무소유인데, 이것도 역시 무소유처정無所有處定을 닦아서 무소유천에 나는 겁니다.

앞의 식심도멸識心都滅이라는 식과 심을 다르게 하지 않고 식識이 내내 심心인데, 멸이란, 작용이 쉰다는 말이지 아주 없어진다는 말이 아닙니다.

識性不動
식 성 부 동

식성은 동하지 아니하거든,

식성과 식심識心을 따로 얘기하기도 하는데, 다른 게 아니고 제팔식의 종자를 가리켜서 식성이라 그럽니다.

식성이 조금도 동하지 않는다는 것은, 내내 삼선三禪에서 하는 말입니다.

以滅窮研
이 멸 궁 연

멸로써 궁연하되,

아주 식識까지 다 없어지려는 걸 연구하는 겁니다.
그렇게 하면, 그 사람이,

> **於無盡中**
> 어 무 진 중

다함없는 가운데,

식성識性이 아주 없어지는 게 아닌데 무진한 가운데,

> **發宣盡性**
> 발 선 진 성

진성을 발선하여,

참말 다하여 없어진 게 아닌데 자기 생각은 없어졌다고 하는 게 발선입니다. 없어졌다는 성性을 발선하고 있으니까 이 사람들이 제사선천에 나는 겁니다.

자체가 없어진 게 아닌데 자기만 없어졌다고 생각하니까,

> **如存不存 若盡非盡**
> 여 존 부 존 약 진 비 진

있는 듯하되 있지 아니하고, 다한 듯하되 다하지 아니하니,

> 如是一類 名爲非想非非想處
> 여 시 일 류 명 위 비 상 비 비 상 처

이와 같은 일 유類는 비상비비상처라 이름하느니라.

식識이 존하지 않는다는 말이니까 비상非想이고, 약진비진若盡非盡이니까 그건 비비상非非想입니다. 비상이란 상想이 아니라는 말이고, 비비상은 비상도 아니다, 그 말입니다. 약진비진이니까 진盡한 것은 비상이겠는데, 진盡하지 않았으니까 비비상입니다.

이게 무색계의 마지막입니다.

> 此等窮空
> 차 등 궁 공

이 등等이 공空을 궁구했으나,

차此 자는 제사천, 비상비비상천에서 하는 말입니다.

> 不盡空理
> 부 진 공 리

공한 이치를 다하지 못하였나니,

이 사선천에 있는 사람이 그렇게 되어 있으니, 이 사람이,

> 從不還天 聖道窮者
> 종 불 환 천 성 도 궁 자

불환천으로 좇아 성도가 끝난 이는,

> 如是一類 名不廻心 鈍阿羅漢
> 여 시 일 류 명 불 회 심 둔 아 라 한

이와 같은 일 유類는 불회심한 둔아라한이라 이름하나니,

저 위는 회심廻心 대아라한이 있는데, 여기는 대승으로 가질 못하고, 아라한은 아라한이 되는데, 정성성문定性聲聞, 즉 회심을 못 하는 근기가 둔한 아라한입니다. 그러니까 여기에서는 아라한만 되고 있는 겁니다.

> 若從無想 諸外道天
> 약 종 무 상 제 외 도 천

만일 무상천無想天으로 좇아 모든 외도천들이,

제사선천 가운데 복생천福生天·복애천福愛天·광과천廣果天의 그 옆에 무상천無想天이 있었는데, 광과천 이후로는 범부가 옳게 공부해 오는 것이고, 무상천으로 있는 것은 외도들입니다.

오불환천은 아나함들만 오는 데니까 광과천까지 올라와 가지고 공처천空處天으로 올라오는 이가 있다는 말인데, 그런데 그것을 광과천은 외도가 아니고 무상천만 외도라고 하지만, 광과천까지도 범부니까 범부는 외도라고 해서 무상제외도천無想諸外道天 할 때에 광과천까지 다 포함된다, 이겁니다.

그래서,

> **窮空不歸 迷漏無聞**
> 궁 공 불 귀 미 루 무 문

공空함을 궁구하고 돌아가지 못한 이는 유루有漏를 미迷하여 들음이 없을새,

누漏가 없어지지 않았는데 없어진 것이라고 생각하는 게 미루迷漏입니다. 누漏에 미迷했다, 번뇌에 미迷해서 번뇌가 있는 줄을 모른다는 겁니다.

그리고 온갖 이치를 많이 봐서 이것이 성불하는 아라한이 되는 자리가 아니라는 걸 알아야 하는데, 그 이치를 모르니까 무문無聞, 다문多聞하지 못한다는 말입니다. 여러 가지를 알아 가지고 이것이 무색계 사천 가운데 마지막 하늘이란 걸 알면 거기서 그만두지 않고 더 공부를 할 텐데, 지금 이 사람들이 모르니까 여기에서 끝이 났다, 아라한이 되었다고 하고 있는 겁니다.

> **便入輪轉**
> 변 입 윤 전

문득 윤전輪轉에 입入하느니라.

이것도 천상이고, 자기가 아라한이 되었다고 생각하고 있지만, 그렇지 않고 범부이고 외도니까 거기 비상비비상처천의 수한壽限이 끝나면 다시 윤회에 들어오니까 사람이 되어 날 수도 있고, 지옥에 갈 수도 있습니다.

> 阿難 是諸天上 各各天人
> 아 난 시 제 천 상 각 각 천 인

아난아, 이 모든 천상의 각각 천인이,

이상에서 말한 하늘들을 통틀어서 하는 얘긴데, 하늘에 살고 있는 천왕이 아닌 백성들은,

> [편자 주] 이 대목부터 다음 '자망발생自妄發生 생망무인生妄無因 무가심구無可尋究'까지 보완분임.

> 則是凡夫業果酬答
> 즉 시 범 부 업 과 수 답

이 범부의 업과로 수답하나니,

업을 지은 대로 업에 의해서 과果가 즐거울 뿐이지, 과를 받고 있는 현상으로서 범부의 지위라는 말입니다.

> 答盡入輪
> 답 진 입 륜

답答이 진盡하면 윤회에 입입入하거니와,

'즐거운 과보 받는 일이 다 끝나면 다시 윤회에 들거니와'라는 말이 되겠습니다.

그러나,

> 彼之天王 卽是菩薩 遊三摩提
> 피 지 천 왕 즉 시 보 살 유 삼 마 제

저 천왕은 이 보살로 삼마제에 유遊하여,

유遊 자는 다니면서, 노사老師의 번역에는 '삼마제三摩提에 다니면서', 그랬네요.

그러니까 삼마제를 즐기면서,

> 漸次增進 廻向聖倫 所修行路
> 점 차 증 진 회 향 성 륜 소 수 행 로

점차로 증진하여 성聖의 무리에 회향하여 수행할 바의 길이니라.

이른바 천왕들은 일반 천인과는 달라서 일반 천인은 하늘의 보報가 끝나면 다시 윤회에 들기 때문에 윤회를 벗어나는 길이 될 수 없지만, 그 천왕들은 보살이 화현했다는 그런 얘기가 되겠습니다.

그래서『화엄경』「십지품十地品」에 보면, 보살들이 범천왕이 되었다는 얘기가 나오는데, 바로 그 얘깁니다. 그러니까 보살의 화현이라는 얘깁니다.

> 阿難 是四空天 身心滅盡
> 아 난 시 사 공 천 신 심 멸 진

아난아, 이 사공천이 몸과 마음이 멸진하고,

여기에서 사공천을 얘기하는데, 사공천은 무색계입니다.

定性現前 無業果色
정성현전 무업과색

정定의 성性이 현전하여 업과의 색이 없을새,

무색계니까 업과로서 받는 색이 없다. 우리가 받고 있는 지금 이 몸뚱이 그대로가 업과의 색이고, 색계에도 업과의 색을 받는데, 사공천엔 그런 색이 없으니, 그 말입니다.

從此逮終 名無色界
종차체종 명무색계

이로부터 종終에 미치기를 무색계라 이름하느니라.

종차는 무색계의 첫 천天을 얘기합니다. 그래서 이 비상비비상처천까지를 모두 무색계라 이름한다. 즉 무색계 사천四天을 총괄해서 이름을 지은 겁니다.

此皆不了妙覺明心 積妄發生
차개불료묘각명심 적망발생

이는 다 묘각명심을 알지 못하고, 망妄을 쌓아 발생할새,

허망함을 쌓은 결과에 의해서 발생되는 하늘이요, 그런 하늘의 중생이므로,

妄有三界
망 유 삼 계

허망하게 삼계가 있으며,

이건 삼계를 총괄해서 회통하는 겁니다.

中間妄隨七趣沈溺 補特伽羅 各從其類
중 간 망 수 칠 취 침 닉 보 특 가 라 각 종 기 류

중간에 망妄으로 칠취를 따라 침닉하는 보특가라가 각기 그 종류를 따르느니라.

삼계하면 총망라한 얘긴데, 망妄을 쌓아서 그 망의 소치로 발생된 것이 이른바 망유삼계妄有三界입니다.

그런 까닭에 중간에는 망령되이 칠취를 따라 침닉하는 그런 형태가 있게 되고, 또 그것을 따르는 보특가라가 각기 그 종류를 따른다고 그랬습니다. 보특가라는 푸드갈라(pudgala)의 음역이고, 푸드갈라는 삭취취數取趣라 번역하는데, 셀 수數 자를 이럴 때는 자주 삭, 그럽니다.

그래서 자주 육취의 갈래를 취한다, 즉 천당으로 갔다가 지옥으로 갔다가, 육취의 갈래를 자주자주 바꾸어 돌아다닌다는, 그러니까 윤회하는 형태를 말하는데, 대체로 이것은 윤회하기 위해서 육취를 찾아다니는 중음신이라고 이렇게 얘기합니다.

그러니까 칠취에 윤회하는 중음신이 각기 그 유類를 따른다는 얘기는, 지옥으로 갈 중음신은 지옥으로 가고, 아수라로 갈 중음신은 아수라로 가는 거니까 각기 그 종류를 좇는다, 그 종류를 좇는다는 건 이와 같이 유유

상종類類相從으로 모인다는 얘깁니다.

그 다음엔 여덟 번째로 아수라를 얘기합니다.

8) 아수라阿修羅

> 復次阿難 是三界中 復有四種 阿修羅類
> 부 차 아 난 시 삼 계 중 부 유 사 종 아 수 라 류

또 아난아, 이 삼계 중에 다시 4종의 아수라류가 있나니,

> 若於鬼道 以護法力 乘²通入空
> 약 어 귀 도 이 호 법 력 승 통 입 공

만일 귀도에서 호법력으로써 신통을 승乘하여 허공에 입入하는 이는,

일반적으로 육취만을 말해서 선취仙趣를 얘기하지 않는 게 특징인데, 이 『능엄경』에서는 선취를 얘기하여 칠취가 되었고, 이 아수라는 귀신과 비슷하면서 유를 달리합니다.

다 아시는 바와 같이 아수라를 비천非天이라고 하는데, 하늘 무리 같되 하늘 무리가 아니다, 복력이라든가 위력이라든가 이런 것으로 보면 하늘 무리와 대등한데, 하늘 무리로서의 품행이 없고, 오직 화만 잘 내고 싸우기만 좋아한다 그랬습니다.

---

2 고려대장경에는 성成으로 되어 있으나 본 책에는 승乘으로 되어 있다. 근거를 찾을 수는 없으나 그대로 두었다.

그런데 아수라 세계의 여자들은 예쁘기 때문에 제석천왕帝釋天王이 아수라의 여자들에게 혹해서 여자 사냥을 자꾸 나가니까, 더구나 여자를 지키다 보면 자꾸 싸우게 되고, 그러다 보니 싸움 기술이 늘어서 화를 잘 낸다고 합니다.

이렇게 아수라들은 하늘 무리와 같되 달라서 화를 많이 내니 비천非天이고, 또 귀신 무리와 같되 귀신 무리보다 훨씬 복이 많기 때문에 하늘과 귀신과의 중간이라고 얘기합니다.

그리고 귀신 가운데는 법을 보호하는 그런 귀신이 있습니다. 우리가 지금 무주공천無住空天 가운데 절을 지어 놓고 있으면 지나던 귀신이 우연히 『천수경千手經』 외우는 소리를 듣고, 또 무당집에서 무당 심부름을 하다 그 무당이 외우는 『천수경』 소리를 귀신이 듣고 깨우쳐 가지고는 불법佛法을 지키겠다는 귀신이 있는데, 그 귀신의 숫자가 늘어나기도 하고, 줄기도 하고 그런가 봅니다.

그러니까 법을 보호해 주는 힘으로, 그 복력으로 신통을 얻고, 승통乘通은 신통을 탄다, 즉 의지해서 허공으로 입入하면,

> 此阿修羅 從卵而生 鬼趣所攝
> 차 아 수 라 종 란 이 생 귀 취 소 섭

이 아수라는 난卵으로 좇아 생할새, 귀취의 섭攝한 바이니라.

> 若於天中 降德貶墜
> 약 어 천 중 강 덕 폄 추

만일 천天 중에 덕德이 강降하여 폄추한 이는,

| 其所卜居 |
| 기 소 복 거 |

그 복거한 바가,

복거란 찾을 복卜, 살 거居, 살 자리를 찾아다니는 경지입니다.

| 隣於日月 此阿修羅 從胎而出 人趣所攝 |
| 인 어 일 월 차 아 수 라 종 태 이 출 인 취 소 섭 |

일월에 이웃하면 이 아수라는 태胎로 좇아 출出할새, 인취의 섭攝할 바이니라.

사종四種의 아수라를 얘기하는데, 인간의 무리에 속한다는 말입니다.

| 有修羅王 執持世界 |
| 유 수 라 왕 집 지 세 계 |

어떤 아수라 왕은 세계를 집지하며,

한 나라의 대통령이 일국을 집지한다고 말할 수 있는데, 말하자면 질서를 꽉 잡고 유지시킨다는 말입니다.

力洞無畏
역 통 무 외

역力이 통동洞하고 두려움이 없어서,

통동洞 자는 툭 틔었다, 막힘이 없다는 말입니다. 그러니까 통은 막힌 데가 없다는 말이니까 어떤 놈이 오더라도 그 아수라 왕 앞에는 견딜 수가 없게 됩니다.

그래서 그런 아수라 왕들은,

能與梵王 及天帝釋 四天爭權
능 여 범 왕 급 천 제 석 사 천 쟁 권

능히 범왕 및 제석천과 사천왕으로 더불어 권세를 다투나니,

此阿修羅 因變化有
차 아 수 라 인 변 화 유

이 아수라는 변화를 인하여 있을새,

천제석天帝釋은 제석천왕입니다. 힘이 세서 사천왕들과 패권을 다툰다는 얘깁니다.

天趣所攝
천 취 소 섭

천취의 섭攝한 바이니라.

阿難 別有一分 下劣修羅
아 난 별 유 일 분 하 열 수 라

아난아, 달리 일분의 하열 수라가 있어서,

"아난아"라고 불러놓고 얘기하시는 것은, 숨도 돌리시고, 다시 한번 정신 차려서 들으라는 뜻입니다.

하열下劣이란 낮고 열등한 못난 아수라를 얘기합니다.

生大海心
생 대 해 심

대해의 심心에 생하여,

노스님의 번역에는 '바다 속에서' 그랬는데, 그게 바다 복판입니다.

沈水穴口
침 수 혈 구

수혈구에 잠겨서,

수혈구란, 설명하기가 매우 어려운데 미려尾閭라고 해서 꼬리 미尾 자, 마을 려閭 자를 쓰는데, 옛날 사람들은 바다가 넓긴 하지만, 지구에서 흘러 가는 물이 수억만 톤일 것이고, 더구나 장마 때는 더 많이 흘러 들어올 텐데 넘치지 않고 바다가 그대로 있는 것은, 지평선 너머에 미려라고 하는 큰 구멍이 있기 때문이라는 겁니다.

그래 가지고 위험수위가 되면 저수지가 넘치게 되어 있듯이 바다에는 그러한 물이 땅속으로 들어가게끔 되어 있는 미려, 즉 수혈구가 있다는 얘깁니다. 그래서 아수라는 바다 한복판에서 태어나 수혈구에 잠겨서 산다. 그러니까 이 아수라는 목욕은 실컷 하겠습니다.

> 旦遊虛空 暮歸水宿
> 단 유 허 공 모 귀 수 숙

아침에는 허공에 유遊하고, 저녁에는 수水에 돌아가 숙宿하나니,

> 此阿修羅 因濕氣有 畜生趣攝
> 차 아 수 라 인 습 기 유 축 생 취 섭

이 아수라는 습기를 인하여 있을새, 축생취에 섭攝하느니라.

그래서 이 아수라를 이른바 사종四種 아수라라고 합니다. 이 아수라가 결국은 다 똑같은 아수라지만 여기 보면, 천취天趣에 속하는 아수라, 인취人趣에 속하는 아수라, 귀취鬼趣에 속하는 아수라 등이 있게 되는데, 그것도 과거 숙업의 경중에 따라서 위에 태어날 건 위에 태어나고, 아래에 태어날 건 아래에 태어난다고 얘기하고 있는 겁니다.

이상으로 칠취가 끝이 났는데, 아난 존자가 물은 말을 통괄적으로 대답해 주실 차례입니다.

9) 결론

> 阿難 如是地獄 餓鬼畜生 人及神仙 天洎修羅
> 아 난 여 시 지 옥 아 귀 축 생 인 급 신 선 천 계 수 라

아난아, 이와 같이 지옥·아귀·축생·인간·신선·천취·아수라에 이르기를,

계洎 자는 미칠 계 자입니다.

> 精研七趣
> 정 연 칠 취

정미로이 칠취를 연구할진댄,

칠취의 생태, 발전하는 과정 등을 연구해 보건댄,

> 皆是昏沈 諸有爲相[3]
> 개 시 혼 침 제 유 위 상

모두이 혼침의 유위상이라.

---

3 고려대장경에는 상想으로 되어 있으나, 송본·원본·명본에는 본문과 같이 되어 있다.

> 妄想受生 妄想隨業
> 망 상 수 생 망 상 수 업

망상으로 생生을 받아 망상으로 업業을 따르거니와,

> 於妙圓明 無作本心
> 어 묘 원 명 무 작 본 심

묘원명한 무작본심에는,

무작본심은 무작묘용無作妙用과 같은 말로서 위에서 말하는 소위 여래장묘진여성如來藏妙眞如性과 동격입니다.

> 皆如空華 元無所着[4]
> 개 여 공 화 원 무 소 착

다 공화와 같아서 원래 착着할 바가 없을새,

겉모양으로는 망상혼침妄想昏沈의 유위상有爲相이다.

즉 망상수생妄想受生하고 망상수업妄想隨業하는 까닭에 망상이라는 차원에서 보면 칠취가 없는 것이 아니지만, 무작묘용無作妙用, 묘원명성妙圓明性에는 이런 것이 원무소착, 원래 존재할 수가 없어서,

---

4 고려대장경에는 유有로 되어 있으나, 송본 · 원본 · 명본에는 본문과 같이 되어 있다.

但一虛妄 更無根緖
단 일 허 망 갱 무 근 서

다만 한결같이 허망이라 다시 근서가 없느니라.

근서란 단서입니다.

저 위에서 아난 존자가 "칠취는 원래 있는 것입니까, 아니면 허망으로 있는 것입니까?" 하고 물었을 때, 원래부터 있는 것이 아니라 중생들의 망상수생妄想受生이요, 망상수업妄想隨業이라 했습니다. 즉 본래 있는 게 아니라 업에 따라 있는 것이라고 아난의 물음에 대해서 간접적으로 칠취의 얘기를 하신 것입니다.

그리고 또다시 아난의 물음에 답하십니다.

阿難 此等衆生 不識本心
아 난 차 등 중 생 불 식 본 심

아난아, 이 등의 중생이 본심을 알지 못하여,

차등중생은 칠취의 중생들입니다.
본심은 위의 무작본심無作本心을 말합니다.

受此輪廻
수 차 윤 회

이 윤회를 받아서,

> 經無量劫 不得眞淨
> 경 무 량 겁 부 득 진 정

무량겁을 지나도 진정함을 얻지 못함은,

진정이란 진실하고 청정한 것을 말합니다.
이러한 윤회를 받으면서 무량겁을 지나면서도 본심을 알지 못하고, 진정을 알지 못하는 이유는,

> 皆由隨順 殺盜婬故
> 개 유 수 순 살 도 음 고

다 살殺·도盜·음婬을 수순하는 연고이니,

이 살·도·음이 생사에 윤회하게 하는 가장 기본 요인, 삼인三因이라고 제4권에서 그랬는데, 여기에서 다시 그걸 말씀하십니다. 이것을 좋아하기 때문에 근根이 이리로 빠져들고 있다 이겁니다.

> 反此三種
> 반 차 삼 종

이 3종을 반反하면,

이 세 가지를 이겨낸다면,

又則出生 無殺盜婬
우즉출생 무살도음

또한 살·도·음이 없는 데 출생하나니,

우즉이란 다시, 또다시, 이런 말입니다.

有名鬼倫 無名天趣
유명귀륜 무명천취

이름이 있는 것은 귀륜이요, 이름이 없는 것은 천취라,

有無相傾 起輪廻性
유무상경 기윤회성

유·무가 서로 기울어서 윤회성을 일으키느니라.

유명有明·무명無明이 서로 기울인다는 말은 서로 마주 대한다, 그래서 윤회의 성품을 일으킨다는 말입니다.

若得妙發三摩提者
약득묘발삼마제자

만일 묘하게 삼마제를 발發하는 이는,

그런 가운데서 삼마제를 묘하게 일으키는 자는,

> 則妙常寂 有無二無
> 즉 묘 상 적 유 무 이 무

곧 묘하고 상常하고 적寂하여 유·무가 둘 다 없으며,

그러니까 여기에서 단순하게 살·도·음만을 여읠 것 같으면 귀취鬼趣, 또는 선취仙趣, 이렇게 유무상경有無相傾해서 윤회성을 일으키지 않을 수가 없지만, 여기에서는 삼마제를 발發해야 한다는 걸 강조하는 건데, 그렇게 되면(유무란 말은 유심·무심 두 가지가 모두 없어져서),

> 無二亦滅 尙無不殺 不偸不婬
> 무 이 역 멸 상 무 불 살 불 투 불 음

무이도 멸하여 오히려 불살·불투·불음도 없으리니,

> 云何更隨 殺盜婬事
> 운 하 갱 수 살 도 음 사

어찌하여 다시 살·도·음의 사事를 따르리오.

전에 아난 존자의 물음 가운데 "묘한 마음이 원만하고 두루 했다면 어찌 지옥·아귀·인간 등이 있습니까?" 그랬는데, 여기에서 하시는 말씀은 결국 살·도·음 세 가지가 근본이 되어서 묘한 마음은 원래 변만遍滿하고 두루 했지만, 그 두루한 마음 위에서도 살·도·음을 따르는 사람은 그 업 때문에 귀륜鬼倫이 된다, 이겁니다.

그래서 이런 사람들은 나쁜 세계로 떨어져 귀취鬼趣가 되고, 그러한 업이 없으면 그건 천취天趣로 올라가는 겁니다.

그러니까 이 앞 본문에서 '출생무살出生無殺 무투무음無偸無婬'이라고 했는데, 그것은 곧 살·도·음이 없는 하늘 세계에 태어난다는 얘깁니다.

이렇게 되는 것이니, 살·도·음 세 가지가 있는 무리는 귀륜鬼倫으로 처지고, 살·도·음 세 가지가 없는 무리는 하늘 세계에 나서 살·도·음이 있는 자와 없는 자의 관계는 이렇게 천취와 귀취로 갈라져서 서로 자리바꿈을 할 뿐인데, 거기에서 한걸음 나아가 묘하게 삼마제를 얻는다면 진짜로 삼계를 벗어나서 원만하고 두루한 묘심을 찾을 수 있다. 그러니까 본래 묘하고 원만하다고 해도 살·도·음을 따르면 귀취가 될 것이고, 묘하고 원만한 묘심 위에서 살·도·음만 없애고 그것으로 종宗을 삼는다면 천취에 태어나는 정도는 될 수 있는 것이고, 거기에서 삼마제를 묘하게 닦으면, 본래 묘하고 원만했던 본심을 찾아서 거기에는 다시 살·도·음이라는 이름조차도 들을 수가 없고, 거기에 따르는 일이 없게 될 테니, 그것이 원만하고 두루 한 묘심의 경계다, 이렇게 말씀하십니다.

이제 아난의 물음에 대해서 완전히 결론을 내립니다.

阿難 不斷三業 各各有私
아 난 부 단 삼 업 각 각 유 사

아난아, 삼업을 단斷하지 못하여 각각 사私가 있고,

요샛말로 자기 개인 사정, 자기 업력에 의해서 제각기 따로 짓는 업이 있는 겁니다.

사사로울 사私 자는 '제각기의 업에 의해서'라는 말입니다.

> **因各各私**
> 인 각 각 사

각각의 사私를 인하여,

제각기 개인 감정, 개인 사정, 개인 성격에 의해서 살생하는 사람, 투도偸盜하는 사람, 음욕하는 사람의 여러 가지가 있습니다.
동기가 어쨌든 각각 사사로운 감정으로 살·도·음을 제각기 지었다고 하면, 살생을 범한 이, 투도를 범한 이, 그 정도의 깊고 낮음에 따라,

> **衆私同分 非無定處**
> 중 사 동 분 비 무 정 처

중사(여러 사람이 따로 짓는)의 동분에 정처가 없지 아니하니,

대중적인 사私, 공동으로 받아야 하는 분分에, 개인 사정이 여하간 살생한 사람은 살생한 사람끼리 따로 모여 한 부류가 되는데, 개인적으로 움직였지만 여럿이기 때문에 중사이고, 그것이 한데 나오기 때문에 동분, 그렇습니다.
그래서,

> **自妄發生 生妄無因**
> 자 망 발 생 생 망 무 인

자기의 망상으로 발생하는 것이어서 망妄을 생하는 인因이 없을새,

無可尋究
무 가 심 구

가히 심구할 수 없느니라.

결국은 망妄에 의해서 생긴다는 얘깁니다.
여기에서 제 얘기는 맺겠습니다.
망妄으로 지어 망으로 칠취七趣가 있기 때문에 칠취의 정처定處가 있다 없다 할 수가 없다는 겁니다.
위에서는 칠취를 얘기했고, 여기에서는 칠취에서 초월하는 공부를 하라는 겁니다.

汝勗修行 欲得菩提
여 욱 수 행 욕 득 보 리

네가 힘써 수행하여 보리를 얻고자 할진댄,

힘쓸 욱勗 자입니다.

要除三惑
요 제 삼 혹

종요로이 삼혹을 제해야 하나니,

삼혹은 살·도·음을 가리킵니다.
살·도·음이 있는 것은 귀취요, 살·도·음이 없는 것은 천취라고 했으니까 있고 없고가 다 삼혹이 됩니다. 살·도·음 지은 것만 삼혹이 아니라 살·도·음 안 짓는 것도 삼혹이 됩니다.

이것은 본래 없는 것인 줄 알지 못하고 있는 줄로 생각하는 그런 삼혹을 제해야 하는 것이다.

즉 참말 수행해서 보리를 얻으려 하면 삼혹이 없어져야 하는 것인데,

不盡三惑 縱得神通
부 진 삼 혹 종 득 신 통

삼혹을 다하지 못하면 비록 신통을 얻을지라도,

누진통漏盡通은 못 얻겠지만 오신통五神通은 얻겠지요.
설사 신통을 얻는다 해도,

皆是世間 有爲功用
개 시 세 간 유 위 공 용

다 이 세간의 유위공용이라.

무위無爲가 되지 못하고 유위법有爲法이 된다는 말입니다.

習氣不滅 落於魔道
습 기 불 멸 낙 어 마 도

습기가 멸하지 아니할새, 마도에 떨어지며,

익혀 온 유위습기有爲習氣가 멸해지질 않기 때문에 신통을 얻은 사람도 마구니에 떨어지게 된다는 말입니다.

마구니도 오통五通은 구족하게 되는데, 그러니 삼혹이 다하지 못한 사람은,

雖欲除妄 倍加虛僞
수 욕 제 망 배 가 허 위

비록 망妄을 제하고자 하여도 허위만 배가할새,

망妄이 있어서 망을 제하려 해도 안 된다는 말입니다.

망妄을 제하려고 하는 것부터가 잘못되는 거니까 배倍나 허虛가 더해진다, 망妄이 더하게 된다는 말입니다.

그렇게 되기 때문에,

如來說爲可哀憐者
여 래 설 위 가 애 련 자

여래께서 가히 애련하다 설하시나니,

汝妄自造 非菩提咎
여 망 자 조 비 보 리 구

너의 망妄으로 스스로 지은 것이라 보리의 허물이 아니니라.

원칙에 삼마지 가운데는 칠취가 다 없다, 네가 망妄을 지어서 칠취가 있게 된다, 이런 말입니다.

> 作是說者 名爲正說 若他說者 卽魔王說
> 작 시 설 자 명 위 정 설 약 타 설 자 즉 마 왕 설

이 설說을 지음은 이름이 정설이요, 만일 달리 말함은 곧 마왕의 설이니라.

가끔가끔 이런 얘기가 나오는데, 불설佛說과 마설魔說은 분명히 다르다는 얘깁니다.

2. 오십 마魔를 말하다

1) 마魔가 생김

> 卽時如來 將罷法座
> 즉 시 여 래 장 파 법 좌

그때 여래께서 법좌를 파罷하려 하시다가,

좌座 자는 법회 여는 자리를 말하니까 그만 능엄법회를 마치려고 하다가,

於師子牀
어 사 자 상

사자상에서,

그러니까 아주 일어서서 나오려고 한 겁니다.
사자상에서 아주 일어서서 나오려고 하다가,

攬七寶机
남 칠 보 궤

칠보궤를 당기시며,

남攬은 끌어당긴다는 말입니다.

廻紫金山
회 자 금 산

자금산을 돌이켜서,

자금산은 부처님 몸입니다. 부처님 몸이 금빛이니까 자금취紫金聚와 같다. 즉 부처님 몸이 정중한 걸 산에다 비유했습니다.

그러니까 자금산을 돌이켰다고 하는 건, 떠나서 나올 생각을 하시다가 다시 돌아가신 겁니다. 그래서 회자금산이라고 한 겁니다.

부처님께서 몸을 돌이키셔서,

再來憑倚
재 래 빙 의

다시 와 빙의하시고,

빙憑 자는 의지할 빙 자입니다.
그만두고 일어서서 나오려고 하다가 다시 앉으셔서,

普告大衆 及阿難言
보 고 대 중 급 아 난 언

널리 대중 및 아난에게 말씀하셨다.

汝等有學 緣覺聲聞
여 등 유 학 연 각 성 문

너희 등等 유학인 연각과 성문이,

아난 존자와 같은 그런 유학을 가리키는 말입니다.

今日廻心 趣大菩提 無上妙覺
금 일 회 심 취 대 보 리 무 상 묘 각

금일에 회심하여 대보리인 무상묘각에 나아가려 할새,

처음에 아난 존자가 시방 여래께서 이루신 묘사마타妙奢摩他 · 삼마三

摩・선나神那를 물었던 그걸 말하는 겁니다.

그러니까 여기는 금일에 회심해서 대보리인 무상묘각에 나아간다고 하기 때문에 그래서 부처 되는 길을 얘기했다는 겁니다.

> 吾今已說 眞修行法
> 오 금 이 설 진 수 행 법

내가 지금에 이미 진수행법을 설했거니와,

오십오위五十五位 닦는 얘기를 다 마치고, 칠취까지 얘기했으니까 진수행법은 말했지만, 그러니까 지금까지 보살도 닦아서 성불하는 데까지 이르러 가는 방법은 다 얘기했지만, 그 말입니다.

> 汝猶未識 修奢摩他 毗婆舍那 微細魔事
> 여 유 미 식 수 사 마 타 비 바 사 나 미 세 마 사

네가 오히려 사마타와 비바사나를 닦음에 미세한 마사를 알지 못하나니,

사마타와 비바사나는 선정, 즉 지止와 관觀입니다.

사마타와 비바사나를 닦는 가운데 미세한 알기 어려운 마구니의 일이 있는 것은 미식未識, 아직 모른다 이겁니다.

마구니 얘기는 안 했는데, 사마타와 비바사나를 닦는데 거기에 미세한 마구니 일이 생기는 것은 네가 모르니,

> 魔境現前 汝不能識 洗心非正 落於邪見
> 마 경 현 전 여 불 능 식 세 심 비 정 낙 어 사 견

마경이 현전하면 네가 능히 알지 못하여 마음을 세洗함이 바르지 아니하면 사견에 떨어지리라.

사견에 떨어진다는 게 마구니에 떨어진다는 말입니다.

마구니를 알아야지 마구니를 모르면 사견에 떨어진다, 마구니가 마구니같이 나쁘게 하는 게 아니라 선善한 것같이 와서 공부를 방해합니다. 그걸 모르면 그만 선지식인 줄 아는 겁니다.

밖에 있는 마구니가 오기도 하고, 자기 마음 가운데서 마구니가 생기기도 합니다. 그러니까 이게 소위 50종 마구니인데, 색·수·상·행·식 중에 색을 떼버리려고 하는 동안에 열 가지 마구니가 오고, 수음受陰과 상음想陰·행음行陰·식음識陰에 각각 열 가지의 마구니가 있어서 그것이 모두 50종 마구니가 되는 겁니다. 50종만 되는 게 아니라 한량없는 종류이겠지만, 마구니의 경계를 알아야지 모르면 마구니에 홀려 가지고 자기네 편인 줄 안다는 얘깁니다.

지금 이 사람들은 마구니를 모르니까 물어볼 수도 없는 겁니다. 물어볼 수도 없는 게, 부처님께서 공부하는 방법은 말씀하셨지만 공부하다 마구니 생기는 것은 말씀 안 하셨으니까 그만 마구니를 부처님이나 선지식인 줄 알고 거기에 빠진다는 얘깁니다. 그러니까 이건 무문자설無問自說이라, 묻지 않는데 부처님 스스로 하시는 말씀입니다.

이 사람들이 마구니 경계를 모르니까 물을 수가 없는데, 마구니가 어떤고 하니,

或汝陰魔
혹 여 음 마

혹 너의 음마이니,

오음마五陰魔, 처음의 색음色陰 가운데 오는 마구니는 밖에 있는 마구니가 아니고, 자기가 공부하는 가운데 자기 몸 가운데서 이상한 경계가 생기는 것을 말합니다. 그러니까 그것을 내가 공부하다가 부처가 되었다고 생각하는 겁니다.

이제 아래로 가면서 낱낱이 나오는데,

或復天魔
혹 부 천 마

혹 다시 천마나,

천天에 있는 마구니 천인天人들이 마구니 노릇을 하는 겁니다.

或着鬼神 或遭魑魅
혹 착 귀 신 혹 조 이 매

혹 귀신이 붙거나, 혹 이매를 만나매,

이매는 도깨비입니다.

그게 다 마구니 종류인데 그걸 만날 때에,

心中不明
심중불명

심중에 분명하지 못하면,

마음 가운데 분명히 마귀인 줄을 알지 못하면, 분명하게 밝히질 못한다고 하면,

認賊爲子
인적위자

도적을 잘못 알아 아들을 삼으리라.

도적을 인정해 자기 아들인 줄 알게 되는, 그러니까 방에 있으면서 자기의 아들이 들어오거니 내버려 두는 겁니다.
도적은 마구니를 가리키고, 아들은 자기가 잘못되었다고 생각하는 것입니다.
그게 이제 색음色陰 · 수음受陰 · 상음想陰까지 오면서 하는 말이고,

又復於中 得少爲足
우부어중 득소위족

또는 다시 그중에서 소少를 얻어 만족을 삼으면,

조그마한 경계를 얻어 가지고 넉넉함을 삼는다. 이게 지금 색음 · 수음 · 상음까지는 굉장한 마구니가 오지만, 상념이 없어진다면 생각이 없어

지는 거니까 밖에 있는 마구니, 즉 외마外魔가 못 온다는 말입니다.

상음이 없어지니까 홀릴 수가 없는데, 자기 마음 가운데 마구니가 나타나서 '아마, 이렇다' 하고 생각하는 마음, 그런 마구니의 경계가 나타납니다.

그래서 색·수·상·행·식 중에 행음과 식음 가운데 있는 것은 소견이 잘못되어서 마구니 경계가 생긴다는 얘깁니다. 내가 이만하면 되었거니 하고 조그만 걸 얻어서 넉넉함을 삼는다는 말입니다.

이것이 보면 50종 마구니 가운데 마흔아홉은 성문이고, 오십은 연각입니다. 그러니까 성문·연각이 다 마구니가 됩니다.

성문·연각이 부처님께서 말씀하신 거니까 마구니가 아닐 것 같지만 성불하지 못한 게 마구니입니다. 성문이나 연각도 성불하지 못하면 다 마찬가지니까 그래서 성문·연각이 마魔 중에 한 가지씩 들어갑니다. 그러니까 득소위족입니다.

분명히 부처님께서 말씀하신 대로 공부해 가지고 생사를 초월한 바를 얻었지만 더 나아가서 성불할 생각을 안 하니까 그게 마구니입니다.

如第四禪 無聞比丘
여 제 사 선 무 문 비 구

마치 제사선의 무문 비구가,

제사선천禪天은 복생천福生天·복애천福愛天·광과천廣果天·무상천無想天입니다. 사선천은 사념청정捨念淸淨, 즉 좋다 나쁘다 하는 희로애락이 다 없어진 곳입니다. 그러니까 거기 가서는 내가 이만했으면 부처 되었다, 이만하면 생사를 초월했다고 생각하는 것입니다.

그런데 사선천은 이렇고 저렇다 하는 행상行相을 모르니까 무문 비구입니다.

사선천에 있어서 무문 비구가,

妄言證聖
망 언 증 성

허망하게 성성聖聖을 증證했다 말하다가,

사선천까지 있어서 욕심도 다 없어지고, 좋다 나쁘다 하는 희로애락이 다 없어진 자리니까 내가 이제 부처 되었다, 이러는 겁니다.

이 소승경小乘經에서는 부처 된다는 말이 없으니까 넉넉하다고 하면 아라한까지 되는 겁니다.

天報已畢
천 보 이 필

천보가 이미 끝나서,

그게 이제 아라한이 아니라 사선천의 보報인데 5백 겁 동안의 사선천의 천보가 다 끝났다고 하면,

衰相現前
쇠 상 현 전

쇠상이 현전하면,

우리가 늙을 때는 눈이 어둡고 머리가 희어지는 등 그렇게 변하지만, 천인들은 변하는 것이 아니라 천인으로 받을 복을 다 받아서 천인에서 떨어져 살게 되는데, 그럴 때 다섯 가지의 쇠衰하는 상相이 있다는 겁니다.

자리가 예전엔 편안했었는데, 그 자리에 앉기가 편하지 못하다든지, 또는 땀 냄새가 안 나던 것이 온몸에 땀 냄새가 난다든지 그런 다섯 가지의 쇠하는 것이 있는데, 그게 천인들이 받을 복을 다 받고서 천상에서 떨어지게 되는 다섯 가지의 쇠하는 상相들입니다. 그래서 쇠상이 나타난다는 것은 그걸 보고 하는 말입니다.

謗阿羅漢 身遭後有
방 아 라 한 신 조 후 유

아라한도 신身이 후유를 만난다고 비방하다가,

지금까지 자기가 천인이 되었다, 아라한이 되었다 하다가 지금 보니 아라한이 못 되는 모양 같으니까 아라한도 이 몸을 내버리고 다른 몸(後有)을 만난다고 했다는 말입니다.

부처님께서 아라한은 다시 생사에 들지 않는다, 그러니까 후유의 신身이 없다고 말씀하신 건데, 자기는 사선천을 가지고 아라한을 증득했다고 하는 겁니다.

그러니까 지금 거기서(四禪天) 떠나 다른 곳으로 가게 되니까 아라한도 후유를 만난다고 비방하는 겁니다. 부처님께서 아라한은 후유를 안 만난다고 하시더니, 부처님께서 잘못 말씀하신 거다, 이겁니다.

그래서 아라한이 후유를 만난다고 비방을 하고서,

墮阿鼻獄
타 아 비 옥

아비옥에 떨어짐과 같으리라(如).

그게 소위 밖에 있는 마구니가 온 것은 아니지만, 자기 마음 가운데 생긴 마구니를 얘기한 것입니다.

그런 일이 있게 되는 것이니,

汝應諦聽 吾今爲汝 仔細分別
여 응 제 청 오 금 위 여 자 세 분 별

너는 응당히 자세히 들으라. 내가 지금 너를 위하여 자세하게 분별하리라.

阿難起立 幷其會中 同有學者
아 난 기 립 병 기 회 중 동 유 학 자

아난이 기립하여 그 회중의 동유학자와 함께,

종류가 같은 유학과 함께,

歡喜頂禮 伏聽慈誨
환 희 정 례 복 청 자 회

환희하여 정례하고 엎드려 자회를 듣잡고 있었다.

```
佛告阿難 及諸大衆 汝等當知
불 고 아 난  급 제 대 중  여 등 당 지
```

부처님께서 아난 및 모든 대중에게 말씀하셨다.
너희 등은 마땅히 알라.

```
有漏世界
유 루 세 계
```

유루 세계의,

무루라면 다 없어진 것이지만, 생사가 있는 번뇌, 즉 생멸하는 걸 다 유루라고 그럽니다.

그 유루 세계에 있는,

```
十二類生本覺 妙明覺圓心體
십 이 류 생 본 각  묘 명 각 원 심 체
```

십이유생의 본각인 묘명한 각원의 심체는,

십이유생이 다 본각 자리입니다.

묘명각원심체가 내내 본각인데, 묘하게 밝은 각覺의 원만한 심체라는 말입니다.

중생들이 가진 본각묘명각원심체는,

> **與十方佛 無二無別**
> 여 시 방 불 무 이 무 별

시방불로 더불어 둘도 없고 다름도 없건만,

이ㄴ라는 게 내내 다르다는 말입니다.
부처님의 본각이나 중생의 본각이나 본래는 같은데,

> **由汝妄想 迷理爲咎**
> 유 여 망 상 미 리 위 구

너의 망상으로 진리를 미迷함이 허물이 됨을 말미암아,

허물되는 것을 말미암아서, 그래야 합니다.

> **癡愛發生**
> 치 애 발 생

치애가 발생하고,

구상차제九相次第의 업상業相, 전상轉相이 나오는 겁니다.

生發遍迷
생 발 변 미

생발하야는 두루 미迷할새,

이건 내내 치애발생癡愛發生을 가리킨 말입니다.
생生해 발發하는 것이 두루 미迷해서 법계를 다 모르는 겁니다.
그러니까 근본무명으로부터 지말무명枝末無明이 다 있게 되는 겁니다.

故有空性
고 유 공 성

고로 공성이 있으며,

처음에 공空이 생긴다, 저 위에서 회매위공晦昧爲空이라고 했듯이 허공이 먼저 생기게 되고,

化迷不息
화 미 불 식

변화하여 미迷함이 쉬지 아니하여,

이건 지말무명枝末無明이 생기는 겁니다.
화化해서 미迷하는 것이, 즉 변화해서 미하는 것이 쉬지 않기 때문에,

有世界生
유 세 계 생

세계를 생함이 있으니,

허공을 의지해서 세계가 생긴다는 얘깁니다.

則此十方 微塵國土 非無漏者
즉 차 시 방 미 진 국 토 비 무 루 자

이 시방의 미진 국토는 무루가 아닌 것이,

유루 국토를 가리키는 말입니다.
극락세계 같은 것은 무루인데, 이건 무루가 아닌 것이,

皆是迷頑 妄想安立
개 시 미 완 망 상 안 립

다 이 미완한 망상으로 안립된 것이니라.

　미迷하다는 것은 중생들을 가리키는 말이고, 완頑은 기세간器世間, 즉 무정 세계를 가리키는 말입니다.
　세계와 중생이 다 진리를 모르고 미迷한 망상으로 좇는다, 그러니 허공과 세계가 다 그렇게 되는데,

當知虛空 生汝心內
당 지 허 공 생 여 심 내

마땅히 허공이 너의 심내에서 생긴 것이,

이 무명한 허공이 우리의 여래장묘진여성如來藏妙眞如性에서 생기는 겁니다.

猶如片雲 點太淸裏
유 여 편 운 점 태 청 리

마치 편운이 태청 속의 점과 같은 줄 알지니,

태청은 하늘 전체를 가리키는 말입니다.
큰 하늘 가운데 구름 하나가 뜨는 것과 같다는 말입니다.
허공 자체도 보잘것없는 것인데 구름 한 점이 허공에 일어나는 것과 같다는 말입니다.

況諸世界 在虛空耶
황 제 세 계 재 허 공 야

하물며 모든 세계가 허공에 있는 것일까 보냐.

공空을 의지해서 세계가 생긴 것이니까 허공 자체도 조그마한 구름과 같은데 허공을 의지해서 있는 세계는 더 보잘것없지 않느냐는 얘깁니다.
그렇게 한 것이 다 미迷한 것인데 다 이렇게 허망한 것이기 때문에,

> 汝等一人 發眞歸元
> 여 등 일 인 발 진 귀 원

너희 등 일인이 진眞을 발하여 근원에 돌아가면,

진여성眞如性을 발해서 본래 있는 여래장묘진여성如來藏妙眞如性으로 돌아가게 되면, 말하자면 견성見性하고 이제 성불하는 자리로 돌아간다는 말입니다.

> 此十方空 皆悉銷殞
> 차 시 방 공 개 실 소 운

이 시방의 허공이 다 소운할 것이거늘,

한 사람이 발진귀원發眞歸元한다고 하면 시방세계가 다 멸하게 된다, 이 말입니다.

그래서 시방세계가 다 멸하게 되는데,

> 云何空中 所有國土 而不振裂
> 운 하 공 중 소 유 국 토 이 부 진 열

어찌 허공 중에 있는바 국토가 진열하지 않겠는가?

한 사람이 성불할 일을 하게 되면, 시방세계가 다 흔들린다는 겁니다. 그래서 마구니가 처음으로 중이 되어 사미계 받을 때 와서 협박을 하고, 또 대승심大乘心 발할 때도 와서 협박을 하는 등 자꾸 와서 협박을 한다는 겁니다. 우리가 처음 사미계 받는 것은 본래 성불하기 위함이기 때문에 그때부터 벌써 마구니가 발진귀원發眞歸元할 것을 걱정합니다. 근본에 돌아갈 생각을 가지고 하는 것이니까 그래서 그때부터 마구니가 와서 방해를 하는 것인데, 우리는 중이 되었으나 그냥 내버려 두어도 성불할 희망이 없으니까 마구니가 오지도 않습니다. 만일 참말로 성불할 생각을 가지고 있으면 처음 중 될 때부터 와서 협박한다는 겁니다. 그래서 지금 그렇다면 왜 세계가 생겼느냐, 이 말입니다.

석가모니가 성불할 때 시방세계가 다 없어져야 할 텐데, 즉 개실소운皆悉銷殞해야 할 텐데 왜 있느냐 이겁니다. 그러나 석가모니 편으로는 없어졌다 이겁니다.

반대로 중생 편으로는 그대로 있다는 것인데, 그래서 거기에 대해 논란이 많습니다. 이건 사실을 얘기하는 거니까 그렇다고 하면 지금도 우리가 불교를 알아 가지고 선정을 닦는다든지, 견성見性을 한 사람들도 있고 그러는데, 그렇게 되면 시방세계가 생길 터인데, 어째서 우리는 안 보이느냐, 없어지지 않고 있느냐, 이겁니다.

예전 스님이 얘기한 것 중에 이런 말이 있는데, 만일 등을 백 개고 천 개고 켠다고 하면, 그 백 개 천 개가 모두 하나의 방 안을 비추게 되는데, 어느 게 어느 등인지 우리가 분간은 못 하지만 천 등이 다 비추지 않느냐, 그겁니다. 그래서 천 등이 비추는데, 그중의 등 하나를 끄면 그만큼의 빛이 없어지지 않느냐, 이겁니다.

그렇지만 그때에 우리는 잘 모르지만 등 하나를 끌 때에 등의 밝은 빛이 좀 적어질 뿐만 아니라 그것을 끌 때에 다른 광명이 흔들렸을 게다, 그겁니다.

다 같이 있다가 하나가 없어졌으니까 흔들렸을 게 아니냐, 그런데 중생들은 그걸 모른다는 게지요.

그러니까 그게 하나 없어질 때에 방 안을 세계라고 하면 방 안에 등불 하나 없어지는 게 그만큼 요동되니까 그게 소운銷殞하는 것인데, 다른 불이 있기 때문에 조금 캄캄해지기만 한다, 그렇게 얘기를 했습니다.

그래서 마구니가 왜 오는고 하니, 자기 세계가 깨지니까 온다는 겁니다.

> 汝輩修禪 飾三摩地
> 여 배 수 선 식 삼 마 지

너희 무리가 선禪을 닦아 삼마지를 장식하여,

삼마지를 식飾한다는 것은, 장식한다는 말이니까 장엄하게 한다는 말입니다. 선禪을 닦는 것은 삼마지를 장엄하게 하려고 하는 것이니까 식이라고 합니다.

그때에는,

> 十方菩薩 及諸無漏 大阿羅漢 心精通㳷
> 시 방 보 살 급 제 무 루 대 아 라 한 심 정 통 홀

시방의 보살 및 무루의 아라한으로 심정이 통홀하여,

지금 삼마지 닦는 이 사람의 마음과 시방 보살, 시방 아라한의 마음과 통한다는 얘깁니다.

홀㳷 자는 둘 이상이 모여서 하나 된다는 뜻이니까, '네 마음이나 시방 보살의 마음이나 다 같아져 가지고'라는 말입니다.

當處湛然
당 처 담 연

당처에서 담연하면,

선나禪那를 닦는 그곳에서 고요하게 있다. 그러니 이게 발진귀원發眞歸元하는 겁니다. 그래서 그렇게 될 때에 시방세계가 다 소운銷殞하게 되는 겁니다. 그렇기 때문에 마왕魔王이라든지, 마왕도 여럿이 되겠지만 마민魔民까지 다 통해서 하는 말입니다.

一切魔王 及與鬼神 諸凡夫天
일 체 마 왕 급 여 귀 신 제 범 부 천

일체 마왕 및 귀신과 모든 범부천이,

見其宮殿 無故崩裂
견 기 궁 전 무 고 붕 렬

그 궁전이 무고히 붕렬함을 보며,

우리는 모르지만 그 사람들은 다 아는 모양입니다.

한 사람이 이렇게 할 때에, 즉 당처담연當處湛然할 때에 시방세계가 개실소운皆悉銷殞하게 된다는 겁니다.

> **大地振坼 水陸飛騰 無不驚慴**
> 대 지 진 탁 수 륙 비 등 무 불 경 습

대지가 진탁하면 수륙에 비등하는 것이 경습하지 아니함이 없으리라.

모두 놀라서 웬일인가 한다는 겁니다.

> **凡夫昏暗 不覺遷訛**
> 범 부 혼 암 불 각 천 와

범부는 혼암하여 천와함을 깨닫지 못하거니와,

우리는 그걸 모르지만 귀신이라든지 마왕은 다 아는 겁니다.
그들이 어떻게 아는고 하니,

> **彼等咸得 五種神通 唯除漏盡**
> 피 등 함 득 오 종 신 통 유 제 누 진

저 등은 다 5종 신통을 얻었는지라, 오직 누진통漏盡通만 제할새,

[질문] 마구니는 우리보다 높네요.
[답] 높은지는 모르지만 어쨌든 아는 신통은 우리보다 낫지요. 그러나 그건 마구니니까……. 우리는 신통은 못 얻었지만 마구니는 아니잖아요?

> **戀此塵勞**
> 연 차 진 로

이 진로塵勞를 연戀하거늘,

이 티끌 세상에서 궁전을 잘 지어 놓고 보배를 탐하고 색을 좋아하는 등 그런 것들을 사랑하고 있습니다.
하니,

> **如何令汝 摧裂其處**
> 여 하 령 여 최 열 기 처

어찌 너로 하여금 그 처處를 최열하게 하겠는가?

그러니까 와서 공부를 못 하도록 방해를 한다는 겁니다.
이러한 이유로 해서,

> **是故神鬼 及諸天魔 魍魎妖精**
> 시 고 신 귀 급 제 천 마 망 량 요 정

이런고로 신귀와 모든 천마와 망량과 요정들이,

이게 다 마구니 종류들입니다.

> **於三昧時 僉來惱汝**
> 어 삼 매 시 첨 래 뇌 여

삼매 시에 첨래하여 너를 뇌惱롭게 하리라.

그것이 마구니가 생기는 이유입니다.

질문 요정도 마구니에 들어갑니까?
답 요정도 여러 가지인데 그것도 귀신이니까 다 마구니라 그럽니다.

질문 공부에 장애되는 걸 마구니라고 합니까?
답 그럼요. 도에 장애되는 건 다 마구니입니다. 그래서 성문·연각도 다 마구니라 그럽니다. 그러나 마구니가 와도 걱정 없다는 얘깁니다.

> 然彼諸魔 雖有大怒
> 연 피 제 마   수 유 대 노

그러나 저 모든 마魔가 비록 대노하여도,

> 彼塵勞內 汝妙覺中
> 피 진 로 내   여 묘 각 중

저는 진로의 내內이고, 너는 묘각 중일새,

묘각을 이룬 건 아니지만 묘각 자리로 올라가고 있고, 묘각 가운데 있기 때문에 그래서 멀리서 볼 때는 마구니가 와서 야단하는 것 같지만 묘각 가운데 있기 때문에 가까이 못 온다는 겁니다.

> **如風吹光**
> 여 풍 취 광

바람이 빛을 부는 것과 같으며,

바람이 아무리 불어도 광명을 불지는 못한다는 겁니다.

> **如刀斷水**
> 여 도 단 수

칼로 물을 단斷하는 것과 같아서,

마구니가 칼이면 너 공부하는 것은 물인데, 아무리 물을 끊어도 물이 동하지 않는다는 겁니다.

그래서,

> **了不相觸**
> 요 불 상 촉

마침내 상촉하지 아니하며,

조금도 서로 접촉되질 않는다는 말입니다. 물과 칼이 접촉되질 않고, 바람과 광명이 접촉되질 않는다는 말입니다.

> **汝如沸湯**[5] **彼如堅冰 煖氣漸隣**
> 여 여 비 탕   피 여 견 빙   난 기 점 린

너는 비탕과 같고, 저는 견빙과 같아서 난기가 점점 이웃하면,

不日銷殞
불 일 소 운

불일에 소운할지니,

그러니까 마구니 걱정할 게 없다는 겁니다.

徒恃神力
도 시 신 력

한갓 신력을 믿으나,

마구니가 한갓 오신통의 신통력을 믿고 너를 해치려고 하지만,

但爲其客
단 위 기 객

다만 그는 객이 됨이라.

마구니는 객이고 너는 주인인데, 주인이 있는 데는 객이 얼씬거리지 못한다는 겁니다.

그래서 객이 되는 것이니,

---

5 고려대장경에는 랑浪으로 되어 있으나, 송본·원본·명본에는 본문과 같이 되어 있다.

成就破亂
성취파란

성취하고 파란함이,

삼마지를 깨트려서 어지럽게 된다든지 성취하고 하는 것이,

由汝心中 五陰主人
유여심중 오음주인

너의 심중의 오음 주인을 말미암나니,

주인이 튼튼하면 객이 얼씬거리지 못한다는 겁니다.

主人若迷
주인약미

주인이 만일 미迷하면,

주인이 몰라, 주인이 마구니 경계를 모르고서 아들인 줄 생각한다든지, 또 들어오는 줄도 모르고 있다든지 하면,

客得其便
객득기편

객이 그 짬(便)을 얻거니와,

객이 그 틈을 타서 얼마든지 너를 해할 수 있지만, 네가,

當處禪那
당 처 선 나

당처에서 선나하여,

覺悟無惑
각 오 무 혹

각오하여 의혹하지 않으면,

마구니인 줄 알고 마구니에 홀리는 일이 없다고 하면,

則彼魔事 無奈汝何
즉 피 마 사 무 내 여 하

저 마사가 너를 어쩌지 못하리라.

이건 무내하여無奈何汝라고 하는 것이 원칙인데, 내奈 자와 하何 자 사이에다 여汝 자를 갖다 넣은 겁니다. 그래서 네게 어쩌지 못하리라, 마구니 혼자서 어떻게 할 수가 없다는 말입니다.

陰銷入明
음 소 입 명

음陰이 소銷하고 밝음에 입入하면,

이 음陰은 다 마구니의 작용을 가리키는 말입니다.
자기의 공부하는 것이 밝은 데 들어가면,

則彼群邪
즉 피 군 사

저 군사는,

사邪는 다 마구니이니까,

咸受幽氣
함 수 유 기

다 유기(어두운 기분)를 받는 것이니,

마魔는 어두운 것이고, 네가 공부해서 기분을 받는 건 밝은 게 생기는 거니까,

明能破暗
명 능 파 암

명明은 능히 암暗을 파할새,

近自銷殞
근 자 소 운

가까이하면 스스로 소운할 것이거늘,

어두운 마구니의 경계가 너의 밝은 데에 가까이 오기만 하면 저절로 소운해진다. 그걸 애써서 소운하려고 하지 않아도 공부해 가지고 공부하는 힘만 흔들리지 않으면 저절로 소운할 것이니,

如何敢留 擾亂禪定
여 하 감 류 요 란 선 정

어떻게 감히 머물러서 선정을 요란하게 하겠는가?

그래서 진짜 선정을 하면 괜찮은데,

若不明悟
약 불 명 오

만일 분명하게 알지 못하여,

마구니인 줄 분명하게 깨닫지 못하면,

被陰所迷
피 음 소 미

음陰의 미迷한 바를 입으면,

음陰은 내내 마구니입니다.

| 則汝阿難 必爲魔子 |
| 즉 여 아 난 필 위 마 자 |

너 아난이 반드시 마魔의 자식이 되어,

| 成就魔人 如摩登伽 |
| 성 취 마 인 여 마 등 가 |

마인을 성취하리라. 마등가는,

위에서 말했듯이 아난이 마등가에게 홀렸던 얘깁니다.

| 殊爲眇劣 |
| 수 위 묘 열 |

빼어나게 묘열하나,

| 彼唯呪汝 |
| 피 유 주 여 |

저는 오직 너를 주呪하여,

저가 오히려 사비가라선범천주娑毗伽羅先梵天呪를 불러서,

> **破佛律儀 八萬行中 秖毀一戒**
> 파 불 율 의 팔 만 행 중 지 훼 일 계

부처님의 율의律儀를 파하되, 8만 행 중에 다만 일 계를 훼毀하려 하거늘,

> **心淸淨故 尙未淪溺**
> 심 청 정 고 상 미 윤 닉

마음이 청정한 연고로 오히려 윤닉하지 않았거니와,

마등가한테 빠지지는 않았다, 그 말입니다.
그래서 마등가 같은 변변하지 못한 것도 주문을 가지고 너를 홀렸는데,

> **此乃隳汝寶覺全身**
> 차 내 휴 여 보 각 전 신

이는 이에 너의 보각의 전신을 무너뜨릴 것이니,

온 전체를 망가트린다는 말입니다.
마등가는 주문을 가지고서 일 계만 깨뜨리려고 했지만, 전신을 깨뜨리게 될 것이니, 무엇과 같은고 하니,

如宰臣家 忽逢籍没
여 재 신 가 홀 봉 적 몰

마치 재신가에서 홀연히 적몰을 만남과 같아서,

적몰이란 죄인에 대한 전부를 문서에 다 적어 가지고 몰수하는 것인데, 지금 있는 재산이 그 사람의 재산이라고 해도 거기서 아들도 살고 하는 것이라 다 빼앗는다는 말입니다.

6·25사변 때에 내가 있는 곳에 공산당이 처음 들어와 가지고 석 달 동안 야단하다가 지나간 후에 그 안에 있는 재물을 전부 다 가지고 가고 없는 것을 봤습니다.

아직까지 지금 우리나라에서는 법률상으로는 적몰하는 것이 없는가 본데, 예전에는 죄인이 되면 그 죄인의 가산 전부를 적어 국가에서 압수해 가지고 국가의 것을 만들었다가, 만약 그 사람의 죄가 풀리면 꼭 죄가 있어서가 아니라 죄 없는 사람도 몰아서 들어가기도 했는데, 그렇게 했다가 그 사람의 죄가 없음을 확인하면 다시 복구해 주기도 했습니다.

그렇게 되면 재산도 다 내주게 되는데, 그게 적몰입니다. 그 사람이 잘못해서 그걸 압수했다가도, 그 사람은 죄인이지만 그 아들이나 손자가 나라에 나와서 벼슬을 하거나 보통 사람이 되면, 그걸 다시 내주는 그것이 적몰입니다. 그러니까 농사 짓고 하던 사람은 재산을 적몰해도 맨주먹으로 벌면서 살아갈 수 있지만, 대신이나 장관들 같은 이는 평생 농사 지을 줄도 모르고 장사할 줄도 몰라서 재산이 다 없어지면 굶어 죽을 수밖에 없는데, 그와 같다는 겁니다.

재신가에서 문득 적몰을 만난 것과 같아서 선정을 닦다가 마구니에게 홀리게 되면,

> ### 宛轉零落 無可哀救
> 완 전 영 락 무 가 애 구

완전히 영락하여 가히 애구할 수 없으리라.

어떻게 할 수가 없어, 어떻게 교섭할 수가 없다는 겁니다.

네가 공부하다가 마구니에 홀리게 되면 어떻게 할 수가 없다는 말입니다.

이제 여기에서부터 마구니의 얘기를 하는데, 오음五陰 중 처음은 색色에 대한 마구니이고, 차차 이렇게 얘길 합니다.

2) 색음色陰의 마魔

> ### 阿難當知 汝坐道場
> 아 난 당 지 여 좌 도 량

아난아, 마땅히 알라. 네가 도량에 앉아서,

이건 삼마지 닦는 도량입니다.

> ### 銷落諸念
> 소 락 제 념

모든 염념을 소락하여,

삼마지를 닦는다고 하면 망상이 다 없어지는 겁니다.

其念若盡
기 념 약 진

그 염념이 만약 다하면,

則諸離念 一切精明
즉 제 이 념 일 체 정 명

모두 여읜 염념에 일체가 정명하여,

정명은 광채가 난다는 말이 아니고, 분명하게 나타난다는 얘깁니다.

動靜不移 憶忘如一
동 정 불 이 억 망 여 일

동動·정靜에 변이變移하지 않고, 억망함이 여일하거든,

기억하는 일도 잊어버리는 일도 그게 하나, 그게 이제 선정 닦는 경계입니다.

처음 공부할 때 이렇게 되는데, 이렇게 되어 가지고,

當住此處
당 주 차 처

마땅히 이 처處에 주住하여,

이 도량에 앉아서 색음色陰이 녹아나는 경계에 들어가는 겁니다. 이곳에 있어 가지고,

入三摩提
입 삼 마 제

삼마제에 들면,

삼매 경계에 드는 겁니다.

如明目人 處大幽暗
여 명 목 인 처 대 유 암

마치 눈 밝은 사람이 큰 유암에 처함과 같아서,

눈 밝은 사람이 캄캄한 속에 있는 것과 같다는 말입니다. 정신은 환해서 분명하지만 캄캄해서 하나도 앞을 볼 수가 없게 되는 겁니다. 이것이 이제 명목인 처대유암입니다.

우리가 불도 없는 밤중에 만약 방에 불을 켠다고 하면, 켠다고 해도 방 안에만 불을 켰지, 불만 없으면 전부가 캄캄합니다. 그런데 우리가 캄캄한 대유암 가운데 불 하나 켜 놓고 밝다고 하고 있는 이게 중생들이 하는 일입니다.

이 불 하나는 보잘것없는 것이고, 그게 전부 다 서광瑞光 중에 있는 것인 줄 알아야 할 텐데, 우리는 불 하나 켜 놓고 밝다고 생각합니다.

덕산德山 스님이 용담龍潭 스님과 이야기를 하다가 자기 방으로 돌아가

려는데 "밖이 너무 어두워서 못 가겠습니다." 하니까, 그럼 불을 가지고 가라고 용심지, 그걸 지촉紙燭이라고 하는데, 그 지촉을 비춰 주었습니다. 그런데 그 지촉을 건네받으려고 하는 순간 꺼 버렸는데, 그때 거기서 깨달았다는 것입니다. 그래서 그것과 같은 경계가 이 경계일 게다, 그 말입니다.

용심지에 붙인 불을 가지고 자기 방으로 가려고 하는데 꺼 버리니, 불 붙여 주고 그걸 받을 때에 용담 선사가 불을 훅 꺼 버렸다는 말입니다. 그래서 그걸 끄는 데서 깨달았다는 겁니다.

덕산 선사는 주금강周金剛이라고 해서 성씨가 주씨周氏인데『금강경金剛經』을 다 능통했다 하여 소疏를 지어 가지고 가다가 떡장수 노파가『금강경』의 뜻을 물으니 대답을 못 하자, 그 노파가 용담 숭신龍潭崇信을 찾아가 보라고 하던 그런 얘기가 있잖습니까?

그래서 주금강이라고 하는데, 그래 가지고 용담 선사를 찾아가 용담 선사를 보고는, "용담 용담하더니, 용龍도 없고 담潭도 없구나." 하고 그는 이로써 최고의 법문을 얘기했는데, 그러자 용담 선사가 "아직까지 오지 못한 게지." 하는 그 법문에서 그만 항복하고 말았다는 말입니다. 그러니까 교가敎家로서는 그이만큼 처세한 사람이 없을 만큼 굉장한 사람입니다.

그래서『금강경』의 소疏를 지어 가지고 남방으로 올 때는 용담을 굴복시킨다고 해서 온 건데, 와 가지고는 지촉 주는 데서 깨닫고는 그 이튿날 아침에 지어 가지고 온『금강경소』를 모두 불살랐다는 겁니다. 이는 천경위론千經爲論을 다 통달한다 하여도 야락선가也落禪家 제이기第二機라, 즉 선가의 제이기밖에 되지 못한다는 것입니다. 그래서 거기에서 공부해 가지고 그의 제자가 되었다는 얘깁니다.

그리고 여기의 대유암이 덕산 선사의 지촉 껐을 때의 경계다 하는 것을 여기에서도 얘기했습니다.

지금 우리는 색음色陰이 모든 것을 가렸기 때문에 어둡습니다. 이 색음

속에 있어 가지고, 즉 눈 밝은 사람이 어두운 가운데 있다는 것이 색음 속에 있으면서 공부하는 힘이나 지혜가 생겼다는 말입니다. 지혜가 생긴 사람 같은데, 색음이 가려 버렸으니까 큰 어두움 가운데 있는 그런 경계가 나타난다는 겁니다.

처음 공부할 때에 그런 경계가 나타나는데, 그게 명목인 처대유암입니다.

精性妙淨
정 성 묘 정

정미로운 성품이 묘하고 정하나,

공부를 얼마쯤 해 갔으니까 색음이 소멸해 가는데, 색음이 소멸하면 몸의 장애는 안 받으니까 거기에 이르는 것이 여간해 가지고는 힘이 듭니다.

心未發光
심 미 발 광

마음이 빛을 발하지 못하나니,

지혜가 생겼지만 마음은 광명이 나지 않습니다. 마음에서 광명이 나면 색음, 어두운 게 없어질 텐데, 광명이 나지 못하기 때문에 어두운 가운데 있게 됩니다.

정성精性은 묘정妙淨해서 분명히 눈 밝은 사람과 같이 깨끗하지만, 마음에 광명이 나지 못하니까 캄캄하다는 말입니다.

> **此則名爲 色陰區宇**
> 차 즉 명 위 색 음 구 우

이것을 이름하여 색음의 구우라 하느니라.

구區는 한 구역을 가리키고, 우宇는 지붕 같은 것을 말하는데, 색음이 쥐고 있어서 거기서 나가질 못하는 겁니다.

구우는 여기에서도 서대문구, 동대문구 하듯이 그런 구역의 경계를 가리키는 말입니다. 우宇 자는 지붕 우 자니까 지붕을 하면 캄캄한 이 안에만 있게 되는 건데, 색음의 구우 속에 있는 겁니다.

정신은 깨끗해서 밝은 해와 같은데 심心은 발광하지 못해서 캄캄한 이게 색음구우인데, 좀 더 공부해서 마음에 광명이 생기면 색음 경계가 없어진다는 것입니다.

그게 색음이 다하는 겁니다. 그게 오음五陰에서 하나 제除해진다는 것인데, 그 색음구우에서 다해질 때까지 그 사이에 마구니가 자꾸 온다는 겁니다.

> **若目明朗**
> 약 목 명 랑

만일 눈이 명랑하면,

이건 밝아지는 겁니다.

마음의 광명이 생기면, 만약 눈이 밝고 환하게 된다고 하면,

> **十方洞開 無復幽黯**
> 시 방 통 개 무 부 유 암

시방이 통개하여 다시 유암이 없나니,

눈 밝은 사람이 어둠 가운데 있던 것이 그만 어두운 게 없어진다는 말입니다.

그렇게 된 것이,

> **名色陰盡**
> 명 색 음 진

이름이 색음이 진盡한 것이라.

색음이 없어진 겁니다.
색음구우色陰區宇 속에 있으면 캄캄했었는데, 색음이 없으니까 환하게 밝아진다는 말입니다.

> **是人則能 超越劫濁**
> 시 인 즉 능 초 월 겁 탁

이 사람은 능히 겁탁을 초월하리니,

주註에서 오탁五濁 애길 했는데, 오탁 가운데 겁탁 하나를 초월한다. 즉 없어진다는 것입니다.

겁탁을 초월하게 되는 것이니, 어째서 색음이 없어지면 겁탁을 초월하게 되느냐.

> 觀其所由 堅固妄想 以爲其本
> 관기소유 견고망상 이위기본

그 인유因由한 바를 관찰하면 견고망상으로써 그 근본을 삼기 때문이니라.

겁탁이 견고망상으로 된 것입니다.

색음이 견고니까, 즉 겁탁의 근본이 견고망상으로 되었기 때문에 색음이 없어지면 겁탁을 초월하게 된다는 말입니다.

그러니까 여기에서 색음구우色陰區宇 속에 있다가 색음이 없어지는 경계까지 얘기를 하고, 그 가운데서 마구니 생기는 얘기를 합니다.

[질문] 번뇌마煩惱魔는 상상하고 식識을 말하는 것입니까?『선가귀감禪家龜鑑』에서는 마구니가 천마天魔 · 음마陰魔 · 번뇌마의 세 가지가 있다고 하는데…….

[답] 번뇌마는 심마心魔이지요.

[질문] 색 · 수 · 상 · 행 · 식의 오음 중에…….

[답] 오음 중에 색음은 음마라고 그랬습니다. 자기의 속 안이 환하게 보이고, 그 속의 회충을 끄집어내어도 구멍이 뚫리지도 않는데, 그런 색음을 초월하게 되는 겁니다.

그게 음陰에 대한 마魔인데 색음 중에 있는 마이기 때문에 음마라 하고, 그 다음 수음受陰 가운데와 상음想陰 가운데는 외마外魔, 즉 밖에 있는 마구니가 오는 것인데, 처음의 수음 중엔 조금 경輕한 마구니가 오고, 상想 가운데는 아주 굉장한 마구니가 옵니다.

그래서 그건 다 밖에 있는 마구니인데, 상음이 없어지면 상想이 없어지니까 마구니가 와 요동할 수가 없습니다.

그러니까 자기 마음 가운데 앞에서 득소위족得少爲足이라고 한 것과 같이 마음 가운데 잘되었다고 생각하는 그게 마구니가 되게 되는 겁니다.

또 소견이 옳게 드는 게 아니라 공부는 옳게 해 갔지만 소견所見이 잘못되어서 이렇게 하면 된다고 생각하는 그게 마구니입니다.

행行과 식識에는 심마心魔와 견마見魔입니다. 즉 마음으로 생기는 마와 소견이 잘못되는 마魔, 그 두 가지입니다. 그래서 그것은 끊기가 더 어렵다는 것입니다.

밖에서 마구니 경계가 오면 나는 끓는 물이요, 마魔는 얼음과 같기 때문에 녹는다고 하지만, 마음 가운데서 생기는 것은 그건 좀 어렵다는 겁니다.

소견이 잘못되니까, 즉 이건 분명히 이렇게 하는 게 옳다고 생각하는 거니까 마구니를 항복받기가 어렵다는 겁니다. 그래서 여기에 10종 마魔와 어떤 마구니에는 어떻게 하면 된다는 게 다 나타납니다.

그 음마陰魔나 천마天魔 가운데 귀신과 망량요정魍魎妖精, 그건 다 밖에 있는 마구니, 즉 색・수・상까지의 마구니이고, 그 다음에는 득소위족得少爲足하다든지, 심마와 견마, 이건 자기 마음에 생각을 잘못해서 하는 겁니다. 즉 밖에 있는 마구니가 오는 게 아니라 자기의 마음 가운데 생각을 잘못해서 생기는 마구니입니다.

내가 처음에 『능엄경』을 번역하고는 50마魔, 이것을 뽑아 가지고 그땐 정화한 후인데, 프린트를 해서 여러 곳에 보냈습니다. 왜 그런고 하니, 정화한 이들이 다 참선하는 이들인데, 그들 가운데 마구니에 걸리지 말라고

요. 그걸 해서 한 사람 앞에 열 권도 보내 주고, 그게 아마 3백 권인가 될 텐데, 그걸 받아 한 번 보기나 했는지 내버렸는지 모르겠습니다.

阿難 當在此中
아 난 당 재 차 중

아난아, 마땅히 이 가운데 있어서,

이 가운데란, 아직 색음의 구우區宇에 있어서 색음이 진盡하기 전, 다시 말하면 색음이 없어지려 하면서도 없어지지 않은 그때, 즉 색음구우色陰區宇에 있어서 아직까지 색음이 없어지지 못한 그때인데, 애써서 공부하는 겁니다.

공부란 반문返聞하는 공부이고, 차중이란 이 아래도 많이 나오는 건데, 지금 여기에서는 색음 중에 있어서 하는 말입니다.

精研妙明
정 연 묘 명

묘명을 정미로이 연구하여,

공부하는 경계입니다. 지금 색음이 없어지려고 하는 이 가운데 있어서 반문返聞 공부하는 그 경계입니다. 색음이 없어지도록 하기 위해서 자꾸만 반문 공부를 해 가는 겁니다.

그렇게 해서,

四大不織
사 대 부 직

사대가 직織하지 아니하면,

짜면 단단해져서 천이 되지만, 짜지를 않으니까 성글성글해지는 겁니다.

색음色陰의 본체本體가 사대이고, 사대가 즉 색음인데, 사대가 직織하질 않는다고 하니까 직이란 짜져서 천이 되든지 해야 하는데, 그렇게 되질 못하니까 색음이 성글성글해져 가지고 있는 겁니다.

그러한 경계가 생기면,

少選之間
소 선 지 간

잠깐의 사이에,

소선이란 요전에도 얘기했지만 잠깐 사이라는 말입니다.

身能出礙
신 능 출 애

몸이 능히 애礙에서 출出하리니,

장애란 우리가 문이 있으면 열지 않고는 나가지 못하는데, 출애란 지금 이 사람은 문을 열지 않고도 벽을 통해 나가고 살 속으로도 지나간다고 하는 의미입니다. 그러니까 이게 전부 다 색음이니까 몸에 있는 사대만이 색음이 아니라 밖에 있는 사대도 다 색음입니다. 그러니까 지금 우리가 문이 막히면 못 나가는 것은 색음을 뚫지 못해서인데, 색음이 없어지는 그런 경지에 이르러 가게 되면 사대가 부직不織해서 지나갈 수가 있다는 말입니다. 우리는 이런 경계를 지나 보지 않았으니까 그렇게 되는지 안 되는지 모르지만 별별 경계가 다 생기게 됩니다.

지금도 그런 얘길 하는데 지질地質을 연구하는 지관地官들이 하는 말은 땅속에 지호地虎(땅속의 범, 호랑이)가 있다는 겁니다. 그래서 묏자리에 송장을 갖다 묻으면 범이 끌어간다는 건데, 무너지지도 않고, 구덩이가 뚫리지도 않았는데, 지금 묻었던 것도 얼마 후에 보면 지호가 있어서 다른 곳으로 물어갔다고, 그렇게 지관들이 얘기합니다.

그런데 또 그걸 찾는 법이 있다는데, 어느 쪽으로 얼마쯤 가면 송장이 있다고 해서 말한 곳으로 가 보면 거기에 정말 송장이 있답니다. 그런 게 있는지 없는지는 모르지만, 만약 그런 게 있다고 하면 어떻게 된 건지 해명해야 할 게 아닌가 생각합니다.

지금도 공부를 지극히 한 사람은 산 넘어 누가 오는지를 본다는 겁니다. 그런 경계가 조금이라도 있다고 하면 어떻게 하겠는가, 이겁니다. 우리는 산이 가려서 못 보지만, 그 사람은 공부를 하여 산이 가리지 않고 보게 되는 것을 어떻게 설명할 것이냐, 이겁니다.

신능출애身能出礙란 것은, 물物이 막힌 곳에서 나오게 된다, 뚫지 않고도 나온다, 그 말입니다. 몸이 나가도 벽은 뚫리지 않았는데, 벽을 뚫지 않고도 몸이 밖에 나가 있는 그것이 과학으로 증명이 되어야 할 겁니다. 즉 말하면 그런 사실이 없다고 하면 모르지만, 있다고 하면 과학으로 증명해야 할 텐데 어떻게 할 거냐, 이 얘깁니다. 더구나 우리는 이런 얘기가 경經에 있으니 이걸 어떻게 하느냐, 그겁니다.

그래서 내가 이것을 보고 혼자 생각해 본 게 있습니다. 사대四大가 부직不織이니까, 즉 사대가 견고하게 뭉쳐 있어서 칼이 들어가려면 뚫고야 들어가게 되고, 또 피가 나고 상해야 하는데, 이 아래에 보면 칼로 찔러도 상하지 않는다는 말을 하게 됩니다.

그것이 사대부직, 우리의 몸도 지·수·화·풍이 꼭 짜여 있으니까 다른 게 못 들어가지 성글성글하면 들어갈 수가 있지 않느냐, 이겁니다.

또 몸만이 아니라 칼 자체도 사대가 그렇게 해서 된 거니까 사대가 부직하면 사대와 사대의 사이를 통해서 나갈 수 있지 않느냐, 이겁니다. 그렇다고 하면 땅속에 있는 송장이 나간다 해도 송장의 사대와 땅의 사대가 성글성글해서 뽑아 나가고 뽑아 나가고 하지 않겠냐, 이겁니다.

지금 경經에 이런 말이 있으니, 우리가 경험해 보지는 않았지만 없는 것을 얘기할 수는 없으니까 우린 믿어야 합니다. 그냥 헛말이라고 할 수가 없다는 얘깁니다. 만일 그렇지 않다고 하면 우리가 경經 얘기 할 것도 없는 겁니다.

그런데 이런 일이 있다고 하면 과학이 그걸 증명해야지 못 한다고 하면 과학이 아직 부족해서 못 미치는 것이지 사실이 없는 것이라고, 즉 거짓이라고 할 수는 없다, 그 말입니다.

우리가 어째서 그렇다고 하는 그걸 증명할 만한 이론이 나올 겁니다. 좌우간 신능출애라고 했으니까 몸이 능히 장애된 곳에서 밖으로 나간다는 겁니다. 벽이 뚫리지도 않고 문이 열리지도 않았는데 몸이 문 밖에 나가 있다는 건데, 그게 신능출애입니다. 그렇게 되니 그 이유를 여기에서 얘기하는 겁니다.

> ### 此名精明流溢前境
> 차 명 정 명 유 일 전 경

이는 이름이 정명이 전경에 유일함이라.

정명은 정연묘명精研妙明하던 그 공부입니다. 즉 정연묘명하여 반문返聞 공부해 들어가던 그 사람입니다. 그래서 정명은 정미롭고 밝은 우리 마음의 당체를 가리키는 말입니다.

색음이 없어져 갈 우리 마음자리를 가리키는 말입니다. 만일 벽을 뚫고 나갔다면 벽이 경境일 것이고, 산을 뚫고 지나갔다고 하면 산이 전경前境일 것입니다.

전경에 유일한다, 흘러서 넘었다, 내가 공부하는 마음자리, 즉 선정에 들어 있는 정명이 밖의 전경으로 나가서 있기 때문에 전경이 정명한테 못 이겨서 그리로 내가 통해 지나가게 된다는 말입니다.

전경을 뚫고 나간 그것을 지금 말하는 것인데, 뭐든지 정명이 유일한 것이니, 어째서 그렇게 되게 되느냐는 이유는, 정명이 유일전경하기 때문입니다.

그래서,

> ### 斯但功用 暫得如是
> 사 단 공 용 잠 득 여 시

이는 다만 공용으로 잠깐 이와 같음을 얻은 것일지언정,

이건 공부하는 공용입니다. 지금 반문返聞하는 공부를 애써서 하기 때문에 그 공용으로 잠깐 동안 이렇게 되는 겁니다.

이 위에서도 소선지간少選之間이라고 그랬고, 이것도 잠깐이라고 했으니까 늘 있지 않다는 말입니다.

그런 경계가 늘 있는 게 아니고, 어떻게 되어서 정명精明이 유일전경流溢前境한 그때 잠깐 있는 것이다, 그게 잠득여시입니다.

非爲聖證
비 위 성 증

성증이 아니니,

그렇기 때문에 이것이 성인의 경계를 증證한 것은 아닙니다.

어떻게 정명精明이 유일전경流溢前境해서 잠깐 동안 이렇게 된 것이지, 성증이라면 한 번 증하면 늘 있어야 하고, 참말 견성했다고 하면 견성의 경계가 없어지지 않고 늘 있어야 하는 거다, 그 말입니다.

없어진다고 하면 옳지 못한 경계니까 그건 참이 아니고, 어떻게 되어서 정명이 유일전경한다든지, 또 마구니의 장난으로 된다든지, 이런 것들입니다.

그러니까 성증이라고 하면 일득영득一得永得입니다. 한 번 얻으면 영원히 얻어서 그 경계가 언제든지 없어지지 않고 있어야 하는데, 이건 잠깐만 그런 것이기 때문에 성증이 되는 것이 아니니,

不作聖心
부 작 성 심

성聖이라는 마음을 짓지 아니하면,

공부하는 사람이 성증聖證이다, 성聖 경계다 하는 마음, 내가 문을 열지 않고도 문 밖을 나간 것을 성인이 되었다, 도통을 했다 하는 이런 생각을 하면 그건 안 되므로 성심聖心, 성聖이라는 마음을 짓지 않으면,

名善境界
명 선 경 계

선경계라 이름하거니와,

색음色陰을 없애기 위해서 내가 공부한 힘으로 그렇게 된 거니까 선경계라고 이름하겠지만,

若作聖解
약 작 성 해

만약 성해를 지으면,

성인의 경계라는 이런 견해 지으면,

卽受群邪
즉 수 군 사

즉 군사를 받으리라.

그게 이제 오음마五陰魔인데 음마에서, 즉 내 자체에서 생기는 걸 가지고 여기에서 홀렸다고 하면 그 짬을 타고 별게 다 와서 공부하는 걸 휘잡을

거라는 말입니다. 그게 군사群邪입니다.

　마구니가 실제로 한다든지, 내 마음에 있는 마구니가 그런다든지, 어쨌든 그렇게 되면 공부는 잘 안 됩니다. 그러니까 한번 속기만 하면 공부는 잘 안 되는 겁니다.

　예전에 내가 유점사楡岾寺 방장암方丈菴에 있을 때, 그때는 내가 중(僧) 된 지 얼마 안 되었으니까 지금으로부터 50년 전인데, 그때 동선東宣 스님이라고 하는 금강산의 주인이라고 할 만한 이가 있었습니다.

　경經을 다 알 뿐만 아니라 수행도 놀랍고, 아마 지금 총무원장 스님의 노스님이실 겁니다. 그런 스님이 계셨는데, 법화회法華會를 하는데 늘 읽는 겁니다. 그래서 그 법화회를 13년인가를 했는데, 그러니까 부처님은 법화회를 8년을 설했는데, 나는 13년을 했다 하면서 누구든지 법화회를 읽겠다고 하면 밥을 먹여 주는 겁니다.

　그때는 강원엘 가도 자기 양식을 가져가야 하는 때이고, 한 끼는 겨우 얻어먹을 수 있을는지 모르지만 며칠은 못 있던 때인데, 거기는 가기만 하면 밥을 줍니다.

　나도 거기 가서 얼마 동안 있었는데, 어느 때 스님이 한 분 오셨는데, 지금도 살아 계시는 스님입니다. 그렇게 놀라운 스님도 아닌 것 같은데, 밤에 자다 말고 깨서는 "신계사神溪寺에 불이 붙는다."라고 하는 것입니다. 신계사가 금강산에서 거길 가려면 칠팔십 리 길이고, 도저히 알 수가 없는 일인데, 정말 불이 났다는 겁니다. 그때는 내가 경經도 배우지 않았던 때고, 또 그런 일이 있을 수 없는 게다 해서 믿지도 않았는데, 지금 여길 보면 진짜 그런 일이 생깁니다. 그래서 공부하는 이가 그런 좋은 경계가 생길 때에 "내가 도통했다."라고 하면 공부는 끝나는 게지요.

　그래서 이 50종 마구니를 얘기한 것이 공부하는 사람으로 하여금 이런 일이 있을 테니 속지 말라는 것이고, 또 만일 속기만 하면 "아닌, 네가 마구니의 자식이 된다."라고 하지 않았습니까?
그래서 하는 말입니다.

질문 외도들은 많은가 보죠?
답 우리에게도 있습니다. 식광識狂 난다고도 하고, 그런 얘기들을 많이 하는데, 그래서 참선하다가 미친 이들도 많이 있습니다. 참선하다가 그런 경계가 한번 생기면 거기에 속질 않아야 하는데, '내가 부처님 되었다' 하면, 공부는 그만 끝나게 되는 거지요.

마구니가 장난을 놓게 되는 그게 한 가지이고, 그 다음 또 둘째입니다. 위에서부터 색음이 없어지는 동안의 열 가지 마구니를 얘기했는데, 꼭 열 가지만 나오는 건 아닙니다.
열 가지가 덜 올 수도 있고, 열 가지가 다 올 수도 있고, 더 올 수도 있다는 건데, 여기에서는 중요한 것으로 열 가지만 얘기한 것입니다.

> 阿難 復以此心
> 아 난 부 이 차 심

아난아, 또 이 마음으로,

이것은 저 위에서 한번 속지 않던 그 마음입니다.
첫째의 신능출애身能出礙에서 나오는, 경계에 속지 않던 그 마음입니다.

精研妙明
정 연 묘 명

묘명을 정미로이 연구하여,

반문返聞 공부한 묘명한 것을 더욱 정연하면,

其身內徹
기 신 내 철

몸이 속으로 명철明徹하면,

아까는 경계로 나갔는데, 이건 내 안으로 내 몸이 환하게 들여다보이는 겁니다. 내철정명內徹精明한 광명이 내 몸으로 들어가서 몸이 환하게 다 보이는 겁니다.

그렇게 되면,

是人忽然 於其身內 拾出蟯蛔
시 인 홀 연 어 기 신 내 습 출 요 회

이 사람이 홀연히 몸속에서 요회를 습출하여도

요蟯란 촌백충 같은 우리 몸속에 있는 기생충입니다.
회蛔는 회충입니다.
요라고 하는 것이 십이지장충 가운데 하나일 텐데, 보이니까 앉아서 손으로 잡아낸다는 말입니다.

身相宛然
신 상 완 연

신상이 완연하여,

구멍이 뚫린 것도 아니고, 피가 나오는 것도 아니면서 그냥 잡아낸다는 말입니다.
그렇게 하면,

亦無傷毁
역 무 상 훼

또한 상훼함이 없으리니,

此名精明流溢形體
차 명 정 명 류 일 형 체

이는 이름이 정명이 형체에 유일함이라.

앞에서는 경계에 흘러넘쳤는데, 이것은 몸에 흘러넘친다는 겁니다.
정명이 형체에 흘러넘치는 것이니,

斯但精行
사 단 정 행

이는 다만 정행으로,

정미롭게 공부를 하기 때문에,

暫得如是 非爲聖證
잠 득 여 시 비 위 성 증

잠시 이와 같음을 얻을지언정 성증이 아니니,

不作聖心 名善境界
부 작 성 심 명 선 경 계

성심을 짓지 않으면 선경계라 이름하거니와,

若作聖解 卽受群邪
약 작 성 해 즉 수 군 사

만일 성해를 지으면 곧 군사를 받으리라.

군사를 받는다는 건 공부 다 끝나고 마구니한테 홀린다는 겁니다. 이것은 밖에서 오는 마구니가 아닙니다. 색음이 없어지게 되면 그 가운데 이런 경계가 생긴다는 말입니다.

그렇게 해서 선경계善境界를 짓고 나면 마구니가 와서 별짓을 다하게 되는데, 즉수군사, 군사를 받는다는 게 그렇게 되면 마구니가 와서 그만 못살게 만든다는 것입니다.

又以此心 內外精研
우 이 차 심 내 외 정 연

또한 이 마음으로 내외를 정미로이 연구하여,

앞에서는 자기의 신내身內만 통한다고 했는데 몸 밖에까지, 그러니까 내內는 몸을 가리키는 말이고, 외外는 밖의 경계입니다.

내외를 다 통해 정미롭게 하면,

其時魂魄
기 시 혼 백

그때에 혼魂과 백魄과,

여섯 가지를 따로 이렇게 얘길 했습니다. 그런데 어느 걸 혼魂이라고 하고, 어느 걸 백魄이라고 하는지는 모르나, 삼혼칠백三魂七魄이라고 얘기하는 데에 보면, 가벼운 편으로는 혼이라 하고, 무겁고 거친 편으로는 백이라고 이렇게 되어 있습니다. 말이 그렇게 가볍고 맑은 편으로는 혼이라 그러고, 탁한 편으로는 백이라 한다고 그럽니다.

意志精神
의 지 정 신

의意와 지志와 정신이,

내 뜻이라고 하는 건 의지인데, 여기의 이 소疏에는 백魄은 오장五臟의 어디에 통해 있고, 혼은 어디에 잠겨 있고 이렇게 얘기를 했는데, 그건 의사들이 하는 말이지 어쨌든 우리의 몸 가운데 알고 깨닫고 지각하는 작용에서 혼이라 백이라 의라 지라 정신이라 하는 것을 따로따로 봤습니다.

정신이라고 하는 게 우리가 말하는 정精과 신神일 겁니다. 그런 것이 여섯인데, 이런 것이,

除執受身
제 집 수 신

집수신을 제하고는,

다른 데 어디 보니까 제8식을 집수신이라고 하는 데가 있는 것 같은데 지금 내가 찾지도 못했고, 이걸 보니까 생각이 났는데, 사전을 찾아보면 나와 있을 것이고, 또 여기도 몸을 그냥 집수신이라 그랬습니다.

집執 자는 확실히 거둬들여 가지고, 수受 자는 받아들인다는 말입니다. 이게 내 마음이다 내 몸이다 하고 집執 자는 섭지攝持, 거둬들인다는 뜻이고, 수受 자는 수렴, 받아서 용납한다는 말입니다. 여기의 소疏에도 그랬듯이 몸 형체는 그냥 있는데 속에 있는 마음만, 즉 정신 작용만이 이렇게 한다는 겁니다.

질문 신령 령靈 자는 또 어떻게 되는 겁니까?
답 글쎄……. 여기는 영靈이라는 말은 없지요? 없는데, 영의 뜻은 신묘불측神妙不測이라 신령스럽고 묘해서 헤아릴 수 없는 그것을 영이라 그럽니다. 온갖 것을 넉넉히 깨달을 수 있고 하는 걸 영이라고 하지요.

질문 정精·지志·신神 그 세 가지가 삼혼三魂이고, 칠백七魄은 일곱 구멍, 즉 칠규七竅를 칠백이라고 한다는데, 이렇게 말하는 데가 있는데, 이게 증거가 있는 겁니까?
답 사전에 보면 삼혼칠백이 있을 겁니다.

질문 삼혼칠백이라고만 되어 있지 그것을 논하지는 않았던데요, 이름이 없습니까?
답 사전에 보면 낱낱이 있는데, 그게 도교에서 하는 얘깁니다.

질문 이름이 모두 확실하지 않네요?
답 그게 지금 우리가 볼 때에 삼혼은 삼세三細, 업상業相·전상轉相·현상現相, 아마 글자가 그렇게 되어 있을 겁니다. 업業, 무엇 무엇이다, 사전 찾아보면 아마 있을 텐데, 본래 내가 보는 사전에는 그것이 없는데, 자꾸 스님들이 삼혼칠백이 뭐냐고 물어서 어딜 찾아보니, 나온 데가 있어서 찾아 베껴 놨는데, 그것을 볼 때에 구상차제九相次第의 업상부터 수보受報까지 그걸 갖다가 해 놓은 것같이 보였습니다. 삼혼은 그 셋이 비슷한 것끼리만 있던 걸로 기억합니다.

그것이,

餘皆涉入
여 개 섭 입

나머지를 다 섭입하여,

지금이 너무나 정밀하기 때문에 혼백魂魄·의意·지志·정신이 몸, 즉 집수신執受身하고 형체만 내놓고는 나머지는 전부 다 섭攝해서 이 정신 가운데 들어가 있다는 말입니다.

> 互⁶爲賓主
> 호 위 빈 주

서로 빈賓이 되고 주인이 되면,

서로서로 주인이 되고 손님이 된다. 말하자면 다른 것이 혼魂에 들어가면, 즉 백魄이나 의意나 지志나 정精과 신神이 혼 속으로 들어가게 되면, 여개섭입餘皆涉入이니까 다른 걸 잡아서 그 가운데 넣는다고 했으니까 혼으로 들어가면 혼이 주인이 되고, 다른 백과 의와 정과 신이 객이 되고, 또 다른 게 백에 들어가면 백이 주인이 되고, 다른 게 객이 된다고 그렇게 보는 게 있습니다.

다 섭입해 가지고, 호互 자는 서로서로 번갈아 객이 되고, 주인이 되고 해서 그런 작용을 하게 되는데, 그것도 내외 정연精研하기 때문에 그렇게 되는 겁니다.

> 忽於空中 聞說法聲
> 홀 어 공 중 문 설 법 성

홀연히 공중에서 설법하는 소리를 듣기도 하며,

---

6 고려대장경에는 약若으로 되어 있으나, 송본·원본·명본에는 본문과 같이 되어 있다.

이것은 주인이 설법하는 걸 객이 듣는다는 말입니다.

여기에 아마 그렇게 얘기했을 텐데, 서로 빈주賓主가 되니까 주인이 설법하는 걸 객이 듣는다는 말입니다.

或聞十方 同敷密義
혹 문 시 방 동 부 밀 의

혹 시방에서 한 가지로 밀의 펴는 것을 듣게도 되나니,

이것은 시방에 동부연同敷演이니까, 즉 여러 곳이니까 객의 설법을 주인이 듣는다고, 또 이렇게 해 놓았습니다.

여기 소疏에 그렇게 해 놓았는데, 아마 그건 그렇게 볼 만합니다.

此名精魄
차 명 정 백

이 이름이 정精과 백魄이,

여섯 가운데 정과 백 둘만 쓴 겁니다. 정과 백만 그렇게 되고, 다른 건 그렇지 않은 게 아니라 여섯 가지의 인식하는 가운데서 정과 백만을 쓴 겁니다.

遞相離合
체 상 이 합

서로 번갈아 이합하여,

다른 것들이 혼魂으로 들어가면 제자리를 떠나 혼에 가 합하는 게고, 혼이 백魄에 들어가면 혼이 제자리를 떠나서 백으로 들어가는 그게 체상이합이라고, 체상이합을 그렇게 본다고 되어 있습니다.

```
成就善種
성 취 선 종
```

선종을 성취할새,

그렇게 나쁜 일은 아니라는 겁니다. 그렇게 공부를 해 가지고 그 공부하는 정력定力에, 힘에 의지해서 색음이 차차 없어지려고 하는 겁니다.
그렇더라도 그것도,

```
暫得如是
잠 득 여 시
```

잠시 이와 같음을 얻었을 뿐이라.

공부하는 힘이 강할 때는 그렇게 되고, 또 조금 약해지면 도로 없어지는 것이니,

```
非爲聖證 不作聖心
비 위 성 증 부 작 성 심
```

성증이 아니니, 성심을 짓지 아니하면,

名善境界 若作聖解 卽受群邪
명 선 경 계 약 작 성 해 즉 수 군 사

선경계라 이름하거니와 만일 성해를 지으면 곧 군사를 받으리다.

又以此心
우 이 차 심

또 이 마음으로,

이건 공부하여 셋째 경계의 마구니에 속지 않고 계속 공부하는 겁니다.

澄露皎徹
징 로 교 철

맑게 드러나고 밝게 사무쳐서,

징澄 자는 고요하고 맑고, 로露 자는 마음이 드러난다는 말입니다.

색음 가운데 숨어 있는 게 아니고 환하게 드러난다, 그게 색음이 없어지려는 징조입니다.

그렇게 해서,

內光發明
내 광 발 명

안으로 빛이 발명하면,

이건 공부하는 묘명妙明한 자리, 정연묘명精硏妙明한 그 광光이니까,

十方遍作 閻浮檀色
시 방 변 작 염 부 단 색

시방이 두루 염부단의 색이 되며,

염부단은 금이니까 금빛이 된다. 그러니까 시방세계가, 무정無情 세계인 기세간器世間이 금빛으로 변한다는 말이고,

一切種類 化爲如來
일 체 종 류 화 위 여 래

일체 종류가 여래로 변화하거든,

이것은 유정有情 전체를 다 가리키는 말입니다. 그냥 일체 종류 하면 무정까지 되는지 모르지만, 좌우간 이것은 여래가 된다고 했으니까 이건 유정으로 보자 이겁니다.

일체 종류가 화化해서 여래가 된다, 모든 중생이 다 여래로 화해진다, 그렇게 해서 환하게 나타나는 경계를 보게 되는데, 그것도 나쁜 것이 아닙니다. 일체중생이 다 여래장묘진여성如來藏妙眞如性을 가지고 있으니까 이

종류가 다 화여래화化如來해야 되겠죠. 화해서만이 아니라 지금도 여래로 있게 되겠지요.

그렇게 되니까,

> 于時忽然見 毗盧遮那 踞天光臺
> 우 시 홀 연 견 비 로 자 나 거 천 광 대

그때에 홀연히 비로자나불이 천광대에 거踞하사,

비로자나불이 부처님께서 앉으시는 천광대에 앉아 계시는데, 사자좌에 앉아 계시는데,

> 千佛圍繞
> 천 불 위 요

천불이 위요하며,

보살계菩薩戒 하는 『범망경梵網經』에도 이렇게 되어 있습니다.

비로자나불이 위에 계신다고 하면 천불이 위요하고, 가운데는 또 노사나불이 계시니까,

> 百億國土 及與蓮花
> 백 억 국 토 급 여 연 화

백억 국토 및 연화가,

부처님이나 보살들이 앉는 연화좌蓮花座가 다 있을 테니까 백억 국토 및 연화들이,

俱時出現
구 시 출 현

한때에 출현함을 보리니,

그런 게 일부러 오는 건 아니겠지만, 그전에 공부했던 이가 경經을 보든지 해서 알아냈을 겁니다. 비로자나불이 있고, 백억 세계가 있고, 거기에 연화가 있어서 부처님께서 앉고 하시는 모든 것들이, 공부할 때 봤던 그것이 지금 사실로 나타나는 겁니다.

此名心魂靈悟所染
차 명 심 혼 영 오 소 염

이 이름이 심혼이 영오에 물든 바라.

저 위의 여섯 가지 가운데 둘만 들었습니다.

마음과 혼魂이 영靈하고 오悟하게 맑아져서 묘명妙明한 자리니까 묘명이라는 말이나 영오라는 말이나 같을 겁니다. 영하게 깨달은 그것 때문에 물든 것, 내 마음이 거기에 물든 거라는 말입니다.

물들었다는 건 나쁜 물이 아닙니다. 그것 때문에 이렇게 보게 되는 것이니,

心光研明 照諸世界
심 광 연 명 조 제 세 계

심광이 연명하여 제세계에 비칠새,

차명此名이 심혼心魂이 영오靈悟에 염染한 바라, 심광心光이 밝아져서 세계에 비친다는 것이니, 거기까지가 이렇게 된다는 겁니다.

暫得如是 非爲聖證
잠 득 여 시 비 위 성 증

잠깐 이와 같음을 얻음일지언정 성증은 아니니,

不作聖心 名善境界
부 작 성 심 명 선 경 계

성심을 짓지 아니하면 이름이 선경계요,

若作聖解 卽受群邪
약 작 성 해 즉 수 군 사

만일 성해를 지으면 곧 군사를 받으리라.

> 又以此心
> 우 이 차 심

또 이 마음으로,

또 넷째 경계에 걸리지 않고 공부를 계속해 나오는 겁니다.

> 精硏妙明 觀察不停
> 정 연 묘 명 관 찰 부 정

묘명을 정연하되, 관찰함을 쉬지 아니하여,

자꾸 공부해 가서 관찰을 쉬지 않는다고 하면,

> 抑按降伏 制止超越
> 억 안 항 복 제 지 초 월

억안하고 항복하여 제지함이 초월하면,

그걸 제어해서 망상을 쉬려고 하는 것이 정상 경계를 초월, 넘어가게 된다는 말입니다.

그렇게 된다고 하면,

> 於時忽然 十方虛空 成七寶色 或百寶色
> 어 시 홀 연 시 방 허 공 성 칠 보 색 혹 백 보 색

때에 홀연히 시방 허공이 칠보 색을 이루고 혹 백보 색이 되어,

그래서 그 칠보 색, 백보 색이 하나씩 나타나는 것도 아닙니다.
칠보는 일곱이고, 백보는 백 가지니까,

同時遍滿 不相留礙
동시변만 불상유애

동시에 변만遍滿하되, 서로 유애留礙하지 아니하고,

시방세계에 환하게 칠보 색이나 백보 색이 나타나는데, 서로 유애하질 않는다, 붉은빛 가운데 푸른빛이 장애가 되질 않고, 백보나 칠보 색이 그대로 다 두루 해진다는 말입니다.

서로 유애하질 않으니까,

青黃赤白 各各純現
청황적백 각각순현

청·황·적·백이 각각 순현하느니라.

백은 백대로 전부 나타나고, 또 청은 청대로 나타나고, 그러니까 한쪽에는 백으로 나타나고, 한쪽에는 청으로 나타나는 게 아니라 백으로 볼 때는 백색이 전부 다 나타나는데, 황색으로 볼 때는 황색으로 전부 나타나는 그게 각각순현입니다.

순현이란 다른 빛이 장애되질 않고 그 빛 자체만이 나타난다는 말입니다.

> **此名抑按功力踰分**
> 차 명 억 안 공 력 유 분

이 이름은 억안의 공력이 분分에 넘칠새,

제지초월制止超越이라는 말이나 유분이라는 말이나 같으니까 그런 까닭으로,

> **暫得如是 非爲聖證**
> 잠 득 여 시 비 위 성 증

잠시 이와 같음을 얻음일지언정 성증이 아니니,

> **不作聖心 名善境界**
> 부 작 성 심 명 선 경 계

성심을 짓지 아니하면 선경계라 이름하거니와,

> **若作聖解 卽受群邪**
> 약 작 성 해 즉 수 군 사

만일 성해를 지으면 곧 군사를 받으리라.

> **又以此心 硏究澄徹**
> 우 이 차 심 연 구 징 철

또 이 마음으로 연구함이 징철하여,

연구하여 맑고 고요하며 사무치게 공부를 해 가서,

> **精光不亂**
> 정 광 불 란

정광이 난亂하지 아니하면,

지금 우리가 글로 이렇게 보고 있지만 이만한 경계에 이르러 가려면, 우리가 색음이 없어진 경계에 이르러 가려고 하면, 색음만 없어져서 십신十信 가운데 초신初信에 들어가야 한다고 그랬습니다.

지금 우리는 초신을 보잘것없다고 여기지만, 천태 지자天台智者 선사도 오품제자위五品弟子位밖에 안 된다고 합니다.

또한 천태 지자의 스승 되는 혜사慧思 선사라는 스님이 계시는데, 그분도 간혜지乾慧地밖에 안 된다고, 그렇게 얘기한 데가 있습니다.

[편자 주] 혜사慧思는 지자智者의 제자인데 스승이라고 하신 것은 착각인 것 같음.

간혜지乾慧地를 지났으니 초신初信인데, 천태 지자 선사는 중국에서 학자로서나 공부한 힘으로 상당한 분 아닙니까?

현수賢首 대사도 등칭等稱하는 사람인데, 그런데 그이가 오품제자위밖에 안 되고, 그의 스승이신 혜사 선사라고 하는 이가 그보다는 나은데 간혜지밖에 안 되고, 초신에 아직 못 들어갔다는 겁니다. 그러니 이 마음이

나 되어야 초신에 든다, 이 말입니다.

언젠가 역경원에 있을 때의 일인데, 아마 충청도나 전라도 사람인 것 같은데, 나이가 40여 세, 근 50된 속인이 자기가 지금 색·수·상·행·식의 행음行陰 경계에 있다는 얘기를 하던 게 기억납니다.

색·수·상은 다 지나가 없어졌고, 행음의 경계에 있다고 몇 번인가 찾아왔는데, 그때 내가 이것을 번역해서 책으로 냈던 때입니다. 그 책을 보고 와서 자기가 지금 행음 경계에 있으니(行陰에 대한 얘기를 하면서) 이건 무슨 말이고, 이건 무슨 말이라고 얘기하는데, 참말 그런 경지에 들어갔는지, 또는 50종 변마辨魔 가운데 하나인지는 모르지만, 어쨌든 그런 사람이 두세 번 역경원엘 찾아왔었습니다.

忽於夜合 在暗室內
홀 어 야 합　재 암 실 내

문득 야합(밤중)에 암실 내에 있어서,

밖에도 빛이 없고, 안에도 빛이 없는 캄캄한 방 속에 있어서,

見種種物
견 종 종 물

종종의 물건을 보되,

방 안에 있는 물건을 보는 게 아니라 캄캄한 방 안에 있는데 왔다 갔다 하는 등이 다 보인다는 말입니다. 지금 여기 소疏에 이런 얘기가 있습니다.

이 종종의 물物을 보는 게 방 속에 원래 있던 물건들을 보는 게 아니고, 새로이 나는 경계를 본다고, 그렇게 얘길 했습니다.

예전에 어떤 사람이 가만히 고요한 방에 앉아서 공부를 하고 있는데, 문득 한 사람이 땅속에서 나오더랍니다. 캄캄한 방인데, 땅속에서 사람이 하나 나오는데, 또 하나는 벽 속에서 나와 서로 마주 서서 자기네끼리 얘길 하더니, 각기 벽에서 나왔던 이는 벽으로 들어가고 땅에서 나왔던 이는 땅으로 들어가는, 그런 걸 봤다는 겁니다.

여기의 견종종물見種種物이 그렇다는 얘깁니다. 본래 방 속에 있는 것을 본다는 그런 얘기가 아니고, 다른 오고 가는 걸 본다는 겁니다.

그래서 종종물을 보는데,

不殊白晝 而暗室物
불 수 백 주 이 암 실 물

백주와 다르지 않고 암실의 물物도,

이건 방 속에 있던 물건입니다.
방 속에 본래부터 있던 물건도,

亦不除滅
역 부 제 멸

또한 제멸하지 아니하리니,

그건 그대로 또 있다는 겁니다.

그건 그냥 두고 다른 것을 보게 된다, 캄캄한 방에서 그런 걸 다 보게 된다는 말입니다.

此名心細密澄其見
차 명 심 세 밀 징 기 견

이 이름이 마음이 세밀하고 그 봄이 밀징하여,

마음이 너무 정밀해서 그 소견, 보는 것을 비밀하고 맑게 하게 되어서 그래서 이걸 보게 된다는 것입니다.

그 보는 작용을 조용하고 맑게 한 것이니, 그래서,

所視洞幽
소 시 통 유

본 바가 유幽를 통洞할새,

통유는 유幽한 것이 드러나게 된다는 말입니다.
소시가 통유하게 되어서 그런 경계가 나타나게 되는 것이니,

暫得如是 非爲聖證
잠 득 여 시 비 위 성 증

잠시 이와 같음을 얻음일지언정 성증이 아니니,

不作聖心 名善境界
부 작 성 심   명 선 경 계

성심을 짓지 아니하면 선경계라 이름하거니와,

若作聖解 卽受群邪
약 작 성 해   즉 수 군 사

만일 성해를 지으면, 즉 군사를 받으리라.

又以此心
우 이 차 심

또 이 마음으로,

그러니까 공부가 더 높아가는 겁니다.

圓入虛融
원 입 허 융

원만히 허융함에 입ㅅ하면,

융融이란 산이 물이 되고, 물이 산이 되는 그런 거 아닙니까?

四體忽然 同於草木
사 체 홀 연 동 어 초 목

사체가 홀연히 초목과 같아서,

초목은 깎아 버려도 아픈 줄을 모르니까 내 사지가 홀연히 초목과 같아서,

火燒刀斫 曾無所覺
화 소 도 작 증 무 소 각

불로 태우고 칼로 깎아도 일찍이 각覺하는 바가 없으며,

깎이긴 하지만 감각을 못 한다. 아픈 줄을 모른다는 말입니다.
이건 타지 않는다는 말이 아닙니다. 타긴 타는데, 감각을 안 한다는 말입니다.
그게 한 가지이고,

又則火光 不能燒爇
우 즉 화 광 불 능 소 설

또는 화광이 능히 소설하지 못하고,

이것은 불을 갖다 대어도 타지 않는다는 말입니다. 위에는 불로 탄다고 말했지만, 이건 타는 줄을 모른다는 말입니다.

縱割其肉 猶如削木
종 할 기 육 유 여 삭 목

비록 그 육肉을 할割할지라도 마치 나무를 깎는 것과 같으리니,

살을 깎는다 해도 나무 깎는 것과 같아서 감각이 없다는 겁니다. 이런 경계가 나타나는 것이니,

此名塵併
차 명 진 병

이 이름이 진塵이 병소併消하고,

육진六塵 가운데 법진法塵은 말할 게 없으니까 오진五塵입니다. 오진으로 볼 수밖에 없습니다. 진이 따로따로 없어지는 게 아니라 한꺼번에 다 없어져 버려서 병併 자는 병소併消라 그럽니다.

한꺼번에 녹아 버려서,

排四大性
배 사 대 성

사대성을 배유排遺함이라,

가끔 사대성을 배척해 없애 버린다, 부인해 버려서 그래서 사대를 배俳하고, 진塵이 다 병소併消해 버렸는데, 깎는 것이 아프고 할 게 뭐 있느냐는 얘깁니다.

그래서,

> 一向入純
> 일 향 입 순

일향으로 순純에 입入할새,

정령精靈만이 순일純一한 데에 들어가서 그렇게 하는 것이니,

> 暫得如是 非爲聖證
> 잠 득 여 시 비 위 성 증

잠시 이와 같음을 얻음일지언정 성증이 아니니,

> 不作聖心 名善境界
> 부 작 성 심 명 선 경 계

성심을 짓지 아니하면 선경계라 이름하거니와,

> 若作聖解 卽受群邪
> 약 작 성 해 즉 수 군 사

만일 성해를 지으면 곧 군사를 받으리라.

> 又以此心 成就淸淨
> 우 이 차 심 성 취 청 정

또 이 마음으로 청정을 성취하여,

아주 청정하기만 하다. 즉 공부하는 소견만이지 다른 아무런 잡념이 없어지는 겁니다.

그렇게 해서,

> 淨心功極 忽見大地 十方山河 皆成佛國
> 정 심 공 극 홀 견 대 지 시 방 산 하 개 성 불 국

정심의 공功이 지극하면 홀연히 대지와 시방 산하가 다 불국을 이루며,

> 具足七寶 光明遍滿
> 구 족 칠 보 광 명 변 만

칠보가 구족하고 광명이 변만遍滿함을 볼 것이며,

그렇게 되기도 하고,

> 又見恒沙 諸佛如來 遍滿空界
> 우 견 항 사 제 불 여 래 변 만 공 계

또 항사의 제불여래가 공계空界에 변만遍滿하고,

樓殿華麗
누 전 화 려

누樓와 전殿이 화려함을 보며,

누각과 전당殿堂, 이건 부처님께서 계시는 곳입니다.
우견又見 그랬으니까 그런 걸 또 보는 겁니다.

下見地獄
하 견 지 옥

아래로는 지옥을 보고,

그만 여기 앉아서도 다 보이는 겁니다.

上觀天宮
상 관 천 궁

위로는 천궁天宮을 보되,

천당까지를 다 보되,

得無障礙
득 무 장 애

장애가 없으리라.

그런 경계가 나타나는데,

此名欣厭
차 명 흔 염

이 이름이 흔염하여,

번뇌망상이라든지 색음色陰이라는 장애를 싫어하고, 그것이 다 없어진 자리, 그것을 좋아한다는 말입니다. 그러니까 흔염은, 정토淨土는 좋아하고 예토穢土는 싫어한다는 말입니다.

부처님 국토는 좋아하고, 예토는 싫어하는 그것이,

凝想日深
응 상 일 심

응상이 날로 깊어지다가,

응凝 자는 얼음 얼듯이 흔들리지 않는다는 말입니다.

想久化成
상 구 화 성

상想이 오래하여 화성함일지언정,

그 응상일심凝想日深하는 생각을 오래하기 때문에 변화되어서 이런 경계가 나타나는 거라는 말입니다. 그러니까 이것은 마구니가 와서 하는 게 아니라 공부해 가면 참말 색음이 녹아지려고 하는 경계 때문에 이런 게 나타난다는 말입니다. 그러니까 이것은 색음이 욕파미파欲破未破라고 할 수 있습니다. 없어지려고 하면서 없어지지 않는 그 중간에 나타나는 거니까 욕파미파라 할 수 있습니다.

非爲聖證 不作聖心 名善境界
비 위 성 증 부 작 성 심 명 선 경 계

성증이 아니니 성심을 짓지 아니하면 선경계라 이름하거니와,

若作聖解 卽受群邪
약 작 성 해 즉 수 군 사

만일 성해를 지으면, 즉 군사를 받으리라.

[질문] 흔염欣厭의 좋을 흔欣 자와 싫어할 염厭 자를 좀 자세히 설명해 주십시오.

[답] 부처님 계신 정토를 좋아하고, 중생들 범부들이 있는 예토는 싫어하는, 즉 흔欣하고 염厭하는 흔정염추欣淨厭麤지요. 청정한 것을 좋아하고 거친 것은 싫어하여 그렇게 하는 생각이 오래가서 그렇게 되는 겁니다. 그러니까 불국토가 보이고 하는 것이 마구니 가운데 불국토는 사모하고 다

른 건 좋아하지 않으니까 그러는 겁니다.

> 又以此心 研究深遠
> 우 이 차 심   연 구 심 원

또 이 마음으로 연구하기를 심원하게 하면,

차차 공부가 더 깊어 가면,

> 忽於中夜 遙見遠方 市井街巷
> 홀 어 중 야   요 견 원 방   시 정 가 항

문득 중야에 멀리 원방의 시정이나 가항을 보며,

 가령 여기에서 30리라든지 백 리 멀리 있는 것, 시정은 시가지입니다. 지금도 우리가 시정이라고 하지만, 정井 자는 우물 정 자인데, 예전에는 시장이 따로 생기는 게 아니라 마을 사람들이 가령 한 곳에 열 집이 살든지, 다섯 집이 살든지 우물은 하나를 파고 먹었습니다. 제각기 우물을 파지는 않았다는 말입니다. 그때는 우물 하나를 파서 샘이 나는 것이 지관地官 중에도 용한 지관이나 그걸 판다고 생각했던 겁니다.

 지금은 아무나 파도 샘이 나는데, 그때는 그렇게 생각하지 않았습니다. 그 한 동네에 우물이 하나니까 아침저녁으로 사람들이 물을 길어 갑니다. 그래서 우물가에서 동네 사람이 서로 만나 화폐가 없어 사고 팔 수는 없으니까 나는 무엇 무엇이 있는데 무엇 무엇이 없다고 하면, 아 그러느냐고, 나는 쌀이 있는데 천이 없다고 해서 천 가진 사람이 쌀 가진 사람과 바꾸고 하는 그게 장터인데, 그걸 시정이라 한다는 겁니다. 뜻이 다른 데 있는 게 아니라 우물 가운데 시가지를 말한 것입니다.

가街란 좀 큰 거리이고, 항巷이란 골목이니까 조그만 거리인데, 그런 것을 보게 되는데, 시가지만 보는 게 아니라,

親族眷屬
친 족 권 속

친족, 권속을 보며,

친족이나 아는 사람들을 보기도 하고, 자기 권속을 다 만나보게 된다는 말입니다.

보게만 되는 게 아니라,

或聞其語
혹 문 기 어

혹 그의 말을 들나니,

그 사람들이 하는 말도 듣게 된다는 말입니다.

此名迫心 逼極飛出
차 명 박 심 핍 극 비 출

이 이름이 마음을 핍박함이 극極하여 비출한 것이니,

그 마음이 핍박하기를 극히 하니까 나왔다는 말입니다.

몸에 있던 것이 마음을 따라 나와 멀리 있는 시가지에 가서 거기 있는 사람에게 얘길 한다는 말입니다.

핍逼은 어서 공부를 해야겠다고 스스로 다그치는 것입니다.

故多隔見
고 다 격 견

고로 흔히 격隔함을 봄일지언정,

산천을 격隔해 가지고 본다는 말입니다. 간격을 두고서 보는 예가 많다는 말입니다. 여기 또 이런 얘기가 있습니다.

『정맥소正脈疏』의 얘기인데, 진감 국사眞鑑國師 자기도 봤다는 겁니다. 무엇을 보았는고 하니, 중국의 하남성河南省 가운데 이름난 중도 아니고, 보통 중이 한 사람 있는데, 중국 사전 찾아보면 있을 텐데, 어느 무슨 성을 '노'라고 아마 감숙성을 노라고 했던지, 뭐 그랬을 겁니다.

그래서 그 중이 노에 있었는데, 우연히 가만 앉아 있다 보니, 가만히 앉아 있다는 건 까닭 없이 앉은 게 아니라 공부를 했겠지요. 그러다가 문득 자기의 동네가 환하게 나타나는데 보니까 자기 형이 길을 가다가 관리들에게 붙들려 매를 맞고 있더랍니다. 지금 말로 하자면 순경이나 이런 사람들이 고문하는 그런 것을 보았다는 말입니다. 그러니 그때는 낮이었답니다.

지금은 중야中夜에 봤다는 건데, 이 사람은 낮에 그런 걸 봤다는 겁니다. 그래서 이상하다고 생각이 되어 아무 때 어느 날 자기의 형이 고향에서 관리들에게 붙들려 매 맞고 있었다는 것을 기억해 두었는데, 그 후 얼마 지나지 않아 고향 사람이 와서 당신 형이 이러이러한 일을 당했노라고 하더랍니다. 그러니 지금 이 얘기는 자기가 그걸 봤다는 말입니다. 그런 일이 참말 있다는 걸 증명하는 말입니다.

그렇게 한 게 많은 것이,

> 非爲聖證 不作聖心 名善境界
> 비 위 성 증 부 작 성 심 명 선 경 계

성증이 아니니 성심을 짓지 아니하면 선경계라 이름하거니와,

> 若作聖解 卽受群邪
> 약 작 성 해 즉 수 군 사

만일 성해를 지으면 곧 군사를 받으리라.

> 又以此心 研究精極
> 우 이 차 심 연 구 정 극

또 이 마음으로 연구함을 정극精極히 하면,

앞에는 심원深遠인데, 그보다 더해 가는 게 정극입니다.

정미로움을 지극히 하면,

見善知識 形體變移
견 선 지 식 형 체 변 이

선지식의 형체가 변이함을 보되,

참말 있는 선지식이 아니라 그 사람에게만 보이는 선지식입니다.

이 말은 가령 수염이 없던 사람이 수염이 난다든지, 늙었던 사람이 젊어진다든지 지금 현재 변한다는 말입니다.

그러니까 변해지는데,

少選無端 種種遷改
소 선 무 단 종 종 천 개

소선 동안에 무단히 종종으로 천개하리니,

여러 가지 이렇게 되었다 저렇게 되었다, 남자가 되었다 여자가 되었다 하는 그런 것을 보게 된다는 말입니다. 이 선지식은 참말 있는 선지식이 아니라 공부하는 사람에게만 나타나는 선지식입니다.

此名邪心
차 명 사 심

이 이름이 사邪한 마음으로,

잘못 생각하는 이 마음이,

含受魑魅
함 수 이 매

이매를 함수하거나,

이건 참말 밖에 있는 도깨비입니다. 지금 이 아홉 가지까지는 자기의 마음속에서 나오는 경계지만, 여기는 끝에 가서 도깨비가 나옵니다.

或遭天魔 入其心腹 無端說法
혹 조 천 마 입 기 심 복 무 단 설 법

혹은 천마가 그 심복에 들어감을 만나 무단히 설법하여,

지금 선지식을 보는 이 사람이 무단히 설법하고,

通達妙義
통 달 묘 의

묘의를 통달함일지언정,

이건 선지식이 한다는 말이 아니라 마구니가 이 사람의 심복 속에 들어갔기 때문에 이 사람이 예전엔 못하던 법문을 얘기하고, 또 진리를 얘기하고 이렇게 된다는 말입니다. 묘리를 다 통달했다고 하는데, 지금 마구니 때문에 이렇게 되는 게지요.

> 非爲聖證 不作聖心 魔事銷歇
> 비 위 성 증 부 작 성 심 마 사 소 헐

성증이 아니니 성심을 짓지 아니하면 마사가 소헐하려니와,

> 若作聖解 卽受群邪
> 약 작 성 해 즉 수 군 사

만일 성해를 지으면 곧 군사를 받으리라.

> 阿難 如是十種 禪那現境
> 아 난 여 시 십 종 선 나 현 경

아난아, 이와 같은 10종의 선나의 경境이 나타남은,

선나라고 하는 건 지금의 참선이 아닙니다. 선정하고 앉아서 반문返聞 공부하는 것이지, 지금의 참선을 말하는 것이 아닙니다.

선나의 경계가 이런 여러 가지가 나타나는 것은,

> 皆是色陰
> 개 시 색 음

다 이 색음에 대해서,

지금 색음을 끊어 버리려고 하는 거니까 색음에 대해서,

用心交互
용 심 교 호

용심이 교호할새,

교交 자는 색음과 내 공부하는 것이 서로 싸운다는 말이고, 호互 자는 싸우는데, 어떤 때는 내가 이기고 어떤 때는 저가 이겨서 내가 이기면 좋은 경계가 나타나고, 내가 지면 그런 게 없어지는, 그게 용심교호입니다.

이 아래는 이렇게 하는 게 용심교호라고 되어 있습니다. 교交 자는 서로 전쟁을 한다는 말이고, 호互 자는 전쟁을 하는데, 이기기도 하고 지기도 한다는 말입니다.

그렇기 때문에,

故現斯事
고 현 사 사

고로 이런 일이 나타난 것이거늘,

열 가지 마구니가 나타나는데,

衆生頑迷 不自忖量
중 생 완 미 부 자 촌 량

중생이 완미하여 스스로 양을 헤아리지 못하고,

생각하질 못한다, 자기의 공부가 어떤 경계에까지 이르렀는지 생각하질 못한다는 얘깁니다.

지금 색음도 아주 없어진 경계가 아니니까 선경계이지만, 자기가 지금 얼마나 공부했고, 얼마만한 정도에 있는 그걸 모르기 때문에,

> 逢此因緣 迷不自識
> 봉 차 인 연 미 부 자 식

이 인연을 만나매 미迷하여 스스로 알지 못하여,

이것이 마구니 경계인 줄을 모른다, 이것이 좋은 경계를 얻은 게 아닌 줄 모르는 거지요. 미부자식이라는 말은, 선경계가 아닌 줄 모른다는 말입니다.

그렇게 하고는,

> 謂言登聖
> 위 언 등 성

성聖에 올랐다 말하면,

모르기 때문에, 그러니까 성聖은 증證하지 못하고 성에 올라갔다고 하니,

> 大妄語成 墮無間獄
> 대 망 어 성 타 무 간 옥

대망어를 이루어 무간옥에 떨어지리라.

그러니까 색음 가운데 있는 열 가지의 마구니 가운데 저 위에서와 같이 선경계가 성증이 아니니까 으레 이렇게 되는 줄 알고 거기에 속지 않으면 괜찮겠지만, 그건 나쁜 경계는 아니지만 속으면 안 된다는 얘깁니다.

汝等當依
여 등 당 의

너희 등이 마땅히 의지하여,

여기 있는 그대로 의지해서,

如來滅後 於末法中 宣示斯義
여 래 멸 후 어 말 법 중 선 시 사 의

여래가 멸한 후 말법 중에 이 뜻을 선시하여,

이런 뜻을 다 얘기해서 공부하는 사람들이 여기에 속지 않게 한다는 말입니다.

無令天魔 得其方便
무 령 천 마 득 기 방 편

천마로 하여금 그 방편을 얻지 못하게 하며,

천마가 공부하는 사람의 짬을, 방편을 얻지 못하게 하고, 그렇게 해서,

> **保持覆護 成無上道**
> 보 지 복 호 성 무 상 도

보지하고 복호하여 무상도를 이루게 하라.

마구니의 얘기를 하고는 여기의 아난과 그때에 있는 사람들에게 이른 법이니, 이런 것을 후세에 얘기해서 후래後來의 공부하는 사람이 잘못되지 않도록 하게 하라는 말입니다.

여기까지 색음을 얘기하고, 이제 수음을 얘기합니다.

3) 수음受陰의 마魔

> **阿難 彼善男子 修三摩提 奢摩他中**
> 아 난 피 선 남 자 수 삼 마 제 사 마 타 중

아난아, 저 선남자가 삼마제와 사마타를 닦는 가운데,

삼마제는 관觀이고, 사마타는 지止입니다. 지와 관을 닦는 겁니다.

> **色陰盡者 見諸佛心**
> 색 음 진 자 견 제 불 심

색음이 다한 이는 제불의 심心을 보되,

부처님 마음을 보는 것이 그만 환하게 된다. 부처님 마음이 내내 자기 마음이지요. 부처님 마음을 보게 되는데, 그전에는 보지 못했는데, 색음이 없어지니까 보게 된다, 이 말입니다.

如明鏡中 顯現其像
여 명 경 중 현 현 기 상

명경 중에 그 상像이 현현함과 같아서,

비춰 본다, 그 말입니다. 그러니까 분명하게 본다는 말인데, 거울 가운데 색상이 나타나는 걸 보는데, 아직도 수음受陰 가운데 있으니까 그냥 보는 건 아닐 겁니다. 그래서 거울 가운데 나타나는 것과 같이 보게 된다, 몸에 색음이 없어진다는 겁니다.

우리는 색음을 가지고 있기 때문에 뭘 못 하는데, 색음이 다했다고 하면 몸에 대한 색음만 다해지는 게 아니라 밖에 대한 장애까지도 다해진다는 말입니다.

그러니까 그만치 보게 되는 것이고,

若有所得
약 유 소 득

소득이 있는 듯하나,

약若 자는 그런 듯하다는 말이고, 얻은 바라고 하는 건 거울 가운데 부처님 마음을 현상과 같이 환하게 보게 되니까 모든 있는 게 색음이 다해 없

어지고, 부처님 마음을 얻은 것 같으나,

| 而未能用 |
| 이 미 능 용 |

능히 쓰지 못함이,

　용用이 자재하질 못하다. 자재하게 해야겠는데, 아직도 수음受陰에 가리어 있으니까 자재하게 수용하지 못한다. 소득이, 얻음이 있다는 건 부처님 마음을 보게 된다는 말이고, 능히 용用하지 못하다는 건 자유자재하지 못하다는 말입니다.

| 猶如魘人 手足宛然 |
| 유 여 엽 인 수 족 완 연 |

마치 가위 눌린 사람이 수족이 완연하고,

　이건 엽魘, 가위 눌린다는 말인데, 그냥 잠꼬대하는 것은 염이라고 그랬고, 가위 눌린다고 할 때는 엽이라고 한다고 그럽니다.
　가위 눌린 사람이 가위가 눌려서 활동은 못 하지만, 보는 것은 분명하니,

| 見聞不惑 |
| 견 문 불 혹 |

보고 들음이 의혹할 게 없으나,

가위 눌린 사람이 가위에 눌려서 맘대로 자재하지는 못하지만, 수족이 완연하고 견문이 불혹이라, 수족이 완연하고 견문불혹하다는 말은 약유소득若有所得, 그것을 가리키는 말입니다.

心觸客邪
심 촉 객 사

마음이 객사에 촉觸하여,

내 자체가 아니고 밖의 것이니까 객客이라 했고, 옳은 것이 아니니까 사邪라, 사마邪魔라 했습니다.
그래서 객사에 촉했기 때문에, 가위 눌림에 걸렸기 때문에,

而不能動
이 불 능 동

능히 동하지 못하는 듯하리니,

눈 뜨고 본다든지 가위 눌린 상相이 움직이지 못하지만 가위 눌린, 즉 심촉객사心觸客邪하되, 이불능동而不能動이라 하는 것이 작용을 못 한다는 말이고,

此則名爲受陰區宇
차 즉 명 위 수 음 구 우

이는 곧 이름을 수음의 구우라 하느니라.

객사客邪에 촉촉觸한 것이 수음인데, 수음 가운데 얽혀 있다는 말입니다. 수음만 벗어날 것 같으면 자유자재할 텐데, 수음이 벗겨지지 못했기 때문에 그런 것을 한다는 말입니다.

질문 구우區宇는 구역 안에 들어가 있다는 말입니까?
답 구區 자는 구역 안이라는 말이고, 우宇 자는 지붕이 덮인 것을 말하는데, 그러니까 구역 안에 얽혀서 그 밖엘 나오지 못한다는 말입니다. 수음 속에서 나오지 못한다. 수음 속에 가리어 있다는 말입니다.

若魘咎歇
약 엽 구 헐

만일 엽魘의 구咎가 쉬면,

그러니까 쉰다는 말은 수음구우受陰區宇가 다한다는 말입니다.

其心離身
기 심 이 신

그 마음이 몸을 이離하여,

지금 우리가 내 몸이라고 하는 것은 수음受陰이 있기 때문인데, 그러니까 이 몸이 내 몸이라 하고, 온갖 것이 내 몸속에 있는 것이라고 하는 게 수음이 있기 때문인데, 그게 떨어지면 수受라고 하는 것은 자체에 있는 주

위 환경을 육근으로 받아들이는 것이니까, 그래서 국한이 되어서 몸속에 마음이 있는 줄 알지, 온 우주 전체가 내 마음인 줄을 모르고 있는 것입니다. 그러니까 지금 수음이 없어지면 마음이 몸을 떠나니까 자유자재하다, 몸에 국한되지 않게 된다는 겁니다.

몸을 떠나서,

返觀其面
반 관 기 면

그 얼굴을 반관하게 되며,

몸을 떠나지 못하니까, 몸속에 있는 줄 알고 있으니까 내 얼굴을 못 보는 겁니다. 몸을 떠났으니까 반관하게 됩니다.

몸속을 떠난다고 할 것 같으면 어디든지 자유자재하게 될 겁니다.

去住自由 無復留礙
거 주 자 유 무 부 유 애

거去하고 주住함에 자유하여 다시 유애함이 없으면,

조금도 거기에 장애가, 즉 거주가 부자유하지 않다는 말입니다.

그렇게 되면,

名受陰盡
명 수 음 진

이름이 수음이 다함이라.

그러니까 이제 작용은 다 없어졌고, 수음구우受陰區宇에 있다가 수음이 다해질 때까지 그동안을 지금 얘기하는 겁니다.

是人則能超越見濁
시 인 즉 능 초 월 견 탁

이 사람은 능히 견탁을 초월하리니,

시인이란 수음이 다한 사람입니다. 어째서 수음이 다하면 견탁을 초월하게 되느냐?

觀其所由 虛明妄想 以爲其本
관 기 소 유 허 명 망 상 이 위 기 본

그 소유를 관하면 허명한 망상으로 그 근본을 삼기 때문이니라.

허虛하고 명明하다, 실체가 있는 것이 아니고 허하고 환하게 밝은 겁니다.

허명망상이 수음受陰의 근본이 되었기 때문에, 즉 견탁見濁의 근본이 되었기 때문에 수음이 다하면 견탁을 초월한다, 허명한 망상으로 견탁의 근본을 삼았기 때문에 그렇게 된다는 말입니다.

그래서 수음구우에 있는 것과 수음을 떠나는 것을 말했습니다. 그 중간에서 수음이 다하는 때까지의 마구니 얘깁니다.

> 阿難 彼善男子 當在此中
> 아 난 피 선 남 자 당 재 차 중

아난아, 저 선남자가 마땅히 차중에 있어서,

이 가운데라는 건 수음구우受陰區宇 속에서 수음이 다하는 때까지, 말하자면 색음이 진盡한 가운데서 수음이 다할 때까지의 그 가운데에서,

> 得大光耀
> 득 대 광 요

대광이 요耀함을 얻고,

환하게 밝아진다는 말입니다.
저 위에서도 색음이 진盡하는 때는 시방세계가 다 환하게 밝아진다, 그랬습니다.

> 其心發明
> 기 심 발 명

그 마음이 발명하여,

그렇게 될 때에 이건 색음이 다하는 때를 가리키는 말입니다.
색음이 다하고, 이건 수음이 환하게 밝아지는 게니까 광명을 얻어서 그 마음이 명명을 발發하게 되면, 그런 경지에 이르러 가지고 환하게 되면, 그때에,

內抑過分
내 억 과 분

안으로 억누름이 분分을 넘으면,

내가 어째서 이렇게 된 것인가를 모르고 이렇듯 색음 속에 있었는가 하는 겁니다. 지금껏 자기가 몰랐던 것이 다 자기의 허물이라고, 잘못된 그것을 깊이 생각해서 그것을 억누르는 겁니다. 그렇게 해 가지고 이제 수음까지 다하려고 하는데, 그 수음 없애는, 진盡하는 것을 찬찬히 공부해 나가야 할 텐데, 한꺼번에 하려는 그게 내억과분입니다. 그렇게 하게 되면 과분한 게 허물이 되는 것입니다.

忽於其處
홀 어 기 처

홀연히 그곳에서,

지금 대광요大光耀를 얻고 마음을 발명한 그 가운데서,

發無窮悲
발 무 궁 비

무궁한 비悲를 발하며,

내가 지금까지도 어째서 중생 노릇을 했던가 하는 슬픔입니다.

如是乃至 觀見蚊蝱
여 시 내 지 관 견 문 맹

이와 같이 내지 문맹을 관견하여도,

그렇게 발發해 가지고서 지나가는 동안을 가리키는 말입니다.
그러니까 하잘것없는 미물을 보면서도,

猶如赤子
유 여 적 자

적자와 같이하며,

적자를 보듯이 그렇게 생각을 한다는 말입니다. 불쌍한 생각을 내기 때문에 이렇게 된다는 말입니다.

心生憐愍
심 생 연 민

마음에 연민을 생하여,

파리나 모기 같은 것을 보면서 연민한 생각을 내서,

不覺流淚
불 각 유 루

모르는 새에 눈물을 흘리리라.

불쌍하다고, 어쨌든지 저들을 다 구해야겠다고 운다는 말입니다.

此名功用
차 명 공 용

이 이름이 공용으로,

수음까지 없애려고 하는 그런 공부하는 공용이,

抑摧過越
억 최 과 월

억최함이 과월한 것이니,

빨리, 지금 오래가기 전에 빨리 하겠다는, 내 자신을 억복抑伏하고 최절摧折하는 것이 너무 지나치게 과월함을 가리키는 말입니다. 그래서 이렇게 파리 같은 것을 보고도 적자赤子와 같이 생각한다는 말입니다.

悟則無咎
오 즉 무 구

깨달은즉 허물이 없거니와,

억최과월抑摧過越하기 때문에 이런 것인 줄 깨달으면 그것은 허물이 없

겠지만, 지금 파리 등을 보고 불쌍하게 여기는 경계가,

非爲聖證 覺了不迷
비 위 성 증 각 료 불 미

성증이 아님이니, 각료하여 미迷하지 아니하여,

자기가 그러는 것이 과월過越해서 그런 줄 알고 미迷하지 아니하면,

久自銷歇
구 자 소 헐

오래되면 스스로 소헐하려니와,

비悲를 내고 하던 경계가 오래되면 그건 다 없어지고, 처음부터 공부하던 때 원자리로 돌아온다는 말입니다.
그렇게 되겠지만,

若作聖解
약 작 성 해

만일 성聖의 해解를 지으면,

이렇게 되는 것을 내가 시방제불이 뭇 중생을 사랑한 것과 같이 나도 그렇게 되었다고, 이런 생각을 할 것 같으면,

則有悲魔
즉 유 비 마

곧 비마가,

비悲가 마魔가 된다는 말입니다.

入其心腑[7] 見人則悲
입 기 심 부 견 인 즉 비

그 심부에 들어서 사람을 본즉 슬퍼하며,

어떤 사람이고 보기만 하면 비悲를 내어서,

啼泣無限
제 읍 무 한

제읍함이 한량없으리니,

失於正受
실 어 정 수

정수를 잃을새,

---

7 고려대장경에는 부腑로 되어 있으나, 원본 · 명본에는 본문과 같이 되어 있다.

정수는 삼매三昧입니다.

본래부터 공부하던 삼매, 반문자성返聞自性하는 공부하는 삼매입니다.

當從淪墜
당 종 윤 추

마땅히 윤추함을 좇으리라.

阿難 又彼定中 諸善男子 見色陰銷 受陰明白 勝相
아 난 우 피 정 중 제 선 남 자 견 색 음 소 수 음 명 백 승 상
現前
현 전

아난아, 또 저 정定 중의 선남자가 색음이 소銷하고 수음이 명백하여 승상이 현전함을 보고,

색음이 멸해져서 시방세계를 환하게 다 볼 수 있는 광명이 나타나는데, 그 묘한 현상이 앞에 나타날 때에,

感激過分
감 격 과 분

감격함이 과분하면,

참 좋은 것이다, 이렇게 생각하는 경계가 나타나는 것이니, 감격하는

것이 분에 넘치게 되면,

忽於其中 生無限勇
홀 어 기 중 생 무 한 용

문득 그중에서 무한한 용용을 생하며,

其心猛利 志齊諸佛
기 심 맹 리 지 제 제 불

그 마음이 맹리하여 뜻이 제불과 같은 듯하여,

내가 부처님 다 되었거니 이렇게 생각을 한다는 말입니다.

謂三僧祇
위 삼 승 기

이르되 3아승기를,

3아승기겁을 닦아야 할 텐데,

一念能越
일 념 능 월

일념에 능히 넘으리라 하면,

잠깐 사이에 3아승기겁을 다 지나서 곧 성불하게 될 거라는 이런 생각을 가진다는 얘깁니다.

> 此名功用凌率過越
> 차 명 공 용 능 솔 과 월

이 이름이 공용으로 능솔함이 과월함이라.

업신여긴다, 뭐 3아승기겁까지 갈 것 없이 곧 된다고, 솔率 자는 경솔히 한다는 뜻입니다.

> 悟則無咎 非爲聖證 覺了不迷 久自銷歇
> 오 즉 무 구 비 위 성 증 각 료 불 미 구 자 소 헐

깨달은즉 허물이 없거니와 성증이 아님이니, 각료하여 미迷하지 아니하여 오래되면 스스로 소헐하려니와,

> 若作聖解 則有狂魔 入其心腑 見人則誇
> 약 작 성 해 즉 유 광 마 입 기 심 부 견 인 즉 과

만일 성해를 지으면, 즉 광마가 그 심부에 들어 사람을 본즉 자랑하여,

사람을 보기만 하면 내가 이렇게 되었다고 자랑해, 과誇 자는 자랑할 과 자입니다.

我慢無比
아 만 무 비

아만이 比비할 게 없어서,

내가 제일이다 하는, 다른 사람들을 업신여기고 하는 아만이 비할 데가 없어서,

其心乃至 上不見佛 下不見人
기 심 내 지 상 불 견 불 하 불 견 인

그 마음에 위로 부처님도 보이지 않고 아래로 사람도 보이지 아니하기에 이르니,

내가 부처이지 부처님이 나보다 나을 게 없다고 부처님을 보지도 아니하고는, 자기가 제일이라고 한다는 말입니다.

失於正受 當從淪墜
실 어 정 수 당 종 윤 추

정수를 실失할새, 마땅히 윤추를 좇으리라.

又彼定中 諸善男子 見色陰銷 受陰明白
우 피 정 중 제 선 남 자 견 색 음 소 수 음 명 백

또 저 정定 중의 선남자가 색음이 소銷하고, 수음이 명백하여,

前無新證
전 무 신 증

전엔 새로 증證함이 없고,

색음은 없어졌지만 수음이 아직 없어지지 않아서 새로 증證한 게 없고,

歸失故居
귀 실 고 거

돌아가 고거가 없음을 보고,

돌아오려고 하면 예전에 있던 것을 잊어버렸다는 그것이, 고거는 색음이니까, 색음은 없어졌으니까 고거를 잃어버려서,

智力衰微
지 력 쇠 미

지력이 쇠미하여,

이렇게 되어도 수음이 다할 때까지 공부를 계속해 나가야 할 텐데, 그렇게 할 만한 힘이 없다는 겁니다.

入中墮地
입 중 휴 지

중휴지에 들어서,

아무것도 없는 땅, 휴墮 자는 없어졌다는 말입니다.

색음은 녹이고, 수음은 아직 없어지지 않은 그게 중휴지입니다. 그 중휴지란 전무신증前無新證하고 귀실고거歸失故居한 그 중간이라는 말입니다.

그 중휴지에 들어가게 되어서,

迥無所見
형 무 소 견

훤칠히 보이는 바가 없으면,

아무것도 보이는 바가 없어서 그만 중간에 있게 되는 겁니다.

그래서 그렇게 될 때에,

心中忽然 生大枯渴
심 중 홀 연 생 대 고 갈

심중에 홀연히 대고갈을 생하여,

마음 가운데 어떻게 하나 하고, 즉 뒤로 돌아갈 데도 없고 앞으로 나아갈 데도 없으니 어떡하나 하고, 마음이 그만 고갈해 빼빼 마르듯이 갈앙하는 그런 생각이 생겨서,

於一切時
어 일 체 시

일체 시에,

이게 병입니다.

沈憶不散
침 억 불 산

침억함이 흩어지지 아니하거든,

어떻게 되느냐 하면 침억, 가만히 있어서 생각하는 것이 계속 흩어지지 않고, 그 생각만을 가지고 있다는 말입니다.

將此以爲勤精進相
장 차 이 위 근 정 진 상

이것을 가져 부지런히 정진하는 상相이라 여기리라.

이렇게 하는 것이 내가 부지런히 정진하는 것이다, 이렇게 침억불산沈憶不散하는 것이 수음이 다하는 것이라고, 이렇게 생각을 하게 된다는 얘깁니다.

此名修心
차 명 수 심

이 이름이 마음을 닦아,

본래부터 이 삼마지를 닦는데,

無慧自失
무 혜 자 실

지혜가 없어 스스로 잃은 것이라,

공부하던 것이니까 색음이 녹아지고, 수음 가운데서 지혜가 있으면 어떻게 해서든 늘 꾸준히 정진해 나가면 될 텐데, 그런 지혜가 없어서 스스로 잃어버리는 것이니,

悟則無咎 非爲聖證 若作聖解 則有憶魔
오 즉 무 구 비 위 성 증 약 작 성 해 즉 유 억 마

깨달은즉 허물이 없거니와 성증이 아니니, 만일 성해를 지으면 곧 억마가,

침억불산沈憶不散하는 가만히 생각하는 마魔가,

入其心腑 旦夕撮心
입 기 심 부 단 석 촬 심

그 심부에 들어 단석으로 마음을 촬撮하여,

아침 조朝 자나 아침 단旦 자나 뜻이 같은데, 조선 5백 년을 내려오면서 이성계의 이름이 아침 단旦 자가 되어서 우리나라 사람은 조르라 하고, 중국에서도 주공周公의 이름이 단旦이어서 조라 한다고 그럽니다.

그러니까 늘, 밤낮으로, 그 말입니다.

촬撮 자는 거머쥔다, 마음을 거머쥔다는 말입니다.

懸在一處
현 재 일 처

일처에 달려 있으리니,

그래서 생각이 침억불산沈憶不散해 가지고 있다는 말입니다.
한 곳에 마음을 가지고 있어서,

失於正受 當從淪墜
실 어 정 수 당 종 윤 추

정수를 잃을새, 마땅히 윤추함을 좇으리라.

又彼定中 諸善男子 見色陰銷 受陰明白
우 피 정 중 제 선 남 자 견 색 음 소 수 음 명 백

또 저 정定 중의 선남자가 색음이 소銷하고 수음이 명백함을 보고,

慧力過定
혜 력 과 정

혜력이 정定을 지나,

위에는 지혜가 없었는데, 이제는 지혜가 너무 날카로워져서 정定과 혜慧가 구족되어야 하는데, 그렇지를 못하고, 지혜가 정定보다 지나쳐서 지혜가 더 많다는 얘깁니다.

그래서,

失於猛利
실 어 맹 리

맹리함 때문에 잃으면,

너무 날카로워 잃어버리는 것이니,

以諸勝性
이 제 승 성

모든 수승한 성품이,

섞음이 없어진 그 지혜에서 수승하다고 하는 생각을,

懷於心中
회 어 심 중

심중에 회懷하여,

내가 이제 이만하면 되었다, 이러는 겁니다.

自心已疑是盧舍那
자 심 이 의 시 노 사 나

자심이 이미 이 노사나불인가 의심하여,

내가 이제 노사나불이 되었거니 하고 의심하는 겁니다.
해서,

得少爲足
득 소 위 족

소少를 얻어 족함을 삼으리라.

그래서 만족함이 생겨서 더 공부하려고 하지 않는다는 말입니다.

此名用心
차 명 용 심

이 이름이 마음을 쓰되,

공부하는 삼마지를 닦는데, 공부를 해 가는데, 용심하는데,

亡失恒審
망 실 항 심

항상 함과 살핌을 망실하고,

항상 하고 늘 살피는 것, 자기의 경계가 어느 때에 있는 줄을 알아 가지고 그만치 공부해 나가야 할 텐데, 그것을 잊어버리고 그만 다 되었다, 이러는 겁니다.

항恒하고 심審하는 것을 잃어버리고서,

溺於知見
익 어 지 견

지견에 빠진 것이라.

悟則無咎 非爲聖證 若作聖解
오 즉 무 구 비 위 성 증 약 작 성 해

깨달은즉 허물이 없거니와 성증이 아니니, 만일 성해를 지으면,

則有下劣 易知足魔
즉 유 하 열 이 지 족 마

곧 하열한 이지족의 마魔가,

용이하게 넉넉하다고 하는, 쉽게 이만하면 넉넉하다고 하는 하열하고 지족知足한 마구니가 있어서,

> 入其心腑 見人自言 我得無上 第一義諦
> 입 기 심 부 견 인 자 언 아 득 무 상 제 일 의 제

그 심부에 들어 사람을 보고 스스로 말하되, 내가 무상한 제일의제를 얻었다 하리니,

> 失於正受 當從淪墜
> 실 어 정 수 당 종 윤 추

정수를 잃을새, 마땅히 윤추함을 좇으리라.

> 又彼定中 諸善男子 見色陰銷 受陰明白 新證未獲
> 우 피 정 중 제 선 남 자 견 색 음 소 수 음 명 백 신 증 미 획
> 故心已亡
> 고 심 이 망

또 저 정정 중의 선남자가 색음이 소銷하고 수음이 명백하여 신증함을 얻지 못하고, 고심이 없음을 보고는,

저 위에서와 같은 말로서 새로 증證한 것은 수음이 녹아 버리지 않았다는 말이고, 고심이망이란 예전 마음이 없어졌다는 말입니다. 색음은 다 없

어져 버렸으니까.

그래서,

> **歷覽二際**
> 역 람 이 제

이제를 두루 남覽하고,

이제는 과거와 현재입니다. 과거와 현재를 역람歷覽, 죽 생각해 보면,

> **自生艱險**
> 자 생 간 험

스스로 간험함을 생하면,

어떡하나, 너무 험난하고 힘들다는 생각을 내게 된다는 말입니다. 새로 나와 생기는 건 없고, 옛 자취는 잃어버리고 해서,

> **於心忽然 生無盡憂**
> 어 심 홀 연 생 무 진 우

홀연히 마음에 무진한 근심을 생하여,

> **如坐鐵牀**
> 여 좌 철 상

철상에 앉은 듯하고,

이 무쇠 평상이란 그냥 무쇠로 만든 평상일 뿐만 아니라 거기에다 불을 대서 뜨거운 걸 가리키는 말입니다.

如飮毒藥
여 음 독 약

독약을 마신 것과 같아서,

독약을 먹었으니 죽을까 걱정하는 겁니다.
독약을 먹은 것과 같이 생각을 해서,

心不欲活
심 불 욕 활

마음에 살고자 함이 없어서,

마음 가운데 죽는다고 살려고 하질 않아서,

常求於人 令害其命
상 구 어 인 영 해 기 명

항상 사람에게 하여금 그 목숨 살해하기를 구하여,

목숨을 끊으면 해탈할 테니까 어서 자기 목숨을 해쳐 달라고 한다는 말입니다.

> **早取解脫**
> 조 취 해 탈

일찍이 해탈을 취한다 하리라.

> **此名修行 失於方便**
> 차 명 수 행 실 어 방 편

이 이름이 수행하다가 방편을 잃은 것이라.

    수행을 하지만 방편을 잃어버린 겁니다. 즉 지혜가 너무 예리해서 방편을 잃어버렸다는 말입니다. 그래서 공부하는 방편을 그대로 보고 해야 할텐데, 그렇지 못하고 잃어버린 것이니,

> **悟則無咎 非爲聖證**
> 오 즉 무 구 비 위 성 증

깨달은즉 허물이 없거니와 성증이 아니니,

> **若作聖解 則有一分 常憂愁魔**
> 약 작 성 해 즉 유 일 분 상 우 수 마

만일 성해를 지으면, 즉 일분으로 항상 우수하는 마魔가,

항상 걱정하고 근심하는 마구니가 있어서,

> 入其心腑 手執刀劍 自割其肉
> 입 기 심 부　수 집 도 검　자 할 기 육

그 심부에 들어서 손에 도검을 잡고 스스로 그 육肉을 베면서,

> 欣其捨壽 或常憂愁
> 흔 기 사 수　혹 상 우 수

목숨 버리기를 좋아하고, 혹은 항상 우수하여,

어서 내가 죽어야겠다고 살을 오려낸다는, 그런 이도 있다는 얘깁니다.

> 走入山林 不耐見人
> 주 입 산 림　불 내 견 인

산림으로 달아나 들어서 사람 보기를 견디지 못하리니,

사람 보는 걸 아주 싫어해서 몰래 혼자 도망을 가 있고 한다는 말입니다.

> 失於正受 當從淪墜
> 실 어 정 수　당 종 윤 추

정수를 잃을새, 마땅히 윤추淪墜함을 좇으리라.

> 又彼定中 諸善男子 見色陰銷 受陰明白 處淸淨中
> 우피정중 제선남자 견색음소 수음명백 처청정중

또 저 정정 중의 모든 선남자가 색음이 소소銷하고 수음이 명백함을 보고 청정 중에 처하여,

색음까지 없어지니까 청정한 가운데 처해서,

> 心安隱後 忽然自有 無限喜生
> 심안은후 홀연자유 무한희생

마음이 안은한 후에 홀연히 스스로 무한한 희흠를 생함이 있어,

마음이 안온安穩해지니 아주 좋다고 하는 무한희를 내어서,

> 心中歡悅 不能自止
> 심중환열 불능자지

심중에 환열함을 능히 스스로 그치지 못하리라.

기쁜 경계를 스스로 그치지 못하고 희마喜魔에 빠지게 된다는 말입니다.

此名輕安
차 명 경 안

이 이름이 경안함을,

경안이란 참선을 해 가지고 색음이 녹아지고, 수음의 가운데 있는 것인데,

無慧自禁
무 혜 자 금

스스로 금할 지혜가 없는 것이라.

그 경안한 경계를 금할 지혜가 없다는 말입니다.
이건 없을 무無 자를 두 번 새겨야 할 겁니다.
'지혜가 없어서 스스로 금하질 못한다', 우리말로 그렇게 해야 합니다.
지혜가 있으면 그걸 제지할 텐데, 그렇지를 못하니, 그래서,

悟則無咎 非爲聖證
오 즉 무 구 비 위 성 증

깨달은즉 허물이 없거니와 성증이 아니니,

若作聖解 則有一分 好喜樂魔
약 작 성 해 즉 유 일 분 호 희 락 마

만일 성해를 지으면 일분으로 희락을 좋아하는 마(魔)가,

항상 늘 기쁘고 즐겁다는 그런 마구니가 있어서,

入其心腑 見人則笑
입 기 심 부 견 인 즉 소

그 심부에 들어서 사람을 본즉 웃으며,

於衢路傍 自歌自舞
어 구 로 방 자 가 자 무

구로방에서 스스로 노래하고 스스로 춤추며,

自謂已得無礙解脫
자 위 이 득 무 애 해 탈

스스로 이르되, 이미 무애해탈을 얻었다 하리니,

내가 무애해탈을 얻어서 아무렇게나 해도 된다고, 그렇게 하고 다니는 것이니,

失於正受 當從淪墜
실 어 정 수 당 종 윤 추

정수를 잃을새, 마땅히 윤추를 좇으리라.

```
又彼定中 諸善男子 見色陰銷 受陰明白
우 피 정 중  제 선 남 자  견 색 음 소  수 음 명 백
```

저 정정(定定) 중의 모든 선남자가 색음이 소소(銷)하고, 수음이 명백함을 보고,

```
自謂已足
자 위 이 족
```

스스로 이르기를, 이미 만족하다 하면,

이만하면 넉넉하다, 이런 생각을 내서,

```
忽有無端 大我慢起
홀 유 무 단  대 아 만 기
```

문득 무단한 아만이 기起하여,

무단히 까닭 없이 이만하면 되었다고 하는 아만이 생겨,

```
如是乃至 慢與過慢
여 시 내 지  만 여 과 만
```

이와 같이 내지 만慢과 다못 과만과,

만慢은 칠만七慢 가운데 내가 다른 사람보다 나으니, 이만하면 된다고 믿는 것입니다.

여與 자는 만慢과 및, 다못이라는 말이니까 다른 사람과 내가 같으면 같다, 내가 나으면 저 사람보다 낫다, 그렇게 사실대로 알아서 내가 이만하면 좋다 하는 게 만이고, 과만은 내가 저 사람과 평등한데 내가 낫다고 하는, 한 번 더 만보다 지나친 만입니다. 자기가 저 사람과 평등한 데서 낫다고 한다든지, 못한 데서 같다고 한다든지, 이런 것들이 다 과만입니다.

及慢過慢
급 만 과 만

및 만과만과,

내가 저 사람보다 못한데 낫다고 생각하는 등이 만과만입니다.

或增上慢
혹 증 상 만

혹 증상만과,

지위가 가령 십신十信 지위에 있는데, 십주十住가 되었다고 한다든지, 이렇게 지위를 올려 생각하는 게 증상만입니다. 그러니까 자기의 현재보다 높이 깨쳤다고 생각하는 게 증상만입니다.

그 다음엔,

> **或卑劣慢**
> 혹 비 열 만

혹 비열만이,

나는 저 사람보다 못하다고 하는 만큼, 즉 못하다는 걸 알지만, 그렇다고 해서 저 사람에게 내가 굴복할 것도 없다, 이렇게 비열한 줄 알면서도 만심慢心이 생기는 그게 비열만입니다.

그런 만심慢心들이,

> **一時俱發**
> 일 시 구 발

일시에 다 발發하여,

모두 하면 칠만七慢인데, 여기는 칠만이 채 안 됩니다.
한꺼번에 발發해서,

> **心中尙輕 十方如來**
> 심 중 상 경   시 방 여 래

마음 가운데 오히려 시방 여래도 가벼이 여기거든,

마음 가운데 시방 부처님도 나보다 나을 게 없다고 경솔히 여기는데,

何況下位 聲聞緣覺
하 황 하 위 성 문 연 각

하물며 하위의 성문·연각이리오.

此名見勝 無慧自救
차 명 견 승 무 혜 자 구

이 이름이 수승함을 보고 스스로 구원할 지혜가 없는 것이라.

悟則無咎 非爲聖證
오 즉 무 구 비 위 성 증

깨달은즉 허물이 없거니와 성증이 아니니,

若作聖解 則有一分 大我慢魔
약 작 성 해 즉 유 일 분 대 아 만 마

만일 성해를 지으면, 즉 일분으로 대아만마가,

入其心腑 不禮塔廟
입 기 심 부 불 례 탑 묘

심부에 들어서 탑묘에 예를 올리지 아니하리니,

묘廟라는 게 내내 탑塔 자입니다.

거기다가 부처님 모시는 게 묘廟인데, 탑과 묘를 따로 하면 절 같은 데는 묘라고 할 테고, 거기다 부처님 모시니까 그냥 탑을 탑묘라고도 합니다.

摧毁經像
최 훼 경 상

경經과 불상을 최훼하여,

경과 불상을 다 부수어 깨 버린다는 말입니다.
그렇게 하면서,

謂檀越言 此是金銅
위 단 월 언 차 시 금 동

단월에게 말하되, 이것은 금이요, 동이며,

부처님을 가리켜서 하는 말입니다.

或是土木
혹 시 토 목

혹 이것은 토, 목이며,

나무로 한 것이니, 부처님으로 숭배할 게 없다는 겁니다.

經是樹葉
경 시 수 엽

경經은 이 나뭇잎이요,

나뭇잎에 새긴 패엽貝葉이니까 수엽입니다.

或是氎花
혹 시 첩 화

혹이 첩화라,

첩화란 좋은 천인데, 그 천에 쓴 경經을 업신여긴다는 말입니다.

肉身眞常
육 신 진 상

육신은 진상함이어늘,

제일로 집지執持하는 게 자기 육신입니다. 그래서 육신이 진상한 것인데,

不自恭敬
부 자 공 경

스스로 공경하지 아니하고,

자기 육신을 공경하지 아니하고,

却崇土木
각 숭 토 목

도리어 토목을 숭배함은,

부처님을 조성한 등상불等像佛을 숭배하고 있으니,

實爲顚倒
실 위 전 도

실로 전도라 하면,

그러니 참으로 잘못된 일이라고 얘기한다는 말입니다.
그 만마慢魔가 그런 말을 자꾸 하고 다니면,

其深信者
기 심 신 자

그 깊이 믿는 자도,

불법을 깊이 믿던 사람들도 이 사람이 하는 얘기를 듣고는,

> 從其毀碎 埋棄地中
> 종 기 훼 쇄 매 기 지 중

그를 좇아 훼쇄하거나 지地 중에 매기하여,

이 사람이 하는 말을 좇아 가지고 불당佛堂을 다 깨트려 버리고, 땅속에 갖다 묻어 버리고, 그렇게 믿는 신도들도 그 사람을 따라한다는 말입니다.

> 疑誤衆生 入無間獄
> 의 오 중 생 입 무 간 옥

중생을 의오하게 하여 무간옥에 입入하게 하리니,

> 失於正受 當從淪墜
> 실 어 정 수 당 종 윤 추

정수를 잃을새, 마땅히 윤추함을 좇으리라.

> 又彼定中 諸善男子 見色陰銷 受陰明白 於精明中
> 우 피 정 중 제 선 남 자 견 색 음 소 수 음 명 백 어 정 명 중

또 저 정정 중의 모든 선남자가 색음이 소銷하고 수음이 명백함을

보고 정명 중에서,

색음이 녹아졌으니, 정명이 환하고 정미롭게 밝아진 가운데,

圓悟精理
원 오 정 리

지정至精한 이치를 원만히 오悟하여,

여기까지는 원만히 공부가 되어 가는 겁니다.
그래서,

得大隨順
득 대 수 순

대수순을 얻으면,

얼마든지 자기 하고 싶은 대로 하는 것이 대수순입니다.
정리精理를 원오圓悟했기 때문에 거기까지는 공부를 다 했는데, 거기서부터는 병이 생기는 겁니다.

其心忽生 無量輕安
기 심 홀 생 무 량 경 안

그 마음에 홀연히 무량한 경안을 생하여,

已言成聖 得大自在
이 언 성 성 득 대 자 재

이미 말하되, 성聖을 이루어 대자재를 얻었다 하리라.

그렇게 생각을 한다는 말입니다.

此名因慧獲諸輕淸
차 명 인 혜 획 저 경 청

이 이름이 지혜를 인하여 경청함을 얻은 것이라.

悟則無咎 非爲聖證
오 즉 무 구 비 위 성 증

깨달은즉 허물이 없거니와 성증이 아니니,

若作聖解 則有一分 好輕淸[8]魔
약 작 성 해 즉 유 일 분 호 경 청 마

만일 성해를 지으면 곧 일분으로 경청함을 좋아하는 마魔가,

경청한 마구니를 좋아하는 그런 마구니가,

---

8 고려대장경에는 청경淸輕으로 되어 있으나, 송본·원본·명본에는 본문과 같이 되어 있다.

入其心腑 自謂滿足
입 기 심 부 자 위 만 족

그 심부에 들어 스스로 이르되, 만족하다 하고,

이만하면 만족하니 더할 게 없다 하고,

更不求進 此等多作無聞比丘
갱 불 구 진 차 등 다 작 무 문 비 구

다시 전진前進을 구하지 아니하리니, 이 등等은 흔히 무문 비구를 지어,

아무 경계는 이러이러해서 여기는 잘못된 경계이다 하는 것을 미리 알아야 할 텐데, 그런 지식이 없는 그게 무문비구입니다.

들음이 없는, 어떻게 공부해 가면 어떤 경계가 생기고 한다는 것을 다 알아야 할 텐데, 그것을 모른다는 게 무문비구입니다.

疑謗後生 墮阿鼻獄
의 방 후 생 타 아 비 옥

중생을 의방하여 아비옥에 떨어지리니,

失於正受 當從淪墜
실 어 정 수 당 종 윤 추

정수를 잃을새, 마땅히 윤추함을 좇으리라.

> 又彼定中 諸善男子 見色陰銷 受陰明白
> 우 피 정 중 제 선 남 자 견 색 음 소 수 음 명 백

또 저 정정 중의 모든 선남자가 색음이 소소하고 수음이 명백함을 보고,

> 於明悟中
> 어 명 오 중

명오한 중에,

수음이 명백한 걸 가리키는 말입니다.
밝게 깨달은 가운데서,

> 得虛明性
> 득 허 명 성

허명한 성품을 얻으면,

그런 성품을 얻어 가지고, 그러니까 지금 명오明悟 중에서 허명성을 얻은 그 허虛 자에 속게 되는 겁니다.

其中忽然 歸向永滅
기 중 홀 연 귀 향 영 멸

그 가운데서 홀연히 영멸함에 귀향하여,

허명하니까 죽은 후에 아무것도 없다는 얘깁니다.

撥無因果
발 무 인 과

인과를 발무하며,

발撥 자는 흐트러 버린다는 말입니다.
인과가 다 없다고 해서,

一向入空 空心現前
일 향 입 공 공 심 현 전

일향에 공空에 들어가서 공심이 현전하면,

乃至心生 長斷滅解
내 지 심 생 장 단 멸 해

내지 길이 단멸의 해解를 생하게 되리라.

사후 단멸을 열반이라고 한다는 얘깁니다. 그런 지해知解를 내게 되는

것이니,

> 悟則無咎 非爲聖證 若作聖解 則有空魔
> 오 즉 무 구 비 위 성 증 약 작 성 해 즉 유 공 마

깨달은즉 허물이 없거니와 성증이 아니니, 만일 성해를 지으면, 즉 공마가,

공空한 것을 좋아하는, 일체가 공하다고 하는 마구니가,

> 入其心腑 乃謗持戒 名爲小乘
> 입 기 심 부 내 방 지 계 명 위 소 승

그 심부에 들어서 계戒 가진 이를 소승이라 훼방하고,

> 菩薩悟空
> 보 살 오 공

보살은 공空을 깨달았거니,

보살은 공한 이치를 깨달았으니,

> 有何持犯
> 유 하 지 범

무슨 지持와 범犯이 있으리오 하고,

其人常於信心檀越
기 인 상 어 신 심 단 월

그 사람이 항상 신심단월에게,

그 사람은 수행하다 잘못된 사람입니다.

飮酒噉肉 廣行婬穢 因魔力故
음 주 담 육 광 행 음 예 인 마 력 고

음주, 담육하며 널리 음예를 행하여도 마력을 인하는 고로,

마구니가 붙어서 마구니 힘을 인하기 때문에,

攝其前人 不生疑謗
섭 기 전 인 불 생 의 방

그 전인을 섭攝하여 의疑나 방謗을 생하지 않게 하며,

이건 신심단월을 가리키는 말입니다. 그냥 하면 으레 스님들이 저런다고 할 텐데, 마구니 힘으로 해서 그런 얘기를 못 하게 하는 겁니다.

鬼心久入
귀 심 구 입

귀鬼의 마음이 오래부터 입入했을새,

그런 귀신의 마음이 내 마음에 들어온 지 오래되었기 때문에,

或食屎尿
혹 식 시 뇨

혹 똥오줌을 먹되,

시屎 자는 똥 시, 뇨尿 자는 오줌 뇨 자입니다.

與酒肉等
여 주 육 등

주酒나 육肉 등이라 여기며,

술, 고기나 다름없이 똥을 먹기도 하면서,

一種俱空
일 종 구 공

한결같이 다 공空이라 하여,

더럽고 깨끗한 게 어딨느냐, 이겁니다.

破佛律儀 誤入人罪
파 불 율 의 오 입 인 죄

부처님의 율의를 파破하고 그르쳐 사람을 죄에 들게 하리니,

그릇 사람을 죄에 들어가게 한다. 말하자면 오인입죄誤人入罪라고 하면, 우리가 새기기 쉽겠습니다. 그러나 오입인죄誤入人罪는 사람을 죄에 그르게 해서 들어가게 한다는 말입니다.

그래서,

失於正受 當從淪墜
실 어 정 수 당 종 윤 추

정수를 잃을새, 마땅히 윤추함을 좇으리라.

又彼定中 諸善男子 見色陰銷 受陰明白
우 피 정 중 제 선 남 자 견 색 음 소 수 음 명 백

또 저 정정定 중의 모든 선남자가 색음이 소銷하고 수음이 명백함을 보고는,

味其虛明
미 기 허 명

그 허명을 미咪하여,

미咪 자는 그 허명한 데 맛들어서,

深入心骨
심 입 심 골

심心과 골骨에 깊이 들면,

허명虛明한 걸 좋아하는 것이 뼛속까지 들어가, 아주 뼛속까지 들어가 홀리는 겁니다.

其心忽有 無限愛生
기 심 홀 유 무 한 애 생

그 마음에 홀연히 무한한 애愛를 생하고,

愛極發狂 便爲貪欲
애 극 발 광 변 위 탐 욕

애愛가 극하면 광狂을 발하여 문득 탐욕이 되리라.

애愛가 내내 탐貪에 속하는 것인데, 애愛만 하면 괜찮지만 너무 극해지기 때문에 탐貪에 속합니다.

此名定境 安順入心
차 명 정 경 안 순 입 심

이 이름이 정경의 안순함이 마음에 든 것을,

이것은 선정 닦는 경계가 마음에 수순해서 자기의 마음 가운데 들어왔을 때에,

無慧自持
무 혜 자 지

스스로 유지할 지혜가 없어서,

그것을 유지할 지혜가 있어야 하는데, 그게 없으니,

誤入諸欲
오 입 제 욕

모든 욕欲에 그릇 입入하나니,

애욕입니다.

悟則無咎 非爲聖證
오 즉 무 구 비 위 성 증

깨달은즉 허물이 없거니와 성증이 아니니,

若作聖解 則有欲魔 入其心腑
약 작 성 해 즉 유 욕 마 입 기 심 부

만일 성해를 지으면, 즉 욕마가 그 심부에 들어가서,

一向說欲 爲菩提道
일 향 설 욕 위 보 리 도

일향에 욕欲을 설하여 보리도라 하며,

化諸白衣 平等行欲
화 제 백 의 평 등 행 욕

모든 백의를 화하여 평등히 욕欲을 행하며,

어느 시주든지 평등히 음욕을 행하게 하면서,

其行婬者
기 행 음 자

그 음姪을 행하는 자를,

음행의 상대자입니다.

> 名持法子
> 명 지 법 자

이름을 지법자라 하되,

나쁜 말이지만, 이것이 불법을 지키는 이라고 한다는 말입니다.

> 神鬼力故
> 신 귀 력 고

귀신의 힘인 고로,

마구니의 신비한 힘 때문에,

> 於末世中 攝其凡愚
> 어 말 세 중 섭 기 범 우

말세 중에 그 범우를 섭攝하여,

그 제자들이 되는 겁니다.

其數至百 如是乃至 一百二百 或五六百 多滿千萬
기 수 지 백   여 시 내 지   일 백 이 백   혹 오 륙 백   다 만 천 만

그 수가 백에 이르고, 이와 같이 내지 1백, 2백 혹 5백, 6백이 되며, 흔히 천만에 가득하리라.

그렇게 음행을 하면서 얼마든지 지나다가,

魔心生厭
마 심 생 염

마魔의 마음에 염厭을 생하여,

마귀의 마음이 이만하면 만족하다, 염厭 자는 만족하다는 뜻입니다. 싫어한다는 것은 만족하기 때문이니까, 염厭 자는 만족한다는 말입니다.

離其身體
이 기 신 체

그의 신체에서 떠나면,

이것은 수행하던 사람의 신체를 떠나가서,

威德旣無
위 덕 기 무

위덕이 이미 없어서,

마구니 때문에 위덕이 있어서 제자들이 다 속았는데, 위덕이 없어져서,

> **陷於王難**
> 함 어 왕 난

왕난에 빠지며,

왕난이란, 임금이 잡아 가지고 다스리고 하는 것들입니다.

> **疑誤衆生 入無間獄 失於正受 當從淪墜**
> 의 오 중 생 입 무 간 옥 실 어 정 수 당 종 윤 추

중생을 의오하게 하여 무간옥에 입入하게 하리니, 정수를 잃을새, 마땅히 윤추함을 좇으리라.

그래서 수음受陰 중에서 열 가지 마구니가 생기게 된다는 얘기이고, 저 색음 때도 그랬지만 열 가지 순서가 낱낱이 차례대로 오는 것도 아니고, 그 가운데 한두 가지가 오기도 하고, 열 가지가 다 올 수도 있고, 열 가지를 지나치기도 하며, 또 거기에 비슷한 게 생기기도 하는데, 여기에서 중요한 것 열 가지만 얘기했지만, 이러한 것만 오는 건 아닙니다.

많이 겪기도 하고 적게 겪기도 하는데, 그래서 수음이 다할 때까지 그런 마구니에 홀리지 않는다고 할 것 같으면 수음을 지나게 됩니다.

> 阿難 如是十種 禪那現境 皆是受陰 用心交互
> 아난 여시십종 선나현경 개시수음 용심교호

아난아, 이와 같이 10종의 선나 경지가 나타남은 다 이 수음의 용심이 교호할새,

어떤 때는 내 공부하는 마음이 성盛하다가, 어떤 때는 잘못되는 마구니 마음이 성하다가 하는 그게 교호입니다.

> 故現斯事 衆生頑迷 不自忖量
> 고현사사 중생완미 부자촌량

고로 이 일을 나타내거늘 중생이 완미하여 스스로 촌량하지 못하고,

자기의 경계가 지금 어떠한 공부 중에 있는 줄을 모르고, 자기의 현재 있는 경계가 어떤 직위에 있는 줄을 알지를 못하고, 그렇게 해 가지고서 이만하면 부처가 되었다고 한다든지, 이런 생각을 하는 것이 부자촌량不自忖量입니다.

> 逢此因緣 迷不自識
> 봉차인연 미부자식

이 인연을 만나고도 미迷하여 스스로 알지 못할새,

마구니 경계인 줄을 알지 못하고,

謂言登聖 大妄語成
위 언 등 성   대 망 어 성

성聖에 올랐다 이르면 대망어를 이루어서,

미증위증未證謂證, 미득위득未得謂得하는 게 대망어입니다.

墮無間獄
추 무 간 옥

무간옥에 떨어지리라.

이것은 수음受陰 중에 생기는 열 가지를 다 가지고 하는 말입니다.

汝等亦當 將如來語
여 등 역 당   장 여 래 어

너희 등等이 또한 마땅히 여래어를 가져,

부처님께서 말씀하신 열 가지가 다 마구니라고 한 말씀을 가져서,

於我滅後 傳示末法
어 아 멸 후   전 시 말 법

내가 멸도한 후에 말법에 전시하여,

말법 가운데 있는 수행하는 사람들에게 전해 보여서,

遍令衆生 開悟斯義
변 령 중 생 개 오 사 의

두루 중생들로 하여금 사의를 개오하게 하며,

無令天魔 得其方便
무 령 천 마 득 기 방 편

천마로 하여금 그 방편을 얻음이 없게 하며,

무無 자가 천마로 하여금 그 방편을 얻게 하지를 말아서,

保持覆護 成無上道
보 지 복 호 성 무 상 도

보지하고 복호하여 무상도를 이루게 하라.

4) 상음想陰의 마魔

阿難 彼善男子 修三摩提 受陰盡者
아 난 피 선 남 자 수 삼 마 제 수 음 진 자

아난아, 저 선남자가 삼마지를 닦아 수음이 다한 이는,

수음이 다하고 상음想陰에 이르러 왔습니다.

雖未漏盡
수 미 루 진

비록 누漏는 다하지 못했으나,

번뇌가 다 끊어지질 못했다, 수음은 지났지만 그렇다고 번뇌가 다 끊어진 건 아니니까 다하지 못했지만,

心離其形
심 리 기 형

마음에 그 형形을 떠난 것이,

저 위에서도 마음이 형상을 떠나서 자기의 얼굴을 본다고 했는데, 수음 때문에 못 했던 것을 수음이 지나면 그렇게 된다고 한 것이니까 마음이 그 형상을 떠난 것이,

如鳥出籠
여 조 출 롱

마치 새가 장에서 출出함과 같아서,

이 몸속에 있어 속박을 받던 마음이 그것을 떠나서 마음대로 자재하게 되는 것이, 새장에 있는 새가 새장 밖으로 나온 것과 같아서,

已能成就 從是凡身 上歷菩薩 六十聖位
이 능 성 취 종 시 범 신 상 력 보 살 육 십 성 위

이미 능히 이 범신으로 좇아 위로 보살의 60성위 지남을 성취하고,

차차 해 가지고 60성위에 올랐다고 할 것 같으면 등각等覺에까지 올라간다는 얘기니까 60성위를 지나서 성취한다는 것은, 그런 걸 성취한다는 겁니다.

이 범신으로 좇아 위로 보살 60성위 지나가는 걸 성취해서,

得意生身
득 의 생 신

의생신을 얻어,

이것은 분단생사分段生死가 아니라 뜻대로 난다고 해서 변역생사變易生死하는 것을 말합니다. 그러니까 수의수생신隨意受生身입니다.

隨往無礙
수 왕 무 애

가는 곳을 따라 걸림이 없으리라.

어디든지 가고 싶은 대로 따라가서 조금도 장애가 없이 시방세계로 다니게 된다, 수음受陰이 다해서 수음의 속박을 안 받는다는 말입니다. 그러니까 그렇게 다니면서 생각하는 건 다 상음想陰이겠지요. 수음은 없어졌으니까 상음을 가지고 다니는 겁니다.

그렇게 하는 경계가,

譬如有人 熟寐寱言
비 여 유 인 숙 매 예 언

마치 어떤 사람이 깊이 자서 잠꼬대를 하되,

예寱 자는 잠꼬대할 예 자입니다.

是人雖則無別所知
시 인 수 즉 무 별 소 지

이 사람이 비록 달리 아는 바는 없으나,

잠꼬대하는 사람이 뭘 알고 하겠습니까? 어떻게 그저 꿈을 꾸다 보니 말을 하게 되는 것이지, 자기가 그런 말을 하는 줄 모르는 겁니다.

其言已成 音韻倫次
기 언 이 성 음 운 윤 차

그 말이 이미 음운, 윤차를 이루어,

그 잠꼬대하는 음성이 또렷하다는 말입니다.

음의 높고 낮음이 음운입니다.

윤차란 말하는 차례인데, 어떤 때는 이치에 닿지 않는 말을 할 때가 있지만, 어떤 때는 분명하게 말할 때도 있거든요.

그 잠꼬대하는 사람의 말이 이미 음운과 윤차를 이루어서,

令不寐者 咸悟其語
영 불 매 자 함 오 기 어

자지 않는 자로 하여금 모두 그 말을 알게 하는 것과 같나니,

안 자는 사람으로 하여금 무슨 소리인지 알게 한다, 자기는 모르고 하지만 그 말하는 것을 깬 사람은 다 알게 된다는 말입니다.

此則名爲想陰區宇
차 즉 명 위 상 음 구 우

이를 이름하여 상음의 구우라 하느니라.

若動念盡
약 동 념 진

만일 동념이 다하고,

상음想陰, 생각이란 건 동動하는 게니까 동하는 마음이 진盡하면, 그러

니까 이것은 상음을 동념이라 그랬습니다.

> 浮想銷除 於覺明心 如去塵垢
> 부 상 소 제 어 각 명 심 여 거 진 구

부浮한 생각이 소제하여 각명심을 진구를 버림과 같이 하면,

각명심 가운데 진구가 다 없어져서,

> 一倫生死[9]
> 일 륜 생 사

일륜一倫의 생사의,

일륜은 한 종류라는 뜻입니다.
난 데서부터 죽을 때까지 이르러 가는 생사의,

> 首尾圓照
> 수 미 원 조

수首와 미尾를 원만히 비추니,

그렇게 알게 되면, 그렇게 아는 것을,

---

9 고려대장경에는 사생死生으로 되어 있으나, 송본·원본·명본에는 본문과 같이 되어 있다.

| 名想陰盡 |
| 명 상 음 진 |

이름이 상음이 다한 것이라.

상음이 없어진다면,

| 是人則能超煩惱濁 |
| 시 인 즉 능 초 번 뇌 탁 |

이 사람은 곧 능히 번뇌탁을 초월하리니,

왜 그런고 하니,

| 觀其所由 融通妄想 以爲其本 |
| 관 기 소 유 융 통 망 상 이 위 기 본 |

그 인유因由한 바를 관하건대, 융통한 망상으로써 그 근본이 되었느니라.

생각과 육신까지가 통한다는 게 융통입니다. 어디든지 나와 남도 없고, 마음과 몸이 따로도 없고, 융통망상을 가지고 번뇌탁의 근본을 삼았기 때문에 그래서 상음想陰이 진盡한 사람은 번뇌탁을 초월하게 된다는 말입니다.

그래서 이 수음受陰은 다해 버리고 상음이 다하는 때까지 오는 중간에 열 가지 마구니가 생기는 얘깁니다.

阿難 彼善男子 受陰虛妙
아 난 피 선 남 자 수 음 허 묘

아난아, 저 선남자가 수음이 허묘하고,

수음이 다 진盡해서 공空하다는 말이고, 공한 가운데 좋은 경계가 나타나는 겁니다.

不遭邪慮
부 조 사 려

사려를 만나지 아니하여,

위의 열 가지 마구니에 홀리지 않는다는 말입니다. 즉 수음 가운데 있는 열 가지 마구니에 홀리지 않는다는 말입니다.

圓定發明 三摩地中
원 정 발 명 삼 마 지 중

원정을 발명한 삼마지 중에서,

원만한 삼매입니다. 자기가 지금 공부해 가지고 상음想陰이 진盡하도록 하는 겁니다.

心愛圓明
심 애 원 명

마음으로 원명을 사랑하여,

마음에 원만하고 밝은 그런 경계를, 그것이 지금 수음受陰이 없어져 가지고 나타나는 경계니까 그것을 좋아해서,

銳其精思
예 기 정 사

그 정사를 날카롭게 하여,

그 정미로운 생각을 날카롭게 해서 이렇게 되었으니, 내가 이제 우주의 이치를 알아보겠다 해서,

貪求善巧
탐 구 선 교

선교함을 탐구하면,

선교라는 건 방편입니다.
이것이 이제 마구니를 불러오는 자체입니다.
자기의 마음 가운데 선교를 탐구하게 되니까 그와 같은 마구니가 온다는 말입니다.

爾時天魔
이 시 천 마

그때에 천마가,

천마도 마구니 가운데 큰 마구니입니다.

候得其便
후 득 기 편

그 짬을 후득하여,

탐구선교貪求善巧하는 그 짬을 얻어서, 후득은 가만히 기다려 가지고,

飛精附人
비 정 부 인

정精을 날려 사람에게 붙게 하여,

  정精을 날려서 사람에게 붙게 한다는 건, 마구니가 자신의 정精을 날리는 게 아닙니다. 마구니의 정을 날린다고 보는 이도 전에 있었던 모양인데 그게 아니고, 이 정精 자는 산정山精, 수정水精하는 정령들이니까 천마의 권속입니다.
  자기가 직접 가는 게 아니라 천마의 권속을 시킨다는 얘깁니다. 수음受陰이 없어진 사람에게는 마구니가 직접 들어갈 수가 없습니다. 직접 들어갈 수가 없으니까 수음이 다하지 않은 그런 정령精靈한 것을 보내 가지고서 다른 사람에게 붙는데, 공부하는, 수행하는 사람에게 붙는 게 아니라 다른 사람에게 붙어 가지고서 다시 그 사람이 수행하는 사람에게 가서 붙게 되는 겁니다.

정기를 날린다는 비飛 자는 마구니가 자기 권속의 정령을 빨리 보낸다는 뜻입니다. 그러니까 부인附人이란 다른 사람입니다. 마구니나 수행하는 사람 말고 그 외의 제삼자입니다.

제삼자에 붙어서,

口說經法
구 설 경 법

입으로 경법을 설하거든,

마구니의 정령이 가 붙었기 때문에 입으로 경법을 말하는 겁니다. 이것은 정령이 붙은 제삼자가 그렇게 한다는 얘깁니다. 그러니까 예전에는 경법을 얘기하지 못했었는데, 마구니의 힘으로 해서 경법을 얘기한다는 것입니다. 그래서 이건 수행하던 사람이 아니고 마구니의 정령이 붙은 사람입니다.

其人不覺 是其魔着
기 인 불 각 시 기 마 착

그 사람이 마魔가 착着한 줄 알지 못하고,

自言謂得無上涅槃
자 언 위 득 무 상 열 반

스스로 이르기를 무상열반을 얻었노라 할새,

그렇기 때문에 자기가 경법經法을 배운 것도 아닌데, 마음대로 경법을 말하게 되니까 그렇게 했노라고 하는 생각을 하는 것이고,

> 來彼求巧 善男子處
> 내 피 구 교 선 남 자 처

선교善巧함을 구하는 선남자의 처處에 와서,

선교방편을 구하는 선남자처를 마구니 붙은 사람이 참말 따라간다는 말입니다. 마구니 붙은 사람이 수행하는 사람을 따라간다는 말입니다.
따라가서는,

> 敷座說法
> 부 좌 설 법

자리를 펴고 법을 설하매,

법상을 차려놓고 법을 설하는데,

> 其形斯須 或作比丘 令彼人見
> 기 형 사 수 혹 작 비 구 영 피 인 견

그 형상이 잠깐 동안에(斯須) 혹 비구가 되어 저 사람으로 하여금 보게 하며,

그 마구니에 붙은 사람, 설법하는 마구니에 붙은 사람이 잠깐 동안에 혹 비구가 되는데, 원래 비구도 있겠지만, 여기에서는 속인인데도 비구 노릇 하는 비구가 되어 가지고 피인彼人, 수행하는 선남자를 보는 것입니다. 그러니까 이게 선교善巧라는 얘깁니다.

선교를 구하니까 이 사람이 가서 선교하는 것을 드러내는 겁니다.

> 或爲帝釋 或爲婦女 或比丘尼
> 혹 위 제 석 혹 위 부 녀 혹 비 구 니

혹 제석이 되고, 혹 부녀가 되고, 혹 비구니가 되며,

이런 여러 가지가 잠깐 동안에 설법하는 사람에게 전해지게 된다, 그러니까 선교를 나타내게 된다는 말입니다.

> 或寢暗室
> 혹 침 암 실

혹 암실에서 잠을 잘 때에,

이건 다 마구니 붙은 사람입니다.

> 身有光明
> 신 유 광 명

몸에 광명이 있으리라.

그 몸이 밖에서 보면 환하게 나타나는 그런 일들을 보게 된다는 말입니다. 그러면,

是人愚迷
시 인 우 미

이 사람이 우미하여,

이 사람은 수행하던 사람입니다. 그러니까 선남자입니다.

惑爲菩薩
혹 위 보 살

보살인 줄 의혹하고,

마구니 붙은 사람을 보살인 줄 의혹하여,

信其敎化
신 기 교 화

그 교화를 믿고,

마구니 붙은 사람이 교화하는 겁니다. 보살인 줄로 생각하니까 시키는 대로 하는 겁니다.

搖蕩其心
요 탕 기 심

그 마음이 요탕하여,

본래 수음受陰이 다 없어지고 상음想陰 경계에 이르러 간 사람은 오음을 다 없애 버리고 십주十住에 들어가 참말 수행하려고 하는 그 마음인데, 그게 그만 다 없어진다는 말입니다.

마구니 붙은 사람에게 혹해서 그 마음을 요탕하여,

破佛律儀 潛行貪欲
파 불 율 의 잠 행 탐 욕

불율의를 파하고 가만히 탐욕을 행하리라.

그 사람이 부처님 계율을 옳게 지키려고 하고 역행逆行도 안 하고 하면 부처님 법과 같으니까 괜찮을 텐데, 마구니가 붙은 사람은 수행하는 사람을 타락하게 하려는 거니까 부처님 말씀을 역행하게 됩니다. 그것만 알면 속지를 않게 됩니다.

그런데 그 마구니 붙은 사람이,

口中好言
구 중 호 언

구중에 말하기를 좋아하되,

항상 이런 말 하기를 좋아한다는 말입니다.

> **災祥變異**
> 재 상 변 이

재災 · 상祥 · 변이를 말하여,

재災라는 건 나쁜 일이고, 상祥이란 건 좋은 일입니다. 재는 아무 때 무슨 일이 일어날 것이라는 좋지 못한 것인데, 지금 그 좋지 못한 게 드러나는 것이 아니라 어떻게 하면 병란이 생기는 등등의 얘기를 하는 겁니다.

상祥 자는 좋은 일 생기는 것이고, 변이라는 건 재앙이 변하기도 하고, 상서가 변하기도 하는 것입니다.

그 변이하는 그런 걸 말하는 것을 좋아해서 얘기하기도 하며,

> **或言如來 某處出世**
> 혹 언 여 래 모 처 출 세

혹 여래께서 모처에 출세하셨다 말하고,

그러니까 아무 곳엘 가면 이런 이가 있는데, 그이가 부처님이다 하는 것이고,

> **或言劫火**
> 혹 언 겁 화

혹은 겁화를 말하고,

왜 겁말劫末이냐면 삼재팔난三災八難, 수水·화火·풍風 삼재를 가리키는 말이니까 겁화는 삼재 가운데 화재火災를 가리키는 말입니다.

그 사람이 놓는 불이 아니라 겁말에 일어나는 불이고, 그 화재는 초선천初禪天까지 땅이고 사람이고 할 것 없이 모두가 타는 겁니다.

或說刀兵
혹 설 도 병

혹은 도병을 말하여,

흉년 드는 게 기근飢饉인데, 기근도 생기고 병란兵亂이 생기는 것도 다 이런 것들입니다. 또 지금은 도병겁刀兵劫의 시대라고 해서 아무 때 이렇게 이렇게 되리라고 얘기하는 것들입니다.

그래서,

恐怖於人
공 포 어 인

사람을 공포하게 하여,

그때 가서 다시 구할 테니 지금은 어떻게 어떻게 해야 한다고, 그래야 산다고 말하는 것입니다. 그것이 다 재상변이災祥變異를 말하는 것입니다.

令其家資 無故耗散
영 기 가 자 무 고 모 산

그 가자家資로 하여금 무고히 모산하게 하리라.

이것은 수행하는 사람도 그 가운데 들은 것 같지만, 수행 안 하는 사람도 다 그렇게 믿어 듣게 됩니다.

왜 모산하는고 하니, 여기 있으면 겁화가 생기고 병란이 생길 테니 어서 집을 팔아 가지고 어딜 가야 살아난다는 얘기를 하면, 그 말을 듣고 따라하기 때문입니다.

그런 마구니가 생기게 되는 것이니,

此名怪鬼
차 명 괴 귀

이 이름이 괴귀가,

귀鬼 자는 정령을 날렸던 그 귀신입니다.

마구니가 있어서 지키는 게니까 마구니가 직접 덤비는 건 아니고, 다른 귀신을 시켜서 하는 겁니다. 이것은 위에서 말한 지옥·아귀·축생 등의 아귀의 열 가지가 나오는 것입니다.

年老成魔 惱亂是人
연 로 성 마 뇌 란 시 인

나이가 늙어 마魔를 이룸이라. 이 사람을 뇌란惱亂하게 하다가,

이 사람은 지금 마구니 붙은 사람과, 또 수행하는 선남자입니다. 그 사람을 뇌란하게 하다가,

厭足心生
염 족 심 생

염족심이 생하여,

이만하면 공부도 다 꿰뚫어 버렸고, 법이 필요가 없다고 하는 겁니다. 염厭 자는 싫어서 만족한 마음이 생기게 되면,

去彼人體
거 피 인 체

저 사람의 몸에서 가면,

공부하는 사람에게서 마魔가 싫증을 내어 떠나면 그간의 영검이 몽땅 사라져서 거짓말 한 죄만 남는다는 것이니, 왜정 때 차천자車天子(車敬錫)가 그렇게 처음에 정읍에서 십일전十一殿을 짓고 굉장할 때에도 누가 어떻게 하지 않았습니다. 아마 마구니가 붙었던 게지요. 그런데 나중에 어떻게 되어 차천자가 붙들리게 되니까 집이 다 망가져서 그 십일전을 뜯어 지은 것이 각황사覺皇寺, 지금의 조계사 법당입니다.

차천자가 정읍에서 지었던 십일전이 있었는데, 그때 아마 그만한 재목을 사기가 어려웠던 모양입니다. 그때는 돈이 헐할 때이니까 그때 돈으로

17만 원인가를 들여서 지은 겁니다. 가져온 것만이 17만 원이 아니고 뜯어다 갖다 지은 것까지 17만 원입니다. 집은 잘 지었습니다.

그것을 지을 때 그냥도 못 했을 겁니다. 너무 크고 높아서 더러 잘라 버리고 지었지 그냥도 못 지은 것이 지금의 각황사, 조계사 법당입니다. 그게 아마 13포인가 될 겁니다. 그래서 그런 것 할 때에 한참 동안 왜정 때에도 경찰이 내버려 뒀습니다.

돈도 상당히 냈겠지만 내버려 뒀는데, 나중에 가서는 잡으라고 해서 그만 차천자가 잡히니까 집도 다 팔게 되었습니다.

종도 에밀레종보다 더 큰 종을 부었는데, 다 깨트려 없앴고, 지금의 조계사 법당을 짓기 전에 그것은 전각이 아니라 궁전으로 지었던 것입니다.

차천자가 천자라고 해서 자기의 도읍을 삼으려고 궁전으로 지었었는데, 그러니까 문간만을 뜯어다 지금의 내장산 내장사의 법당을 지었습니다. 내가 그때 한번 갔더니 법당 짓겠다고 뜯어다 놨더구만요.

그러니까 그 문간은 내장사 법당이 되고, 또 십일전은 조계사 법당이 된 겁니다. 그래서 그때 사기죄로 관청에 붙들려 가고, 집은 뜯기고 했는데, 그것이 왕난王難에 빠지는 것입니다.

죄에 걸리게 되는 거니까,

弟子與師 俱陷王難
제 자 여 사 구 함 왕 난

제자와 다못 사師가 다 왕난에 빠지리라.

汝當先覺
여 당 선 각

네가 마땅히 먼저 깨달으면,

이렇게 하는 것이 마구니 붙은 사람이 와서 하는 것인 줄 알기만 하면,

不入輪廻 迷惑不知 墮無間獄
불 입 윤 회 미 혹 부 지 타 무 간 옥

윤회에 들지 않거니와 미혹하여 알지 못하면 무간옥에 떨어지리라.

阿難 又善男子 受陰虛妙 不遭邪慮
아 난 우 선 남 자 수 음 허 묘 부 조 사 려

아난아, 또 선남자가 수음이 허묘하여 사려를 만나지 아니하여,

圓定發明 三摩地中 心愛遊蕩
원 정 발 명 삼 마 지 중 심 애 유 탕

원만한 정定이 발명한 삼마지 중에서 마음으로 유탕함을 사랑하고,

탕蕩 자는 훤칠하게 걸리는 데 없이 다닌다는 말이고, 유遊 자는 유람한다는, 온 데로 다니면서 구경한다는, 유탕이란 말이 온 군데로 마음대로

다니면서 구경한다는 말입니다.
   차를 타고 다니는 것도 아니고, 날아다니면서 온 시방세계를 구경하려고 하는 겁니다.
   그래서,

飛其精思
비 기 정 사

그 정사를 날려서,

비飛 자는 날려 보내는 게 아니라 허공에 뜨게 한다는 말입니다.
하여,

貪求經歷
탐 구 경 력

경력하기를 탐구하면,

경력이란, 온 데로 다니면서 지난다, 유력한다는 말입니다.
경經 자는 간다는 말이고, 력歷 자는 그 지방을 지나온다는 말입니다.
그래서 다 보게 된다는 말입니다.
   그것을 구한다고 하면,

爾時天魔 候得其便
이 시 천 마 후 득 기 편

그때에 천마가 그 짬을 후득하여,

> 飛精附人 口說經法 其人亦不覺知魔着
> 비정부인 구설경법 기인역불각지마착

정精을 날려 사람에게 붙게 하여 입으로 경법을 설함이어든, 그 사람이 또한 마魔에 착着한 줄 알지 못하고,

> 亦言自得無上涅槃 來彼求遊 善男子處
> 역언자득무상열반 내피구유 선남자처

또한 말하되, 스스로 무상열반을 얻었노라 하며, 저 유遊를 구하는 선남자의 처處에 와서,

유遊 자는 유탕遊蕩하려는 유 자입니다.

> 敷座說法 自形無變
> 부좌설법 자형무변

자리를 펴고 설법하되, 자기의 형상은 변함이 없으나,

그 마구니 붙은 사람의 형상은 변하지 않고, 그 말입니다.
저 위의 첫째 번에서는 마구니 붙은 사람이 비구도 되고 비구니도 되고 했다고 했는데, 이건 자기 형상은 변하지 않고,

其聽法者
기 청 법 자

그 법을 듣는 이가,

마구니 붙은 사람이 법문하거든, 그 법문 듣는 자로 하여금,

忽自見身 坐寶蓮花
홀 자 견 신 좌 보 련 화

문득 스스로 몸이 보련화에 앉아,

보배로운 연꽃 위에 앉았다는 건 성불한다는 말입니다.
또,

全體化成紫金光聚
전 체 화 성 자 금 광 취

전체가 화하여 자금광취 이룸을 보며,

보련화에 앉았는데, 자기 몸은 자금광취와 같다, 법을 듣는 사람이 저마다 그렇게 된다는 말입니다.

一衆聽人 各各如是
일 중 청 인 각 각 여 시

일중의 청인이 각각 이와 같아서,

제각기 다 그러해서,

得未曾有
득 미 증 유

미증유를 얻으리라.

참말 이 스님이 선지식이 되어서 우리가 이렇게 성불하게 된다는 얘깁니다.

是人愚迷 惑爲菩薩 婬逸其心
시 인 우 미 혹 위 보 살 음 일 기 심

이 사람이 우미하여 보살인 줄 의혹하고, 그 마음이 음일하여,

이 사람은 공부하던 선남자입니다.
음婬 자는 음탕하고, 일逸 자는 방일放逸하다.
예전에는 계행도 잘 지키던 것을 다 내버리고 방일하게 되어서,

破佛律儀 潛行貪慾
파 불 율 의 잠 행 탐 욕

부처님의 율의를 파하고, 가만히 탐욕을 행하리라.

마구니 붙은 사람이,

> 口中好言 諸佛應世
> 구 중 호 언 제 불 응 세

구중에 제불이 세상에 응현應現하였다 말하기를 좋아하며,

> 某處某人 當是某佛 化身來此
> 모 처 모 인 당 시 모 불 화 신 내 차

모처의 모인은 마땅히 모불 화신으로 이에 왔으며,

그래서 다른 사람은 그것이 화신불化身佛인 줄 안다는 얘깁니다.

> 某人卽是某菩薩等 來化人間
> 모 인 즉 시 모 보 살 등 내 화 인 간

모인은 곧 모 보살 등이 화化하여 인간으로 온 것이라 하거든,

그래서 부처님께서 오셨다, 보살이 화현해 오셨다고 한다는 얘깁니다.

> 其人見故
> 기 인 견 고

기인이 보는 연고로,

그 사람은 수행하는 사람입니다.

보기 때문에 가 보면, 그런 사람이 분명히 있습니다.

보는 까닭으로,

心生傾渴
심 생 경 갈

마음에 경갈을 생하여,

정말 이 사람이 선지식이 되어 우리에게 이런 것을 다 보여 준다고 하는, 그런 마음을 낸다는 말입니다.

그래서,

邪見密興 種智銷滅
사 견 밀 흥 종 지 소 멸

사견을 밀흥하여 종지가 소멸하리라.

부처님의 종지는 소멸하게 된다는 말입니다.

此名魃鬼 年老成魔 惱亂是人
차 명 발 귀 연 로 성 마 뇌 란 시 인

이 이름이 발귀가 나이가 늙어 마魔를 이룸이라. 이 사람을 뇌란하게 하다가,

厭足心生 去彼人體 弟子與師 俱陷王難
염족심생 거피인체 제자여사 구함왕난

염족한 마음이 생하여 저 사람의 몸에서 가면 제자와 다못 사師가 다 왕난에 빠지리라.

汝當先覺 不入輪廻 迷惑不知 墮無間獄
여당선각 불입윤회 미혹부지 타무간옥

네가 마땅히 먼저 각覺하면 윤회에 들지 않거니와, 미혹하여 알지 못하면 무간옥에 떨어지리라.

又善男子 受陰虛妙 不遭邪慮
우선남자 수음허묘 부조사려

또 선남자가 수음이 허묘하여 사려를 만나지 아니하여,

圓定發明 三摩地中 心愛綿㳬
원정발명 삼마지중 심애면홀

원만한 정定이 발명한 삼마지 중에서 마음으로 면홀을 사랑하고,

면綿 자는 풀솜입니다.

풀솜은 갖다 대면 꼭 붙는 성질이 있으니까 진리에 계합된다는 말입

니다.

澄其精思 貪求契合
징 기 정 사 탐 구 계 합

그 정사를 맑혀 계합하기를 탐구하면,

계합이 내내 면홀綿㶌입니다.
진리와 계합하기를 탐구한다고 하면, 그게 이제 그 사람이 마구니 만날 장본인입니다.

爾時天魔 候得其便 飛精附人 口說經法
이 시 천 마 후 득 기 편 비 정 부 인 구 설 경 법

그때에 천마가 그 짬을 후득하여 정精을 날려 사람에게 붙어서 입으로 경법을 설하거든,

其人實不覺知魔着 亦言自得無上涅槃
기 인 실 불 각 지 마 착 역 언 자 득 무 상 열 반

그 사람이 실로 마에 착着한 줄 각지하지 못하여 또한 이르되, 스스로 무상열반을 얻었다 하면서,

來彼求合 善男子處 敷座說法
내피구합 선남자처 부좌설법

저 합을 구하는 선남자의 처處에 와서 자리를 펴고 설법하매,

其形及彼聽法之人 外無遷變
기형급피청법지인 외무천변

그 형형 및 법을 듣는 사람이 밖으로 천변함이 없으나,

처음에는 마구니 붙은 사람의 형상이 변했고, 둘째는 듣는 사람이 변했는데, 그게 다 다른 것입니다.

令其聽者 未聞法前
영기청자 미문법전

그 듣는 이로 하여금 법을 듣지 아니한 전前에,

그 마구니 붙은 사람이 설법하는 법을 듣기도 전에,

心自開悟
심자개오

마음이 스스로 개오하여,

법을 들으려고 앉아 있는데, 벌써 마음이 개오하여,

念念移易
염념이역

염념에 이역하되,

이역은 자꾸 달라진다는, 생각마다 달라져서 천안통을 얻고, 타심통을 얻고, 그런다는 말입니다.

或得宿命 或有他心
혹득숙명 혹유타심

혹 숙명을 얻고, 혹 타심통他心通이 있으며,

이게 변이變移해 가는 것입니다.

或見地獄 或知人間 好惡諸事
혹견지옥 혹지인간 호오제사

혹 지옥을 보고, 혹 인간의 호오한 모든 일을 알며,

나쁘다고 하는 것은 오惡입니다.

或口說偈
혹구설게

혹 입으로 게송을 설하고,

평소에는 못 하던 것을 게송으로 얘기하기도 하고,

> 或自誦經
> 혹 자 송 경

혹 스스로 경을 외우면서,

그렇게 여러 가지로 법도 듣기 전에 벌써 그렇게 자기가 깨닫게 된다는 말입니다.

> 各各歡喜 得未曾有
> 각 각 환 희 득 미 증 유

각각 환희하여 미증유를 얻었다 하리라.

> 是人愚迷
> 시 인 우 미

이 사람이 우미하여,

이건 수행하는 사람입니다.

> 惑爲菩薩 綿愛其心
> 혹 위 보 살 면 애 기 심

보살인 줄 의혹하고 그 마음에 연애하여,

수행하는 사람의 마음 가운데 마구니 붙은 사람을 사랑하는 겁니다.

破佛律儀 潛行貪欲
파 불 율 의 잠 행 탐 욕

부처님의 율의를 파하고 가만히 탐욕을 행하리라.

마구니 붙은 사람이,

口中好言 佛有大小
구 중 호 언 불 유 대 소

구중에 즐거이 말하되, 부처님도 대소가 있어서,

이게 다 나쁜 얘기입니다.

某佛先佛 某佛後佛
모 불 선 불 모 불 후 불

모불은 선불이고, 모불은 후불이라 하며,

其中亦有 眞佛假佛 男佛女佛 菩薩亦然
기 중 역 유 진 불 가 불 남 불 여 불 보 살 역 연

그중에 또한 진불과 가불과 남불과 여불이 있고, 보살도 그렇다 하거든,

부처님만 그런 게 아니라 보살도 그렇다고 그런 얘기를 한다는 얘깁니다. 이런 것은 다 불법 가운데는 없는 얘깁니다.

其人見故
기 인 견 고

그 사람이 보는 연고로,

그 수행하는 사람이 참말 그런 것을 보기 때문에,

洗滌本心
세 척 본 심

본심을 세척하고,

본래 공부하던 본심을 다 씻어 없애 버리고,

易入邪悟
이 입 사 오

사오에 쉽게 들어가리라.

此名魅鬼 年老成魔 惱亂是人 厭足心生
차 명 매 귀 연 로 성 마 뇌 란 시 인 염 족 심 생

이 이름이 매귀가 연로하여 마魔를 이룸이라. 이 사람을 뇌란하게 하다가 염족심을 생하여,

去彼人體 弟子與師 俱陷王難
거 피 인 체 제 자 여 사 구 함 왕 난

저 사람의 몸에서 가면 제자와 다못 사師가 다 왕난에 빠지리라.

汝當先覺 不入輪廻 迷惑不知 墮無間獄
여 당 선 각 불 입 윤 회 미 혹 부 지 타 무 간 옥

네가 마땅히 먼저 각覺하면 윤회에 입入하지 아니하거니와, 미혹하여 알지 못하면 무간옥에 떨어지리라.

又善男子 受陰虛妙 不遭邪慮
우 선 남 자 수 음 허 묘 부 조 사 려

또 선남자가 수음이 허묘하여 사려를 만나지 아니하여,

圓定發明 三摩地中 心愛根本
원정발명 삼마지중 심애근본

원만한 정定이 발명한 삼마지 중에서 마음으로 근본을 사랑하여,

온갖 만복이 생기는 근본입니다.
어디서부터 그런 게 생겼는가 하는 근본입니다.
온갖 만복이 생기는 원리입니다.
그 근본을 사랑해서,

窮覽物化 性之始終
궁람물화 성지시종

물物이 변화하는 성품의 시始와 종終을 궁구해 보고,

온갖 사물이 변화하는 그 성품의 시始와 종終, 처음엔 어떻게 되고, 또 나중에는 어떻게 되는지 그것을 궁람, 끝까지 가서 알아보려고 하는 겁니다.
그래서,

[편자주] 판본에는 종시終始로 되어 있음.

精爽其心
정상기심

그 마음을 정상하여,

그 마음을 정미롭고 상쾌하게, 마음을 골똘히 하여 정신을 똑바로 차려 공부하는 것을 말합니다.

貪求辯析
탐 구 변 석

변석함을 탐구하면,

변명해 해석하기를 구한다고 하면,

爾時天魔 候得其便 飛精附人 口說經法
이 시 천 마 후 득 기 편 비 정 부 인 구 설 경 법

그때에 천마가 그 짬을 후득하여 정精을 날려 사람에게 붙어서 입으로 경법을 설하거든,

其人先不覺知魔着
기 인 선 불 각 지 마 착

그 사람이 먼저 마魔에 착着한 줄을 각지하지 못하고,

사람이 먼저 마구니에 착着한 줄부터 알지 못하고,

亦言自得無上涅槃 來彼求元 善男子處
역 언 자 득 무 상 열 반 내 피 구 원 선 남 자 처

또한 스스로 무상열반을 얻었노라 하면서 그 근원을 구하는 선남자의 처處에 와서,

원元 자는 근원입니다.

그 근원이라는 말이니까 만불萬佛의 근원을 구하는 선남자의 처處에 와서,

敷座說法 身有威神
부 좌 설 법   신 유 위 신

자리를 펴고 설법하매 몸에 위신이 있어서,

마구니 붙은 사람의 몸에 위엄과 신력神力이 있어서 가서 앉기만 해도 그 듣는 사람이 다 홀리게 된다는 말입니다.

摧伏求者
최 복 구 자

구하는 이를 최복하여,

구求 자는 근원을 구하는 자를 벌써부터 설법하기 전에 최복, 굴복시켜서,

令其座下
영 기 좌 하

그 좌하로 하여금,

설법하는 사람의 좌하에 있어 가지고, 그 좌하로 하여금,

雖未聞法 自然心伏
수 미 문 법 자 연 심 복

비록 법을 듣지는 못했으나 자연히 마음에 복종하게 하거든,

저절로 마음이 굴복해서 그 마구니 붙은 사람이 그만 선지식이며 보살이라고 하게 된다는 말입니다.

是諸人等 將佛涅槃 菩提法身
시 제 인 등 장 불 열 반 보 리 법 신

이 모든 사람들이 부처님의 열반과 보리와 법신을 가져,

장將 자는 가져서, 또는 가리켜서입니다.

卽時現前 我肉身上
즉 시 현 전 아 육 신 상

지금 현전에 우리의 육신상이라.

다 내 현재의 육신상에 있는 것이지 다른 게 아니다, 이렇게 얘길 하고 이렇게 알도록 만든다는 얘깁니다(슈其座下라는 말은).

법을 듣지는 못했지만 굴복하기 때문에 그 사람들이 이렇게 생각을 하게 되는 겁니다.

그래서,

父父子子
부 부 자 자

부부, 자자가,

아버지가 아들 낳고, 아들이 손자 낳고 해서,

遞代相生
체 대 상 생

대대로 서로 생하는 것이,

내 법신이 영주永住하는 것이지 다른 법신이 아닌, 지금 이게 법신이라, 이런 말입니다.

卽是法身 常住不絶 都指現在 卽爲佛國
즉 시 법 신 상 주 부 절 도 지 현 재 즉 위 불 국

곧 이 법신이 상주하여 부절함이라 하고, 모두 현재를 가리켜 곧 불국이라 하고,

지금 현재 있는 이 세계를 가리켜서 불국이라고 하지 다른 데 있지 않

다고 하는 겁니다.

無別淨居 及金色相
무 별 정 거 급 금 색 상

달리 정거나 및 금색상이 없다 하느니라.

다른 게 없고 우리가 살아가는 지금, 이곳이라고 하는 겁니다.
그것이 마구니 붙은 사람이 설법하는 이론입니다.
그러면,

其人信受
기 인 신 수

그 사람이 신수하여,

수행하던 사람입니다.
그 마음을 분명하게 믿기 때문에,

忘失先心
망 실 선 심

먼저 마음을 망실하고,

먼저 공부하던 마음을 잃어버려 공부하던 것까지도 다 없어져,

身命歸依 得未曾有
신 명 귀 의 득 미 증 유

신명으로 귀의하여 미증유를 얻었다 하리라.

내가 참말 이렇게 귀한 선지식을 만나 공부하게 된다는 생각을 하면서,

是等愚迷
시 등 우 미

이들이 우미하여,

법문 듣는 사람들입니다.

惑爲菩薩 推究其心
혹 위 보 살 추 구 기 심

보살인 줄 의혹하여 그 마음을 추구하여,

그 마구니 붙은 사람을 가만히 추측하는 겁니다.

아마 저 사람이 무엇을 좋아할 게다 하고 말하기 전에 벌써 이렇게 생각을 해서,

破佛律儀 潛行貪欲
파 불 율 의 잠 행 탐 욕

불율의를 파破하고 가만히 탐욕을 행하리라.

마구니 붙은 사람이,

口中好言 眼耳鼻舌 皆爲淨土
구 중 호 언 안 이 비 설 개 위 정 토

구중에 호언하되, 눈·귀·코·혀가 모두 정토이며,

우리에게 있는 육근이 다 정토이지 다른 게 아니라고 하는 겁니다.

男女二根 卽是菩提 涅槃眞處 彼無知者
남 녀 이 근 즉 시 보 리 열 반 진 처 피 무 지 자

남녀의 이근二根이 곧 이 보리·열반의 진처라 하거든, 저 무지한 자가,

법문 듣는 사람입니다.

信是穢言
신 시 예 언

이 예언을 믿으리라.

이 더러운 말을 믿어서 참말 법문이라 여기는 것이니,

> 此名蠱毒 魘勝惡鬼
> 차 명 고 독 염 승 악 귀

이 이름이 고독과 엽승악귀가,

가위 눌리는 것이라든지, 승勝 자는 방자한, 그런 악귀가,

> 年老成魔 惱亂是人 厭足心生
> 연 로 성 마 뇌 란 시 인 염 족 심 생

연로하여 마魔를 이룸이라. 이 사람을 뇌란하게 하다가 염족심이 생하여,

> 去彼人體 弟子與師 俱陷王難
> 거 피 인 체 제 자 여 사 구 함 왕 난

저 사람의 몸에서 가면, 제자와 다못 사師가 다 왕난에 빠지리라.

> 汝當先覺 不入輪廻 迷惑不知 墮無間獄
> 여 당 선 각 불 입 윤 회 미 혹 부 지 타 무 간 옥

네가 마땅히 먼저 깨달으면 윤회에 입入하지 않거니와 미혹하여 알지 못하면 무간옥에 떨어지리라.

> 又善男子 受陰虛妙 不遭邪慮
> 우 선 남 자 수 음 허 묘 부 조 사 려

또 선남자가 수음이 허묘하여 사려를 만나지 아니하여,

> 圓定發明 三摩地中
> 원 정 발 명 삼 마 지 중

원정이 발명한 삼마지 중에서,

> 心愛懸應
> 심 애 현 응

마음으로 현응하기를 사랑하고,

현응이란, 미리 응해진다는 말입니다.

나의 생각이 부처님과 보살과 같이 다 합해지기를 바라는 겁니다.

내가 수구須求하는 것을 감응해 주신다고 하듯이 우리가 불보살을 감感하면 불보살이 우리의 소원을 이루어 주는 것을 응應이라고 하는데, 현응懸應은 미리 응해 주기를 바라는, 즉 전세前世의 자기 선지식을 만나게 되기를 애愛하는 것이죠.

> 周流精研
> 주 류 정 연

주류하며 정미로이 연구하여,

한 군데도 비는 곳이 없이 여러 방면으로 두루 정연해서,

貪求冥感
탐 구 명 감

명감하기를 탐구하면,

부처님 보살이 나의 소원을 명명冥冥히 감응해 주기를 탐구한다고 하거든,

爾時天魔 候得其便 飛精附人 口說經法
이 시 천 마 후 득 기 편 비 정 부 인 구 설 경 법

그때에 천마가 그 짬을 후득하여 정精을 날려 사람에게 붙게 하여 입으로 경법을 설하거든,

其人元不覺知魔着 亦言自得無上涅槃
기 인 원 불 각 지 마 착 역 언 자 득 무 상 열 반

그 사람이 원래 마魔가 붙은 줄 알지 못하고, 또한 스스로 무상열반을 얻었노라 하면서,

來彼求應 善男子處 敷座說法
내 피 구 응 선 남 자 처 부 좌 설 법

저 응하기를 구하는 선남자의 처處에 와서 자리를 펴고 설법하매,

能令聽衆 暫見其身 如百千歲
능 령 청 중 잠 견 기 신 여 백 천 세

능히 청중으로 하여금 잠깐 사이에 그 몸이 백천세百千歲와 같음을 보고,

이 몸이란 설법하는 사람의 몸입니다.

듣는 대중이, 설법하는 마구니 붙은 사람을 볼 때에 그 사람의 몸이 백천 세나 되어 보이는 그게 현응懸應을 구하는 것이니까 과거에 나를 가르치던 사람이 지금 와서 나를 제도한다는 얘깁니다.

心生愛染 不能捨離
심 생 애 염 불 능 사 리

마음에 애염을 생하여 능히 사리하지 못하고,

그런 선지식을 수행하는 사람들이 잠깐이라도 떠날 생각을 못 하는 겁니다.

身爲奴僕 四事供養
신 위 노 복 사 사 공 양

몸이 노복이 되어 사사로 공양하되,

그 마구니 붙은 사람이 공양할 때에,

不覺疲勞
불 각 피 로

피로함을 느끼지 않으며,

피로한 줄을 모르고 돈이고 뭐고 아끼지 않고 갖다 바치는 겁니다.

各各令其 座下人心
각 각 영 기 좌 하 인 심

각각 그 좌하의 인심으로 하여금,

법문 듣는 사람이 법좌하法座下에 있는 그 사람들의 마음으로 하여금,

知是先師 本善知識
지 시 선 사 본 선 지 식

이가 선사이거나 본래의 선지식인 줄 알고,

예전의 자기 선지식인 줄 안다는, 본래부터 내가 저이한텐 법문을 듣고 깨달았던 선지식인 줄 아는 그게 현응懸應, 미리 응하기를 구한다는 겁니다.

| 別生法愛 |
| 별 생 법 애 |

달리 법애를 생하여,

과거에 나를 가리킨 이라고 법애를 내어서,

| 粘如膠漆 |
| 점 여 교 칠 |

붙기를 교칠과 같이 해서,

마음이 꼭 붙기를 아교와 같고, 칠漆과 같이 꼭 붙어 가지고,

| 得未曾有 |
| 득 미 증 유 |

미증유를 얻었다 하리라.

| 是人愚迷 惑爲菩薩 親近其心 |
| 시 인 우 미 혹 위 보 살 친 근 기 심 |

이 사람이 우미하여 보살이라 의혹하고, 그 마음을 친근히 하여,

破佛律儀 潛行貪慾
파 불 율 의 잠 행 탐 욕

부처님의 율의를 파破하고 가만히 탐욕을 행하리라.

口中好言 我於前世 於某生中
구 중 호 언 아 어 전 세 어 모 생 중

구중에 호언하되, 내가 전세에 어느 생 중에서,

지금부터 몇 생 전에,

先度某人
선 도 모 인

모인을 먼저 제도하였으니,

모인某人은 지금 있는 법문 듣는 사람입니다.
먼저 저 아무개를 제도했는데, 그때에 이 사람이,

當時是我妻妾兄弟
당 시 시 아 처 첩 형 제

당시에 나의 처, 첩, 형제였더니,

과거에도 그런 관계가 있다고 해서 지금 음행을 하려는 생각입니다. 그런데,

> 今來相度
> 금 래 상 도

지금에 서로 제도해,

과거에도 내가 저 사람을 제도했었는데, 이제 지금에 와서 다시 제도해 가지고,

> 與汝相隨 歸某世界 供養某佛
> 여 여 상 수 귀 모 세 계 공 양 모 불

너로 더불어 서로 따르다가 모 세계에 돌아가서 모불께 공양하리라 하며,

극락세계라든지 만월세계滿月世界에 가서 아무 부처님께 공양하겠다고 해서 그 사람에게 떨어지지 못하도록 하는 것이고,

> 或言別有大光明天
> 혹 언 별 유 대 광 명 천

혹 말하되, 달리 대광명천이 있으니,

이건 불경에도 없는 얘깁니다.
그런 좋은 하늘이 있는데,

佛於中住
불 어 중 주

부처님께서 그중에 주住함이라 하며,

一切如來 所休居地
일 체 여 래 소 휴 거 지

일체 여래의 휴거하는 지地라 하거든,

다 쉬어 가는 곳이다, 쉬면서 사는 곳이라는 얘기를 하거든,

彼無知者 信是虛誑 遺失本心
피 무 지 자 신 시 허 광 유 실 본 심

저 무지한 이가 이 허광을 믿고 본심을 유실하리라.

본래 공부하려던 마음을 잃어버리게 되는 것이니,

此名厲鬼 年老成魔 惱亂是人
차 명 여 귀 연 로 성 마 뇌 란 시 인

이 이름이 여귀가 연로하여 마(魔)를 이룸이라. 이 사람을 뇌란하게 하다가,

厭足心生 去彼人體 弟子與師 俱陷王難
염족심생 거피인체 제자여사 구함왕난

염족심이 생하여 저 사람의 몸에서 가면, 제자와 다못 사(師)가 다 왕난에 빠지리라.

汝當先覺 不入輪廻 迷惑不知 墮無間獄
여당선각 불입윤회 미혹부지 타무간옥

네가 마땅히 먼저 각(覺)하면 윤회에 들지 않거니와, 미혹하여 알지 못하면 무간옥에 떨어지리라.

又善男子 受陰虛妙 不遭邪慮
우선남자 수음허묘 부조사려

또 선남자가 수음이 허묘하여 사려를 만나지 아니하여,

圓定發明 三摩地中 心愛深入
원정발명 삼마지중 심애심입

원정이 발명한 삼마지 중에서 마음으로 심입하기를 사랑하여,

마음이 온갖 이치에 깊이 들어가기를 사랑한다는 그 진리를 속속들이 깨달아 보려고 하는 그게 심입입니다.

尅己辛勤
극 기 신 근

극기함을 신근히 하여,

극尅이라는 건 능히 이긴다는 말입니다.
몸이 괴로워도 돌보지 않고, 끝까지 공부하려고 하는 그게 극기입니다.

樂處陰寂
요 처 음 적

음적에 처하기를 좋아하여,

요樂 자는 좋아한다는 말입니다.

貪求靜謐
탐 구 정 밀

정밀하기를 탐구하면,

밀謐 자는 고요하다는 밀 자입니다. 이건 다 선정에서 생기는 그런 경계

를 말하는 겁니다.

> 爾時天魔 候得其便 飛精附人 口說經法
> 이 시 천 마 후 득 기 편 비 정 부 인 구 설 경 법

그때에 천마가 그 짬을 후득하여 정精을 날려 사람에게 붙게 하여 입으로 경법을 설하거든,

> 其人本不覺知魔着 亦言自得無上涅槃
> 기 인 본 불 각 지 마 착 역 언 자 득 무 상 열 반

그 사람이 본래 마魔에 착着한 줄 알지 못하고, 스스로 무상열반을 얻었노라 하면서,

> 來彼求陰 善男子處
> 내 피 구 음 선 남 자 처

음적陰寂함을 구하는 선남자의 처處에 와서,

> 敷座說法 令其聽人 各知本業
> 부 좌 설 법 영 기 청 인 각 지 본 업

자리를 펴고 설법하여 그 듣는 이로 하여금 각기 본업을 알게 하며,

본래 과거 전생에 어디서 뭘 하다가 만났다는, 이것을 알게 한다는 얘 깁니다. 그러니까 과거 전생지사前生之事를 알게 하는 것이지요.

> 或於其處
> 혹 어 기 처

혹 그 처에서,

여러 사람이 법문 듣는 곳에서,

> 語一人言 汝今未死
> 어 일 인 언 여 금 미 사

일인에게 말하되, 네가 아직 죽기 전에,

지금 죽기도 전에,

> 已作畜生
> 이 작 축 생

이미 축생이 되었다 하고,

> 勅使一人 於後踏尾 頓令其人
> 칙 사 일 인 어 후 답 미 돈 영 기 인

일인으로 하여금 뒤에 꼬리를 밟으라 칙하면 몰록 하여금 그 사람이,

起不能得
기 불 능 득

일어남을 능히 얻지 못하리라.

꼬리를 밟았으니 아무리 일어나려고 해도 일어나지 못하는 겁니다.

於是一衆 傾心欽伏
어 시 일 중 경 심 흠 복

이 일중이 마음을 기울여 흠복하며,

有人起心 已知其肇
유 인 기 심 이 지 기 조

어떤 사람이 마음을 일으키면 이미 그 시초始初를 알며,

뭘 생각하는지 아는, 그건 선심통仙心通입니다.
네가 지금 무슨 생각을 하고 있구나, 그렇게 알기도 하고,

佛律儀外 重加精苦
불 율 의 외 중 가 정 고

불율의 외에 거듭 정고를 가하며,

부처님께서 말씀하신 것보다 더 정고한 것을 지켜야 한다고 하는 겁니다.

誹謗比丘
비 방 비 구

비구를 비방하고,

이런 계율을 하나도 지키지 않는다고 비방하고,

罵詈徒衆 訐露人事
매 리 도 중 알 로 인 사

도중을 매리하며, 타인의 사事를 알로하되,

알訐 자는 남의 비밀한 일을 들추어낸다는 알 자입니다.
그 인사를 알로訐露하되,

不避譏嫌
불 피 기 혐

기혐을 피하지 아니하며,

보통의 사람들은 이런 말 하기를 좋아하지 않지만, 이 사람은 '네가 아무 때 이러이러했고, 지금 마음은 어떻다'라는 등 이런 남의 비밀한 일을 드러내는 겁니다.

口中好言 未然禍福
구 중 호 언 미 연 화 복

입 중에 즐거이 미연의 화복을 말하거든,

及至其時 毫髮無失
급 지 기 시 호 발 무 실

그때에 이르면 호발도 잃음이 없으리라.

此大力鬼 年老成魔
차 대 력 귀 연 로 성 마

이는 대력귀가 연로하여 마魔를 이룸이라.

惱亂是人 厭足心生 去彼人體
뇌 란 시 인 염 족 심 생 거 피 인 체

이 사람을 뇌란하게 하다가 염족심이 생하여 저 사람의 몸에서 가면,

弟子與師 俱陷王難
제 자 여 사 구 함 왕 난

제자와 다못 사師가 다 왕난에 빠지리라.

汝當先覺 不入輪廻 迷惑不知 墮無間獄
여당선각 불입윤회 미혹부지 타무간옥

네가 먼저 각覺하면 윤회에 입入하지 않거니와, 미혹하여 알지 못하면 무간옥에 떨어지리라.

又善男子 受陰虛妙 不遭邪慮
우선남자 수음허묘 부조사려

또 선남자가 수음이 허묘하고 사려를 만나지 아니하여,

圓定發明 三摩地中
원정발명 삼마지중

원정이 발명한 삼마지 중에서,

心愛知見
심애지견

마음으로 지견함을 사랑하여,

마음으로 온갖 것을 알기를 구하는 겁니다.

勤苦研尋
근 고 연 심

근고하게 연심하여,

애써서 공부하는 겁니다.

貪求宿命 爾時天魔 候得其便
탐 구 숙 명 이 시 천 마 후 득 기 편

숙명을 탐구하면, 그때에 천마가 그 짬을 후득하여,

飛精附人 口說經法
비 정 부 인 구 설 경 법

정精을 날려 사람에게 붙게 하여 입으로 경법을 설하거든,

其人殊不覺知魔着 亦言自得無上涅槃
기 인 수 불 각 지 마 착 역 언 자 득 무 상 열 반

그 사람이 자못 마魔가 착着한 줄 각지하지 못하고, 또한 말하기를, 스스로 무상열반을 얻었노라 하면서,

> 來彼求知 善男子處 敷座說法 是人無端
> 내 피 구 지 선 남 자 처 부 좌 설 법 시 인 무 단

저 알기를 구하는 선남자의 처處에 와서 자리를 펴고 설법하매 이 사람이 무단無端히,

이 사람이란 공부하던 선남자입니다.
마구니 붙은 사람이 설법하는 가운데,

> 於說法處 得大寶珠
> 어 설 법 처 득 대 보 주

설법처에서 대보주를 얻기도 하며,

지금의 금강석 같은 큰 보배 구슬을 얻기도 하는, 그러니까 그것을 얻는 것이 지금 이 사람이 탐구숙명貪求宿命해서 숙명통宿命通을 얻은 것이라는 것입니다.

그러나 이 글이 원칙으로 다음에 나오는 비밀한 얘기에 관한 것이고, 이 아래에 비밀한 얘기를 하는 대목이 도리어 숙명통이고 해서 그것이 바뀌지 않았나 하고 얘길 했습니다.

이건 사실 숙명통과는 상관이 없는 얘기거든요.

> 其魔或時
> 기 마 혹 시

그 마魔가 어떤 때에는,

천마天魔가 보내는 마구니입니다.
즉 천마가 비정부인飛精附人한 마구니입니다.

化爲畜生
화 위 축 생

축생으로 변화하여,

사람한테 가 붙기 전에 축생이 되는 겁니다.

口銜其珠 及雜珍寶 簡策符牘 諸奇異物
구 함 기 주 급 잡 진 보 간 책 부 독 제 기 이 물

입으로 그 주珠와 및 잡진보와 간책, 부독의 모든 기이물을 물어다가,

진보는 보배이고, 간책은 지금 말로 문서입니다.
그런 귀중한 것들을 얻어 보기도 하고, 부符란 명부名簿 같은 것이고, 독牘이란 문서입니다.
그런 것들을 축생이니까 물고 온다는 말입니다.

先授彼人
선 수 피 인

먼저 그 사람에게 주고,

그 사람이란 마구니 붙은 사람입니다.

```
後着其體 或誘聽人 藏於地下
후 착 기 체  혹 유 청 인  장 어 지 하
```

후에 그 몸에 착착하기도 하며, 혹 듣는 이들을 유혹하여 지하에 장藏하게 하면,

땅속에 들어가 보면,

```
有明月珠 照耀其處 是諸聽者 得未曾有
유 명 월 주  조 요 기 처  시 제 청 자  득 미 증 유
```

명월주가 그 처處에 조요하거든 이 모든 청자가 미증유를 얻었다 하리라.

명월주란 야광주夜光珠일 겁니다.

```
多食藥草 不餐嘉饍 或時日飡 一麻一麥
다 식 약 초  불 찬 가 선  혹 시 일 손  일 마 일 맥
```

흔히 약초를 먹고 가선은 먹지 아니하며, 어떤 때는 하루에 1마, 1맥만을 먹어도,

其形肥充
기 형 비 충

그 형이 비충함은,

그 얼굴이나 몸이 충만한 것은,

魔力持故
마 력 지 고

마魔의 힘이 가진 연고이며,

이렇게 하면서 하루에 세 때에 밥 먹는 사람을,

誹謗比丘 罵詈徒衆 不避譏嫌
비 방 비 구 매 리 도 중 불 피 기 혐

비구들을 비방하고 도중을 매리하되, 기혐을 피하지 아니하며,

口中好言 他方寶藏 十方聖賢 潛匿之處
구 중 호 언 타 방 보 장 시 방 성 현 잠 닉 지 처

구중에 타방의 보장과 시방 성현의 잠닉한 처處를 말하기를 좋아하거든,

아무 부처님께서 사람이 되어 와 있다는 등의 그런 얘기를 해서,

隨其後者
수 기 후 자

그 뒤를 따르는 자가,

뒤에 따라가 보면 그런 사람이 있거든요.

往往見有 奇異之人
왕 왕 견 유 기 이 지 인

왕왕에 기이한 사람을 보게 되느니라.

此名山林 土地城隍 川嶽鬼神 年老成魔
차 명 산 림 토 지 성 황 천 악 귀 신 연 로 성 마

이 이름이 산림, 토지, 성황, 천악의 귀신이 연로하여 마魔를 이룸이라.

或有宣婬 破佛戒律 與承事者 潛行五欲
혹 유 선 음 파 불 계 율 여 승 사 자 잠 행 오 욕

혹은 음婬을 선宣하여 불계율을 파하며, 승사하는 이로 더불어 가만히 오욕을 행하며,

或有精進 純食草木 無定行事
혹유정진 순식초목 무정행사

혹은 정진하매 순전히 초목만을 먹고 일정한 행사가 없으면서,

惱亂彼人 厭足心生 去彼人體
뇌란피인 염족심생 거피인체

저 사람을 뇌란하게 하다가 염족심이 생하여 저 사람의 몸에서 가면,

弟子與師 多陷王難
제자여사 다함왕난

제자와 다못 사師가 흔히 왕난에 빠지리라.

汝當先覺 不入輪廻 迷惑不知 墮無間獄
여당선각 불입윤회 미혹부지 타무간옥

네가 먼저 각覺하면 윤회에 입入하지 않거니와, 미혹하여 알지 못하면 무간옥에 떨어지리라.

又善男子 受陰虛妙 不遭邪慮
우 선 남 자 수 음 허 묘 부 조 사 려

또 선남자가 수음이 허묘하여 사려를 만나지 아니하여,

圓定發明 三摩地中 心愛神通 種種變化
원 정 발 명 삼 마 지 중 심 애 신 통 종 종 변 화

원정이 발명한 삼마지 중에서 마음으로 신통과 종종 변화를 사랑하여,

이건 신변神變이지 육신통六神通의 신통이 아닙니다.

研究化元
연 구 화 원

화원을 연구하여,

만물이 생기는 근원을 연구한다고 하여,

貪取神力
탐 취 신 력

신력을 탐취하면,

이 신력이 위에서 말한 신통종종변화神通種種變化입니다.

爾時天魔 候得其便 飛精附人 口說經法
이 시 천 마 후 득 기 편 비 정 부 인 구 설 경 법

그때에 천마가 그 짬을 후득하여 정精을 날려 사람에게 붙게 하여 입으로 경법을 설하거든,

其人誠不覺知魔着 亦言自得無上涅槃
기 인 성 불 각 지 마 착 역 언 자 득 무 상 열 반

그 사람이 진실로 마魔에 착착한 줄 각지하지 못하고 스스로 말하기를, 무상열반을 얻었노라 하면서,

來彼求通 善男子處 敷座說法
내 피 구 통 선 남 자 처 부 좌 설 법

저 신통을 구하는 선남자의 처處에 와서 자리를 펴고 설법하매,

是人或復手執火光 手撮其光
시 인 혹 부 수 집 화 광 수 촬 기 광

이 사람이 혹 손에 화광을 잡으며 손으로 그 광光을 촬撮하여,

> **分於所聽 四衆頭上**
> 분 어 소 청 사 중 두 상

들는바 사중의 두상에 분分하거든,

법문을 듣는 사부 대중의 머리 위에다가 나누어 놓는다는 말입니다.
불을 떼서 갖다 놓고 그러면,

> **是諸聽人 頂上火光 皆長數尺**
> 시 제 청 인 정 상 화 광 개 장 수 척

이 모든 듣는 이의 정상에 화광이 다 길이가 수척이로되,

> **亦無熱性 曾不焚燒**
> 역 무 열 성 증 불 분 소

또한 열성도 없고 일찍이 분소함도 없으리라.

불만 그렇게 있지 타지도 않는다는 얘깁니다.
그런 일을 하기도 하며,

> **或水上[10]行 如履平地 或於空中 定坐不動**
> 혹 수 상 행 여 리 평 지 혹 어 공 중 정 좌 부 동

---

10 고려대장경에는 상수上水로 되어 있으나, 원본·명본에는 본문과 같이 되어 있다.

혹 물 위를 행함이 평지를 밟는 것과 같이 하며, 혹 공중에 안좌安坐하여 동하지 아니하며,

의지한 데 없이 허공에 앉아 있기도 하며,

或入缾內
혹 입 병 내

혹 병 속에 들어가고,

병이라고 하면 우리는 술병이라든지 그런 것인 줄 알지만 물론 그런 병이지만, 그뿐만이 아니라 항아리가 다 병입니다.

或處囊中
혹 처 낭 중

혹 주머니 가운데 처하며,

호주머니 같은 데에, 처處 자는 있기도 하며,

越牖透垣
월 유 투 원

들창을 넘고 담을 뚫되,

우리와 같이 문을 열고 나가는 게 아니라 그냥 지나간다는 말입니다.

유루(有漏)라고 하는 건 조그만 집의 물건이나 드나들고 일광(日光)이나 통하고 하는 곳인데, 그걸 지나간다는 말입니다.

원원(垣)은 담장입니다.

담을 지나가더라도 그걸 뚫고 지나가는 게 아니고 그냥 통과하는 겁니다.

> 曾無障礙
> 증 무 장 애

일찍이 장애가 없거니와,

그런 여러 가지 변화가 다 신변(神變), 신통변화입니다.

하지만,

> 唯於刀兵 不得自在
> 유 어 도 병 부 득 자 재

오직 도병에는 자재하지 못하느니라.

참말 신통이라면 도병에도 자재해야 하는데, 그렇지 못하다는 말입니다.

> 自言是佛
> 자 언 시 불

스스로 말하되, 부처님이라 하여,

내가 부처가 되었다고 하면서도,

身着白衣 受比丘禮
신 착 백 의 수 비 구 례

몸에 白衣를 着着하고 비구의 예를 받으며,

誹謗禪律 罵詈徒衆 訐露人事
비 방 선 율 매 리 도 중 알 로 인 사

禪과 律을 비방하고 도중을 매리하며 인사를 알로하되,

사람의 비밀한 일을 알로, 드러내면서도,

不避譏嫌
불 피 기 혐

기혐을 피하지 아니하며,

대개 남의 비밀은 드러내는 것을 좋아하지 않는 것인데, 이 사람은 그 것을 조금도 거리낌 없이 하더라, 그 말입니다.

그렇게 하면서,

口中常說 神通自在
구 중 상 설 신 통 자 재

입으로 항상 신통 자재함을 설하며,

或復令人
혹 부 영 인

혹 사람으로 하여금,

법문 듣는 사람입니다.

傍見佛土
방 견 불 토

곁으로 불토를 보게 하나,

보여 주는 겁니다.
극락세계라든지 불국토를 보여 주기도 하는데, 그 국토 보이는 게 참말로 보이는 것이 아니고,

鬼力惑人 非有眞實
귀 력 혹 인 비 유 진 실

귀신의 힘으로 사람을 의혹함이요, 진실이 있지 아니하며,

속임수로 속이기만 하는 겁니다.

讚歎行婬 不毀麤行
찬 탄 행 음 불 훼 추 행

행음을 찬탄하고, 추麤한 행을 훼하지 아니하며,

못 쓴다고 하질 않는다는 말입니다.

將諸猥媟
장 제 외 설

모든 외설을 가져,

외설이란 음행에 대한 얘기입니다.
그걸 가지고서,

以爲傳法
이 위 전 법

법을 전함이라 하리라.

> 此名天地 大力山精 海精風精 河精土精 一切草木[11]
> 차 명 천 지 대 력 산 정 해 정 풍 정 하 정 토 정 일 체 초 목
> 積劫精魅
> 적 겁 정 매

이 이름이 천지간의 대력한 산정, 해정, 풍정, 하정, 토정과 일체 초목의 적겁의 정매와,

매魅가 귀신이라는 말입니다.
그런 것이 이런 줄 안다는 말입니다.

> 或復龍魅 或壽終仙
> 혹 부 용 매 혹 수 종 선

혹 용매와 목숨을 마친 신선神仙이,

신선이 목숨, 기한이 다 되어서 죽게 되는 것이 수종선입니다.
그 목숨 마친 신선이,

> 再活爲魅 或仙期終
> 재 활 위 매 혹 선 기 종

다시 살아나 매魅가 된 것이나, 혹 신선의 기한이 끝나매,

---

11 고려대장경에는 일체초수一切草樹로 되어 있으나, 송본·원본·명본에는 본문과 같이 되어 있다.

신선의 기한이 끝나 죽게 될 텐데,

計年應死 其形不化
계 년 응 사   기 형 불 화

계년하여 뻑뻑이 죽어야 하거늘, 그 형이 화하지 아니하여,

형상이 화하지 않고 마구니가 된다는 말입니다.
그렇기 때문에,

他怪所附
타 괴 소 부

타괴의 붙은 바가,

죽지 않은 신선에게 붙어서 이렇게 마구니 노릇을 하는 겁니다.

年老成魔
연 로 성 마

연로하여 마魔를 이룸이라.

그러니까 상당한 신력이 있는 마구니들입니다.

> 惱亂是人 厭足心生 去彼人體
> 뇌란시인 염족심생 거피인체

이 사람을 뇌란하게 하다가 염족심이 생하여 저 사람의 몸에서 가면,

> 弟子與師 多陷王難
> 제자여사 다함왕난

제자와 다못 사師가 흔히 왕난에 빠지리라.

> 汝當先覺 不入輪廻 迷惑不知 墮無間獄
> 여당선각 불입윤회 미혹부지 타무간옥

네가 마땅히 먼저 깨달으면 윤회에 들지 않거니와, 미혹하여 알지 못하면 무간옥에 떨어지리라.

> 又善男子 受陰虛妙 不遭邪慮
> 우선남자 수음허묘 부조사려

또 선남자가 수음이 허묘하여 사려를 만나지 아니하여,

> 圓定發明 三摩地中 心愛入滅
> 원 정 발 명 삼 마 지 중 심 애 입 멸

원정이 발명한 삼마지 중에서 마음으로 입멸을 사랑하며,

이 멸滅은 참말 열반이 아니고, 일체 것이 공空하다고만 생각하는 멸입니다. 멸에 들기를 사랑하여,

> 硏[12]究化性
> 연　구 화 성

화化하는 성性을 연구하여,

일체의 것이 변화하는 성품을 연구한다. 어떻게 되어서 저렇게 변화하는가를 연구하여,

> 貪求深空
> 탐 구 심 공

깊은 공空을 탐구하면,

차차 마음대로 자재한 공空입니다.
심공을 탐구한다고 하면,

---

12 고려대장경에는 연姸으로 되어 있으나, 송본·원본·명본에는 본문과 같이 되어 있다.

爾時天魔 候得其便 飛精附人 口說經法
이시천마 후득기편 비정부인 구설경법

그때에 천마가 그 짬을 후득하여 정精을 날려 사람에게 붙어 입으로 경법을 설하거든,

其人終不覺知魔着 亦言自得無上涅槃
기 인종 불 각 지 마 착 역 언 자 득 무 상 열 반

그 사람이 마침내 마魔가 착着한 줄 각지하지 못하고 스스로 이르되, 무상열반을 이루었다 하면서,

이 사람이란 마구니 붙은 사람입니다.

그러면서,

來彼求空 善男子處 敷座說法
내 피 구 공 선 남 자 처 부 좌 설 법

저 공空을 구하는 선남자의 처處에 와서 자리를 펴고 설법하여,

於大衆內 其形忽空
어 대 중 내 기 형 홀 공

대중의 내內에서 그 형이 홀연히 공空하여져서,

공空하기를 구하는 것이기 때문에 공한 것이 구해지는 겁니다.
마구니가 붙어서 법문하는 그 사람의 형상이 홀연히 없어져서, 공空 자는 없어진다는 말입니다.
그래서,

衆無所見
중 무 소 견

대중이 본 바가 없다가,

어떻게 된 건지 지금 앉아서 법문하던 사람이 없어진 겁니다.
그랬다가,

還從虛空 突然而出
환 종 허 공 돌 연 이 출

다시 허공으로 좇아 돌연히 출出하여,

그러니까 허공 속에서 있었다 없었다 하는 겁니다.

存沒自在
존 몰 자 재

존存하고 몰沒함이 자재하리라.

> **或現其身 洞如琉璃**
> 혹 현 기 신 통 여 유 리

혹 그 몸이 유리와 같이 통洞히 나타나며,

환하게 들여다보이는 게 유리와 같다는 말입니다.

경전에 나오는 유리는 지금의 우리가 알고 있는 그런 유리가 아닙니다. 본래 경전에는 폐유리吠琉璃, 폐吠 자까지 있어서 폐유리라고 하는 것인데, 그것이 지금의 수정水晶입니다.

지금의 유리는 자연으로 나는 수정을 본떠 가지고 인조로 만든 것이지만, 이런 유리를 만들어 낸 건 얼마 안 되었습니다.

그러니까 어디든지 경에 나오는 유리라고 하면, 수정을 가리키지 지금과 같이 값싼 유리를 말하는 것이 아닙니다.

> **或垂手足 作旃檀氣**
> 혹 수 수 족 작 전 단 기

혹 수족을 드리우면 전단기를 작作하며,

> **或大小便 如厚石蜜**
> 혹 대 소 변 여 후 석 밀

혹 대소변이 후석밀과 같기도 하여,

석밀이란 단단한 사탕입니다. 지금 말하면 설탕이라든지, 후厚 자는 맛이 썩 달다는 후厚 자입니다. 맛이 썩 좋다고 해서 후석밀厚石蜜이고, 묵석밀墨石蜜이란 빛이 까맣다고 해서 묵석밀인데, 이걸 몰라서 돌에서 나는 꿀이라고 해서는 안 되는 일이고, 또 확실히 몰라서 강엿, 엿이 단단해진 것, 그것을 석밀이라고 하는데, 강엿을 석밀이라고 얘기한 데가 없습니다. 이건 단단한 사탕, 설탕입니다.

그러니까 이 말은 대소변이 맛이 달아 석밀 같다는 말입니다.

이런 형상을 나타내면서,

誹毀戒律 輕賤出家
비훼계율 경천출가

계율을 비훼하고 출가를 경천히 하며,

비구이면 대단히 소중한 것인데, 소중하게 여기질 않는다는 말입니다. 그러면서 그 사람이,

口中常說 無因無果
구중상설 무인무과

입으로 항상 말하기를 인因도 없고 과果도 없으며,

인과를 발무撥無하는 겁니다.

一死永滅
일사영멸

한번 죽으면 길이 멸하여,

한번 죽으면 다시 살아나는 게 없다고 윤회를 부인하는 겁니다.

無復後身 及諸凡聖
무 부 후 신 급 제 범 성

다시 후신도 없고 및 범凡과 성聖도 없으며,

그 무無 자가 후신 및 모든 범凡 및 성聖이 없다, 그렇게 말하면서,

雖得空寂
수 득 공 적

비록 공적을 얻었으나,

마구니가 붙은 사람이 공적하는 걸 얻긴 얻었으나, 그래도 이게 참말 공적이 아니라는 얘깁니다.

潛行貪欲
잠 행 탐 욕

가만히 탐욕을 행하거든,

탐욕이란 내내 음욕입니다.

受其欲者 亦得空心
수 기 욕 자 역 득 공 심

그 욕欲을 받는 이도 마음이 공空함을 얻어서,

마음이 공해진다는 말입니다.
그래 가지고서,

撥無因果
발 무 인 과

인과를 발무하리라.

없다고 부인하는 게 발撥입니다.

此名日月薄蝕精氣
차 명 일 월 박 식 정 기

이 이름이 일월박식의 정기이니,

박薄 자도 일식日蝕한다는 박 자입니다.
　박薄 자나 식蝕 자나 다 일식, 월식하는 것인데, 일월에 박식하는 것이, 그러니까 일식, 월식하는 그런 정기라든지,

金玉芝草 麟鳳龜鶴
금 옥 지 초 인 봉 구 학

금金, 옥玉, 지초芝草, 인麟, 봉鳳, 구龜, 학鶴이,

지초는 풀 가운데 유명한 풀입니다. 우리나라에서는 불로초라고 한다고 합니다.

그 지초라는 게 대단히 좋은 풀인데, 삼蔘 같다고 하는데 이런 것들이,

經千萬年
경 천 만 년

천만년을 지나도,

그렇게 오래 살면서,

不死爲靈 出生國土 年老成魔
불 사 위 령 출 생 국 토 연 로 성 마

죽지 않고 영靈이 되어 국토에 출생하여 연로하여 마魔를 이룸이라.

惱亂是人 厭足心生 去彼人體
뇌 란 시 인 염 족 심 생 거 피 인 체

이 사람을 뇌란하게 하다가 염족심이 생하여 그 인체에서 가면,

弟子與師 多陷王難
제 자 여 사 다 함 왕 난

제자와 다못 사師가 다 왕난에 빠지리라.

汝當先覺 不入輪廻 迷惑不知 墮無間獄
여 당 선 각 불 입 윤 회 미 혹 부 지 타 무 간 옥

네가 마땅히 먼저 각覺하면 윤회에 입入하지 않거니와, 미혹하여 알지 못하면 무간옥에 떨어지리라.

又善男子 受陰虛妙 不遭邪慮
우 선 남 자 수 음 허 묘 부 조 사 려

또 선남자가 수음이 허묘하여 사려를 만나지 아니하여,

圓定發明 三摩地中 心愛長壽
원 정 발 명 삼 마 지 중 심 애 장 수

원정이 발명한 삼마지 중에서 마음으로 장수를 사랑하여,

辛苦研幾
신 고 연 기

신고辛苦히 기미幾微를 연구하고,

신辛은 맵다는 말이고, 고苦는 쓰다는 말인데, 매운 것, 쓴 것을 먹기가 대단히 어렵듯이 그렇게 애를 쓴다는 말입니다.

지금 우리도 신고辛苦한다는 말을 쓰는데, 고생한다는 말입니다.

그래서 연기硏幾, 만법의 기미를 연구해 가지고,

貪求永歲
탐 구 영 세

영세를 탐구하여,

영세나 장수長壽나 같은 말입니다.

棄分段生
기 분 단 생

분단생사分段生死를 버리고,

우리가 생사하는 게 분단생사입니다.

모습은 분한分限이 있고, 가령 50년을 산다든지 백 년을 산다든지 목숨은 분한이 있고, 몸은 또 형단形段이 있습니다. 그래서 분단입니다. 분分은 수명을 가리키는 말이고, 단段은 형체를 가리키는 말입니다. 그래서 우리는 다 분단생사를 합니다.

그러나 아라한이 되면 분단생사는 안 하고 마음대로 변역생사變易生死를 합니다. 이게 죽었다 났다 하는 게 아니고, 변해 가지고 하는 생사니까 한꺼번에 곧 분단생사를 버리고 변역생사를 얻는 것이 아니고, 공부를 해서 오랜 세월을 지나 가지고야 하게 됩니다.

그런데 그렇게 하지 않고 그 자리에서 이 몸을 가지고 변역생사를 화해서,

> 頓希變易 細相常住
> 돈 희 변 역 세 상 상 주

몰록 변역하여 세상이 상주하기를 바라면,

변역생사가 세상입니다.
미세한 상相이 항상 머물기를 바라고 있다고 하면,

> 爾時天魔 候得其便 飛精附人 口說經法
> 이 시 천 마 후 득 기 편 비 정 부 인 구 설 경 법

그때에 천마가 그 짬을 후득하여 정精을 날려 사람에게 붙어 입으로 경법을 설하거든,

> 其人竟不覺知魔着
> 기 인 경 불 각 지 마 착

그 사람이 마침내 마魔가 착着한 줄 각지하지 못하고,

마구니가 붙어 설법하는 사람입니다.

亦言自得無上涅槃
역 언 자 득 무 상 열 반

또한 말하되, 스스로 무상열반을 얻었노라 하면서,

來彼求生 善男子處
내 피 구 생 선 남 자 처

저 생생生을 구하는 선남자의 처處에 와서,

생생生은 영생永生입니다.

敷座說法 好言他方 往還無滯
부 좌 설 법 호 언 타 방 왕 환 무 체

자리를 펴고 설법하되, 타방으로 왕환함이 막힘이 없다 말하기를 좋아하며,

미국을 잠깐 갔다 온다든지, 또 무슨 토성土星 세계를 간다든지, 달나라를 갔다 온다든지, 그게 다 땅 위에서만 다니는 게 아니라 허공을 통해서도 다 다니는 걸 가리키는 말입니다.

或經萬里 瞬息再來 皆於彼方 取得其物
혹 경 만 리 순 식 재 래 개 어 피 방 취 득 기 물

혹 만 리를 지나 순식간에 다시 오되, 다 그 지방의 物物을 취득하리라.

瞬 자는 눈 깜짝한다는 말이고, 息 자는 숨 한 번 쉰다는 말이니까 잠깐입니다. 그 순식간에 다녀오기도 하는데, 그 증거를 대 가지고 갔던 지방의 물건을 가져오기도 한다는 얘깁니다. 그냥 갔다 오는 게 아니라 참말 갔다 온 것처럼 그 지방에 있는 물건을 가지고 온다는 말입니다.

或於一處 在一宅中 數步之間
혹 어 일 처 재 일 택 중 수 보 지 간

혹 일처의 일택 중에 있어 수보의 사이를,

한 집 가운데 있어서 아랫목과 윗목이 몇 걸음밖에 안 되니까 그만한 곳인데,

令其從東 詣至西壁
영 기 종 동 예 지 서 벽

그로 하여금 동으로 쫓아 서벽에 이르라 하면,

윗목에서 아랫목을 가라고 한다든지, 전면에서 후면으로 가라고 한다든지 하는 겁니다.

그러면,

是人急行 累年不到
시 인 급 행 누 년 부 도

이 사람이 급히 행하여 누년을 하여도 이르지 못하거든,

가기는 자꾸 가는데, 몇 해를 가도 거기에 이를 수가 없는 그런 것이 실상 보여 준다는 말입니다.

보여 주니까,

因此心信
인 차 심 신

이를 인하여 마음으로 믿어서,

법문 듣는 사람들이 마음으로 마구니를 믿어서,

疑佛現前
의 불 현 전

부처님께서 현전하셨다 의심하느니라.

口中常說 十方衆生 皆是吾子
구 중 상 설 시 방 중 생 개 시 오 자

입으로 항상 설하되, 시방 중생이 다 이 나의 아들이며,

내가 시방 중생을 다 냈다 이 말입니다.

> 我生諸佛 我出世界 我是元佛
> 아 생 제 불 아 출 세 계 아 시 원 불

내가 제불을 생했고, 내가 세계를 출出했으니, 내가 이 원불이라.
원불이란 내가 맨 첫 번째 부처님이다, 그리하여,

> 出世自然 不因修得
> 출 세 자 연 불 인 수 득

자연히 출세하였으며 수행을 인하여 닦은 것이 아니라 하니라.

출세하는 것이 자연으로 하지 부모를 가자假資하거나 인과 때문에 하는 게 아니라는 말입니다.

수행해서 부처 되는 게 아니라고 그렇게 말을 하고 돌아다니는데,

> 此名住世 自在天魔
> 차 명 주 세 자 재 천 마

이 이름이 세상에 주住하는 자재천마가,

이건 욕계 육천의 얘긴데 거기에 마구니의 세계가 있다고 그럽니다.

> **使其眷屬**
> 사 기 권 속

그 권속인,

직접 하는 게 아니라 권속 가운데,

> **如遮文荼 及四天王 毗舍童子 未發心者**
> 여 차 문 다 급 사 천 왕 비 사 동 자 미 발 심 자

차문다 및 사천왕의 비사 동자 등 발심하지 못한 이로 하여금,

차문다란 이름입니다.
또 사천왕이 비사 동자입니다.
비사 동자라고 하는 그것이 다 마구니의 권속들입니다.
사使 자는 그런 사람들을 시켜서, 권속 가운데 차문다라든지, 사천왕의 비사 동자라든지, 그런 사람을 모두 미발심자라고 한 것입니다. 그러나 차문다나 비사 동자도 발심하면 수행하는 사람들을 옹호해 주는데, 발심하지 못하면 해롭게 한다는 말입니다.
미발심자로 하여금,

> **利其虛明**
> 이 기 허 명

그 허명함을 이용하여,

수행하는 사람입니다.

수행하는 사람이 공부가 허명해져서 그 허명한 그것을 이용하여,

食彼精氣
식 피 정 기

저의 정기를 먹게 하며,

수행하는 사람의 정기를 빨아먹어서 그만 미치게 하기도 하며,

或不因師
혹 불 인 사

혹 사師를 인하지 아니하여도,

이건 마구니 붙은 스승입니다.
스승이 시켜서 하지 않아도,

其修行人
기 수 행 인

그 수행인이,

주욱 내려오면서 상음想陰 중에 공부하는 사람입니다.

親自觀見 稱執金剛
친 자 관 견 칭 집 금 강

친히 스스로 집금강신執金剛神이라 칭하는 이가,

차문다遮文茶나 이런 이들이 내가 집금강신이라고, 마구니 붙은 사람이 그러는 겁니다.

그러면서,

與汝長命
여 여 장 명

너를 장명하게 한다 함을 보게 하며,

오래 살기를 구하니까 이렇게 하는 겁니다.

그것을 친히 본다, 선생을 인하지 않고도 지금 수행하는 사람이 마구니의 힘으로 그렇게 그런 것을 보게 된다는 말입니다.

혹 어떤 때는,

現美女身 盛行貪欲
현 미 녀 신 성 행 탐 욕

미녀신을 나투어 탐욕을 성행하게 하면,

未逾年歲 肝腦枯竭
미 유 연 세 간 뇌 고 갈

연세를 넘지 아니하여 간뇌가 고갈하게 하며,

년年이나 세歲는 같은 말인데, 한 해도 되기 전에 간과 뇌가 말라 없어 진다는 얘깁니다.

口兼獨言 聽若妖[13]魅
구 겸 독 언 청 약 요 매

입으로 혼자 말하는 것이 듣기에는 요매와 같거든,

귀신들 말과 같다는 얘깁니다. 그런데 이 귀신을 보고 하는 말이지요. 가령 미녀신美女身으로 말한다든지, 집금강신執金剛神으로 말한다든지 다른 사람이 보면, 자기 혼자 얘기하는 게 됩니다. 그 귀신은 수행하는 사람에게만 보이지 다른 사람에게는 안 보이니까. 그러니까 이것은 다른 사람이 듣기에 요매와 같은 그런 귀신의 말소리 같다는 말입니다.

그런 것이,

前人未詳 多陷王難
전 인 미 상 다 함 왕 난

앞의 사람이 자세히 알지 못하며, 흔히 왕난에 걸리어(빠져서),

---

13 고려대장경에는 魅로 되어 있으나, 송본·원본·명본에는 본문과 같이 되어 있다.

전인은 수행하던 사람입니다.

그래서 쫓겨 가 빠질 때에,

未及遇刑
미 급 우 형

미처 형벌을 만나기 전에,

그러니까 재판해 가지고 얼마 후에 사형 선고할 터인데, 사형 선고하기 전에,

先已乾死
선 이 건 사

먼저 이미 말라 죽으며,

왕난을 만나 가지고 판결을 받기 전에 죽기도 하며, 즉 그렇게 해롭게 한다는 말입니다.

惱亂彼人 以至殂殞
뇌 란 피 인 이 지 조 운

저 사람을 뇌란하게 하여 조운함에 이르게 하리라.

조殂나 운殞이나 다 죽는다는 말입니다.

汝當先覺 不入輪廻 迷惑不知 墮無間獄
여 당 선 각 불 입 윤 회 미 혹 부 지 타 무 간 옥

네가 마땅히 먼저 각覺하면 윤회에 들지 않거니와, 미혹하여 알지 못하면 무간옥에 떨어지리라.

그래서 이제 상음想陰 중에서 열 가지를 말했습니다.

阿難當知 是十種魔 於末世時 在我法中 出家修道
아 난 당 지 시 십 종 마 어 말 세 시 재 아 법 중 출 가 수 도

아난아, 마땅히 알라. 이 10종 마魔가 말세의 때에 나의 법 중에 있어서 출가하여 수도하며,

마구니가 출가하여 수도승 노릇을 하고 있으면서 다른 사람을 해롭게 하기도 하며,

或附人體 或自現形
혹 부 인 체 혹 자 현 형

혹 다른 사람의 몸에 붙기도 하며, 혹 스스로 형상을 나타내기도 하여,

皆言已成正遍知覺
개 언 이 성 정 변 지 각

다 말하되, 이미 정변지각을 이루었다 하며,

정변지각은 성불하는 거니까 아뇩다라삼먁삼보리입니다.
정변지각을 얻었노라 하면서,

讚歎婬欲 破佛律儀
찬 탄 음 욕   파 불 율 의

음욕을 찬탄하고 불율의佛律儀를 파하며,

율행을 안 한다는 말입니다.
그렇게 해서,

先惡魔師 與魔弟子
선 악 마 사   여 마 제 자

먼저 악마사와 마魔의 제자로 더불어,

마구니 제자란 수행하는 사람이 다 마구니의 제자가 된 것입니다.

婬婬相傳
음 음 상 전

음婬과 음婬으로 서로 전하며,

음욕을 가지고 서로 전해 내려오면서 보리라고 하는 겁니다.

> **如是邪精 魅其心腑**
> 여 시 사 정 매 기 심 부

이와 같은 사정이 그의 심부를 매혹魅惑하되,

매魅 자는 매혹하여 홀린다는 말입니다.

> **近則九生 多踰百世**
> 근 즉 구 생 다 유 백 세

가까운즉 9생이요, 많으면 백 세를 넘어서,

이걸 그냥 보아서는 쉽지 않은데, 다시 따로 설명한 이도 없어요. 마구니의 사는 것이, 수행하는 이를 괴롭게 하는 것인데, 그 기간이 가까이는 9생九生 동안, 멀면 백 세라는 것입니다. 그러니까 지금 우리 보통 중생으로 아홉 번 동안 가령 80년을 산다고 하면 8×9는 72, 7백여 년이 될 테고, 백 년을 산다고 하면 9백 년이 되고 그렇습니다.

그런 마구니의 수명이 그렇게 오래 있으면서 중생을 뇌란시킨다고 하는 말입니다. 또 오래된다고 하면 백 세, 백 세는, 백 생을 가리키는 말입니다.

그렇게 하면 그 세월 동안 한 사람만은 아닙니다. 한 사람이 9생은 살 수 없는 게니까. 그러니까 이생에는 이 사람을 해롭게 하고, 또 다음 생엔 다른 사람을 해롭게 하면서 사는 마구니의 수명이 백 세라는 말입니다.

『정맥소正脉疏』에서는 9생과 백 세에 대해서 해석을 안 했는데, 그러나 그건 그렇게 보는 말입니다.

마구니가 9생, 우리 인류가 사는 9생 동안을 살면서 그런 일을 하기도 하고, 백 세를 살면서 그런 일을 하기도 한다. 이렇게 보는 게 보통인데, 몇 군데에서는 9생이란, 우리의 생을 백 년으로 치면 9백 년이다. 그러니까 그 말은 부처님께서 열반하신 후로부터 9백 년이다, 이런 말입니다.

9백 년이라고 하면 정법正法이 천년이니까 정법의 말세, 정법의 후에 이런 마구니가 나타나기도 한다는, 그러니까 처음부터 나지는 않는다는 얘깁니다.

지금 세상에는 부자상전父子相傳을 1세라고 그럽니다. 아버지에서 아들에게 전하는 한 대代, 그러니까 한 대, 두 대 하는 그것을 세라고 하니까 백 세라 하면, 한 세가 30년이니까 백 세면 3천 년이다, 이겁니다. 3천 년이라고 하면 말법 시대 초기다, 이 말입니다.

정법正法이 천년, 상법像法이 천년, 말법末法이 만년인데, 이것을 불열반 후로부터 가까이로는 9백 년 동안부터 이런 마구니가 생기고, 또 오래 갈 때는 3천 년 후까지 이런 마구니가 생기기도 한다, 그것을 말하면 9백 년 전에는 안 생기고, 3천 년 후에도 안 생긴다, 안 생긴다고 하는 것은, 수행하는 사람이 없으니까 마구니가 생길 필요가 없겠다, 이런 얘기도 되는 것입니다. 누군가가 아주 그렇게 해석해 놓았습니다.

그러니까 이것은 마구니가 수행인을 뇌란하게 하는 시기를 가리키는 말입니다.

令眞修行 總爲魔眷
영 진 수 행 총 위 마 권

진수행으로 하여금 총히 마魔의 권속이 되게 하며,

그러면 수행하는 사람이,

> 命終之後 畢爲魔民 失正遍知 墮無間獄
> 명종지후 필위마민 실정변지 타무간옥

명命을 마친 후에 반드시 마민이 되어 정변지를 잃고 무간옥에 떨어지리라.

> 汝今未須 先取寂滅
> 여금미수 선취적멸

너는 지금 모름지기 먼저 적멸을 취하지 말 것이며,

> 縱得無學 留願入彼末法之中
> 종득무학 유원입피말법지중

비록 무학을 얻어서도 원願에 머물러 저 말법 중에 들어가서,

마구니가 많은 말법 중에 들어가서,

> 起大慈悲 救度正心 深信衆生 令不着魔 得正知見
> 기대자비 구도정심 심신중생 영불착마 득정지견

대자비를 일으켜서 정심으로 심신한 중생을 구도하여 하여금 마魔에 착着하지 않게 하고 정지견正知見을 얻게 하라.

그러니까 아난 존자에게 부탁을 하는 겁니다.

我今度汝 已出生死
아금도여 이출생사

내가 지금 너를 제도하여 이미 생사에서 출出하게 하였으니,

아난 존자 보고 하는 말입니다.
아난 존자는 수다원과를 얻었고, 수다원과만 얻어도 생사를 면하는 게 니까 하시는 말씀입니다.

汝遵佛語 名報佛恩
여준불어 명보불은

네가 부처님의 말씀을 준遵하는 것이 이름이 보불은이니라.

설사 열반하더라도 열반하지 말고 말법 시대까지 이것을 전해라, 이런 말이니까 부처님 말씀을 준하는 것이 부처님 은혜를 갚는 것이니라 하고 단단히 부탁하는 말입니다.

후세의 수행하는 사람이 마구니 만나기가 쉬우니, 네가 이것을 가져서 설사 열반할 만한 정도에 가더라도 열반하지 말고, 말법 중에 들어가서 다른 사람들에게 모두 일러 줘라, 이런 말입니다.

阿難 如是十種 禪那現境
아난 여시십종 선나현경

아난아, 이와 같은 10종의 선나의 경계가 나타남은,

> 皆是想陰 用心交互 故現斯事
> 개 시 상 음 용 심 교 호 고 현 사 사

다 이 상음의 용심이 교호할새, 고로 이 일이 나타났거늘,

그런데,

> 衆生頑迷 不自忖量
> 중 생 완 미 부 자 촌 량

중생이 완미하여 스스로 촌량하지 못하고,

이건 수행하는 중생입니다.
　지금 자기의 경계가 어느 정도인지, 가령 말하자면, 상음 경계에 있는 이것을 깨닫지 못하고,

> 逢此因緣 迷不自識
> 봉 차 인 연 미 부 자 식

이 인연을 만나 미迷하여 스스로 알지 못할새,

　마구니인 줄 알지 못하고, 그러니까 자기의 경계를 알면, 예를 들어 내가 지금 상음 경계에 있다는 것을 알면 부처 되었다는 이런 말을 안 할 텐데,

> 謂言登聖 大妄語成 墮無間獄
> 위 언 등 성 대 망 어 성 타 무 간 옥

성聖에 올랐다 이르면, 대망어를 이루어서 무간옥에 떨어지리라.

```
汝等必須 將如來語 於我滅後 傳示末法
여등필수  장여래어  어아멸후  전시말법
```

너희 등이 반드시 여래어를 가져 내가 멸한 후 말법에 전시하여,

```
遍令衆生 開悟斯義
변령중생  개오사의
```

두루 중생으로 하여금 이 뜻을 개오하게(깨닫게) 하며,

마구니가 오는 이런 것을 잘 깨닫게 해줘서,

```
無令天魔 得其方便
무령천마  득기방편
```

천마로 하여금 방편을 얻지 못하게 하여,

무無 자는 얻지 말도록, 얻게 하질 말고,

```
保持覆護 成無上道
보지복호  성무상도
```

보지하고 복호하여 무상도를 이루게 하라.

상음想陰 가운데 있는 마구니가 밖에 있는 마구니, 외마外魔 가운데 가장 큰 마구니입니다.

이제 행음行陰 중에 일어나는 마구니 얘긴데, 행음이나, 식음識陰 중에 일어나는 건 그런 마구니가 붙는 게 아닙니다. 그러니까 그때는 마구니가 못 붙습니다.

상음까지 마구니가 붙지, 상음이 없어지면 벌써 꿈이나 생각이 다 없어져서 그런 망상이 없으니까 마구니가 와서 붙을 수는 없고, 공부하는 자기 경계에 대해서 제 소견이 잘못되는 그것을 말합니다. 그러니까 이것을 심마心魔라고 그러지요. 마음으로 생기는 마구니니까 심마라고 하는데, 바로 여기에서부터가 심마입니다.

대불정여래밀인수증요의제보살만행수릉엄경
|제10권|

당 천축 사문 반랄밀제 역
唐 天竺 沙門 般刺蜜帝 譯

오장국 사문 미가석가 역어
烏萇國 沙門 彌伽釋迦 譯語

보살계제자전정간대부동중서문하평장사청하 방융 필수
菩薩戒弟子前正諫大夫同中書門下平章事淸河 房融 筆授

봉선사 사문 운허용하 강설
奉先寺 沙門 耘虛龍夏 講說

능엄경 강화
제10권

5) 행음行陰의 마魔

> 阿難 彼善男子 修三摩提 想陰盡者
> 아난 피선남자 수삼마제 상음진자

아난아, 저 선남자가 삼마제를 닦아 상음이 다한 이는,

> 是人平常 夢想銷滅
> 시인평상 몽상소멸

이 사람이 평상에 몽상이 소멸하고,

꿈은 자면서의 생각이고, 망상은 깨서 하는 생각이니까 꿈이나 생각이나 마찬가지로 다 없어집니다.

상음想陰이 없어진다는 건, 상음이라고 하는 말이 벌써 그것은 다 의식

을 가지고 생기는 것이니까 여기는 그 상음이 없어졌기 때문에 의식으로 분별하고, 생각하는 게 다 없어지는 겁니다.

그래서 꿈은 잘 때에 있고, 깼을 때에는 소멸하지만,

寤寐恒一
오 매 항 일

오寤와 매寐가 항일하여,

오寤 자는 깬 때이고, 매寐 자는 자는 때입니다.

오에는 상想이 있고, 매에는 몽夢이 있는데, 그게 다 없어지니까 항상 자나 깨나 같다는 겁니다.

질문 평상平常이 일평 평平입니까?

답 그럼. 언제든지, 상음이 없어진 후부터 언제든지 이렇게 된다는 말입니다.

覺明虛靜
각 명 허 정

각명이 허정함이,

상음이 전부 없으니까 상음이 없어진 사람은 전부 이런 경계라는 겁니다.

> 猶如晴空 無復麁重 前塵影事
> 유 여 청 공 무 부 추 중 전 진 영 사

마치 청공과 같아서 다시 추중의 전진영사가 없으며,

물건을 보고 생각하는 이게 모두 없어졌다는 말입니다.
추중한 전진영사는 다 없어졌고,

> 觀諸世間 大地山河[1]
> 관 제 세 간 대 지 산 하

제 세간의 대지와 산하를 보되,

> 如鏡鑑明
> 여 경 감 명

거울에 밝게 비침과 같음인 듯하여,

경鏡은 거울 자체를 가리키는 말이고, 감명은 물건이 밝게 비쳐서, 그 말입니다.
감鑑 자는 거울에 물건이 비친다는 감 자입니다.
그와 같아서,

---

1 고려대장경에는 하산河山으로 되어 있으나, 송본·원본·명본에는 본문과 같이 되어 있다.

來無所粘
내 무 소 점

오매 접착粘着한 바가 없고,

거울에 물건이 들어가 비친다고 해서 거울이 망가지는 게 아니니까 그 사람의 생각 가운데 상응이 없어진다는 건, 산하대지를 봐도 거울에 물건이 비치는 것과 같이 마음에 조금도 집착되는 게 없다는 말입니다.

過無蹤跡
과 무 종 적

가도 종적이 없어서,

과過 자는 산을 보다가 산이 지나간다 해도 우리는 지금 산을 보고 지나가면 언제든지 그 산 보던 게 남아 있어서 잃어버리지 않고 있는데, 이 사람은 그게 다 없다는 겁니다.

과過 자는 물건이 왔다 갔다 하는 것을 말하는데, 산하대지가 비쳤다가 지나가도 간 종적이 없어서,

虛受照應
허 수 조 응

허하게 받아들이고 비추어 응하여,

조응은 물건을 한데 비추어 가지고 응하는 것, 거울에 비치는 게 조응

인데 그것을 본다, 그것만 본다는 얘깁니다.

 왔다 갔다 물건이 오면 오는 대로, 물건이 있으면 있는 대로, 없으면 없는 대로, 가면 가는 대로 다 분명하게 나타나기만 하지, 마음으로 그것을 분별해서 좋다, 나쁘다, 크다, 적다 하는 게 없는 것입니다.

了罔陳習
요 망 진 습

마침내 진습은 없고,

진습은 과거에 내려오는 습기, 종자입니다.
료了 자는 조금도, 망罔 자는 없어질 망 자, 하나도 없이 모두 없어져서,

唯一精眞
유 일 정 진

오직 일 정진뿐이거든,

참된 것은 못 되지만 망상은 다 없어졌으니까 정진입니다.
행음行陰 경계에 있는 사람이 그렇다는 말입니다.

生滅根元
생 멸 근 원

생멸의 근원이,

생멸은 행음으로부터 하니까 생멸 근원은 행음을 가리키는 말입니다. 우리가 지금 행음으로부터 생멸하게 되는 거니까 그 생멸의 근원이,

從此披露
종 차 피 로

이로부터 피로하여,

상음이 없어진 때로 좇아서 피로입니다.
노음怒陰이 있을 때는 상음에 가리어서 안 보이던 것이 상음이 없어지니까, 피披 자는 헤쳐서 환하게 드러나는, 행음이 드러난다는 말입니다.

見諸十方 十二衆生 畢殫其類
견 제 시 방 십 이 중 생 필 탄 기 류

시방의 십이 중생을 보되, 그 종류를 필탄하며,

탄殫 자는 다할 탄, 온갖 중생이 행음으로부터 생겨나는 것이니까, 행음이 드러나게 되니까, 중생의 어떤 종류든지 그 나는 것을 모두 분명하게 알게 된다는 말입니다.

雖未通其各命由緖
수 미 통 기 각 명 유 서

비록 그 각명의 유서는 통하지 못했으나,

십이유생十二類生의 각명의 유서, 말미암은 끝, 서緖 자는 실 끝이라는 말입니다. 말미암은 시초, 각명유서는 식음識陰입니다. 다 식음으로부터 행음이 되어 가지고 제각기 생멸하게 되는데, 행음이 드러났으니까 식음은 아직 안 드러났지만, 그 말입니다.

각명유서는 통하지 못했지만, 하는 게 행음에 가리어서 식음은 드러나지 않았지만, 그 말입니다.

見同生基
견 동 생 기

동생기가,

동생기는 행음입니다.

猶如野馬
유 여 야 마

마치 야마와 같아서,

아지랑이를 야마라고 합니다.

熠熠清擾
습 습 청 요

습습하고 청요함을 보리라.

습熠 자는 반짝반짝하는 것입니다.

청요란 맑게 흔들리는, 거칠게 왔다 갔다 하는 게 아니라 조금씩 있어 동하는 것이 청요라고 했습니다.

그래서 이것을 물에다 비유하면, 식음은 바다에 물이 흘러가긴 가지만, 파랑波浪이 없이 흘러가는 것, 아주 흐르지 않는 게 아니라 파랑이 없이 흐르는 것과 같고, 행음은 세랑細浪, 조그마한 물결과 같고, 또 상음이라든지 그것은 큰 물결과 같습니다.

지금 우리가 물결 치는 바다를 볼 것 같으면 상음과 같은 것이고, 거기에 이제 바람이 그치고 잔잔해져서 조금씩 동하는 것은 행음과 같고, 아주 동하는 게 없이, 흘러가는 흔적이 없이 흐르는 건 식음과 같다고 그랬습니다.

그래서 식음까지도 없어지면, 흐르는 것 없이 가만히 있는 물, 그것은 우리의 참마음 경계와 같은 게라는 말입니다.

그리하여,

爲浮根塵 究竟樞穴
위 부 근 진 구 경 추 혈

부근진의 구경의 추혈이니,

부진근浮塵根이 생사하는 우리 몸입니다. 이건 다 행음으로부터 나오는 겁니다.

맨 끝에 가서 생기는 추혈이라고 하는 것은 돌쩌귀와 같이, 그러니까 돌쩌귀 생기기 전 그와 같은 작용을 하던 기구를 말하는데, 문이 열리고 닫히고 하는 것이 그 추혈을 말미암아서 하는 거니까 중요한 것이라는 말입니다.
 그러니까 부진근, 몸이 생사하는 것인데, 생사하는 구경추혈을 본다는 것은 행음을 본다는 말입니다.
 부진근의 구경추혈을 보게 되는 것이니,

> 此則名爲行陰區宇
> 차 즉 명 위 행 음 구 우

 이는 곧 이름을 행음구우라 하느니라.

 아주 행음 속에 들어 있는 게니까 행음구우라 한다는 말입니다.

> 若此淸擾 熠熠元性
> 약 차 청 요 습 습 원 성

 만일 이 청요하고 습습한 원성의,

 위에서는 습습청요熠熠淸擾라고 썼는데, 여기는 바꾸어 쓴 것이군요.
 습습은 어둡지 않다는 말입니다. 반짝반짝하는 원성품元性品, 그것은 행음이 없어지려는 걸 얘기하는 게니까 행음을 가리키는 말입니다.

> 性入元澄
> 성 입 원 징

 성품이 원징에 들어,

원래 맑은 자리라는 건 식음識陰을 가리키는 말입니다.

그 습습한 원성元性이 공부를 더해서 행음行陰이 원징, 원래 맑은 이 자리, 즉 물이 흔들리지 않고 흐르는 것을 식음이라 한다고 했는데, 그게 원징입니다.

징澄 자는 물이 고요하게 있다는 말입니다.

원징한 데로 들어가서,

一澄元習
일 징 원 습

원습이 한 번 징澄하면,

그건 행음의 종자입니다.

행음의 분별, 행음의 가장 미세한 것을 가리키는 말입니다.

원래의 습기를 맑히면 이 행음이 없어진다는 겁니다.

如波瀾滅 化爲澄水
여 파 란 멸 화 위 징 수

마치 파란이 멸하면 화化하여 징수가 되는 것과 같으리니,

징수는 식음에다 비유한 것이고, 파란멸은 행음이 없어진 데다 비유한 것입니다.

파란이 행음이니까,

名行陰盡
명 행 음 진

이름이 행음진이라.

그렇게 행음이 다해지면,

是人則能超衆生濁
시 인 즉 능 초 중 생 탁

이 사람은 곧 능히 중생탁을 초월하나니,

어째서 행음이 다한 사람은 중생탁을 초월하느냐?

觀其所由 幽隱妄想 以爲其本
관 기 소 유 유 은 망 상 이 위 기 본

그 소유를 관할진댄, 유은망상으로 그 근본이 된 까닭이니라.

유은이란 깊고 숨어 있어서 보이지 않는다, 드러나지 않는다는 말입니다. 숨어 있는 이 망상으로 중생탁의 근본이 되었기 때문에 그것이 행음과 같은 것입니다.

유은망상으로 분별이 되었기 때문에 행음이 없어지면 중생탁이 없어진 다는 얘깁니다. 그래서 행음구우行陰區宇에서 행음이 없어지는 데까지의 경계를 얘기해 놓고, 그 가운데 행음구우에서 행음이 없어지는 데까지 이르러 가는 동안의 잘못된 지견知見, 바르지 못한 지견 열 가지를 다시 얘기합니다.

> **阿難當知 是得正知**
> 아 난 당 지 시 득 정 지

아난아, 마땅히 알라. 이 정지를 얻은,

정지를 얻었다고 하는 건 사려邪慮, 저 위에서 상음 가운데의 것이, 즉 상음이 다 없어진 것을 말합니다.

> **奢摩他中 諸善男子**
> 사 마 타 중 제 선 남 자

사마타 중의 모든 선남자가,

상음 가운데서는 정지正知를 얻지 못했는데, 행음에 와서는 바른 지견知見을 얻게 됩니다.

그런 선남자가,

> **凝明正心**
> 응 명 정 심

응명한 정심에,

응凝은 통하지 않는다는 말이고, 명明은 어둡지 않다는 말입니다.
상음 중에서는 응하질 못하고 명하지를 못했는데, 지금 와서는 응하고

명해져서 그런 상음의 마구니에 홀리는 것을 받지 않게 된다는 것입니다.

十類天魔
십 류 천 마

십류의 천마가,

위의 상음 중에서 얻은 열 가지의 천마가,

不得其便
부 득 기 편

그 짬을 얻지 못하거든,

상음이 없어진 사람은 이 마구니가 덤비지를 못 하거든, 그때에 마구니 경계는 다 없어지고 여기 있어 공부를 하게 되는데,

方得精研
방 득 정 연

바야흐로 정미로이 연구함을 얻어,

행음을 연구하는 겁니다.
그래서,

窮生類本
궁 생 류 본

생류의 근본을 궁진窮盡하리니,

모든 생류의 근본이 내내 행음입니다.

於本類中
어 본 류 중

본류 중에,

십이유생十二類生의 생류生類의 본본을 본류라 그랬으니까 십이유생의 근본 가운데서,

生元露者
생 원 로 자

생하는 근원이 드러난 이는,

십이유생이 나는 근원이니까 생원生元, 그것도 역시 행음입니다.

觀彼幽淸 圓擾動元
관 피 유 청 원 요 동 원

저 유청하고, 원圓, 요동하는 본원本元을 관하고,

본원이 요동하는 게니까 '그런 근원 자리를 보고', 그것은 행음을 가리키는 말입니다.

> 於圓元中
> 어 원 원 중

원원 중에서,

원원이란 내내 행음, 원요동圓擾動의 원元이니까 그것을 원원이라고 그랬습니다.

그러니까 그 원원 가운데서, 즉 행음 가운데서,

> 起計度者 是人墜入 二無因論
> 기 계 탁 자 시 인 추 입 이 무 인 론

계탁을 일으키는 이는, 이 사람은 이무인론에 추입하느니라.

무인론, 잘못된 소견, 사론邪論입니다.

두 가지 인因이 없다고 하는 논에 떨어지게 된다. 두 가지는 본本과 말末, 즉 근본이 무인이고, 나중까지 무인이고 해서 본래 무인을 말합니다. 자기의 소견이 그만치밖에 안 미치니까 그래서 무인론을 얘기하게 되는 겁니다.

그래서 그 두 가지 가운데,

一者是人 見本無因
일 자 시 인 견 본 무 인

일은, 이 사람이 본이 무인이라 보나니,

우리가 지금 중생 노릇 하는 근본부터 인因이 없다는 것입니다.

그러니까 이것은 지금 이 사람이 8만 겁까지는 보는데, 8만 겁이 지나서는 안 보이게 되니까, 그래서 그때는 자기가 안 보이는 것은 인因이 없다고 하는 겁니다.

근본이 이미 없다고 보는 것이니, 왜 본무인이라고 하느냐?

何以故 是人旣得 生機全破
하 이 고 시 인 기 득 생 기 전 파

하이고오? 이 사람이 생하는 기틀이 전파함을 얻고,

생기는 내내 행음입니다.

전파全破의 파破 자는 그냥 볼 때에 없어질 파 자이지만, 이건 없어졌다는 파 자가 아니라 환하게 드러난다는 파 자입니다.

그러니까 상음 가운데 있어서 행음이 드러나지 못하다가 상음이 없어지니까 행음이 환하게 드러나는 걸 파破라고 그럽니다. 그러니까 파破는 없어졌다는 뜻이 아니고, 드러난다는 뜻입니다.

상음이 전혀 파破해지는 것을 얻어 가지고는,

> ## 乘于眼根 八百功德
> 승 우 안 근   팔 백 공 덕

안근의 8백 공덕을 승乘(의지)하여,

이건 보는 거니까 보는 것은 눈으로 봅니다. 위에서 눈은 8백 공덕이 있다고 했잖습니까?

눈의 8백 공덕을, 승乘 자는 의지해 가지고서,

> ## 見八萬劫 所有衆生
> 견 팔 만 겁   소 유 중 생

8만 겁의 있는바 중생을 보나니,

8만 겁 전을 보게 되는 겁니다.

이게 뭐 8백 공덕이라서 8만 겁이라는 얘기가 아니고, 팔八 자만 같을 뿐입니다.

어떻게 해서 8만을 만드는 게 아니라 안근의 8백 공덕을 의지해서 보는 것이고, 그 보는 것이 8만 겁 전까지를 보는데, 8만 겁 전까지를 본다고 하는 건 공부를 상당히 해야 하는 것입니다.

그래서 상음이 다 녹고 행음 경계 중에서 보는 것이고, 8만 겁 전을 보되 그 8만 겁 전에 있는, 있는바 중생의, 그러니까 지금부터 8만 겁까지 거기서부터 있는 중생은 다 보게 되니까 중생을 보는데,

業流灣環
업 류 만 환

업류가 만환하여,

만灣이라는 건, 물속으로 물이 굽이쳐 들어오는 만 자입니다.

환環 자는 고리라는 말이니까 만환이라는 말이 바다의 물이 육지로 굽이쳐 들어와서 나가는 것을 이릅니다. 그래서 빙빙 도는 그런 것을 보게 된다는 말입니다.

그래서,

死此生彼
사 차 생 피

이에 죽어 저에 나느니라.

여기 죽어서는 저기에 나고, 저기에 죽어서 여기에 나는 그런 것, 즉 8만 겁 동안의 생사를 다 봅니다. 자기 것만 보는 게 아니라 다른 중생들의 생사를 다 본다는 말입니다.

秪見衆生 輪廻其處
지 견 중 생 윤 회 기 처

다만 중생이 그 처에서 윤회함만 보고,

기처는 8만 겁 그 안에서만 윤회한다는 말입니다.

그 안의 것은 다 보니까, 다만 중생이 8만 겁 그곳에서 윤회하는 것만 보고,

八萬劫外
팔 만 겁 외

8만 겁 외에는,

8만 겁이 더 지나간 8만 겁에서부터는 못 보는 겁니다. 그러니까 공부가 그만큼밖엔 안 미친다는 말입니다.

冥無所觀
명 무 소 관

명연冥然히 본 바가 없을새,

그 사람이 8만 겁의 전은 모르니까 8만 겁 나는 것은 까닭이 있지만, 그 8만 겁 전에는 원인이 없이 생긴다고 그렇게 얘기를 하는 겁니다.

자기 소견대로 말하는 게니까,

便作是解 此等世間 十方衆生
변 작 시 해 차 등 세 간 시 방 중 생

문득 이 해解를 짓되 이 등등 세간의 시방 중생이,

그러니까 중생만이 그렇게 되는 게 아니라 세계를 또 그렇게 보게 되는

겁니다. 유정·무정을 다 그렇게 보게 되는 겁니다.

시방 중생이,

八萬劫來
팔 만 겁 래

8만 겁래로,

8만 겁이 지난 저쪽으로부터는,

無因自有
무 인 자 유

인因이 없이 스스로 있음이라 하나니,

8만 겁 안에는 다 보니까 업류業流가 만환灣環하는 것을 다 봐서 죽고 태어나는 것을 보지만, 그 뒤는 캄캄해서 안 보이니까 8만 겁 전에는 인因이 없다, 근본에 인이 없다고 하는 것입니다.

그것이 이제 자기가 공부해서 얻은 경계의 보는 소견을 가지고 그렇게 추측하는 겁니다.

由此計度
유 차 계 탁

이로 말미암아 계탁할새,

이렇게 8만 겁 내에는 무인자유無因自有라고 하는 이런 계탁을 말미암아 가지고, 그렇기 때문에,

> 亡正遍知
> 망 정 변 지

정변지를 잃고,

참말 부처 되는 정지견正知見은 없고,

> 墮落外道 惑菩提性
> 타 락 외 도 혹 보 리 성

외도에 타락하여 보리성을 의혹하느니라.

그것이 본무인本無因, 즉 처음의 무인이라는 말이고,

> 二者是人 見末無因
> 이 자 시 인 견 말 무 인

이는, 이 사람이 말末이 무인임을 보나니,

앞으로 8만 겁이 지나면 못 보지만, 벌써 8만 겁이 더 지나갔으니까 그게 말무인입니다.

말末이 무인하다고 보는 것이니, 어째서 그러느냐.

何以故 是人於生 旣見其根
하 이 고 시 인 어 생 기 견 기 근

하이고오? 이 사람이 이미 생하는 그 근본을 보았을새,

사람과 중생이 나는데 어떻게 되는 원인을 봤다, 8만 겁 내에서는 원인을 다 보는 게니까 그 근본을 봐서,

知人生人
지 인 생 인

사람은 사람을 낳고(낳는 줄 알고),

사람이 자칫하면 축생이 된다는 이런 얘기를 많이 하는데, 축생이나 이런 것은 별로 변하지를 않습니다.

축생이 영작축생永作畜生은 아니겠지만, 거기서 마음에 업을 의식적으로 지었다든지 그런 게 없기 때문에 다른 데로 가 변하는 것이 별로 없다는 말입니다.

사람은 변해서 축생이 되고, 또 천상에 가 나고, 그렇게도 될 수가 있지만, 다른 중생들은 그렇게 하는 게 적다고 그랬습니다.

그래서 사람은 사람을 낳고,

悟鳥生鳥
오 조 생 조

새는 새를 생하는 것을 깨닫고,

오悟 자는 새가 새 낳는 것을 깨닫는다는 말입니다.

烏從來黑
오 종 래 흑

까마귀는 본래로 좇아 검고,

까맣게 되는 원인이 있어서가 아니라 본래부터 검다는, 본래부터 검은 것이요,

鵠從來白
곡 종 래 백

곡鵠은 본래로 좇아 희고,

따오기는 바다에 있는 새입니다.

人天本竪
인 천 본 수

인人과 천天은 본래 수竪하고,

수竪 자는 서서 다닌다는 말입니다.

畜生本橫
축 생 본 횡

축생은 본래 횡으로 다니며,

누워 다니는 겁니다.

白非洗成
백 비 세 성

백白은 씻어서 이룸이 아니며,

이 세상에 희다고 하는 것도 물에다 씻어서 희어진 것도 아니고,

黑非染造
흑 비 염 조

검은 것이 염조함이 아니라,

저절로 검은 놈은 검고, 흰 놈은 희다는 것을 그렇게 봐서,

從八萬劫
종 팔 만 겁

8만 겁으로 좇아,

8만 겁까지는 이렇게 하지만, 8만 겁 이후로는, 그 말입니다.

無復改移
무 부 개 이

다시 개이함이 없을새,

그래서 지금 이건 미래로 보는 겁니다.
미래로 8만 겁까지는 이걸 다 보게 되니까 검은 놈은 검고, 흰 놈은 흰 것이 고쳐짐이 없다고 해서 말末, 끄트머리, 즉 8만 겁 후에는 원인이 없다는 얘깁니다.
그래서,

今盡此形
금 진 차 형

이제 이 형이 다하여도,

지금 이 사람의 생각이 이 몸뚱이가 없어져서 미래까지 간다고 하더라도,

亦復如是
역 부 여 시

또한 다시 이와 같으리라.

이와 같아서 원인이 없게 된 게 다 이 얘깁니다.
그러나,

> **而我本來 不見菩提**
> 이 아 본 래 불 견 보 리

내가 본래로 보리를 보지 못하거니,

보리를 알지도 못하는 겁니다.
본래부터 보리를 보지 못했거니,

> **云何更有成菩提事**
> 운 하 갱 유 성 보 리 사

어찌 다시 보리를 이루는 일이 있으리오.

보리 이룬다는 게 안 된다, 그 말입니다.
그래서,

> **當知今日 一切物象 皆本無因**
> 당 지 금 일 일 체 물 상 개 본 무 인

마땅히 알라. 금일의 일체 물상이 다 말末이 무인이라 하느니라.

말末 자가 맞는데 본本 자로 되어 있습니다.
사람만 그런 게 아니라 일체 물상까지가, 그러니까 물상이라 하면 다른 중생이라든지 산하대지를 다 가리키는 말입니다.

이게 분명히 보면 말末 자 같은데 그래도 경전은 고치지 않는 법입니다. 그래서 본本 자는 그대로 두고, 말末 자가 잘못되었다고 이렇게만 하지 고치지는 않는 것인데, 경전을 그렇게 소중히 여기는 법입니다.

지금 혹 보면 안 되겠다고 해서 고쳐 버리는 일이 있으며, 저 중국 사람들이 만든 『능엄경』을 보면 고친 게 많이 있는데, 본래 고치지 않고, 여기 같은 경우도 말末 자의 뜻으로 보기만 하는 겁니다.

이렇게,

> 由此計度
> 유 차 계 탁

이로 말미암아 계탁하여,

본본이 무인無因하고, 말末이 무인하다고 계탁하는 걸 말미암아서,

> 亡正遍知 墮落外道 惑菩提性
> 망 정 변 지 타 락 외 도 혹 보 리 성

정변지를 잃고 외도에 타락하여 보리성을 의혹하나니,

본무인本無因, 말무인末無因 둘을 다 놓고 하는 말입니다.

> 是則名爲第一外道
> 시 즉 명 위 제 일 외 도

이 이름이 제일 외도의,

이 외도가 제일 높다는 게 아니라, 하나둘을 얘기하려는 것이니까 처음, 첫 번째를 말하는 것입니다.

그러니까 첫째 외도의,

> 立無因論
> 입 무 인 론

무인론을 세움이라 하느니라.

무인론이 곧 인과를 발무撥無하는 애깁니다.

> 阿難 是三摩中 諸善男子
> 아 난 시 삼 마 중   제 선 남 자

아난아, 이 삼마지 중의 모든 선남자가,

이 위와 다 같은 겁니다.

> 凝明正心 魔不得便 窮生類本
> 응 명 정 심 마 부 득 편 궁 생 류 본

응명한 정심에 마魔가 그 짬을 얻지 못하거든, 생류의 근본을 궁진하고는,

觀彼幽淸 常擾動元
관 피 유 청 상 요 동 원

저 유청하고 상요동하는 원元을 관찰하고,

여기에서부터는 상요동원입니다. 저 위에서는 원요동圓擾動이라 하여 원圓 자를 썼는데, 여기는 상요동이라 썼습니다.

원圓이나 상常이나 내내 공간을 말하는 원이요, 시간을 말하는 상이니까 상요동한 것을 보고,

於圓常中
어 원 상 중

원상한 가운데,

저 위에서는 원요동圓擾動이고, 여기에서는 상요동常擾動이니까 원상 가운데에,

起計度者 是人墜入 四遍常論
기 계 탁 자 시 인 추 입 사 변 상 론

계탁을 일으키는 이는, 이 사람이 사변상론에 추입하느니라.

뭐든지 변상遍常, 두루 항상 하다는 게 생멸이 없다는 얘깁니다.
이게 항상 하다는 소견, 즉 상견常見에 떨어지는 것입니다.

一者 是人 窮心境性
일자 시인 궁심경성

일은, 이 사람이 심심과 경境의 성性을 궁구하여,

마음이 하나, 경계가 하나, 둘입니다.
즉 심성心性, 경성境性입니다.

二處無因
이 처 무 인

이처가 인因이 없음이라 하여,

이처가 다 인因이 없다고 이렇게 생각을 해 가지고서, 그렇게 보고서,

修習能知 二萬劫中
수 습 능 지 이 만 겁 중

수습하여 능히 2만 겁 중의,

이처무인二處無因인 줄 알기 때문에 2만 겁이 일어나는 겁니다.

저 위에서는 안근이 8백 공덕이기 때문에 8만 겁을 안다고 했는데, 이것은 심心과 경境에 대해서 2만 겁입니다.

그 2만 겁 중에,

> **十方衆生 所有生滅 咸皆循環 不曾散失**
> 시방 중생 소유 생멸 함개 순환 부증 산실

시방 중생의 있는바 생멸을 알고는 모두 순환하는 것이요, 일찍이 산실하지 않음이라 하여,

산실하지 않으니까 상常이거든요.

만일 산실하면 상常이 아니겠는데, 늘 그렇게 있어서 순환하고 있으니까, 2만 겁 내에서 업을 따라 순환하고 있으니까, 그래서,

> **計以爲常**
> 계 이 위 상

항상 하다고 계計하느니라.

모든 것이 항상 하다는 얘깁니다.

> **二者 是人 窮四大元**
> 이 자 시 인 궁 사 대 원

이는, 이 사람이 사대의 근원을 궁구하여,

> **四性常住**
> 사 성 상 주

사성이 상주함이라 하고,

사대는 없어지지 아니하고, 머물러 있다는 것을,

修習能知 四萬劫中
수 습 능 지 사 만 겁 중

수습하여 능히 4만 겁 중에,

사대이기 때문에 4만 겁입니다.

十方衆生 所有生滅 咸皆體恒
시 방 중 생 소 유 생 멸 함 개 체 항

시방 중생의 있는바 생멸을 알고, 다 체體가 항상 한 것이요,

저기는 함개순환咸皆循環한다고 했고, 여기는 체體가 항상 하다고 했는데, 그건 다 같은 말입니다.

不曾散失 計以爲常
부 증 산 실 계 이 위 상

일찍이 산실하지 아니함이라 하여 항상 하다고 계탁計度하느니라.

> **三者 是人 窮盡六根 末那執受**
> 삼자 시인 궁진육근 말나집수

삼은, 이 사람이 육근과 말나와 집수를 궁진하여,

육근의 근은 근이 아니고 식識이라야 맞겠습니다. 어떻게 해서 글자가 근으로 되었는데, 이것은 아마 번역하는 사람이 잘못해서 그랬든지 후에 쓰는 사람이 잘못했든지 어쨌든 식識 자입니다. 이걸 보면 식이어야 하는데, 근으로 썼다 이겁니다. 그러니까 근으로 봐서는 말이 안 맞는다, 그 말입니다.

말나는 제7식이고, 집수는 제8식이고, 그럽니다.

> **心意識中**
> 심 의 식 중

심의식 중의,

이것 아래부터 올라간 겁니다.

심心은 집수執受를 가리키는 말이고, 의意는 말나末那, 식識은 육식六識을 가리키는 말입니다.

> **本元由處**
> 본 원 유 처

본원의 말미암은 처處가,

생겨난 근원을 말미암은 곳이,

> **性常恒故**
> 성 상 항 고

성性이 상항하다고 하는 고로,

심의식心意識의 본원유처本元由處가 항상하다고 하는 그것을 보고서 그걸 그렇게 궁진해 보고는,

> **修習能知 八萬劫中 一切衆生 循環不失 本來常住**
> 수 습 능 지 팔 만 겁 중 일 체 중 생 순 환 불 실 본 래 상 주
> **窮不失性**
> 궁 불 실 성

수습하여 능히 8만 겁 중의 일체중생이 순환하여 잃지 않고 본래 상주하는 줄을 알고는, 불실하는 성性을 궁구할새,

불실성不失性까지 모두 자기가 알았다고 해서,

> **計以爲常**
> 계 이 위 상

상常하다고 계탁하느니라.

四者 是人 旣盡想元
사자 시인 기진상원

사는, 이 사람이 이미 상상의 근원을 궁진함이니,

상음의 근원은 다 없어졌고,

生理更無流止運轉
생 리 갱 무 유 지 운 전

생리가 다시 유지, 운전함이 없으리라 하며,

생리는 동생기同生基라고도 하니까 내내 행음行陰입니다.
생리에 다시 상음想陰이 다 없어졌으니까 유지, 운전함이 없으리라고, 상음이 없으니까 행음도 전전轉하지 않을 게다, 그 말입니다.

生滅想心
생 멸 상 심

생멸하는 상심이(滅想의 心이 生하여),

모든 것이 멸한다는, 그러니까 멸진정滅盡定의 생각을, 멸상滅想이라는 마음을 낸다는 말입니다.

멸진정에 든다는 그런 생각을 내 가지고서,

今已永滅
금 이 영 멸

지금에 이미 영멸하였으니,

아주 없어졌으니,

理中自然 成不生滅
이 중 자 연 성 불 생 멸

이理 중에 자연히 불생멸不生滅을 이루었으리라 하여,

불생멸이라야 상常이 될 것 같으니까 하는 말입니다.

因心所度
인 심 소 탁

마음으로 계탁한 바를 인하여,

자기가 생각하는 기준에 의해서,

> [편자주] 이 대목부터 다음 '시즉명위제이외도是則名爲第二外道 입원상론立圓常論'까지 보완분임.

計以爲常
계 이 위 상

항상 하다고 계탁하느니라.

그것이 영원한 진리라고 본다는 말입니다.

> 由此計常 亡正遍知 墮落外道 惑菩提性
> 유차계상 망정변지 타락외도 혹보리성

이 항상 하다고 계탁함을 말미암아 정변지를 잃고, 외도에 타락하여 보리성을 의혹하나니,

이것은 잘못 계상計常한 뒤에 나타나는 현상입니다.

> 是則名爲第二外道 立圓常論
> 시즉명위제이외도 입원상론

이는 곧 이름이 제이 외도의 원상론을 세움이라 하느니라.

다시 말하면 상음想陰이 다한 그 자리에 그것이 정말 영원한 것이 아니고, 계속 생멸 변천하는 것임을……

> 又三摩中 諸善男子 堅凝正心
> 우삼마중 제선남자 견응정심

또 삼마지 중의 모든 선남자가 견응한 정심에,

위에서는 응명凝明이라 했는데, 여기는 견응이라 했습니다. 견응이나

응명이나 같은 말로서, 명明 자가 대신 견堅 자가 되었을 뿐입니다.

> 魔不得便 窮生類本 觀彼幽淸 常擾動元
> 마 부 득 편 궁 생 류 본 관 피 유 청 상 요 동 원

마魔가 그 짬을 얻지 못하거든, 생류의 근본을 궁진하야는 저 유청하고 항상 요동하는 본원을 관찰하고,

> 於自他中 起計度者 是人墜入 四顚倒見
> 어 자 타 중 기 계 탁 자 시 인 추 입 사 전 도 견

자타 중에 계탁을 일으키는 이는, 이 사람이 사전도견인,

네 가지 잘못된 소견, 무엇이 사전도인고 하니,

> 一分無常 一分常論
> 일 분 무 상 일 분 상 론

일분은 무상하고, 일분은 상常하다는 논에 추입하느니라.

 부분적으로 온갖 것이 일분은 무상이고, 일분은 상常이다, 그렇게 일분상, 일분무상한 게 네 가지입니다. 그런 논에 떨어지게 된다는 얘깁니다.

> 一者 是人 觀妙明心 遍十方界
> 일 자 시 인 관 묘 명 심 변 시 방 계

일은, 이 사람이 묘명심이 시방계에 두루 함을 보고는,

이것은 내내 행음行陰에서 하는 말이니까,

湛然以爲究竟神我
담 연 이 위 구 경 신 아

담연한 것으로써 구경의 신아를 삼고,

행음은 지금 상음처럼 파랑波浪이 심한 게 아니고 가는 물결이니까, 그러니까 신아라고 하는 건 이 위에서도 얘기했지만 외도들이 하는 말입니다.

본래 외도가 생각하는 것도 이런 경로를 거쳐서 그렇게 된다는 것입니다.

신아神我라고 생각한 뒤에는,

從是則計 我遍十方
종 시 즉 계 아 변 시 방

이로부터 계탁하되, 아我가 시방에 두루 하여,

묘명심妙明心이 시방에 두루 했는데 그걸 가지고 신아라고 하니까 신아라는 아我가 시방계에 두루 했다, 즉 시방계에 두루 했으니까 그게 항상 한 것이라는 얘깁니다.

凝明不動
응명부동

응명하고 동하지 않거든,

항상 하다는 뜻입니다. 나는 항상 한데, 그 말입니다.

一切衆生 於我心中 自生自死
일체중생 어아심중 자생자사

일체중생이 아심 중에서 자생하고 자사하나니,

그러니까 시방 중생은 타他요 이건 나인데, 나는 항상 한데 시방 중생은 항상 하지 못하다는 말입니다.

則我心性 名之爲常
즉아심성 명지위상

즉 아我의 심성은 이름을 상常이라 하고,

'변시방계遍十方界해서 담연상주湛然常住'하니까 내 마음은 상常이고,

彼生滅者
피생멸자

저 생멸하는 것은,

즉 내 마음에서 생멸하는 저 중생들은,

> **眞無常性**
> 진 무 상 성

진실로 무상한 성性이라 하느니라.

그래서 나는 상常인데 다른 중생들은 무상이다, 즉 일분무상一分無常, 일분상一分常이다, 이런 얘깁니다.

> **二者 是人 不觀其心**
> 이 자 시 인 불 관 기 심

이는, 이 사람이 그 마음을 관하지 아니하고,

앞에는 묘명심을 보고 그랬는데 지금은 그 마음을 보지 않고,

> **遍觀十方 恒沙國土**
> 변 관 시 방 항 사 국 토

시방의 항사 국토를 두루 보아서,

무정無情만 보는데,

見劫壞處
견 겁 괴 처

겁劫에 괴壞하는 처處를 보고는,

겁에 괴한다고 하는 것은, 수·화·풍 삼재인데, 그러니까 삼재로 이 세계가 괴한다. 처음의 화재火災로는 욕계천은 물론 욕계천으로부터 초선천初禪天까지 괴하고, 그 다음 수재水災로는 이선천까지 괴하고, 그 다음에 풍재風災로는 삼선천까지 괴하고, 사선천은 삼재부지지三災不至地, 사선천에서부터 사공천四空天까지는 삼재부지지라고 합니다.

그러니까 이 겁괴천劫壞天은 초선천이나 이선천, 삼선천까지를 다 가리키는 말입니다.

그래서 겁 말에 괴壞하는 것을 보고는,

名爲究竟無常種性
명 위 구 경 무 상 종 성

이름을 구경의 무상한 종성이라 하고,

괴壞하니까 구경, 필경에 가서는 무상종성이다, 이렇게 얘기를 하고,

劫不壞處
겁 불 괴 처

겁불괴처는,

삼재에 괴괴壞하지 않는 것을 보고는,

> **名究竟常**
> 명 구 경 상

이름을 구경의 상常이라 하느니라.

사선천 이상은 상常이라 하고, 세계만 보고 하는 말이니까 삼선천 이하는 무상이다. 그래서 일분무상一分無常, 일분상론一分常論이라는 것입니다.

> **三者 是人 別觀我心**
> 삼 자 시 인 별 관 아 심

삼은, 이 사람이 아我의 마음을 따로따로 관하되,

내 마음을 보는 겁니다.
마음과 몸을 따로 보는 겁니다.
내 마음만을 보는데 마음이,

> **精細微密 猶如微塵**
> 정 세 미 밀 유 여 미 진

정세하고 미밀하여 마치 미진과 같아서,

자기 마음이 미진과 같아 미진이 없어지면 안다는 것인데, 미진은 상常이라고 한다는 얘깁니다.

미진과 같은 줄을 보고서, 그래서 그것이,

流轉十方 性無移改
유 전 시 방 성 무 이 개

시방에 유전하여도 성성性이 개이改移하지 아니하거니와,

그것은 상常이고, 그런데 그 마음이 들어서,

能令此身 卽生卽滅
능 령 차 신 즉 생 즉 멸

능히 이 몸으로 하여금 곧 생하고 곧 멸한다 하여,

내 몸과 마음을 다르게 보아서 마음은 항상 한 것이고, 몸은 항상 하지 않다고 하는 겁니다.

其不壞性 名我性常
기 불 괴 성 명 아 성 상

그 괴壞하지 않는 성성性은 명名이 아我의 성이 항상 한 것이요,

一切死生 從我流出 名無常性
일 체 사 생 종 아 유 출 명 무 상 성

일체의 생사가 아我를 좇아 유출함은 이름을 무상한 성性이라 하느니라.

그것이, 나는 상常하고, 다른 것은 무상하다고 하는 것입니다.

四者 是人 知想陰盡 見行陰流 行陰常流
사자 시인 지상음진 견행음류 행음상류

사는, 이 사람이 상음이 진盡함을 알고 행음이 류流함을 보고는 행음이 상류할새,

행음은 항상 천류하기 때문에 없어지지 않고 있으니까,

計爲常性 色受想等
계위상성 색수상등

계탁하여 상성이라 하고, 색·수·상 등이,

다 없어진 색·수·상 등은,

今已滅盡 名爲無常
금이멸진 명위무상

지금에 이미 멸진할새, 무상이라 하느니라.

색·수·상은 무상이고, 행음은 상常이다.

그것도 일분은 무상, 일분은 상常이라고 이렇게,

由此計度 一分無常 一分常故
유 차 계 탁 일 분 무 상 일 분 상 고

이 일분무상, 일분상의 계탁을 말미암는 연고로,

墮落外道 惑菩提性
타 락 외 도 혹 보 리 성

외도에 타락하여 보리성을 의혹하나니,

是則名爲第三外道 一分常論
시 즉 명 위 제 삼 외 도 일 분 상 론

이는 곧 이름이 제삼 외도의 일분상론이라 하느니라.

又三摩中 諸善男子 堅凝正心 魔不得便
우 삼 마 중 제 선 남 자 견 응 정 심 마 부 득 편

또 삼마지 중의 모든 선남자가 견응한 정심에 마魔가 그 짬을 얻지 못하거든,

窮生類本 觀彼幽淸 常擾動元 於分位中
궁생류본 관피유청 상요동원 어분위중

생류의 근본을 궁진하고는 저 유청하고 항상 요동하는 본원을 관찰하고 분위 중에서,

나뉜 지위, 어디까지 제한해서 분해 놓은 지위가 분위입니다.

여기에서 내려가면서 네 가지 분위가 있습니다.

삼재三災를 얘기한다든지, 사람을 얘기한다든지, 만상萬象 가운데 어디까지는 어떻다고 하는, 그렇게 나뉜 지위를 분위라고 합니다.

生計度者 是人墜入 四有邊論
생계탁자 시인추입 사유변론

계탁을 생하는 이는, 이 사람이 사유변론에 추입하느니라.

끝이 있으면 내내 무상이겠죠.

그 네 가지 중에,

一者 是人心計 生元流用不息
일자 시인심계 생원류용불식

일은, 이 사람이 마음에 계탁하되 생生하는 본원本元의 흐르는 작용이 쉬지 않는다 하여,

생원은 내내 행음입니다.

우리 중생의 근원이니까, 생사하는 근원이니까, 즉 지금 행음 중에 있으니까 그것이 유용불식한다고 계탁하고,

> 計過未者 名爲有邊
> 계 과 미 자 명 위 유 변

과거와 미래는 유변이라 계탁하고,

과거에 지나간 색·수·상·행이나, 또 미래에 있을 식음까지 과過와 미未를 계計해 가지고 이건 끝이 있다, 그러니까 행음은 유용불식하니까 이것은 무변無邊이지만, 과거 색·수·상이나 미래의 것은 그와 같이 끝이 있다 이겁니다.

그래서,

> 計相續心 名爲無邊
> 계 상 속 심 명 위 무 변

상속하는 마음은 이름이 무변이라 계탁하느니라.

과거는 끝이 났으니까(색·수·상) 유변有邊이고, 지금 있는 행음은 무변이라고 하는 겁니다.

> 二者 是人 觀八萬劫 則見衆生 八萬劫前 寂無聞見
> 이 자 시 인 관 팔 만 겁 즉 견 중 생 팔 만 겁 전 적 무 문 견

이는, 이 사람이 8만 겁에는 중생을 보고, 8만 겁 전에는 적寂하여 보고 들음이 없음을 관찰할새,

저 위에서의 말과 같습니다.

고요해서 아무것도 보이고 들리는 게 없다. 아주 8만 겁만 보게 되어서 그 중생들이 8만 겁 전에는 적무문견한 것을 보고서,

> 無聞見處 名爲無邊
> 무 문 견 처 명 위 무 변

보고 들음이 없는 처處는 이름을 무변이라 하고,

8만 겁 전이지요.

> 有衆生處 名爲有邊
> 유 중 생 처 명 위 유 변

중생이 있는 처는 이름을 유변이라 하느니라.

> 三者 是人 計我遍知
> 삼 자 시 인 계 아 변 지

삼은, 이 사람이 아我가 변지遍知함이라 계탁하되,

아我가 변지한다, 나는 온갖 것을 두루 안다고 하니,

得無邊性
득무변성

무변성을 얻었음이라 하고,

변지遍知하니까 끝이 없다는 겁니다.

彼一切人 現我知中
피일체인 현아지중

저 일체인은 나의 아는 중에 나타나거니와,

나는 온갖 것을 아니까 무변인데, 그래서 일체중생은 내 아는 가운데서 나타나지만,

我曾不知 彼之知性
아증부지 피지지성

아我는 일찍이 저의 아는 성품을 알지 못하나니,

나는 지知하는 성性이 있어 중생들은 내 지知하는 성性 가운데 나타나는데, 지의 성을 알지 못한다, 없다, 그 말입니다.

그래서,

名彼不得 無邊之心
명피부득 무변지심

저는 무변한 마음을 얻지 못함이라 하여,

무변한 마음을 얻지 못했으니까,

但有邊性
단 유 변 성

다만 유변한 성품이라 하느니라.

나는 유변이요, 다른 중생은 무변이다, 그 말입니다.

四者 是人 窮行陰空
사 자 시 인 궁 행 음 공

사는, 이 사람이 행음이 공空하다고 궁구하고,

행음이 아직 공空해지지 않았는데, 행음을 연구해 가지고 참말 이건 공한 것이다, 이렇게 생각하는 것입니다.

이 행음공을 궁窮했다고 하는 것이, 참말 행음이 진공眞空이 아닌데 행음을 연구하다가 이것을 진공으로 생각하는 것입니다.

以其所見 心路籌度
이 기 소 견 심 로 주 탁

그 보는바 심로心路대로 주탁하되,

자기가 보는 마음을 가지고 온갖 것을 헤아려서,

> 一切衆生 一身之中
> 일 체 중 생 일 신 지 중

일체중생의 일신 가운데에,

누구든지 일체중생 한 몸 가운데 반은 생生하고 반은 멸滅한다.

행음은 공하니까 생멸하지 않고 늘 있는 것이고, 없어진 것은 멸해진 것이고, 이 일신 중에서 어느 것이든지,

> 計其咸皆半生半滅 明其世界 一切所有
> 계 기 함 개 반 생 반 멸 명 기 세 계 일 체 소 유

모두 다 반은 생하고 반은 멸함이라 계탁하여 그 세계의 일체 있는 바가,

그러니까 세계의 일체에 있는 것도 모두,

> 一半有邊 一半無邊
> 일 반 유 변 일 반 무 변

일반은 유변이요, 일반은 무변이라 하느니라.

생멸하는 것은 유변이요, 생멸하지 않는 것은 무변이라고 그러니까, 행음이 공한 편으로는 무변이요, 일체중생이 반생반멸半生半滅하는 편으로는

유변입니다.

> 由是計度 有邊無邊
> 유 시 계 탁 유 변 무 변

이로 말미암아 유변과 무변을 계탁할새,

> 墮落外道 惑菩提性
> 타 락 외 도 혹 보 리 성

외도에 타락하여 보리성을 의혹하나니,

> 是則名爲第四外道 立有邊論
> 시 즉 명 위 제 사 외 도 입 유 변 론

이는 곧 이름이 제사 외도의 유변론 세움이 되느니라.

여기는 무변도 있지만 유변만을 가리킵니다.

> 又三摩中 諸善男子 堅凝正心 魔不得便
> 우 삼 마 중 제 선 남 자 견 응 정 심 마 부 득 편

또 삼마지 중의 모든 선남자가 견응한 정심에 마魔가 그 짬을 얻지 못하거든,

> 窮生類本 觀彼幽淸 常擾動元 於知見中
> 궁 생 류 본 관 피 유 청 상 요 동 원 어 지 견 중

생류의 근본을 궁진하야는 저 유청하고 항상 요동하는 본원本元을 관찰하고 지견知見 중에서,

자기가 아는 지견 가운데에서,

> 生計度者 是人墜入 四種顚倒 不死矯亂 遍計虛論
> 생 계 탁 자 시 인 추 입 사 종 전 도 불 사 교 란 변 계 허 론

계탁을 생하는 이는, 이 사람이 4종의 불사교란하는 전도한 변계허론에 추입하느니라.

저 위에 불사교란한다는 논의 말이 아마 있었지요. 죽지 않는다고 해서 교란하는 그것이 잘못된 것이니까 전도입니다.

네 가지 전도하게 죽지 않으려고 교란하는, 이렇게 생각하고 저렇게 생각하는 그게 변계허론입니다.

> 一者 是人 觀變化元
> 일 자 시 인 관 변 화 원

일은, 이 사람이 변화하는 본원을 관찰하되,

모든 것이 변화하는 근원까지를 관찰하여,

見遷流處 名之爲變
견 천 류 처 명 지 위 변

천류하는 처處를 보아서는 이름을 변變이라 하고,

見相續處 名之爲恒
견 상 속 처 명 지 위 항

상속하는 처處를 보아서는 이름을 항상 함이라 하며,

見所見處 名之爲生
견 소 견 처 명 지 위 생

소견처를 보아서는 이름을 생生이라 하며,

不見見處
불 견 견 처

견見을 보지 못하는 처處는,

아래 견見 자는 소견이라는 견 자입니다.

名之爲滅
명 지 위 멸

이름을 멸滅이라 하며,

相續之因
상 속 지 인

상속하는 인因이,

앞의 것과 뒤의 것이 계속되는 게 상속이니까 그 상속하는 인因이,

性不斷處
성 부 단 처

성性이 단단斷하지 않는 처處는,

앞에 내려가고 뒤에 또다시 내려가니까 그건 끊어지지 않는 것입니다.

名之爲增
명 지 위 증

이름을 증增이라 하고,

正相續中 中所離處
정 상 속 중 중 소 이 처

정히 상속하는 가운데 여읜 바의 처는,

앞의 것이 내려가고 뒤의 것이 오면, 앞의 것과 뒤의 것의 사이가 두 동강이 난다는 말입니다.

저 위에서 숨을 내쉬고 들이쉴 때 그 중간엔 공덕이 없다고 하는 그것과 같은 말입니다.

> **名之爲減**
> 명 지 위 감

이름을 감減이라 하고,

> **各各生處 名之爲有 互互亡處 名之爲無**
> 각 각 생 처 명 지 위 유 호 호 망 처 명 지 위 무

각각 생하는 처는 유有라 하고, 서로서로 없어지는 처는 이름을 무無라 하여,

이것이 여덟 가지의 얘깁니다.

변變이다 항恒이다, 생生이다 멸滅이다, 증增이다 감減이다, 유有다 무無다 해서,

> **以理都觀 用心別見**
> 이 리 도 관 용 심 별 견

이理로써는 모두 보고, 마음으로는 달리 보았을새,

이 사람의 공부가 그렇게 되어 있습니다.
이렇게 하고 있으면서,

有求法人 來問其義
유구법인 내문기의

법을 구하는 사람이 와서 그 의義(이치)를 물으면,

이 사람이 공부해서 선생 노릇을 하게 되니까 그 제자들이 와서 묻는다는 말입니다.

어떻습니까, 물으면 이 사람의 생각이 불사천不死天이 있다고 하는 것입니다. 천인이 항상 주住해 있어서 불사不死, 죽지 않는 데가 있는데, 거기에 가서 나려면 생전에 잘못 말하지 않아야, 즉 교란矯亂하지 않아야 가서 난다고 그렇게 정해져 있습니다.

불사천이라 하여 거기에 가 나면, 영원히 죽지 않는 곳이 있는데, 거기 가서 나려면 이 세상에 있을 때에 말을 잘 못하지 않아야 한다고 생각을 해서, 그래서 불사천에 나기 위해 마음을 교란하게 안 하려고 하여 자기가 분명하게 알지 못하는 걸 잘못 말하는지 모르니까 누가 와서 물으면,

答言我今 亦生亦滅
답언아금 역생역멸

대답하여 말하되, 내가 지금 역생, 역멸하며,

이 위의 여덟 가지 가운데 여섯 가지를 다 얘기하는 겁니다.

亦有亦無 亦增亦減
역 유 역 무 역 증 역 감

역유, 역무, 역증, 역감이라 하여,

여덟 가지를 다 얘기할 텐데, 변變과 항恒을 얘기 안 한 것 같군요. 그러니까 이 말이 일정하지 않다는 얘깁니다.

자기가 분명히 생이라든지, 멸이라든지, 유라든지, 무라든지 단정할 수가 없으니까 역생, 역멸 등 이렇게 한다는 말입니다.

그래서,

於一切時 皆亂其語
어 일 체 시 개 란 기 어

일체 시에 다 그 말을 교란하게 하여,

그래서 교란하게 되다 보니까,

令彼前人
영 피 전 인

저 전인으로 하여금,

그 뜻을 묻는 이로 하여금,

遺失章句
유실장구

장구를 유실하게 하느니라.

구句란 짧은 글이고, 장章은 여러 구가 모여 가지고 한편으로 된 것을 장이라고 하는데, 장구를 다 잃어버려 무슨 말인지 모르겠다는 얘깁니다.

그러니 이 사람은 교란하지 않으려고 이렇게 하는 건데, 그것이 내내 그러니까 역유, 역무 등의 이런 것이 마찬가지로 교란이다, 그 말입니다.

그것이 한 가지이고,

二者 是人 諦觀其心 互互無處
이자 시인 제관기심 호호무처

이는, 이 사람이 마음이 서로서로 무처無處임을 제관하고,

각각생처各各生處를 보지 않고 호호무처를 보아 가지고는,

因無得證 有人來問 唯答一字 但言其無
인무득증 유인래문 유답일자 단언기무

무無를 인하여 득증할새, 어떤 사람이 와서 물으면 오직 답하되, 일 자一字로 다만 무無라 하고,

뭐라고 묻든지 무無라고만 답하니, 밥을 먹었습니까 해도 무, 잠을 자겠습니까 해도 무, 오직 무라고만 한다는 얘깁니다.

除無之餘 無所言說
제 무 지 여 무 소 언 설

무無를 제한 밖에는 언설할 바가 없느니라.

자기가 아는 소견이 무無니까, 자기가 무를 증득했으니까 무라고만 얘기하는 겁니다.

三者 是人 諦觀其心 各各有處
삼 자 시 인 제 관 기 심 각 각 유 처

삼은, 이 사람이 마음이 각각 있는 처處를 제관하고,

앞에는 호호무처互互無處인데, 이건 각각유처입니다.
그것을 제관해 가지고는,

因有得證
인 유 득 증

유有를 인하여 득증할새,

각각유처를 인해 가지고 증證을 얻었기 때문에,

有人來問 唯答一字 但言其是
유 인 래 문 유 답 일 자 단 언 기 시

어떤 사람이 와서 물으면 오직 일자로 다만 시昰라고만 답하고,

유有라고 할 텐데 시昰라고 얘기했습니다. 시昰 자는 옳다, 그렇다, 그런 말입니다. 중국 말로는 시昰라고 그럽니다. 그러니까 뭐든지 물으면 시昰라고만 한다는 얘깁니다.

除是之餘 無所言說
제 시 지 여 무 소 언 설

시昰를 제한 밖에는 언설할 바가 없느니라.

四者 是人 有無俱見 其境枝故
사 자 시 인 유 무 구 견 기 경 지 고

사는, 이 사람이 유有와 무無를 함께 보아서 그 경境이 갈래인 연고로,

유有의 경계와 무無의 경계가 둘이 있으니까 가지가 쳐졌습니다. 나무에 가지가 나온 것을 지枝라고 하는데, 갈래를 쳤다는 말입니다. 그런고로,

其心亦亂 有人來問 答言亦有 卽是亦無 亦無之中
기 심 역 란 유 인 래 문 답 언 역 유 즉 시 역 무 역 무 지 중
不是亦有
불 시 역 유

그 마음이 또한 교란하여 어떤 사람이 와서 물으면 답하여 말하되, 역유가 즉시 역무이며, 역무의 중에 이 역유가 아니라 하여,

이게 무슨 뜻인지, 참 교란하는 얘깁니다.

一切矯亂 無容窮詰
일 체 교 란 무 용 궁 힐

일체를 교란할새, 궁힐함을 용납하지 않느니라.

궁구해서 따지는 게 궁힐인데, 궁힐할 수 없이 말을 한다는 얘깁니다.

由此計度 矯亂虛無
유 차 계 탁 교 란 허 무

이 교란하여 허무하게 계탁함을 말미암아,

교란한 것을 계탁하기 때문에,

墮落外道 惑菩提性
타 락 외 도 혹 보 리 성

외도에 타락하여 보리성을 의혹하나니,

是則名爲第五外道 四顚倒性 不死矯亂 遍計虛論
시 즉 명 위 제 오 외 도 사 전 도 성 불 사 교 란 변 계 허 론

이는 곧 이름이 제오 외도의 네 가지 불사교란하는 전도한 변계허론이라 하느니라.

又三摩中 諸善男子 堅凝正心 魔不得便
우 삼 마 중 제 선 남 자 견 응 정 심 마 부 득 편

또 삼마지 중의 모든 선남자가 견응한 정심에 마魔가 그 짬을 얻지 못하거든,

窮生類本 觀彼幽淸 常擾動元 於無盡流
궁 생 류 본 관 피 유 청 상 요 동 원 어 무 진 류

생류의 근본을 궁진하야는 저 유청하고 항상 요동하는 본원本元을 관찰하고 무진한 류流에,

이건 행음입니다.
행음은 끝이 없이 자꾸 유천流遷하는 거니까 그 무진한 류流에 대해서,

生計度者 是人墜入 死後有相 發心顚倒
생 계 탁 자 시 인 추 입 사 후 유 상 발 심 전 도

계탁을 생하는 이는, 이 사람이 사후에 상相이 있다는 발심전도에 추입하느니라.

늘 천류遷流하니까 죽은 후에도 있다, 그 말입니다.

여기는 글자가 부족해서 론論 자를 못 썼지만 그런 논에 떨어지게 된다는 말입니다. 이것이 총 열여섯 가지가 된다고 그럽니다.

或自固身
혹 자 고 신

혹 스스로 신身을 견고히 하여,

이건 육신입니다.

육신이 제일이라고 굳혀 가지고,

云色是我
운 색 시 아

색이 곧 아我라 이르며,

색은 물질입니다.

이것이 외도에서 색즉시아色卽是我라고 하는 것입니다.

운색시아라는 말이나, 색즉시아라고 하는 말이나 같은 말이니까 색이 나라고 하고,

或見我圓 含遍國土 云我有色
혹견아원 함변국토 운아유색

혹 아我가 원만하여 국토를 함변含遍함을 보고 아我가 색色을 유有했다 하며,

내가 시방 국토를 다 소유했다, 내가 색色을 유有했다, 그것을 소유했다는 것입니다. 그러니까 색재아중色在我中, 색이 내 가운데 있다고 하는 겁니다.

或彼前緣 隨我廻復
혹피전연 수아회복

혹 저 전연이 나를 따라 회복함이라 하여,

저 앞에 있는 온갖 인연이 나라고 하는 중심에 따라서 자꾸 왔다 갔다 회복하는 것을 보고,

云色屬我
운색속아

색이 아我에 속하였음이라 하며,

색이 내 가운데 있다고 한다는 말입니다.

> ### 或復我依行中相續
> 혹 부 아 의 행 중 상 속

혹 다시 아我가 행行 중을 의지하여 상속함이라 하여,

행음을 의지해서 상속한다고 생각해서,

> ### 云我在色
> 운 아 재 색

아我가 색에 있음이라 하여,

이렇게 색 하나에, 색음 하나에 대해서 내가 그 색이라든지, 내가 색을 소유했다든지, 색이 나한테 속했다든지, 내가 색 가운데 있다든지, 그렇게 색음 가운데 네 가지 소견이니까, 수受·상想·행行까지 네 가지, 그러니까 식음은 아직 나타나지 않았으니까 색·수·상·행을 얘기해서 4×4는 16 해서 열여섯 가지입니다.

> ### 皆計度言 死後有相
> 개 계 탁 언 사 후 유 상

다 계탁하여 말하되, 사후에 상相이 있음이라 하나니,

> ### 如是循環 有十六相
> 여 시 순 환 유 십 육 상

이와 같이 순환하여 십육상이 있느니라.

순환이란 건 색음에서와 같이 수음·상음·행음까지 순환해서 십육상이 있다는 얘깁니다. 이렇게 하면서 또 다르게 한번 보는 겁니다.

從此或計 畢竟煩惱 畢竟菩提
종 차 혹 계 필 경 번 뇌 필 경 보 리

이로 좇아 혹 계탁하되, 필경까지 번뇌이며 필경까지 보리라.

그러니까 번뇌가 끊어지고 보리를 증證하는 게 아니라 번뇌도 늘 있다는 겁니다.

끝까지 번뇌요, 끝까지 보리라고 해서,

兩性並驅 各不相觸
양 성 병 구 각 불 상 촉

양성이 병구하여 각기 상촉하지 않느니라.

由此計度 事後有故
유 차 계 탁 사 후 유 고

이로 말미암아 사후에 있다고 계탁할새, 고로,

> **墮落外道 惑菩提性**
> 타 락 외 도 혹 보 리 성

외도에 타락하여 보리성을 의혹하나니,

> **是則名爲第六外道 立五陰中**
> 시 즉 명 위 제 육 외 도 입 오 음 중

이는 곧 이름이 제육 외도의 오음 중에,

오음이라고 말했지만, 실상은 사음四陰입니다.

> **死後有相 心顚倒論**
> 사 후 유 상 심 전 도 론

사후에 상相이 있다는 심전도론을 세움이니라.

> **又三摩中 諸善男子 堅凝正心 魔不得便**
> 우 삼 마 중 제 선 남 자 견 응 정 심 마 부 득 편

또 삼마지 중의 모든 선남자가 견응한 정심에 마魔가 그 짬을 얻지 못하거든,

窮生類本 觀彼幽淸 常擾動元
궁 생 류 본 관 피 유 청 상 요 동 원

생류의 근본을 궁진하야는 저 유청하고 항상 요동하는 본원本元을 관찰하고,

於先除滅 色受想中
어 선 제 멸 색 수 상 중

먼저 제멸한 색·수·상 중에,

그 삼음三陰은 다 없어졌으니까 먼저 없어진 색음·수음·상음 중에,

生計度者 是人墜入 死後無相
생 계 탁 자 시 인 추 입 사 후 무 상

계탁을 생하는 이는, 이 사람이 사후에 무상이라는,

색·수·상이 없어지니까 행음과 식음도 없어진다, 이런 말입니다. 그래서 사후에 무상하다고 하는,

發心顚倒
발 심 전 도

발심전도에 추입墜入하느니라.

심전도心顚倒나 발심전도나 같은 말입니다.

見其色滅
견 기 색 멸

그 색이 멸함을 보고,

지금 무상을 가리키는 말이니까 색음이 멸하는 것을 보고는,

形無所因
형 무 소 인

형체가 인한 바가 없음이라 하며,

무엇을 인해 생기는, 인할 바가 없다는 것입니다.
그래서 색은 공하니,

觀其想滅
관 기 상 멸

그 상상이 멸함을 보고,

그 상음想陰이 멸하는 것을 보고는,

心無所繫
심 무 소 계

마음이 얽힌 바가 없음이라 하여,

상음이 우리 마음이고, 그런데 마음이 어디에 매일 것이 없다고 하고,

知其受滅 無復²連綴
지 기 수 멸 무 부 연 철

그 수受가 멸함을 알고 다시 연철連綴함이 없음이라 하여,

색色과 상想은 중간에 수受가 들어 가지고 연철하는데, 색이라는 건 밖에 있는 것이고, 상은 내내 마음에 생각하는 게니까 색음을 받아들여 가지고야 마음과 연철을 시키는 것인데, 수가 멸해졌으니 연철하는 게 없다고 해서,

陰性銷散
음 성 소 산

음성이 소산하니,

오음의 성性입니다.

지금 전삼음前三陰을 가지고 하는 말입니다.

---

2 고려대장경에는 후後로 되어 있으나, 원본·명본에는 본문과 같이 되어 있다.

縱有生理
종 유 생 리

비록 생리生理는 있으나,

생리란 행음입니다.

而無受想 與草木同
이 무 수 상 여 초 목 동

수受와 상想이 없음이니 초목으로 더불어 같은지라,

행음이 있어도 상음이 없기 때문에 역시 초목과 같다는 얘깁니다.

此質現前 猶不可得
차 질 현 전 유 불 가 득

이 질質이 현전함에도 오히려 가히 얻지 못함이어든,

死後云何 更有諸相
사 후 운 하 갱 유 제 상

사후에 어떻게 다시 상相이 있으리오.

그렇게 생각을 해서,

因之勘校 死後無相 如是循環 有八無相
인지감교 사후무상 여시순환 유팔무상

이를 인하여 사후에 무상이라 감교할새, 이와 같이 순환하여 팔무상이 있느니라.

이 몸이 살아 있을 때는 색·수·상·행이 무상인데, 지금 생전에도 무상이고, 사후에도 무상이라고 해서 이게 팔무상입니다.

현재에도 무상하니까 미래에도 무상하다고 그렇게 보는 겁니다.

그것을 가지고 또 따로 합니다.

從此或計 涅槃因果
종차혹계 열반인과

이로 좇아 혹 계탁하되, 열반의 인因도 과果도,

열반은 생사를 전하는 것이 인이 되었으니, 생사가 열반의 인이고, 열반이 곧 생사의 과입니다. 그것이 열반인과입니다.

一切皆空
일체개공

일체가 다 공하여,

전부 무상無相이니까 열반인과涅槃因果, 일체가 다 공하다고 해서,

徒有名字
도 유 명 자

한갓 명자만 있고,

열반이라는 말만 있지,

究竟斷滅
구 경 단 멸

구경에는 단멸하다 하느니라.

由此計度 死後無故 墮落外道 惑菩提性
유 차 계 탁 사 후 무 고 타 락 외 도 혹 보 리 성

이로 말미암아 사후에 없다고 계탁할새, 고로 외도에 타락하여 보리성을 의혹하나니,

是則名爲第七外道 立五陰中 死後無相 心顚倒論
시 즉 명 위 제 칠 외 도 입 오 음 중 사 후 무 상 심 전 도 론

이는 곧 이름이 제칠 외도의 오음 중에 사후에 무상이라 하는 심전도론을 세움이니라.

> 又三摩中 諸善男子 堅凝正心 魔不得便
> 우 삼 마 중 제 선 남 자 견 응 정 심 마 부 득 편

또 삼마지 중의 모든 선남자가 견응한 정심에 마魔가 그 짬을 얻지 못하거든,

> 窮生類本 觀彼幽淸 常擾動元
> 궁 생 류 본 관 피 유 청 상 요 동 원

생류의 근본을 궁진하야는 저 유청하고 항상 요동하는 본원本元을 관찰하고,

> 於行存中 兼受想滅
> 어 행 존 중 겸 수 상 멸

행行이 존存한 가운데 겸하여 수受와 상상想이 멸했을새,

행음은 있고, 수·상은 멸한 거니까,

> 雙計有無
> 쌍 계 유 무

유와 무를 쌍으로 계탁하여,

행行은 있다고 하고, 색·수·상은 없다고 하고, 그래 가지고는,

自體相破
자 체 상 파

자체가 서로 파破한다고 하는 이는,

유를 가지고는 무를 파하고, 무를 가지고는 유를 파하고, 자체를 서로 파해 가지고 그것을 그렇게 생각하고 있다는 말입니다.

是人墜入 死後俱非 起顚倒論
시 인 추 입   사 후 구 비   기 전 도 론

이 사람이 사후에 모두 비非라는 전도론을 일으킴에 추입하느니라.

구비라는 건, 유有도 아니고 무無도 아니라는 말입니다.
그래서 여기에서는 총總으로 얘기했고, 이제 따로따로 얘기하는 겁니다.

色受想中 見有非有
색 수 상 중   견 유 비 유

색·수·상 중에는 유를 보니 유가 아니요,

예전에는 있었지만 지금은 없어졌으니까 유가 아니요.

行遷流內 觀無不無
행 천 류 내   관 무 불 무

행行이 천류하는 내內에는 무無를 보나 무가 아니라 하며,

무無하다고 하더라도 무하질 않아 유도 아니고 무도 아니고, 유무를 다 아니라고 그렇게 생각을 해서,

如是循環 窮盡陰界
여 시 순 환 궁 진 음 계

이와 같이 순환하여 음계에,

八俱非相
팔 구 비 상

팔이 다 아니라는 상相을 궁진하고,

오음의 계界에 전부 다 끝까지 이르러 가서 음陰마다 유有한 듯하지만 유가 아니고, 무無한 듯하지만 무가 아닌, 한 이름에 대해서 둘씩 기起하니까 사음四陰에 대해서 팔구비상입니다.

隨得一緣
수 득 일 연

일연을 수득하여,

지금 사음四陰 중에서 어느 것이든지 한 연緣을 얻는 데에 따라 가지고,

> **皆言死後 有相無相**
> 개 언 사 후 유 상 무 상

다 사후에 유상 · 무상이라 말하느니라.

사후에 유상도 되고 무상도 된다, 유상을 가지고는 무상을 파하고, 무상을 가지고는 유상을 파하는 겁니다.
또 그것을 전개하는 겁니다.

> **又計諸行性遷訛故**
> 우 계 제 행 성 천 와 고

또 모든 행의 성性이 천와함이라 계탁할새, 고로,

이건 행음을 가리키는 말이 아니고, 온갖 생멸하는 만법을 가리키는 말입니다.

> **心發通悟**
> 심 발 통 오

마음에 통오를 발하여,

이건 참말 통오했다는 말이 아니고, 사오邪悟, 잘못 깨달은 것이니까,

> **有無俱非 虛實失措**
> 유 무 구 비 허 실 실 조

유무가 다 아니어서 허와 실을 실조하느니라.

허虛는 무를 가리키는 말이고, 실實은 유를 가리키는 말입니다.

由此計度 死後俱非
유 차 계 탁 사 후 구 비

이로 말미암아 사후에 모두 아니라 계탁하여,

그렇게 하고 보니까,

後際昏瞢
후 제 혼 몽

후제가 혼몽하여,

앞으로 어떻게 될 건지 분명히 나타나질 않고 흐리터분해지거든요.
캄캄히 어두워서,

無可道故
무 가 도 고

가히 말할 수 없는 연고로,

도道 자는 말한다는 뜻입니다.

墮落外道 惑菩提性
타 락 외 도 혹 보 리 성

외도에 타락하여 보리성을 의혹하나니,

是則名爲第八外道 立五陰中 死後俱非 心顚倒論
시 즉 명 위 제 팔 외 도 입 오 음 중 사 후 구 비 심 전 도 론

이는 곧 이름이 제팔 외도의 오음 중에 사후구비라는 심전도론을 세움이니라.

又三摩中 諸善男子 堅凝正心 魔不得便
우 삼 마 중 제 선 남 자 견 응 정 심 마 부 득 편

또 삼마지 중의 모든 선남자가 견응한 정심에 마魔가 그 짬을 얻지 못하거든,

窮生類本 觀彼幽淸 常擾動元 於後後無
궁 생 류 본 관 피 유 청 상 요 동 원 어 후 후 무

생류의 근본을 궁진하고는 저 유청하고 항상 요동하는 본원을 관찰하고 후후무에,

뒤로 자꾸 없어진다고 한다.

그 다음에 없어지고, 또 그 다음에 없어지고, 후後와 후에 없어진다고 하여,

> **生計度者 是人墜入 七斷滅論**
> 생 계 탁 자 시 인 추 입 칠 단 멸 론

계탁을 생하는 이는 이 사람이 칠단멸론에 추입하느니라.

일곱 군데가 다 단멸하고 없다고 하는 그런 논에 떨어지게 된다는 말입니다.

> **或計身滅**
> 혹 계 신 멸

혹은 몸이 멸한다 계탁하며,

이건 지금 우리 몸입니다.
그러니까 사주四洲 세계와 육욕천을 다 가리키는 말입니다.
혹或이라는 말은, 한 사람만이 이렇게 하는 게 아니고, 이렇게 생각하는 사람도 있고, 저렇게 생각하는 사람도 있다는 뜻의 혹 자입니다.
그러니까 단멸이니까 지금 욕계에 있으면서도 멸한 것이라 하며,

> **或欲盡滅**
> 혹 욕 진 멸

혹 욕欲이 다함이 멸이라 하며,

욕계가 다한 것은 초선천입니다.

신멸身滅이란 사주 세계와 육욕천의 둘을 가리키고, 욕진멸은 초선천이 욕계를 지나 가지고 있으니까 초선천初禪天을 가리킵니다.

> **或苦盡滅**
> 혹 고 진 멸

혹 고苦가 다함이 멸이라 하며,

고苦가 다한 곳은 이선천二禪天입니다.

> **或極樂滅**
> 혹 극 락 멸

혹 극락이 멸함이라 하며,

극락이란 삼선천三禪天입니다.

> **或極捨滅**
> 혹 극 사 멸

혹 극사가 멸이라 하며,

이건 사념청정지捨念清淨地이니까 사선천四禪天입니다.

사선천과 사공천四空天을 다한다는 얘깁니다.

그래서 칠단멸七斷滅이라고 하는 일곱을 사주四州 세계가 멸한다고 하고, 신멸身滅을 가지고 육욕천이 괴壞해 없다고 하고, 초선·이선·삼선·사선까지 없다고 하며, 아울러 사공천까지 해서 칠단멸론입니다.

혹극사멸이라고 하는 데는 사선천 위의 사공천까지 포함한 말이고, 처음의 신멸身滅이라고 하는 것은 사주 세계와 육욕천까지를 다 같이 포함한 말입니다.

如是循環 窮盡七際
여 시 순 환 궁 진 칠 제

이와 같이 순환하여 칠제를 궁진하되,

칠단멸론이니까 칠제가 지금 사주 세계부터 사공천까지입니다.

現前銷滅 滅已無復
현 전 소 멸 멸 이 무 복

현전에 소멸하고 멸하여 마치고는 회복되지 않는다 하느니라.

지금에 있어서도 이게 다 소멸한 것이니, 멸해 마치고는 다시 돌아오지 않는다, 아주 없어진다는 것입니다.

由此計度 死後斷滅 墮落外道 惑菩提性
유 차 계 탁 사 후 단 멸 타 락 외 도 혹 보 리 성

이로 말미암아 사후에는 단멸함이라 계탁할새, 외도에 타락하여 보리성을 의혹하나니,

> 是則名爲第九外道 立五陰中 死後斷滅 心顚倒論
> 시즉명위제구외도 입오음중 사후단멸 심전도론

이는 곧 이름이 제구 외도의 오음 중에 사후단멸이라는 심전도론을 세움이니라.

논論이 된다는 입장을 세우는 것이다.

> 又三摩中 諸善男子 堅凝正心 魔不得便
> 우삼마중 제선남자 견응정심 마부득편

또 삼마지 중의 모든 선남자가 견응한 정심에 마魔가 그 짬을 얻지 못하거든,

> 窮生類本 觀彼幽淸 常擾動元
> 궁생류본 관피유청 상요동원

생류의 근본을 궁진하고는 저 유청하고 항상 요동하는 본원을 관찰하고,

> 於後後有 生計度者 是人墜入 五涅槃論
> 어 후 후 유 생 계 탁 자 시 인 추 입 오 열 반 론

후후유에 계탁을 생하는 이는, 이 사람이 오열반론에 추입하느니라.

이것을 흔히 오현열반五現涅槃이라고 그러지요. 이 밑에 가면 나타날 현現 자를 써서 오현열반이 나오는데, 다섯 군데가 지금 현재 이대로 열반이라고 해서 오현열반이라고 그럽니다.

이제 오열반론을 얘기합니다.

> 或以欲界 爲正轉依
> 혹 이 욕 계 위 정 전 의

혹 욕계로써 정전의를 삼나니,

열반이라고 하는 것이, 전생사의열반轉生死依涅槃이라고 해서 생사를 전轉해서 열반에 의지한다고 하고, 또 보리는 전번뇌의보리轉煩惱依菩提라 해서 번뇌를 전하여 보리를 의지한다고 그럽니다.

그러니까 정전의라는 말이 보리열반이라는 말입니다. 즉 전생사의열반이니까 정전의라는 말이 열반이라는 말입니다.

그래서 욕계를 가지고 정전의를 삼으니, 왜 그런고 하니,

> 觀見圓明
> 관 견 원 명

원명함을 관견하여,

지금 상음想陰까지가 다 없어지고, 행음 중에서 육욕천이 다 환하게 밝아져서 원명하다는 그것을 관견하고,

生愛慕故
생 애 모 고

애모함을 생하는 연고이며,

그 원명한 자리에다가 사모하고 사랑하는 생각을 내는 까닭이라는 그것이 욕계로 열반을 삼는다는 얘기고,

或以初禪
혹 이 초 선

혹 초선으로 그렇다 하나니,

혹이욕계或以欲界로 위정전의爲正轉依라고 하는 것과 같이 혹이초선或以初禪으로 위정전의爲正轉依라고 그 이유를 내야 하는데, 글을 약략略해 버렸습니다. 그러니까 이초선以初禪으로 정전의正轉依라는 얘기가 있어야 하는데, 정전의라는 말이 빠진 것입니다.

그러니까 그것은 글이 다섯 군데 다 쓸 필요가 없는 것이고, '초선으로써 하나니', 그 말이 정전의를 삼는다는 말입니다.

왜 그런고 하니,

性無憂故
성 무 우 고

성性에 근심이 없는 연고이며,

초선은 본성이 근심이 없는 까닭이요,

或以二禪 心無苦故
혹 이 이 선 심 무 고 고

혹 이선으로써 하나니, 마음에 고품가 없는 연고이며,

이게 잘못되었다는 겁니다. 위에서도 초선천을 고苦라고 하고, 이선천을 우憂(근심)라고 했는데, 여기에서는 초선천이 성性이 무우無憂라고 하고, 이선천이 심무고라고 했으니, 이건 반드시 번역하는 사람이 무우와 무고를 잘못 쓴 것이다, 이겁니다.

그 다음에,

或以三禪 極悅隨故
혹 이 삼 선 극 열 수 고

혹은 삼선으로써 하나니, 극열이 따르는 연고이며,

극락이니까 극히 열悅하는 것이 따르는 까닭이요,

> **或以四禪 苦樂二亡**
> 혹 이 사 선 고 락 이 망

혹은 사선으로써 하나니, 고苦와 낙樂 둘이 없어서,

> **不受輪廻生滅性故**
> 불 수 윤 회 생 멸 성 고

윤회하는 생멸을 받지 않는 연고이니라.

그래서 이 욕계와 사선천, 즉 욕계와 초선·이선·삼선·사선 그 다섯 군데가 다 열반이라고 생각하는 겁니다.

그래서 이 사람들은,

> **迷有漏天**
> 미 유 루 천

유루천을 미迷하여,

지금 이 욕계나 색계가 다 유루인데 유루천을 잘못 알고 미해서,

> **作無爲解**
> 작 무 위 해

무위의 해解를 지어서는,

무위해란 생사가 없다는 말입니다.
그런 지해知解를 지어 가지고,

五處安隱 爲勝淨依
오 처 안 은 위 승 정 의

오처가 안은하여 승정한 의지처라 하나니,

[질문] 무위無爲, 유위有爲를 우리말로 바꾸기가 참 어렵던데요. 그냥 무위, 유위라고 해야 합니까?

[답] 하염없다, 그래야죠. 지금은 그런 말을 안 하지만, 요전에는 하는 일이 없다, 하염없다, 위爲 자는 하염이라고 해서 하염없다 이렇게 했습니다. 예전까지만 해도 불교에서만 하는 말이 아니라 속가에서도 하염이 없다, 이런 얘기를 썼습니다.

[질문] 형용사로서요?

[답] 그렇지요. 그렇게 할밖에 없죠. 무위라는 건 작위作爲하는 일이 없다, 그 말입니다. 위爲 자는 작위라는 말이니까 하는 일이 없다, 그 말입니다. 그러니까 생멸이 없다는 말이니까 작위하는 일이 없다, 이런 말입니다.

그래서 이 다섯 군데가 가장 안은安隱하다고 생각을 해서 가장 수승하고 깨끗한 의지할 곳을 삼는 것이다, 그런 까닭으로 열반이라고 생각한다, 그 말입니다.

如是循環 五處究竟
여시순환 오처구경

이와 같이 순환하여 오처가 구경이라 하느니라.

열반의 극칙極則이니까 다섯 군데가 다 구경이다, 이렇게 생각을 하는 겁니다.

由此計度 五現涅槃
유차계탁 오현열반

이로 말미암아 오처五處가 현전現前의 열반이라고 계탁할새,

현現 자가 여기 나오는군요.

墮落外道 惑菩提性
타락외도 혹보리성

외도에 타락하여 보리성을 의혹하나니,

是則名爲第十外道 立五陰中 五現涅槃 心顚倒論
시즉명위제십외도 입오음중 오현열반 심전도론

이는 곧 이름이 제십 외도의 오음 중에 오현열반이라는 심전도론을 세움이니라.

여기까지 해서 행음구우行陰區宇 안에서 행음이 멸할 때까지 열 가지 마魔가 나타나는 걸 얘기했습니다.

> 阿難 如是十種禪那狂解
> 아 난 여 시 십 종 선 나 광 해

아난아, 이와 같이 10종 선나의 광해는,

선정 중이니까 그 선나에 대해서 광해가 생기는 것은,

> 皆是行陰 用心交互 故現斯悟
> 개 시 행 음 용 심 교 호 고 현 사 오

다 이 행음의 용심이 교호할새, 고로 이 오悟가 나타나거늘,

> 衆生頑迷 不自忖量 逢此現前 以迷爲解
> 중 생 완 미 부 자 촌 량 봉 차 현 전 이 미 위 해

중생이 완미하여 스스로 촌량하지 못하고 이 현전함을 만나매 미迷로써 지해知解라고 하여,

위에서는 '미유루천迷有漏天하야 작무위해作無爲解라'라고 그랬고, 여기에서는 이미위해以迷爲解, 미한 것을 가지고 안다고 하는 것을 삼아서,

自言登聖 大妄語成 墮無間獄
자 언 등 성 대 망 어 성 타 무 간 옥

스스로 말하기를, 성聖에 등登했다 하여 대망어를 이루어서 무간옥에 떨어지리라.

汝等必須 將如來語[3] 於我滅後 傳示末法
여 등 필 수 장 여 래 어 어 아 멸 후 전 시 말 법

너희 등等이 반드시 모름지기 여래어를 가져서 내가 멸한 후에 말법에 전시하여,

遍令衆生 覺了斯義 無令心魔
변 령 중 생 각 료 사 의 무 령 심 마

두루 중생으로 하여금 이 뜻을 각료하게 하며, 심마로 하여금,

밖에 있는 마魔가 아니고 심마로 하여금,

自起深孽
자 기 심 얼

스스로 깊은 허물을 일으키지 않게 하고(無),

---

3 고려대장경에는 심心으로 되어 있으나, 송본·원본·명본에는 본문과 같이 되어 있다.

얼孼 자는 허물입니다.

깊은 허물을 무無 자, 일으키지 말게 해서,

保持覆護 消息邪見
보 지 부 호 소 식 사 견

보지하고 부호하여 사견을 소식하게 하고,

이 사람들의 나쁜 소견을 소멸하게 하라.
그래서,

敎其身心
교 기 신 심

그 신심으로 하여금,

교敎 자는 하여금입니다.

開覺眞義 於無上道
개 각 진 의 어 무 상 도

진의를 개각하게 하며 무상도에,

이건 성불하는 자리지요.

不遭枝歧
부 조 지 기

지기를 만나지 않게 하고,

나무에 가지 치는 것은 지枝요, 길의 가지, 즉 갈래길은 기歧입니다. 그런 것을 만나지 않고,

勿令心祈
물 령 심 기

마음으로 하여금 바라매,

기祈 자는 바란다는 기 자입니다.
마음으로 바랄 때에,

得少爲足
득 소 위 족

조금을 얻어 만족을 삼지 않게 하여,

행음이 없어진 데까지 이르러 온 것이니까 그런 조그만 것을 얻어 가지고 이만하면 되었거니 하는 그런 것을 삼지 말게 해서,

作大覺王 淸淨標指
작 대 각 왕 청 정 표 지

대각왕의 청정한 표지가 되게 하라.

대각은 부처님이시지요.

처음에 본무인本無因, 말무인末無因의 이二 무인을 해서 네 가지가 되고, 또 여덟 가지, 열여섯 가지 등 그렇게 해서 지금 칠단멸과 오현열반五現涅槃까지 그것을 모두 숫자로 치면 육십이견六十二見이 된다는 겁니다.

이것을 꼭 육십이견이라고 하지는 않았지만 내가 색色 중에 있다, 색이 내 가운데 있다 하는 이런 것들이 소견이 잘못된 거니까 이것이 행음 중에서 육십이가 되니, 육십이견으로 볼 수 있다, 이렇게 얘기하는 데가 있습니다.

이제는 식음識陰입니다.

6) 식음識陰의 마魔

阿難 彼善男子 修三摩提 行陰盡者
아 난 피 선 남 자 수 삼 마 제 행 음 진 자

아난아, 저 선남자가 삼마제를 닦아 행음이 다한 이는,

행음은 제해 없어지고, 식음 중에 있는 것입니다.

諸世間性 幽淸擾動
제 세 간 성 유 청 요 동

세간의 성性이 유청하고 요동하는,

가만히 맑고 조금씩 흔들리는 그것이 행음이 다 없어진 자리를 가리키는 말입니다.

同分生機
동 분 생 기

동분생기가,

이것은 위에서 동생기同生基라고 해서 터 기基 자를 썼는데, 그것과 같은 말입니다. 내내 행음을 가리킨 말입니다.
유청요동幽淸擾動이 행음 경계니까 동분기同分基입니다.

倏然隳裂 沈細綱紐
숙 연 휴 열 침 세 강 뉴

숙연히 침세한 강뉴가 휴열하고,

숙연은 갑자기라는 말이니까 홀연히와 같은 말입니다.
침세란 아주 세밀하다는 말이고, 강뉴란 중요하다는 말이니까 침세한 강뉴가 없어졌다는 건, 행음行陰을 침세강뉴라고 했으니까 행음이 다 없어지고, 그 말입니다.

補特伽羅 酬業深脉
보 특 가 라 수 업 심 맥

보특가라의 업業을 수酬하던 깊은 맥脈이,

보특가라는 번역하면 삭취취數取趣입니다. 여기에서 죽어 다른 데 가 나고, 또 저기 가 죽어 가지고 다른 데 가 나고, 자주 육취六趣를 취取한다고 해서 삭취취라고 번역하는데, 그게 즉 우리의 식識을 가리킨 말이고, 중음신中陰身을 내내 보특가라라고 그럽니다.

그 보특가라가 이 몸을 버리고 다른 몸 나는 것이 수업심맥입니다.

과거의 업을 따라 업대로 가 나는 거니까 과거의 지은 업을 수답酬答하는 심맥, 겉에는 드러나지 않는 심맥이,

感應懸絕
감 응 현 절

감응이 현절하고,

감感이란 가령 내가 업을 지어 좋은 데 갈 만한 업을 감하면 거기 가서 응應해 나게 되고, 나쁜 데 지옥을 감할 만하면 지옥에 가 나게 되는 그런 인因과 같습니다.

감은 인因이요, 응은 과果, 이렇게 되는 겁니다.

인과가 현절, 아주 끊어져서 행음만 없어지면 다시 태어나는 게 아니니까, 그래서 동생기同生基이기 때문에 일체중생이 다 같이 여기에서부터 생명을 받아 나는 터이기 때문에 행음이 없어지면 다시 태어나지를 않는다, 그 말입니다.

그래서 색음 중에 있는 경계를 가리킨 말입니다.

於涅槃天
어 열 반 천

열반천이,

천天 자는 비유로 하는 말입니다.
열반의 하늘, 하늘에 대한 비유입니다.
그 열반천이,

將大明悟
장 대 명 오

장차 크게 명오하려 함이,

오悟 자는 법으로 하는 말일 것이고, 비유로는 명明 자니까 열반천이 크게 밝아지려고 한다는 것은, 이게 식음이 차차 없어지려고 하는 걸 가리키는 말입니다.

如雞後鳴
여 계 후 명

마치 닭이 후명하여,

첫닭, 닭이 처음 울 때는 동방이 조금 터서 밝은 빛이 조금 올 것이고, 후명, 마지막에 울면 그것이 환하게 밝아지는 게니까 닭이 나중에 우는 것과 같아서 그것은 비유로, 여如 자는 그와 같아서,

瞻顧東方 已有精色
첨 고 동 방 이 유 정 색

동방에 이미 정색이 있음을 첨고하는 것과 같아서,

六根虛靜
육 근 허 정

육근이 허정하여,

저기에서 육해일망六解一亡이라 했듯이 육근이 다 호용互用하는 일이 허정해서,

無復馳逸
무 부 치 일

다시 치일함이 없고,

육근이 육진으로 달아나는 일이 없다는 말입니다.
그러니까 근根과 진塵이 다 없어지는 데를 가리키는 말입니다.

內外湛明
내 외 담 명

내외가 담명하여,

안에 있는 근根이나 밖에 있는 진塵이 고요하고 맑아져서,

入無所入
입 무 소 입

입入이 입入한 바가 없으며,

예전에 들어가고 하던 데가 지금은 더 들어갈 데가 없다는 말입니다.
저 위에서도 '입류망소入流亡所'라고 류流에 들어가서 소所를 잊었다고 했는데, 공부를 처음부터 색음·수음·상음까지는 입해 가지고 거기 있었는데, 여기 와서는 그것이 없어지는 겁니다.
입해 가지고도 예전에 입하던 것이 다시 들어갈 바가 없어서,

深達十方 十二種類 受命元由
심 달 시 방 십 이 종 류 수 명 원 유

시방에 십이 종류의 목숨 받는 원유를 심달하고는,

십이 중생이 명을 받아서 중생이 되어 나던 원유, 수명원유란 식음識陰을 가리키는 말입니다.
수명원유, 그것을 깊이 잘 알게 된다는 말입니다.

觀由執元
관 유 집 원

인유因由를 보고 원元을 집執하여,

수명원유受命元由의 이유를 관해 가지고, 시방에서 수명하는 그 원유를 꼭 붙들고 있다. 이것은 지금 식음 가운데 들어 있는 것을 말합니다.

꼭 붙들고 있어서,

諸類不召
제 류 불 소

모든 유가 소召하지 못하며,

소召, 불러오질 못하니까 태어나지 않는다는 말입니다. 모든 종류가 다 여기에서 태어납니다. 만일 행음이 없어진다면 다시 태어나지 않는 것입니다.

그래서,

於十方界 已獲其同
어 시 방 계 이 획 기 동

시방계에서 이미 그 동일함을 얻고,

행음에는 차별이 있었지만 식음으로는 차별이 없으니까 다 같은 것을 얻어 가지고,

精色不沈
정 색 불 침

정색이 침沈하지 아니하여,

이것은 비유로도 되는 말입니다.

동방에 정색이 있는, 그 정색이 환하게 드러나지 캄캄해지지 않아, 잠겨 있지 않아서,

發現繼秘
발 현 계 비

계비함을 발현하리니,

어두울 때는 아무것도 안 보이던 것이 환하게 동이 트게 되면 모든 것을 다 보게 되니까 계비한 것을 발현하게 되는 것이니,

此則名爲識陰區宇
차 즉 명 위 식 음 구 우

이는 곧 이름이 식음구우이니라.

행음이 가리는 게 없으니까 환하게 드러난다는 말입니다.

若於群召 已獲同中
약 어 군 소 이 획 동 중

만일 군群의 소召에서 동同함을 이미 얻은 중에,

군群 자는 여러 십이十二 중생이, 소召 자는 저 위에서도 생명을 받아 나는 걸 소召라고 그랬단 말입니다.

지금 여기 와서는 동同은 수명受命의 원유元由니까 식음이라고 그랬습니다.

같은 것을 얻은 가운데에서,

銷磨六門 合開成就
소 마 육 문 합 개 성 취

육문을 소마하고 합개함을 성취하면,

육근이 다 녹아져 없어져 버리고, 육근이 한데 합해서 사이사이 막혔던 것이 열리는 그런 일이 성취되는, 이제 그것이 드러나는 겁니다.

見聞通隣
견 문 통 린

견見과 문聞이 통린하고,

보고 듣고 하는 이것은 육근의 작용인데, 두 가지만 쓴 겁니다.

견문이 통린, 이웃이 있다면 서로의 사이에 담이 막히는데, 이웃이 다 통해지니까 담이 막혔던 게 없어져 눈으로 보고 귀로 듣고 하던 그 간격이 이웃을 통했다는 말이니까, 막혔던 게 다 없어진 그것이 견문이 통린입니다.

互用淸淨
호 용 청 정

호용互用함이 청정하여,

육근이 청정해지고 그 작용이 청정해진다. 그것은 이제 유정有情, 중생에 대해서만 하는 말인데, 이 아래는 기세간과 유정·무정이 다 같이 환하게 드러난다는 얘기가 나옵니다.

十方世界 及與身心 如吠琉璃
시 방 세 계 급 여 신 심 여 폐 유 리

시방세계 및 몸과 마음이 폐유리와 같아서,

이것이 이제 인도 말의 폐유리입니다. 우리가 유리琉璃라고 하는 것은, 폐吠 자를 줄여 가지고 하는 말이고, 또 경에서도 그냥 유리라고 했지만, 그게 다 폐유리를 말합니다. 그러니까 지금 우리가 보는 그런 유리가 아니고, 수정水晶, 옥玉을 가리킵니다.

그런 폐유리와 같아서,

內外明徹
내 외 명 철

내외가 명철하리니,

안에 있는 근根이나 밖에 있는 진塵이 다 밝게 사무쳐 가지고 환하게 드

러나 조금도 가림이 없는 것을,

> **名識陰盡 是人則能超越命濁**
> 명 식 음 진 시 인 즉 능 초 월 명 탁

이름이 식음진이라, 이 사람이 곧 능히 명탁을 초월하리니,

왜 그런고 하면,

> **觀其所由**
> 관 기 소 유

그 소유를 관하건댄,

명탁命濁을 초월하게 되는 그 소유를 관하건댄,

> **罔象虛無 顚倒妄想 以爲其本**
> 망 상 허 무 전 도 망 상 이 위 기 본

망상허무한 전도망상으로 그 근본이 되었던 까닭이니라.

망상은 모양이 실재하지 않는 허망한 모양이라는 겁니다. 진짜 모양이 있는 게 아니라 도깨비처럼 허망하게 모양이 있는 것을 망상이라고 그랬습니다.

그 망상罔象 자체가 허虛하고 무無해 가지고 그것을 잘못 아는 전도한 망상妄想을 가지고 명탁命濁의 근본을 삼았기 때문에 이 식識이 진盡하는

때에 명탁을 초월하게 된다는 그런 얘깁니다.

그래서 식음 경계와 식음구우識陰區宇와 식음이 진盡하는 때까지를 얘기하고, 이제 그 가운데 드러나는 열 가지 마구니를 얘기합니다.

저 위에서는 소견이 잘못된 것이었고, 이제 여기에서는 거기에 대해서 꼭 이렇다고 하는, 잘못된 집착을 말하고 있습니다.

阿難當知 是善男子 窮諸行空
아 난 당 지 시 선 남 자 궁 제 행 공

아난아, 마땅히 알라. 이 선남자가 모든 행음이 공空함을 궁진하고,

행行은 행음입니다.

於識還元
어 식 환 원

식음이 환원하여,

식음에서부터 행음이 생기고, 행음으로부터 상음이 생기고, 상음으로부터 수음이 생겨 내려갔던 것인데, 지금 근원인 식음까지 돌아왔으니까 그게 환원입니다.

그래서 근원에 돌아와서,

已滅生滅
이 멸 생 멸

이미 생멸이 멸하되,

생멸은 행음인데 이미 생멸은 다 멸했지만,

而於寂滅 精妙未圓
이 어 적 멸 정 묘 미 원

적멸함에 정묘가 원만하지 못하였나니,

그렇게 정묘해질 텐데 식음, 그것이 좀 있으니까 식음까지 없어지는 게 적멸인데, 지금 행음이 없어지니까 생멸은 없습니다. 생멸이 없으면 적멸이 나타나는데, 그 적멸한 것이 나타날 때에 정미롭고 묘한 것이 원만하지를 못합니다. 식음까지 없어지면 정묘가 원만해질 텐데 그렇지 못하게 된다는 말입니다.

그래서 물에 비유할 때 상음想陰은 큰 파도가 출렁거리는 것이라고 하면, 행음行陰은 조금씩 출렁거린다고 했습니다. 그러니까 파도와 같이 출렁거리는 게 아니라 강물이 내려갈 때 조금씩 동하는 것과 같이 행음의 경계는 그와 같다고 그랬고, 식음은 세랑細浪, 가는 물결도 다 없어져서 물이 흘러가긴 가지만 흘러가는 줄을 모른다는 말입니다.

보기에 물이 흘러가지만 그 흘러가는 것이 파랑波浪이 있지 않으니까 흘러가는 줄을 모르는 그것을 식음 경계라고 그랬습니다.

다시 말하면 상음은 거친 파도와 같고, 행음은 가는 파도와 같으며, 식음은 겉으로 보기에 파도는 없지만 그래도 물이 흘러가긴 가는 것과 같습니다.

이제 식음이 다한 그 자리에 나타나는 것은 팔식해八識海와 같아서 거기에는 파도만 없는 게 아니라 아주 흘러가는 일까지도 없이 고요해 있다고 그렇게 비유를 합니다.

그러니까 여기에서 적멸한 것이라고 하는 것은 팔식해와 같이 전부 다 식음까지 없어진 데를 가리키는 말일 텐데, 식음이 좀 가리어 있기 때문에 정묘한 것이 아직 원만하지 못했다, 아직 식음이 남아 있다는 겁니다.

能令己身 根隔合開
능 령 기 신 근 격 합 개

능히 자기의 몸으로 하여금 근根의 격격함이 합개하고,

격격은 막힌 것, 육근이 제각기 막혀 있던 것이 합개合開, 육근이 합하면서 막혔던 것이 그게 열렸다는 말입니다.

근경根境이 합개해지며, 자기의 몸에서만 이렇게 되는 것이 아니라,

亦與十方諸類通覺
역 여 시 방 제 류 통 각

또한 시방의 모든 유로 더불어 각覺이 통하여,

제류는 모든 중생입니다.

시방에 있는 중생으로 더불어 통각, 즉 그 각覺하는 자체가 통해져서, 이것은 시각始覺을 가리키는 말이니까 시방 중생과 그 본성 자리가 합해진다는 말입니다(아직 식음이 남아 있으니까).

그래서,

覺知通㳿[4]
각 지 통 홀

각지覺知가 통홀하여,

각覺해 아는 그것이 통해 가지고, 㳿 자는 합한다는 말입니다.

能入圓元
능 입 원 원

능히 원원에 입入하리라.

원원은 식음을 가리키는 말입니다.

여러 군데에 다 공통하게 된 수명원유受命元由니까, 즉 명命을 받는 근본 자리니까 원원圓元, 시방제류十方諸類에 다 통했다고 해서 둥글 원圓 자이고, 여기에서부터 중생의 수명원유가 되었기 때문에 으뜸 원元 자, 근원이라는 말입니다.

若於所歸 立眞常因 生勝解者
약 어 소 귀 입 진 상 인 생 승 해 자

만일 돌아갈 바에 진상의 인因을 세워 승해를 내는 자는,

더 공부하지 않고 지금 식음 중에 있어서 제일 좋은 곳이라고 이렇게

---

4 고려대장경에는 본문과 같이 되어 있으나, 뜻으로 보아 홀㳿(맞다, 적합하다)이 맞을 듯하다. 이하 같음.

생각하는 사람은,

> **是人則墮因所因執**
> 시 인 즉 타 인 소 인 집

이 사람이 소인을 인因이라 하는 집착에 떨어져서,

이것이 소귀처所歸處니까 그 인因할 바를 거기에 능히 인하겠다고, 즉 소인所因 그 자리에 인하겠다고 하는 그런 국집에 떨어져서,

> **娑毗迦羅**
> 사 비 가 라

사비가라가,

사비가라는 황발黃髮 외도라는 외도의 이름입니다.
사비가라가 생각할 때,

> **所歸冥諦**
> 소 귀 명 제

돌아갈 바 명제로,

자기들이 돌아갈 바 명제다, 명제란 이십오제二十五諦 가운데 물질적 근본을 말합니다. 명제는 저 위에서도 여러 번 나왔지만, 그 사람들이 세워놓은 이십오제 가운데 물질적 근본을 말하는 것입니다. 그러니까 이것은

식음을 가리키는 말입니다.

　소귀가 명제라고 하는 그런 외도들로 더불어,

> 成其伴侶
> 성 기 반 려

반려를 이루어서,

　지금 불법을 닦아 가지고 식음에 온 이 사람만이 아니라 다른 사람들도 이 자리에 와 가지고는 거기가 귀의처라고 생각하고 그랬다는 말입니다. 그러니까 여러 사람들이 여기에 이르러 가기만 하면 외도가 되고 마는 거죠.

> 迷佛菩提 亡失知見
> 미 불 보 리 망 실 지 견

불보리를 미迷하여 지견을 망실하리라.

　이것은 정지견正知見을 잃어버리게 된다는 얘깁니다.
　열 가지를 얘기하는데,

> 是名第一 立所得心
> 시 명 제 일 입 소 득 심

이 이름이 제일 소득심을 세워,

내가 귀의처를 얻었다고 하는, 얻은 바가 있다는 그런 마음을 세워 가지고,

成所歸果
성 소 귀 과

소귀과所歸果를 이룸이니,

이 식음 경계에 돌아가려고 하는 겁니다.
이것은 식음 경계에서 공부하는 사람의 소견이 잘못된 것을 가리키는 말입니다.

違遠圓通 背涅槃城
위 원 원 통   배 열 반 성

원통을 위원하여 열반성을 등져서,

부처님의 자비에 들어가지 못하는 것입니다.

生外道種
생 외 도 종

외도종에 생하느니라.

지금 와서 이런 소견을 가져 국집하면 그것이 외도 되는 것이니까 외도종에 난다는 것입니다.

| 阿難 又善男子 窮諸行空 |
| 아 난 우 선 남 자 궁 제 행 공 |

아난아, 또 선남자가 행음이 공함을 궁진하고,

| 已滅生滅 而於寂滅 精妙未圓 |
| 이 멸 생 멸 이 어 적 멸 정 묘 미 원 |

생멸이 이미 멸하였으나 적멸함에 정묘가 원만하지 못하니,

| 若於所歸 |
| 약 어 소 귀 |

만일 돌아갈 바에,

내내 이건 식음입니다.

소귀처所歸處에 대해서,

| 覽爲自體 |
| 남 위 자 체 |

보아 자체를 삼아,

저것은 내가 가서 귀의할 곳이라고 하는데, 이것은 내 자체다 이겁니다.
이것이 내 근본이다, 이렇게 자체를 삼아 가지고,

盡虛空界 十二類內 所有衆生 皆我身中
진 허 공 계 십 이 류 내 소 유 중 생 개 아 신 중

진허공계의 십이유 내의 돌아갈바 중생이 다 나의 신중에서,

식음을 자기 자체라고 했으니까, 내 몸이라고 했으니까 일체중생이 식음으로부터 나오거든요.

즉 식음이 모든 중생의 수명원유受命元由, 명命을 받아 나는 원유元由니까,

一類流出
일 류 유 출

한결같이 유출했다 하여,

일류란 한결같이 내 몸 가운데서 유출했다, 시방 중생이 다 내 몸에서 나왔다, 그 말입니다.

식음으로 자기 자체를 삼으니까, 즉 식음으로부터 중생이 생겼으니까 온 중생이 나한테서 나왔다 해서,

生勝解者 是人則墮能非能執
생 승 해 자 시 인 즉 타 능 비 능 집

승해를 생하는 이는, 이 사람이 비능을 능能이라 하는 집착에 떨어져서,

내가 능히 중생을 내는 게 아닌데, 즉 비능인데 능히 냈다고 하는, 비능

을 능이라고 하는 국집에 떨어지는 것이니,

摩醯首羅
마 혜 수 라

마혜수라의,

마혜수라는 마왕 파순波旬을 가리키는 말입니다.

現無邊身
현 무 변 신

무변신을 나투는 이들과,

여기에서 지금 식음 전체가 내 몸이라고 해 가지고 일체중생이 내게서 나왔다고 하니까 이 마혜수라가 무변신을 나투어 가지고 내가 전부 다 일체중생을 냈다고 생각하는 그런 외도입니다.

그래서 무변신을 나타내는 그런 외도들로 더불어,

成其伴侶 迷佛菩提 亡失知見
성 기 반 려 미 불 보 리 망 실 지 견

반려를 이루어서 불보리를 미迷하여 지견을 망실하리라.

是名第二 立能爲心
시 명 제 이 입 능 위 심

이 이름이 제이 능위심能爲心을 세워,

능히 다 한다고 하는 그런 마음을 세워 가지고,

成能事果 違遠圓通 背涅槃城 生大慢天
성 능 사 과 위 원 원 통 배 열 반 성 생 대 만 천

능사의 과果를 이룸이니, 원통을 위원하고, 열반성을 등져서 대만천의,

내가 전부 중생을 낸다고 하는 아만천我慢天들이,

我遍圓種
아 변 원 종

내가 변원이라 하는 종류에 생하느니라.

又善男子 窮諸行空 已滅生滅
우 선 남 자 궁 제 행 공 이 멸 생 멸

또 선남자가 행음이 공空함을 궁진窮盡하고 생멸을 이미 멸하였으나,

而於寂滅 精妙未圓 若於所歸
이 어 적 멸 정 묘 미 원 약 어 소 귀

적멸에는 정묘가 원만하지 못함이니 만일 돌아갈 바에,

식음입니다.

有所歸依
유 소 귀 의

귀의할 바가 있다 하여,

식음의 경계에, 전부 거기에 가서 귀의해야 한다는 귀의처가 있다고 생각해서,

自疑身心 從彼流出
자 의 신 심 종 피 유 출

스스로 신심이 저로부터 유출함이라 의심하여,

저 위에서는 내가 온갖 것을 냈다고 했는데, 여기에서는 내가 거기서(識陰) 나왔다는 것입니다.

피彼 자는 식음, 소귀처所歸處를 가리키는 말입니다.

그리하여,

十方虛空 咸其生起
시 방 허 공 함 기 생 기

시방 허공이 모두 그에서 생기함이라 하여,

다 거기 식음에서부터 생겼다고 하여,

卽於都起
즉 어 도 기

곧 도기에,

시방 허공이나 중생이 다 거기에서 일어나니까 도기입니다.
모두 다 여기에서 일어났다고 하는,

所宣流地
소 선 류 지

선류한 바의 지地에,

그래서 여기에서부터 모든 것이 유출流出한다고 생각을 해서,

作眞常身
작 진 상 신

진상신이라 하여,

식음이 참말 진상한 몸이라 여겨 가지고,

無生滅解
무 생 멸 해

무생멸이라는 해解를 내어서(作),

이 자리가 생멸이 없는 것이다, 그런 해解를 작作 자, 진상신眞常身이라 해서 생멸이 없다는 해를 짓는 것이니(識陰도 생멸인데 識陰 중에 있으면서 無生滅이라고 생각하는 겁니다.) 그러니까,

在生滅中
재 생 멸 중

생멸 중에 있어서,

생멸하는 식음 가운데 있으면서,

早計常住
조 계 상 주

미리 상주라 계탁計度하여,

조早 자는 미리, 벌써부터 상주라고 계탁해 가지고,

> **既惑不生**
> 기 혹 불 생

이미 불생에 혹하고,

불생하지 않는 것을, 즉 생하는 것을 불생이라고 혹하고, 그러니까 여기에서 상주라고 했으니까 생멸이 없다고 하는 것이지요.

그래서 불생을 잘못 알아 혹하고,

> **亦迷生滅**
> 역 미 생 멸

또한 생멸에 미迷하여,

불생멸을 잘못 아니까 생멸까지도 잘못 아는 것입니다.

> **安住沈迷**
> 안 주 침 미

침미함에 안주하여,

내내 식음입니다.
식음에 안주해 가지고,

> **生勝解者 是人則墮常非常執**
> 생 승 해 자 시 인 즉 타 상 비 상 집

승해를 생하는 이는, 이 사람이 곧 비상을 상常이라 하는 집착에 떨어져서,

생멸이지 상주가 아닌데 상주 아닌 것을 상주라고 하는, 즉 비상을 상常이라고 하는 국집에 떨어져서,

計自在天
계 자 재 천

자재천이라 계탁하는 이로,

자재천이 온갖 것을 낸다고 하는 자재천 외도입니다.

成其伴侶 迷佛菩提 亡失知見
성 기 반 려 미 불 보 리 망 실 지 견

반려를 이루어서 불보리에 미迷하고 지견을 망실하리라.

是名第三 立因依心
시 명 제 삼 입 인 의 심

이 이름이 제삼 인의심을 세워,

내가 저것을 의지해 나왔다고 하는 마음을 내어서,

成妄計果
성 망 계 과

망계과를 이룸이니,

거기서부터 시방 온갖 중생을 냈다고 하는 망계과를 이루는 것이니,

違遠圓通 背涅槃城 生倒圓種
위 원 원 통 배 열 반 성 생 도 원 종

원통을 위원하고 열반성을 등져서 도원종에 생하느니라.

원만하지 못한 것을 원만하다 하는 게 도원倒圓입니다.

又善男子 窮諸行空 已滅生滅
우 선 남 자 궁 제 행 공 이 멸 생 멸

또 선남자가 행음이 공함을 궁진하고 생멸을 이미 멸하였으나,

而於寂滅 精妙未圓 若於所知
이 어 적 멸 정 묘 미 원 약 어 소 지

적멸에 정묘가 원만하지 못하나니, 만약 소지에,

그렇게 아는 겁니다.

자기가 아는 바에 대해서,

知遍圓故
지 변 원 고

지知가 변원함이라 하는 연고로,

그 아는 것이 변遍하고 원圓하다, 온 세계에 안 가는 데가 없고, 또 조금씩만 가고 마는 게 아니라 지知가 변원하다고 이런 생각을 내기 때문에,

因知立解
인 지 입 해

지知를 인하여 해解를 세우고,

안다고 하는 그런 것을 인해 가지고 자기의 해解를 세워서(知에서부터 解를 세우니까),

十方草木 皆稱有情
시 방 초 목 개 칭 유 정

시방의 초목도 다 정이 있어서,

지知가 변원遍圓하는 게니까 중생에게만 지知하는 작용이 있는 게 아니라 무정물에게도 지知하는 작용이 있다는 겁니다.

與人無異
여 인 무 이

사람으로 더불어 다름이 없다 하며,

```
草木爲人 人死還成 十方草樹
초목위인 인사환성 시방초수
```

초목이 사람이 되고 사람이 죽어 도리어 시방 초수를 이룬다 하며,

그래서,

```
無擇遍知
무택변지
```

가릴 것도 없이 두루 안다 하여,

어느 건 알고 어느 건 몰라야 가리고 선택할 게 있는 것인데, 선택할 것이 없이 모두 두루 안다고 하는 생각을 내서,

```
生勝解者 是人則墮知無知執
생승해자 시인즉타지무지집
```

승해를 생하는 이는, 이 사람이 무지를 지知라 하는 집착에 떨어져서,

무지인 초목을 능히 지知한다, 지하는 작용이 있다고 하는 무지를 지라 하는 그런 국집에 떨어져서,

婆吒霰尼
파 타 산 니

파타와 산니로,

파타와 산니는 두 외도의 이름입니다.

파타는 번역하면 최승最勝, 가장 수승하다는 말이고, 산니는 어째서 유군有軍이라고 하는지는 모르겠으나 유군이라고 번역합니다.

또 파타는 본래 파사타인데, 사 자가 있는데 여기에서는 파타라고만 썼고, 산니는 어떤 때는 먼저 선先 자도 써서 선니先尼라 했다, 이런 얘깁니다.

그래서,

執一切覺 成其伴侶 迷佛菩提 亡失知見
집 일 체 각 성 기 반 려 미 불 보 리 망 실 지 견

일체가 각覺한다고 집執하는 이로 그 반려를 이루어 부처님의 보리를 미迷하고 지견을 망실하리라.

是名第四 計圓知心
시 명 제 사 계 원 지 심

이 이름이 제사 원지심을 계計하여,

모두 아는, 원만하게 아는 마음을 계탁해 가지고,

成虛謬果
성 허 류 과

허류과를 이룸이니,

초목이 알지 못하는데 안다고 하는 허류한 과果를 이루게 되는 것이니,

違遠圓通 背涅槃城 生倒知種
위 원 원 통 배 열 반 성 생 도 지 종

원통을 위원하고 열반성을 등져서 도지종에 생하느니라.

알지 못하는 것을 안다고 하는 그게 도지입니다.

又善男子 窮諸行空 已滅生滅
우 선 남 자 궁 제 행 공 이 멸 생 멸

또 선남자가 행음이 공함을 궁진하고 생멸을 이미 멸하였으나,

而於寂滅 精妙未圓 若於圓融 根互用中
이 어 적 멸 정 묘 미 원 약 어 원 융 근 호 용 중

적멸에 정묘가 원만하지 못함이니, 만약 원융한 근根의 호용 중에,

> **已得隨順**
> 이 득 수 순

이미 수순함을 얻고는,

자기도 육근이 호용互用, 자재하게 되었으나 수순이라 했으니까 아직 능히 작용은 못 하는 겁니다. 거기에 다만 따라가게 되겠죠.
그래서,

> **便於圓化 一切發生**
> 변 어 원 화 일 체 발 생

문득 원융하여 변화하는 데서 일체가 발생한다 하여,

문득 원만하게 변화해 나는 이 자리에서부터 일체가 발생한다고 해서, 그러니까 원화니까 어디서든지 화化해 날 수 있다는 겁니다.

> **求火光明 樂水淸淨**
> 구 화 광 명 요 수 청 정

불의 광명을 구하고 물의 청정을 좋아하며,

요樂 자는 좋아한다는 요 자입니다.

> **愛風周流 觀塵成就**
> 애 풍 주 류 관 진 성 취

바람이 주류함을 사랑하고 티끌의 성취함을 관하여,

유형물有形物은 다 미진微塵으로 성취되니까 진塵에 대해서 성취되는 것을 관해 가지고,

各各崇事
각 각 숭 사

각각 숭사하여,

불을 숭배하기도 하고 물을 숭배하기도 하며, 바람과 진塵을 각각 숭배해 섬겨서,

以此群塵 發作本因
이 차 군 진 발 작 본 인

이 군진으로 발작하는 본인을 삼아서,

진塵은 지·수·화·풍을 다 가리키는 겁니다.
모든 유정·무정을 발작하는 인因이라고 그렇게 생각을 해서,

立常住解 是人則墮生無生執
입 상 주 해 시 인 즉 타 생 무 생 집

상주의 해解를 세우면, 이 사람이 곧 무생을 생생이라 하는 집착에 떨어져서,

이것이 들어 가지고 모든 것을 발생하는 것이 아닌데, 이것이 능히 발생한다고 하는, 무생을 생이라고 하는 국집에 떨어져 가지고,

諸迦葉波
제 가 섭 파

모든 가섭파와,

가섭 외도입니다.

幷婆羅門 勤心役身
병 바 라 문 근 심 역 신

아울러 바라문의 마음을 근勤하고 몸을 부려서,

역役 자는 몸을 고생하면서,

事火崇水
사 화 숭 수

불을 섬기고 물을 숭배하여,

그래서 거기한테서,

求出生死 成其伴侶 迷佛菩提 亡失知見
구 출 생 사 성 기 반 려 미 불 보 리 망 실 지 견

생사에서 출出하기를 구하는 이와 반려를 이루어서 불보리를 미迷하고 지견을 망실하리라.

是名第五 計着崇事
시 명 제 오 계 착 숭 사

이 이름이 제오 숭사함을 계착計着하여,

잘못 계착해 가지고,

迷心從物
미 심 종 물

마음을 미迷해 물物을 좇아서,

자기의 마음에서 나온 마음을 미迷하고, 지·수·화·풍의 물건에서부터 난다고 그 물건을 좇게 되어서,

立妄求因 求妄冀果
입 망 구 인 구 망 기 과

망구인을 세워 망기과를 세움이니,

오래 살기를 바라서 망기과를 구하려고 하는 것이니,

```
違遠圓通 背涅槃城 生顚化種
위원원통 배열반성 생전화종
```

원통을 위원하여 열반성을 등져서 전화종에 생하느니라.

```
又善男子 窮諸行空 已滅生滅
우선남자 궁제행공 이멸생멸
```

또 선남자가 행음이 공함을 궁진하고 생멸을 이미 멸하였으나,

```
而於寂滅 精妙未圓 若於圓明
이어적멸 정묘미원 약어원명
```

적멸에 정묘가 원만하지 못하니, 만일 원명함에서,

식음 가운데 환하게 원명한 자리에 대해서,

```
計明中虛
계명중허
```

명명明 중의 허虛를 계탁하여,

사실 물건이 있으면 가려지는데 물건이 없으니까 허虛입니다.

원명圓明한 데서 명명 중의 허虛를 계탁해 가지고,

非滅群化
비 멸 군 화

군화를 그르다 멸하고,

모든 변화하는 것이 그게 다 아니라고, 그르다고 해서 멸해 버리는 겁니다.

以永滅依 爲所歸依
이 영 멸 의 위 소 귀 의

영멸의로써 귀의할 바라 하여,

내내 식음에 귀의한다는 겁니다.

生勝解者 是人則墮歸無歸執
생 승 해 자 시 인 즉 타 귀 무 귀 집

승해를 생生하면 이 사람이 곧 무귀를 귀라고 하는 집에 떨어져서,

無想[5]天中
무 상 천 중

무상천 중의,

이것은 외도 무상천입니다.
비비상천非非想天 같은 곳을 다 가리키는 말입니다.

> 諸舜若多
> 제 순 야 다

모든 순야다로,

순야다는 공신空神, 허공신을 가리키는 말이니까 공空입니다.
그러니까 무상천의 외도들입니다.
그런 이로 더불어,

> 成其伴侶 迷佛菩提 亡失知見
> 성 기 반 려 미 불 보 리 망 실 지 견

반려를 이루어서 불보리를 미迷하고 지견을 망실하리라.

> 是名第六 圓虛無心 成空亡果
> 시 명 제 육 원 허 무 심 성 공 망 과

이 이름이 제육 원만히 허무하다는 마음으로 공망과를 이룸이니,

---

5 고려대장경에는 상相으로 되어 있으나, 송본·원본·명본에는 본문과 같이 되어 있다.

違遠圓通 背涅槃城 生斷滅種
위 원 원 통 배 열 반 성 생 단 멸 종

원통을 위원하고 열반성을 등져서 단멸종에 생하느니라.

허무虛無를 위주로 하는 단멸종에 생하는 것이니,

又善男子 窮諸行空 已滅生滅
우 선 남 자 궁 제 행 공 이 멸 생 멸

또 선남자가 행음이 공함을 궁진하고 생멸을 이미 멸하였으나,

而於寂滅 精妙未圓 若於圓常
이 어 적 멸 정 묘 미 원 약 어 원 상

적멸에 정묘가 원만하지 못했으니 만일 원상에서,

뚜렷이 항상 하다고 하는, 이것은 식음을 가지고 하는 말입니다. 그렇게 하는 자리에 대해서,

固身常住
고 신 상 주

몸을 견고히 하여 상주하려 하되,

이 자리에서 내 몸, 육신을 견고하게 해서 항상 늘 없어지지 않게 상주

하려고 해서,

同于精圓 長不傾逝
동 우 정 원 장 불 경 서

정원함과 같아서 길이 경서하지 않는다 하여,

늘 불멸不滅한다고 생각한다는 얘깁니다.
길이 경서하지 않는다고 생각하여,

生勝解者 是人則墮貪非貪執
생 승 해 자 시 인 즉 타 탐 비 탐 집

승해를 생하면 이 사람이 비탐을 탐이라 하는 집착에 떨어져서,

지금이 원상圓常한 이 자리를 탐할 게 아닌데 그것을 탐내서 거기에 있으려고 하는 것입니다.

諸阿斯陀
제 아 사 타

모든 아사타와,

아사타는 신선이 되어 오래 살려고 하는 부류인데, 부처님께서 처음 나셨을 때 아사타 선인이 와서 관상을 보았다는 것을 잘 알 것입니다.

求長命者 成其伴侶 迷佛菩提 亡失知見
구 장 명 자 성 기 반 려 미 불 보 리 망 실 지 견

장명을 구하는 이와 반려를 이루어서 불보리를 미迷하고 지견을 망실하리라.

是名第七 執着命元 立固妄因
시 명 제 칠 집 착 명 원 입 고 망 인

이 이름이 제칠 명원을 집착하여 고망인을 세워서,

이들은 생명을 받는 근원, 식음 자리, 여기에 집착해 가지고 고망인, 즉 망妄을 굳혀서 이 몸을 장수하려는 그런 인因을 세워 가지고,

趣長勞果 違遠圓通 背涅槃城 生妄延種
취 장 로 과 위 원 원 통 배 열 반 성 생 망 연 종

장로과에 나아가는 것이니, 원통을 위원하고 열반성을 등져서 망연종에 생하느니라.

우리의 이 육신은 생명을 더 연장할 수가 없는 것인데, 허망하게 연장하려고 하는 그게 망연입니다.

又善男子 窮諸行空 已滅生滅
우 선 남 자 궁 제 행 공 이 멸 생 멸

또 선남자가 행음이 공함을 궁진하고 생멸이 이미 멸하였으나,

> 而於寂滅 精妙未圓 觀命互通
> 이 어 적 멸 정 묘 미 원 관 명 호 통

적멸에 정묘가 원만하지 못하니 명命이 호통함을 보고,

이것은 사람의 수명을 말합니다.
우리의 명이나 다른 중생들의 명이나 같다고 하는, 명이 서로 통한다고 하는 것을 관해 가지고, 그러니까 식음에서부터 온갖 것이 다 난 거니까 중생이나 다른 무정물이나 서로 통한다고 해서,

> 却留塵勞
> 각 류 진 로

진로를 머물러 두려 하되,

지금 있는 유정·무정의 온갖 물건을 머물러 둬 가지고, 그러니까 우리가 살아가는 것이 진로를 의지해서 살아가는 것인데, 진로가 다 없어지면 우리도 죽는다 이겁니다.
그래서 진로를 머물러 둬 가지고,

> 恐其銷盡
> 공 기 소 진

그 소진할까 두려워하여,

진로가 녹아 없어지면 우리 몸도 소진해 버린다, 이렇게 생각하기 때문에 진로를 머물러 둬서 몸이 소진하지 않고 장수하게 하려고 하니, 자연히 이 몸이 소진할까 두려워서,

便於此際
변 어 차 제

문득 이 제際에,

식음 가운데 있어서 명이 호통互通하는 걸 보고 있을 때의 생각입니다.

坐蓮花宮 廣化七珍
좌 연 화 궁 광 화 칠 진

연화궁에 앉아서 칠진을 널리 변화해 내고,

칠진은 여러 가지 보배, 광廣 자는 많이, 그러니까 지금 거기 붙어 가지고, 자기 몸이 의지해 있겠다는 것입니다.

그게 없어지면 몸도 없어지는 겁니다.

多增寶媛 縱恣其心
다 증 보 원 종 자 기 심

보원을 다증하여 그 마음을 종자하리라 하여,

자기 마음대로, 하고 싶은 대로, 즐거울 대로 즐거워하여 이렇게 해야 즐거운 데 착着해 가지고서 죽어지지를 않는다는 겁니다.

그래 가지고,

生勝解者 是人則墮眞無眞執
생 승 해 자   시 인 즉 타 진 무 진 집

승해를 생하면 이 사람이 무진을 진眞이라 하는 집착에 떨어져서,

이게 참된 게 아닌데 참된 거라고 하는, 무진을 진眞이라고 하는 국집에 떨어지게 되어서,

吒枳迦羅
타 지 가 라

타지와 가라와,

타지와 가라라는 두 가지 외도입니다.
가라는 무소작無所作이라 하고, 타지는 결박結縛이라고 한다 그럽니다.
이런 사람들로 더불어,

成其伴侶 迷佛菩提 亡失知見
성 기 반 려   미 불 보 리   망 실 지 견

그 반려를 이루어서 불보리에 미迷하고 지견을 망실하리라.

> 是名第八 發邪思因 立熾塵果
> 시 명 제 팔 발 사 사 인 입 치 진 과

이 이름이 제팔 사사인을 발하여 치진과를 세운다 이름하니,

집도 잘 짓고, 보배도 많이 두고, 아름다운 여자도 두고 해서 마음대로 하게 되어야 거기에 있어서 없어지지 않는다는 치진과를 세우는 것이니,

> 違遠圓通 背涅槃城 生天魔種
> 위 원 원 통 배 열 반 성 생 천 마 종

원통을 위원하고 열반성을 등져서 천마종에 생하느니라.

여기까지는 참말 외도들이고, 이 식음 가운데 나중에 있는 둘, 아홉째와 열째, 즉 아홉째는 성문이고, 열째는 연각입니다. 그러니까 정성성문定性聲聞입니다.

다시 회소향대廻小向大해서 대승으로 돌아갈 수 없는 정성성문은 역시 부처님은 못 됩니다. 그래서 부처님 못 되는 것은 다 마魔라고 그럽니다.

부처님이 못 되는 것을 마魔라고 하기 때문에, 물론 성문·연각이 부처님께서 가르치시는 소승법에 의지해서 수행하여 과果를 얻었지만, 그래도 성불하는 데 이르지 못하는 건 마찬가지입니다. 그래서 그것을 마라고 그럽니다. 그러니까 이 마는 위에서의 사십팔마四十八魔와는 다릅니다. 즉 이들은 분단생사分段生死를 초월해서 소승 열반을 얻은 사람들입니다.

> 又善男子 窮諸行空 已滅生滅
> 우 선 남 자 궁 제 행 공 이 멸 생 멸

또 선남자가 행음이 공함을 궁진하고 생멸이 이미 멸했으나,

> 而於寂滅 精妙未圓 於命明中
> 이 어 적 멸 정 묘 미 원 어 명 명 중

적멸에 정묘가 원만하지 못하니 명命이 밝은 가운데에,

식음이 일체중생이 명命을 받는 자리니까 그 명 받는 것이 밝아져서 행음이 가려지지 않으니까 그 명이 밝은 가운데에,

> 分別精麤
> 분 별 정 추

정精과 추麤를 분별하며,

이것은 분단생사分段生死는 추한 것이니까 없애 버리고, 정밀한 소승 열반 자리를 구하려 하고 있는 겁니다.

그러니까 정하고 추한 것을 분별해서,

> 䟽決眞僞
> 소 결 진 위

진眞과 위僞를 소결하고,

참말 생사하기는 하니까 진과 위를 다 통해서 절단한다는 것이니, 그것을 좋은 것이라고 아는 이들입니다. 그래서 이들은 소승 열반을 취하고 있습니다.

그래서,

因果相酬
인 과 상 수

인因과 과果가 서로 수답酬答한다 하여,

고苦 · 집集의 인因을 끊어 버리면 멸滅 · 도道의 과果가 생긴다고 하는, 그래서 인과 과가 서로 수답한다 해서,

唯求感應
유 구 감 응

오직 감感하고 응應하는 것만 구하고,

지금 소승 열반 자리를 감感해 가지고 그 자리를 얻는 그것만을 구하는, 감응이 내내 인과라고 그랬으니까 그것만을 구하고,

背淸淨道
배 청 정 도

청정한 도道를 등지나니,

부처님의 청정한 참 대승 열반 자리는 등지게 된다는 말입니다.
그래서 이것이 마魔 되는 원인입니다.

所謂 見苦斷集 證滅修道
소 위 견 고 단 집 증 멸 수 도

이른바 고苦를 보아 집集을 단斷하며 멸滅을 증證하고자 도를 닦아서,

그러니까 그 멸滅은 소승멸小乘滅인데 소승 열반에 들어 가지고는 다 되었다 이겁니다.

居滅已休 更不前進
거 멸 이 휴 갱 부 전 진

멸滅에 거居하여 이미 쉬고, 다시 전진하지 아니하여,

『법화경』에 볼 것 같으면, 5백 리 밖의 보소寶所에 가는 사람이 중간의 화성化城에 이르러서 좋다고 머물러 있다는 얘기가 있습니다.

그 화성이란 것이 소승 열반을 가리키는 말인데, 처음부터 대승 열반까지 가기는 너무 고달프니까 중간에 퇴타退墮하지 않게 하기 위해서 소승 열반을 해 놓은 것이 『법화경』에서 그 화성이라고 그럽니다. 그 화성이라는 것이 변화해서 만들어 놓은 좋은 성城이라는 말인데, 소승 열반에 있고는 다시 전진하지 않는다는 말입니다.

다시 전진하지 않으면서,

> 生勝解者 是人則墮定性聲聞
> 생 승 해 자 시 인 즉 타 정 성 성 문

승해를 생하면 이 사람이 정성성문에 떨어져서,

성품이 정해져서 다시 다른 데 못 가는 게 정성定性입니다.

> 諸無聞僧 增上慢者
> 제 무 문 승 증 상 만 자

모든 무문승의 증상만으로,

무문승은 무문無聞 비구입니다.
 이것은 소승이 어떻고 대승이 어떤지를 알아야만 소승 열반이 구경究竟이 아니라는 것을 알아 더 나아갈 텐데 그것을 모르고 있는 겁니다. 그런 불교의 내용이 무엇인 줄 모르는 사람을 무문 비구라 그럽니다. 또 내가 이만하면 되었다고 생각하는 게 증상만입니다.

> 成其伴侶 迷佛菩提 亡失知見
> 성 기 반 려 미 불 보 리 망 실 지 견

반려를 이루어 불보리를 미迷하고 지견을 망실하리라.

是名第九 圓精應心
시 명 제 구 원 정 응 심

이 이름이 제구 정응심을 원만히 하여,

분단생사分段生死는 추麤한 것이고, 지금 있는 소승 열반은 정精하다고 생각하는, 그 정밀한 자리(소승 열반)에 응하는 마음을 원만히 해 가지고,

成趣寂果
성 취 적 과

취적과를 이룸이니,

이 적寂 자는 소승 열반의 적입니다.
그래서 소승열반적小乘涅槃寂에 나아가려는 과果를 이루는 것이니,

違遠圓通 背涅槃城 生纏空種
위 원 원 통 배 열 반 성 생 전 공 종

원통을 위원하고 열반성을 등져서 전공의 종種에 생하느니라.

이것은 다 마찬가지로 불열반佛涅槃을 배背하는 게니까 아집이 없어졌다고 하는, 즉 공空에 얽매이는 전공종纏空種에 나게 된다는 얘깁니다.

又善男子 窮諸行空 已滅生滅
우 선 남 자 궁 제 행 공 이 멸 생 멸

또 선남자가 행음이 공함을 궁진하고 생멸을 이미 멸했으나,

> 而於寂滅 精妙未圓
> 이 어 적 멸 정 묘 미 원

적멸에 정묘가 원만하지 못하니,

이건 지금 연각緣覺입니다.

> 若於圓融 淸淨覺明
> 약 어 원 융 청 정 각 명

만일 원융하고 청정한 각명에서,

이것도 내내 식음에 가서 하는 말입니다.

> 發研深妙
> 발 연 심 묘

심묘함을 발연하고,

다 연각들이 하는 말입니다.

> 卽立涅槃
> 즉 입 열 반

곧 열반을 세우고,

이건 연각의 열반이니까 벽지불辟支佛 열반입니다.

而不前進 生勝解者 是人則墮定性辟支
이 부 전 진 생 승 해 자 시 인 즉 타 정 성 벽 지

전진하지 아니하여 승해를 생하면 이 사람이 곧 정성벽지에 떨어져서,

다시 대승으로 갈 수 없는 거기에 떨어져서,

諸緣獨倫
제 연 독 륜

연緣·독獨의 무리들로서,

벽지辟支를 연각緣覺이라 하기도 하고, 독각獨覺이라고 하기도 하니까 연독륜이란 연각·독각의 무리입니다.

그들로 더불어,

不廻心者
불 회 심 자

회심하지 못하는 이로,

회심향대廻心向大하지 못하는 사람으로 더불어,

> **成其伴侶 迷佛菩提 亡失知見**
> 성 기 반 려 미 불 보 리 망 실 지 견

반려를 이루어 불보리를 미迷하고 지견을 망실하리라.

> **是名第十 圓覺溋心**
> 시 명 제 십 원 각 홀 심

이 이름이 제십 원각과 홀溋하는 마음으로,

본본 부처님의 시각始覺에는 못 들어갔지만 지금 생사를 다 끊어 버렸으니까 각覺에 통한다는 그 마음을 원만히 해서,

> **成湛明果**
> 성 담 명 과

담명과湛明果를 이룸이니,

분단생사分段生死가 없어져서 고요해졌고 밝아졌다고 하는 그런 과果를 이루게 되는 것이니,

> 違遠圓通 背涅槃城 生覺圓明 不化圓種
> 위원원통 배열반성 생각원명 불화원종

원통을 위원하고 열반성을 등져서 각원명을 불화원하는 종種에 생하느니라.

모두 다 원만한 자리를 좀 더 다시 융화하지 못하는 것입니다.

각覺이 원명하지만 원圓을 화化하지 못하는, 그러니까 더 높은 부처님의 자리에 이르러 가지 못하는 것입니다. 원을 화하지 못하는 그 종류에 나게 된다는 말입니다.

> 阿難如是 十種禪那 中塗成狂
> 아난여시 십종선나 중도성광

아난아, 이와 같이 10종 선나로 중도에 광狂을 이루어서,

앞의 여덟 가지가 중도에 광狂을 이루거나,

> 因依迷惑 於⁶未足中 生滿足證
> 인의미혹 어 미족중 생만족증

미혹함을 인의하여 만족하지 못한 가운데 만족을 증證했다는 생각을 생하는 것은,

---

6 고려대장경에는 인의혹미족因依或未足으로 되어 있으나, 송본·원본·명본에는 본문과 같이 되어 있다.

이 위의 중도성광中塗成狂이라는 것은, 첫째에서 여덟째를 가리키는 말이고, 인의미혹하여 어미족증이란 성문과 연각을 가리키는 말입니다.

> **皆是識陰 用心交互 故生斯位**
> 개 시 식 음 용 심 교 호 고 생 사 위

다 이 식음의 용심이 교호할새, 고로 이 위位에 생했거늘,

> **衆生頑迷 不自忖量 逢此現前**
> 중 생 완 미 부 자 촌 량 봉 차 현 전

중생이 완미하여 스스로 촌량하지 못하고 이것이 현전함을 만나매,

> **各以所愛 先習迷心 而自休息**
> 각 이 소 애 선 습 미 심 이 자 휴 식

각기 사랑한 바의 선습으로 마음이 미迷하여 스스로 휴식하여,

> **將爲畢竟 所歸寧地**
> 장 위 필 경 소 귀 녕 지

필경에 귀녕할 바의 지地를 삼아,

끝까지 돌아가서 편안히 앉을 만한 땅이라는 얘깁니다.

이 귀녕이란 생사에 있다가 무생멸한 곳에 돌아가 이르는 것을 말하는데, 그냥 속가의 한문 말로는 딸이 친정을 떠나 출가해 살다가 친정 부모에게 문안드리러 가는 것을 귀녕이라고 합니다.

그래서 귀녕할 바를 삼아 가지고,

自言滿足 無上菩提 大妄語成 外道邪魔
자 언 만 족 무 상 보 리 대 망 어 성 외 도 사 마

스스로 말하기를, 무상보리를 만족함이라 하여 대망어를 이루리니, 외도와 사마는,

외도, 사마는 여덟째까지를 가리키는 말이고,

所感業終
소 감 업 종

감感한 바의 업業을 마치면,

자기의 감득感得한 지금 공부한 만치의 감感했던 그 업이 그치게 되면,

墮無間獄 聲聞緣覺 不成增進
타 무 간 옥 성 문 연 각 불 성 증 진

무간옥에 떨어지고, 성문과 연각은 증진함을 이루지 못하리라.

성문, 연각은 아홉째, 열째입니다.
이들은 더 나아가 대승으로 증진하는 것을 이루지 못한다는 말입니다.

汝等存心
여 등 존 심

너희들이 마음을 두어,

이렇게 된 데에 마음을 두어,

秉如來道 將此法門 於我滅後 傳示末世
병 여 래 도 장 차 법 문 어 아 멸 후 전 시 말 세

여래의 도道를 붙들어 이 법문을 가져서 내가 멸도한 후 말법에 전시하여,

普令衆生 覺了斯義 無令見魔 自作沈孽
보 령 중 생 각 료 사 의 무 령 견 마 자 작 침 얼

널리 중생으로 하여금 이 뜻을 각료하게 하고 견마로 하여금 스스로 침얼을 짓지 않게 하며,

무無 자가 견마로 하여금 스스로 침얼을 짓지 말게 하며,

保綏哀救
보 수 애 구

보수하고 애구하여,

수綏 자는 편안할 수 자입니다.

消息邪緣 令其身心 入佛知見 從始成就
소 식 사 연 영 기 신 심 입 불 지 견 종 시 성 취

사연을 소식하게 하고, 그 신심으로 하여금 불지견에 들게 하여 시始로 좇아 성취하게 하고,

처음으로 좇아 끝에 이르러 갈 때까지라는 뜻입니다.

不遭岐路
부 조 기 로

기로를 만나지 않게 하라.

如是法門
여 시 법 문

이와 같은 법문은,

저 위에서부터를 통틀어서 하는 말입니다.

先過去世 恒沙劫中 微塵如來
선 과 거 세 항 사 겁 중 미 진 여 래

선과거세의 항사겁 중에 미진여래가,

乘此心開 得無上道 識陰若盡
승 차 심 개 득 무 상 도 식 음 약 진

이를 승乘하여 마음이 개開하여 무상도를 얻었나니, 식음이 만약 다하면,

則汝現前 諸根互用
즉 여 현 전 제 근 호 용

즉 너의 현전의 모든 근根이 호용하며,

육근호용六根互用이지요.

從互用中 能入菩薩 金剛乾慧
종 호 용 중 능 입 보 살 금 강 건 혜

호용 중으로 좇아 능히 보살의 금강건혜에 들어서,

십신十信 전에 있는 것을 간혜乾慧라고 하고, 금강위金剛位에 있는 건 등각等覺인데, 그것도 역시 간혜라고 합니다.

그러니까 금강위에 있는 그것도 간혜라고 하는데, 같은 간혜지만 마를 건乾 자 건혜乾慧라고 한다는 얘깁니다.

같은 것을 분간하기 위해서 금강건혜金剛乾慧라고 한다는 얘기인데, 본래 그것이 옳은 것이라고 할 수는 없으나 다 같은 간혜지인데 초간혜와 금강건혜지를 분별하기 위해서 건혜라고 한다고 강원에서도 얘기를 합니다.

그래서 금강건혜에 들어 가지고서,

圓明精心 於中發化 如淨琉璃 內含寶月
원 명 정 심 어 중 발 화 여 정 유 리 내 함 보 월

원명한 정심이 그중에 발화하되, 마치 깨끗한 유리 내에 보월을 함송한 듯하며,

如是乃超 十信 十住 十行 十廻向 四加行心
여 시 내 초 십 신 십 주 십 행 십 회 향 사 가 행 심

이와 같이 이에 십신·십주·십행·십회향·사가행심을 초월하여,

菩薩所行 金剛十地 等覺圓明
보 살 소 행 금 강 십 지 등 각 원 명

보살의 수행하는바 금강십지와 등각이 원명하고,

> 入於如來 妙莊嚴海 圓滿菩提 歸無所得
> 입 어 여 래 묘 장 엄 해 원 만 보 리 귀 무 소 득

여래의 묘장엄해에 들어 보리를 원만히 하여 무소득에 돌아가리라.

무소득이라야 한다는 말입니다.

뭐 얻은 바가 있다고 하면, 증한 바가 있다고 하면 안 되는 것이고, 없는 것이 참말 옳은 게 되는 게지요.

> 此是過去 先佛世尊 奢摩他中
> 차 시 과 거 선 불 세 존 사 마 타 중

이는 과거 선불세존이 사마타 중의,

사마타는 정定입니다.

> 毗婆舍那
> 비 바 사 나

비바사나에서,

비바사나는 관觀입니다.

> 覺明分析
> 각 명 분 석

각명으로 분석하신,

각명을 가지고 분석해서, 각명으로 분석해서, 이런 말인데, 계환사戒環師는 '각명을 분석해'라 했습니다.

微細魔事
미 세 마 사

미세한 마사라,

이건 위의 것을 전부 다 가리키는 말입니다.

魔境現前
마 경 현 전

마경이 현전하거든,

50종 마魔를 다 가리키는 말입니다.

汝能諳識 心垢洗除 不落邪見
여 능 암 식 심 구 세 제 불 락 사 견

네가 능히 잘 알아서 심구를 세제하고 사견에 떨어지지 아니하면,

그렇게 된다고 하면,

陰魔銷滅 天魔摧碎
음마 소멸 천마 최쇄

음마는 소멸하고, 천마는 최쇄하고,

음마는 처음에 있는 색음의 마魔이고, 수음과 상음의 마를 천마라고 합니다.

大力鬼神 褫魄逃逝
대력귀신 치백도서

대력 귀신은 백魄을 잃고 도서하며,

혼이 났다, 혼을 빼앗겼다는 말입니다.
백魄 자는 넋이라는 말이고, 치褫 자는 빼앗긴다는 말입니다.

魑魅魍魎 無復出生
이매망량 무부출생

이매망량은 다시 출생하지 못하고,

直至菩提
직지보리

바로 보리에 이르러서,

부처님의 대보리에 이르러서,

> 無諸少乏 下劣增進 於大涅槃 心不迷悶
> 무제소핍 하열증진 어대열반 심불미민

모든 소핍함이 없을 것이요, 하열한 이는 증진하여 대열반에 마음이 미민함이 없으리라.

하열下劣은 소승을 가리킵니다.

> 若諸末世 愚鈍衆生 未識禪那
> 약제말세 우둔중생 미식선나

만약 말세의 우둔한 중생이 선나를 알지 못하며,

오음 중에 공부하는 선나입니다.

> 不知說法 樂修三昧
> 부지설법 요수삼매

설법할 줄 알지 못하되 즐거이 삼매를 닦거든,

요樂라고 해야 합니다.
이 중생들이 그렇게 할 때에,

汝恐同邪
여공동사

네가 사邪와 같이 될 것이 두렵거든,

그러니까 마구니를 만나 가지고 마구니의 종자가 될까 봐서 두려워하거든,

一心勸令持 我佛頂陀羅尼呪
일심권령지 아불정다라니주

일심으로 권하여 하여금 나의 불정다라니주를 지니게 하라.

중생들이 어떻게 하는 줄도 모르고 공부를 해 가다가 잘못될까 하거든 이 능엄주를 지持하도록 하라는 말인데, 사실 이 능엄주가 『능엄경』에는 근본이 됩니다.

若未能誦
약미능송

만일 능히 외우지 못하거든,

외우라고 그랬는데 외우지 못하거든,

寫於禪堂
사어선당

선당에 쓰거나,

참선하는 선당에 써 두거나,

> 或帶身上 一切諸魔 所不能動
> 혹대신상 일체제마 소불능동

혹 신상에 차거나 하면 일체 제마가 능히 동하지 못하리니,

> 汝當恭欽 十方如來 究竟修進 最後垂範
> 여당공흠 시방여래 구경수진 최후수범

네가 마땅히 시방 여래의 구경까지 수진하신 최후 수범을 공흠하라.

그래서 마구니 얘기는 여기에서 다 끝이 났습니다.

7) 오음五陰의 근본

> 阿難 卽從座起 聞佛示誨 頂禮欽奉 憶持無失
> 아난 즉종좌기 문불시회 정례흠봉 억지무실

아난이 자리로 좇아 일어나 부처님의 시회를 듣잡고 정례하고 흠봉하여 억지함을 잃지 않고,

그걸 다 기억해서 조금도 잃어버리지 않고 있어서, 그렇게 다 알아 가

지고,

> **於大衆中 重復白佛**
> 어 대 중 중 중 부 백 불

대중 가운데에 거듭 다시 부처님께 아뢰되,

> **如佛所言 五陰相中 五種虛妄 爲本想心**
> 여 불 소 언 오 음 상 중 오 종 허 망 위 본 상 심

부처님께서 말씀하신 바와 같아서 오음의 상相 중에 5종의 허망이 근본 상심이 되었다 하시나,

이게 오탁五濁을 가리키는 말입니다.

그러니까 색음이 없어질 것 같으면 겁탁劫濁을 초월하게 되고 한다는 것이죠. 허망한 그것으로 본상심을 삼았다고 하시니, 지금 이것은 부처님께서 처음에 하신 말씀입니다.

> **我等平常 未蒙如來 微細開示**
> 아 등 평 상 미 몽 여 래 미 세 개 시

저희들이 평상에 여래의 미세히 개시함을 입지 못하였나이다.

어떻게 해서 오음을 소멸하게 되면 오탁이 없어지는 것인 줄 모릅니다, 그 말입니다.

종류를 어떤 것인지 분명히 모르겠다는 그게 하나이고,

> 又此五陰 爲併銷除
> 우 차 오 음 위 병 소 제

또한 이 오음은 병併(한꺼번에)으로 소제하는 것입니까,

> 爲次第盡
> 위 차 제 진

아니면 차제로 다하는 것입니까?

한꺼번에 오음이 다 없어질 수 있습니까, 또 그렇지 않으면 차차 제해야 합니까, 이렇게 묻는 겁니다.

또,

> 如是五重 詣何爲界
> 여 시 오 중 예 하 위 계

이와 같은 오중은 어디에 이르러 경계가 됩니까?

색음은 어디까지가 경계이고, 수음은 어디까지가 경계인지 그 경계선을 묻는 것입니다. 그래서 그 세 가지를 물었습니다.

> 唯願如來 發宣大慈 爲此大衆 淸明心目
> 유원여래 발선대자 위차대중 청명심목

오직 원컨대 여래께서 대자를 발선하사 대중의 청명한 심목이 되게 하시며,

마음이 깨끗하도록 해주시고,

> 以爲末世 一切衆生 作將來眼
> 이위말세 일체중생 작장래안

말세의 일체중생을 위하여 장래안을 짓게 하소서.

> 佛告阿難 精眞妙明 本覺圓淨
> 불고아난 정진묘명 본각원정

부처님께서 아난에게 말씀하셨다.
정진이 묘명하고 본각이 원정하여,

그 가운데는,

> 非留死生 及諸塵垢 乃至虛空
> 비류사생 급제진구 내지허공

사생과 진구와 내지 허공을 머물러 두지 않건만,

우리의 본각本覺 자리에는 이런 번뇌가 없다는 말입니다.
그래서 본각 자리는 그런 것이 없는데, 진구라든가 이런 것이,

皆因妄想之所生起
개 인 망 상 지 소 생 기

다 망상을 인하여 생기한 바이니라.

斯元本覺 妙明眞精 妄以發生 諸器世間
사 원 본 각 묘 명 진 정 망 이 발 생 제 기 세 간

이는 원래 본각의 묘명한 진정이 허망하게 기세간을 발생하나니,

如演若多 迷頭認影 妄元無因
여 연 야 다 미 두 인 영 망 원 무 인

마치 연야다가 머리를 미迷하여 영상을 오인함과 같은지라, 망妄은 원래 인因이 없거늘,

於妄想中 立因緣性 迷因緣者 稱爲自然
어 망 상 중 입 인 연 성 미 인 연 자 칭 위 자 연

망상 중에 인연성을 세우며, 인연을 미迷한 이는 자연이라 칭하거

니와,

인연, 자연의 외도가 된다는 말입니다.

```
彼虛空性 猶實幻生
피 허 공 성  유 실 환 생
```

저 허공성도 실로는 환幻으로 생한 것일새,

허공까지도 환생이지 실제로 있는 것이 아닌데,

```
因緣自然 皆是衆生 妄心計度
인 연 자 연  개 시 중 생  망 심 계 탁
```

인연, 자연은 다 이 중생의 망심으로 계탁하는 것이니라.

```
阿難 知妄所起
아 난  지 망 소 기
```

아난의 망妄의 기起한 바를 알면,

어디서부터 망妄이 생겼다고 하는 망이 있어, 나는 바를 안다고 하면,

```
說妄因緣
설 망 인 연
```

망妄의 인연을 설할 수 있거니와,

어떤 게 인因이 되고, 인이 되어 생겼다고 하는 망의 인연을 말할 수가 있지만,

若妄元無
약 망 원 무

만약 망이 원래 없을진댄,

說妄因緣 元無所有
설 망 인 연 원 무 소 유

망妄의 인연을 설하여도 원래 있는 바가 아니니,

망이 없는데 망의 인연이 있겠느냐는 얘깁니다.

何況不知 推自然者
하 황 부 지 추 자 연 자

하물며 알지 못하고 자연이라 추측함이겠는가?

하물며 망妄이 그런 것을 알지 못하고 자연이라고 믿는 사람이야 더구나 말할 게 뭐 있느냐, 그렇기 때문에,

> 是故如來 與汝發明 五陰本因 同是妄想
> 시고여래 여여발명 오음본인 동시망상

이런고로 여래가 너로 더불어 오음의 본인이 다 같이 망상이라 발명하느니라.

오탁五濁을 가지고, 즉 오망상五妄想으로 생겼다고 하니까 다 망상이고 실제가 아니다, 그런 얘깁니다. 여기에 낱낱이 오음이 망상이라고 하는 것을 얘기하는 겁니다.

> 汝體先因父母想生
> 여체선인부모상생

너의 몸이 선先(애초)에 부모의 망상을 인하여 생하였으니,

처음에 중음신中陰身이 부모를 만날 때 역시 그 부모와 자식 사이에 망상을 가지고 생긴 것이니,

> 汝心非想 則不能來 想中傳命
> 여심비상 즉불능래 상중전명

너의 마음이 상想이 아니면 능히 상想 중에 와서 명命을 전하지 못하리라.

그래, 네 몸 자체가 망상이다, 이 말입니다. 즉 색음이 망상이라는 말입니다.

如我先言 心想醋味
여 아 선 언 심 상 초 미

네가 먼저 말하되, 마음에 신맛을 생각하면,

口中涎生 心想登高 足心酸起
구 중 연 생 심 상 등 고 족 심 산 기

구중에 침이 생하고, 마음에 높은 데 오름을 생각하면 족심(발바닥)이 새그럽다 했거니와,

생각만 해도 일어나는 겁니다.

懸崖不有
현 애 불 유

현애가 있는 것 아니며,

醋物未來
초 물 미 래

신 물건이 오는 것 아니거늘,

汝體必非虛妄通倫
여 체 필 비 허 망 통 륜

너의 몸이 반드시 허망의 무리가 아닌데,

륜倫 자는 무리입니다.
동통同通한 무리가 아니라고 할 것 같으면,

口水如何 因談醋出
구 수 여 하 인 담 초 출

구수口水가 어찌 담談함을 인하여 신맛이 출出하겠는가?

그러니까 실제 물건이 안 왔는데 말한다고 해서 침이 나고 하는 것은, 물物 자체가 허망한 생각이다, 그 말입니다.

是故當知 汝現色身
시 고 당 지 여 현 색 신

이런 연고로 마땅히 알라. 너의 현재現在한 색신을,

육신肉身입니다.

名爲堅固第一妄想
명 위 견 고 제 일 망 상

이름을 견고한 제일 망상이라 하느니라.

卽此所說 臨高想心
즉 차 소 설 임 고 상 심

여기에서 설한 바 높은 데 임함을 생각하는 마음이,

높은 데 이르러 가려고 하는 그 생각하는 마음이,

能令汝形 眞受酸澁
능 령 여 형 진 수 산 삽

능히 네 형形으로 하여금 진실로 산삽함을 받게 하나니,

그것도 역시 수음을 가리키는 말인데, 그걸 받게 하는 것이니,

由因受生
유 인 수 생

수음受陰이 생함으로 유인하여,

能動色體 汝今現前 順益違損 二現馳驅
능 동 색 체 여 금 현 전 순 익 위 손 이 현 구 치

능히 색체를 동함이니, 네가 지금 현전에 순익하거나 위손하는 두

가지 구치를 나타내는 것을,

순익은 몸에 맞는 것이고, 위손은 몸에 거슬리는 것입니다.

우리가 지금 몸에 맞는다든지 안 맞는다든지 두 가지 경계가 있는 것인데, 수음이 그것입니다.

이것은,

> 名爲虛明第二妄想
> 명 위 허 명 제 이 망 상

이름을 허명한 제이 망상이라 하느니라.

> 由汝念慮 使汝色身
> 유 여 염 려 사 여 색 신

너의 염려로 말미암아 너의 색신을 부리나니,

밥 먹겠다고 하면 밥을 가져오고, 옷을 입겠다고 하면 옷을 가져오고 그러니까 마음 생각하는 대로 몸이 따라하는 겁니다. 그러니까 너의 마음에 생각하는 걸 말미암아서 너의 색신을, 사使 자는 부린다는 말입니다.

부리게 되나니,

> 身非念倫
> 신 비 염 륜

몸이 염念의 무리가 아니면,

망념의 무리가 아니라고 하면,

> 汝身何因 隨念所使 種種取像 心生形取
> 여 신 하 인 수 념 소 사 종 종 취 상 심 생 형 취

네 몸이 무엇을 인하여 염念의 부린 바를 따라 종종으로 상像을 취하되, 마음에서 나면 형상으로 취取하여,

밥 먹으려 하면 몸이 가서 한다는 말입니다.
하는 것이,

> 與念相應
> 여 념 상 응

마음으로 더불어 상응하는지라,

그렇기 때문에,

> 寤卽想心 寐爲諸夢
> 오 즉 상 심 매 위 제 몽

깬즉 상심이요, 잠잔즉 꿈이니,

> 則汝想念 搖動妄情 名爲融通第三妄想
> 즉 여 상 념 요 동 망 정 명 위 융 통 제 삼 망 상

즉 네 상념의 요동하는 망정이니, 이름이 융통하는 제삼 망상이니라.

이건 행음에 대한 얘깁니다.

> 化理不住 運運密移
> 화 리 부 주 운 운 밀 이

변화하는 이치가 주住하지 아니하고 운운히 밀이하여,

> 甲長髮生 氣銷容皺 日夜相代
> 갑 장 발 생 기 소 용 추 일 야 상 대

조갑爪甲(손톱)이 자라고 발髮이 생하며, 기氣가 소銷하고 얼굴이 쭈그러져서 일야로 상대하여,

밤과 낮으로 늘 자꾸 늙어 가지만,

> 曾無覺悟
> 증 무 각 오

일찍이 각오하지 못하느니라.

행음이란 게 변천하는 것인데, 행음 중에 있으면서도 모르는 것입니다.

> 阿難 此若非汝
> 아 난 차 약 비 여

아난아, 이것이 만일 네가 아니라면,

변해 가는 행음이 네가 아니라고 할 것 같은데,

> 云何體遷 如必是眞 汝何無覺
> 운 하 체 천 여 필 시 진 여 하 무 각

어찌하여 몸이 천遷하며, 반드시 참 너일진댄 어찌하여 네가 깨닫지 못하겠는가?

참말 변천하는 게 진眞이라고 하면, 왜 그걸 깨닫지 못하고 있느냐는 애깁니다.

> 則汝諸行 念念不停 名爲幽隱第四妄想
> 즉 여 제 행 염 념 부 정 명 위 유 은 제 사 망 상

즉 너의 행음이 염념에 머무르지 아니함이니, 이름이 유은한 제사 망상이니라.

이건 또 식음에 대한 애깁니다.

又汝精明 湛不搖處
우 여 정 명 담 불 요 처

또 너의 정명이 담湛하여 요搖하지 않는 처處를,

식음 중에서 하는 말입니다.

名恒常者
명 항 상 자

이름을 항상 함이라 할진댄,

네 식음 경계가 항상이라고 한다면,

於身不出 見聞覺知
어 신 불 출 견 문 각 지

몸에서 견문각지가 출出하지 아니할 것이며,

若實精眞
약 실 정 진

만일 진실로 정진일진댄,

참말 정명담불요처精明湛不搖處가 진정眞精이라, 정진이라 한다면,

不容習妄
불 용 습 망

습망을 용납하지 아니할 것이거늘,

과거에 있던 망훛이 지금 식음 가운데 있어 가지고 머물러 있지 않아야 할 게다, 그 말입니다.

망훛 익히는 것을 용납지 않아야 할 텐데, 그리고는 허망한 것 익히는 것을 여기 얘기해 놓았습니다.

何因汝等 曾於昔年
하 인 여 등 증 어 석 년

어찌하여 너희들이 일찍이 석년에,

1년 전이라든지 3년 전이라든지 석년에,

覩一奇物
도 일 기 물

한 기물을 보고,

짐승을 보았다든지 이상한 물건을 보고,

經歷年歲
경 력 연 세

연세를 경력하여,

5년이 되든지 10년, 20년을 지나 오면서,

憶忘俱無
억 망 구 무

억憶하고 망忘함이 다 없다가,

기억하는 것도 없고, 잊었다고 하는 생각도 없이 아주 모르고 있다, 기억하는 것과 잊는 것이 둘 다 없는, 없어지는 겁니다.

억憶, 망忘이 다 없어져 모르다가, 그런 것을 보았는지 안 보았는지 기억조차도 없다가,

於後忽然 覆觀前異
어 후 홀 연 복 도 전 이

뒤에 홀연히 다시 전이를 보면,

이 복覆 자는 다시 부復 자와 같은 겁니다.
앞에 보던 이상한 물건을 다시 보면,

記憶宛然 曾不遺失
기 억 완 연 증 불 유 실

기억이 완연하여 일찍이 유실하지 아니하나니,

그 생각이 있다는 말입니다. 그러니까 그게 망습妄習이라는 말입니다. 이것은,

> 則此精了 湛不搖中
> 즉 차 정 료 담 불 요 중

이는 정료하여 담湛하고 요搖하지 않는 가운데,

그러니까 식음 중에서,

> 念念受熏 有何籌算
> 염 념 수 훈 유 하 주 산

염념히 훈熏 받음을 어찌 주산하겠는가?

생각생각이 훈습하는 것을 받았기 때문에 한 번 본 것이 잊혀지지 않고 남아 있지 않느냐 그겁니다.

주산이 없다는 것은 얼마인지 모른다, 그 말입니다.

> 阿難當知 此湛非眞
> 아 난 당 지 차 담 비 진

아난아, 마땅히 알라. 이 담湛이 참되지 아니하여,

편자주 이 대목부터 다음 '차지망상此之妄想 무시득멸無時得滅'까지 보완분임.

如急流水 望如恬精 流急不見
여급류수 망여염정 유급불견

마치 급류수가 염정과 같이 보이나 흐름이 급하여 볼 수 없을지언정,

급류수는 파랑의 오르내림이 없고, 흐르는 파도가 뒤바뀜이 보이지 않는 것이니, 물결의 흔들림이 보이지 않고 오르내리는 파랑이 없기 때문에 보기에 염정한 것 같다는 말입니다.

非是無流 若非想元
비시무류 약비상원

이 흐르지 않음이 아님이니, 만일 생각의 본원本元이 아닐진댄,

寧受想習
영수상습

어찌하여 상습을 받겠는가.

非汝六根 互用合開 此之妄想 無時得滅
비여육근 호용합개 차지망상 무시득멸

너의 육근이 호용하여 개합함이 아니면 이 망상이 멸할 때를 얻지 못하리라.

> 故汝現在 見聞覺知 中串習幾
> 고 여 현 재 견 문 각 지 중 관 습 기

고로 너의 현재에 견문각지하는 가운데 관습하는 기미가,

마음 가운데서, 관串 자는 익혀 온 습기, 버릇이, 그 말입니다. 그렇게 익혀 온 습기의 기틀이,

> 則湛了內
> 즉 담 료 내

담료한 내內의,

식음의 담료한, 고요한 안에서,

> 罔象虛無 第五顚倒細微靜想
> 망 상 허 무 제 오 전 도 세 미 정 상

망상허무의 제오 전도세미정상이니라.

그것이 잘못된 생각이다, 그 말입니다.

> 阿難 是五受陰 五妄想成
> 아 난 시 오 수 음 오 망 상 성

아난아, 이 오수음은 오망상으로 이루어지느니라.

오음을 다 받아들이는 게 수음이라 그럽니다.

수·상·행·식의 수受가 아니라 이미 다 밖의 것을 의지해서 되는 것이니까 수음이다, 그겁니다. 그러니까 저 위에서 "어디까지 경계를 삼습니까?" 하고 물은 것에 대해 여기에서 대답하는 겁니다.

汝今欲知 因界淺深
여 금 욕 지 인 계 천 심

네가 이제 인계의 천심을 알고자 할진댄,

인계란 오음을 가리키는 말입니다.

唯色與空
유 색 여 공

오직 색과 다못 공空은,

색은 물질이고, 공은 색이 없는데, 색과 공은,

是色邊際
시 색 변 제

이 색음의 변제요,

색이 없어지는 것이 공空이니까 공까지 다 없어진다, 색에서부터 공까지 이르러 가는 것이 색에 대한 변제라는 얘깁니다.

> **唯觸及離**
> 유 촉 급 리

촉觸 및 리離는,

촉觸은 밖의 것을 받아들이는 것이고, 리離는 그것을 없애 버리는 것입니다.

> **是受邊際 唯記與忘 是想邊際**
> 시 수 변 제 유 기 여 망 시 상 변 제

이 수음의 변제요, 기記와 다못 망忘은 상음의 변제요,

우리는 기억하는 것만 상음인 줄 알지만 잊어버리는 것도 상음이라는 겁니다.

> **唯滅與生**
> 유 멸 여 생

멸滅과 다못 생生은,

여기는 생과 멸이라고 할 텐데, 멸과 생이라 했군요.

> **是行邊際 湛入合湛**
> 시 행 변 제 담 입 합 담

이는 행음의 변제요, 담湛이 들어가 담에 합함은,

저 위에서 담명湛明이라 했는데, 담은 내내 식음을 가리킨 말입니다.

담입합담湛入合湛, 이것을 글로 보면 '담湛이 입入하여 담에 합한다', 담에 들어가서 담에 합한다고 하면 입담합담入湛合湛이라고 할 텐데 여기에 이것을 담입합담이라고 썼거든요. 그러니까 담은 식음인데 행음이 없어지고, 식음의 경계가 나타나는 것을 담입이라고 그랬습니다.

이 담이라고 하는 것은, 저 위에서 말한 것과 같이 흘러가기는 흘러가지만 물결이 없기 때문에 담이라고 그럽니다. 보기에는 고요한 것 같지만 사실은 흘러가고 있는 것입니다.

그 담에 합하는 때는 그 담한 자리가 없어질 때까지를 합담이라고 그랬습니다. 즉 담한 경계에 하나가 되어 버리고 마는 것을 말합니다.

歸識邊際
귀 식 변 제

식識의 변제에 돌아가느니라.

그래서 오음의 변제를 가리키는 말입니다. 또 "이제 한꺼번에 제해 버립니까, 차차 없어지는 것입니까?" 하고 물은 거기에 대한 대답입니다.

此五陰元重疊生起
차 오 음 원 중 첩 생 기

이 오음이 원래 중첩하여 생기하였으니,

식음에서부터 행음이 생기고, 행음으로부터 상음이 생기고 해서 이런 식으로 색음까지 생긴 것입니다. 그렇게 중첩해서 생기는 것이기 때문에,

生因識有
생 인 식 유

생生은 식識을 인하여 있고,

몸이 생길 때는 식음을 인해서 있습니다. 식음에서부터 행음이 생기고, 행음에서 상음이 생기고, 상음에서 수음·색음이 생깁니다.

滅從色除
멸 종 색 제

멸은 색으로 좇아 제하느니라.

생기기는 식음에서부터 생겼는데, 멸할 때는 색음으로부터 제除한다는 겁니다. 그러니까 옷을 입는다고 하면 처음엔 내복을 입고 반저고리를 입고 두루마기를 입는데, 벗을 때는 나중에 입은 것부터 벗게 되지, 처음 입은 내복부터 벗게 되지는 않듯이, 시작할 때는 식음부터 나왔지만 없애 버릴 때는 맨 위의 색음부터 제해야 한다는 말입니다.

그런데 이것은 한꺼번에 제할 수는 없는 것이고, 수행을 해야 하는 것인데, 이게 아주 중요한 얘기입니다.

理則頓悟
이 즉 돈 오

이理로는 몰록 깨닫는 것이라.

오음이 다 허망한 줄을 알고 하는 건 한꺼번에 알지 하나씩 하나씩 아는 것은 아니니까 이치는 한꺼번에 깨닫는 것이요,

乘悟併銷
승 오 병 소

깨달음을 타고 아울러 소멸하거니와,

이치로는 다 없어지는 겁니다.
이치로는 한꺼번에 깨는 것이기 때문에 깨는 그때를 타서 오음이 다 없어지지만,

事非頓除
사 비 돈 제

사事로는 몰록 제하는 것이 아니라,

사실로는 한꺼번에 제할 수가 없습니다.

因次第盡
인 차 제 진

차제를 인하여 다하느니라.

색음을 제하고, 수음을 제하고, 상음·행음·식음을 제해야 한다는 말입니다. 우리가 닦는 이것이 돈오점수頓悟漸修입니다. 깰 적에는 한꺼번에 깨지만 닦을 때는 차차 닦아야 한다는 것이 그 이치입니다.

我已示汝 劫波巾結
아 이 시 여 겁 바 건 결

내가 이미 너에게 겁바라건劫波羅巾의 맺는 것을 보였거늘,

하나씩 하나씩 맺으면 풀 때에도 하나씩 하나씩 풀어야 한다고 하는 겁바라건의 맺는 것을 보였는데,

何所不明 再此詢問
하 소 불 명 재 차 순 문

무엇이 분명하지 않은 바가 있어 다시 순문하는가?

汝應將此妄想根元 心得開通
여 응 장 차 망 상 근 원 심 득 개 통

너는 뻑뻑이 장차 이 망상의 근원을 마음으로 개통함을 가지고,

너부터가 먼저 깨달아 알고,

> 傳示將來 末法之中 諸修行者 令識虛妄
> 전 시 장 래 말 법 지 중 제 수 행 자 영 식 허 망

장래의 말법 중에 모든 수행자에게 전시하여 하여금 허망함을 알아서,

이 오음이 허망한 것임을 알아서 오음을 싫어하는 생각이 스스로 나게 하고,

> 深厭自生 知有涅槃
> 심 염 자 생 지 유 열 반

심염을 스스로 생하게 하고, 열반이 있음을 알아,

닦아 가면 나중에 열반에 이른다는 것을 알게 해서,

> 不戀三界
> 불 연 삼 계

삼계를 연戀하지 말게 하라.

여기까지 부처님의 법문은 끝이 납니다. 그래서 이 아래는 유통분이 되겠습니다.

〔유통분流通分〕

阿難 若復有人 遍滿十方 所有虛空 盈滿七寶
아난 약부유인 변만시방 소유허공 영만칠보

아난아, 만약 다시 어떤 사람이 두루 시방의 있는바 허공에 칠보를 영만하여,

시방세계에 있는 허공에 가득히 칠보를 채워서,

持以奉上 微塵諸佛
지이봉상 미진제불

가져 미진제불께 봉상하고,

허공에 가득한 칠보를 가지고 미진과 같이 많은 여러 부처님께 받들어 섬기고,

承事供養 心無虛度
승 사 공 양 심 무 허 도

승사하고 공양하여 마음에 헛되이 지내지 않으면,

아주 정성스럽게 그 많은 보배를 가지고 그 많은 부처님께 공양을 한다는 말입니다.

於意云何
어 의 운 하

생각이 어떠하뇨?

네 뜻에 어떻다고 하느냐?

是人以此施佛因緣 得福多不
시 인 이 차 시 불 인 연 득 복 다 부

이 사람이 이로써 부처님께 보시한 인연으로 복을 많이 얻겠는가?

阿難答言 虛空無盡
아 난 답 언 허 공 무 진

아난이 답언하되, 허공이 다함없고,

시방 허공이니까 다함이 없고,

珍寶無邊
진 보 무 변

진보도 끝이 없나이다.

허공에 가득 채웠으니까 진보가 다함이 없는데, 그러니 복이 아주 많다는 얘깁니다.

昔有衆生 施佛七錢
석 유 중 생 시 불 칠 전

옛적에 어떤 중생이 부처님께 7전을 보시하고,

이것을 돈 일곱 닙이라고 해도 되고, 예전에는 은을 썼으니까 은 일곱 돈 이래도 됩니다.

그러니까 부처님께 7전을 보시하고 그 공덕으로,

捨身猶獲轉輪王位
사 신 유 획 전 륜 왕 위

몸을 버리매 오히려 전륜왕위를 얻었거늘,

7전을 가지고 전륜왕위가 되었는데,

況復現前 虛空旣窮 佛土充遍 皆施珍寶
황 부 현 전 허 공 기 궁 불 토 충 변 개 시 진 보

하물며 다시 현전에 허공을 이미 궁진하고 불토에 충변한 진보로 보시했사오니,

> 窮劫思議 尙不能及 是福云何 更有邊際
> 궁 겁 사 의 상 불 능 급 시 복 운 하 갱 유 변 제

겁을 다하여 사의하여도 오히려 능히 미치지 못하거늘 이 복이 어찌 다시 변제가 있으리까.

아주 한량없이 많습니다, 이 얘깁니다.

> 佛告阿難 諸佛如來 語無虛妄
> 불 고 아 난 제 불 여 래 어 무 허 망

부처님께서 아난에게 말씀하셨다.
제불여래의 말씀은 허망하지 아니하니라.

이 아래 위에 있는 말씀을 듣고 믿지 않을까 봐서 먼저 하는 말입니다.

> 若復有人 身具四重 十波羅夷
> 약 부 유 인 신 구 사 중 십 바 라 이

만일 다시 어떤 사람이 몸으로 사중과 십바라이를 구족하고,

사중은 사바라이四波羅夷, 살殺·도盜·음婬·망妄입니다.
십바라이는 출처가 없는데, 아마 십악업十惡業인 모양입니다.

바라이는 버린다는 것이니까 바라이죄인데, 십바라이를 얘기해 놓은 데는 없습니다. 그래서 이것은 십악업인가 보다, 이렇게 얘길 했습니다.

그런 죄를 지었기 때문에 사중, 십바라이를 지은 그 과보로,

> 瞬息卽經 此方他方 阿鼻地獄
> 순 식 즉 경 차 방 타 방 아 비 지 옥

순식간에 차방과 타방의 아비지옥을 지나가며,

이 지방, 저 지방의 아비지옥을 모두 지나가면서 이 지옥이 없어지면 저 지옥에 가고, 그렇게 다니면서 죄보罪報를 받아야 할 것입니다.

> 乃至窮盡 十方無間
> 내 지 궁 진 시 방 무 간

내지 시방 무간을 궁진하여,

무간은 아비지옥입니다.
아비지옥을 번역하면 무간지옥입니다.
그 시방의 무간지옥이 끝나도록까지,

> 靡不經歷
> 미 불 경 력

경력하지 아니함이 없되,

온 시방에 있는 모든 아비지옥을 모두 간다는 말입니다.

여기로 갔다가 없어지면 저리로 가고, 그렇게 온 시방세계로 다니면서, 그러니까 그만한 죄를 지은 사람이 있어 가지고,

能以一念 將此法門 於末劫中 開示末學
능 이 일 념 장 차 법 문 어 말 겁 중 개 시 말 학

능히 일념에 이 법문을 가져서 말겁 중의 말학에게 개시하면,

是人罪障 應念銷滅 變其所受 地獄苦因
시 인 죄 장 응 념 소 멸 변 기 소 수 지 옥 고 인

이 사람의 죄장이 응념에 소멸하고, 그 받을바 지옥고의 인이 변하여,

成安樂國
성 안 락 국

안락국을 이룰 것이요,

그렇기 때문에 이 『능엄경』 하나만 남에게 일러 주면 이런 죄를 다 면하고, 또 복을 얻는 것은,

得福超越 前之施人
득 복 초 월 전 지 시 인

얻는 복은 전前의 시인을 초월하여,

이 앞의 진보珍寶로써 시방 허공을 가득 채워서 부처님께 보시한 사람의 복보다 더 초월하고 지나서, 그보다,

百倍 千倍 千萬億倍 如是乃至 筭數譬喩 所不能及
백배 천배 천만억배 여시내지 산수비유 소불능급

백 배, 천 배, 천만억 배이며, 이와 같이 내지 산수 비유로 능히 미치지 못할 바이니라.

그 복이 한량없이 많다는 얘깁니다.

阿難 若有衆生 能誦此經 能持此呪
아 난 약 유 중 생 능 송 차 경 능 지 차 주

아난아, 만약 어떤 중생이 능히 이 경을 송誦하거나 능히 이 주呪를 가지면,

몸에 지니고 있다든지 입으로 외운다든지 이게 다 지持하는 것입니다.

如我廣說 窮劫不盡
여 아 광 설 궁 겁 부 진

내가 궁겁을 다하도록 광설하여도,

몇 겁을 다하도록 말해도 이것을 다 끝낼 수가 없다는 말입니다.

依我敎言 如敎行道
의 아 교 언 여 교 행 도

나의 교언을 의지하여 가르침과 같이 도를 행하면,

直成菩提 無復魔業
직 성 보 리 무 부 마 업

바로 보리를 성취하고 다시 마업이 없으리라.

『능엄경』을 하면 이런 복이 온다는 것입니다.

佛說此經已 比丘 比丘尼 優婆塞 優婆夷
불 설 차 경 이 비 구 비 구 니 우 바 새 우 바 이

부처님께서 이 경을 설하여 마치시니, 비구, 비구니와 우바새, 우바이와,

一切世間 天人阿修羅 及諸他方 菩薩二乘 聖仙童子
일 체 세 간 천 인 아 수 라 급 제 타 방 보 살 이 승 성 선 동 자

일체 세간의 천, 인, 아수라 및 모든 타방의 보살, 이승과 성선동자와,

성선 동자는 아마 선취仙趣에 있으면서 불법을 배우는 사람일 것입니다.

并初發心 大力鬼神 皆大歡喜 作禮而去
병초발심 대력귀신 개대환희 작례이거

아울러 초발심의 대력귀신이 다 크게 환희하여 예를 짓고 물러갔다.

능엄경 강화 3

2022년 6월 10일 초판 1쇄 인쇄
2022년 6월 30일 초판 1쇄 발행

저 자 운 허
발행인 박기련
발행처 동국역경원

출판등록 제1964-000001호
주소 04626 서울시 중구 퇴계로36길2 신관1층 105호
전화 02-2264-4714
팩스 02-2268-7851
Homepage http://dgpress.dongguk.edu
E-mail abook@jeongjincorp.com

편집디자인 다름 이순하
인쇄처 한일문화사

ISBN 978-89-5590-386-7 94220
      978-89-5590-383-6 (세트)

값 38,000원

이 책의 무단 전재나 복제 행위는 저작권법 제98조에 따라 처벌받게 됩니다.